保险问道
之
机器学习模型应用

中国保险资产管理业协会 ■编著

中国财经出版传媒集团
中国财政经济出版社
·北京·

图书在版编目（CIP）数据

保险问道之机器学习模型应用 / 中国保险资产管理业协会编著． -- 北京：中国财政经济出版社，2024.
11. -- ISBN 978 - 7 - 5223 - 3513 - 1

Ⅰ．F842 - 39

中国国家版本馆 CIP 数据核字第 20249LU704 号

责任编辑：郁东敏　　　　　责任校对：胡永立
封面设计：中通世奥　　　　责任印制：党　辉

保险问道之机器学习模型应用

BAOXIAN WENDAO ZHI JIQI XUEXI MOXING YINGYONG

中国财政经济出版社 出版

URL：http://www.cfeph.cn
E - mail：cfeph@ cfeph.cn

（版权所有　翻印必究）

社址：北京市海淀区阜成路甲 28 号　邮政编码：100142
营销中心电话：010 - 88191522
天猫网店：中国财政经济出版社旗舰店
网址：https://zgczjjcbs.tmall.com
中煤（北京）印务有限公司印刷　各地新华书店经销
成品尺寸：170mm×240mm　16 开　23 印张　331 000 字
2024 年 11 月第 1 版　2024 年 11 月北京第 1 次印刷
定价：82.00 元
ISBN 978 - 7 - 5223 - 3513 - 1
（图书出现印装问题，本社负责调换，电话：010 - 88190548）
本社图书质量投诉电话：010 - 88190744
打击盗版举报热线：010 - 88191661　　QQ：2242791300

编委会

主　　任：王　毅

副 主 任：曹德云　张　倩　陈国力

编委会委员：罗水权　应海峰　王振州　刘景晖　潘　静
　　　　　　梁风波

执 笔 人：（按课题顺序排序）
　　专题一：王思明　史秋阳　徐楫森
　　专题二：祝　超　赵　婷　张　骅　王　昊
　　专题三：万　军　陈　娟　晏沛泉　刘　剑　李燕婷
　　　　　　李美卓　马斓轩　张宇焓　陈奕安　杨　青
　　　　　　高寒冰
　　专题四：林　思　黄健奇
　　专题五：汪　腾　左文婷　易　超　胡　强　余　晖
　　专题六：汪　腾　易　超　左文婷　胡　强　余　晖

统　　稿：王　辉

PREFACE 序言

随着全球市场环境日益错综复杂、瞬息万变，传统的量化投资策略如同老旧地图，难以引领保险资管行业穿越这片波涛汹涌的投资海洋。在这样的背景下，数据不仅成为社会进步的强劲引擎，更是保险资管行业转型升级、寻求新增长点的关键钥匙。保险资管行业要积极探索基于计算机强大计算能力和数学模型精密分析的量化投资新路径，主动积极适应并引领投资格局的深刻变革。

机器学习与大模型技术，作为这一变革浪潮中的先锋力量，其重要性不言而喻。它们不仅是数据处理与分析的利器，更是投资决策智慧化的催化剂。机器学习通过模拟人类学习过程，能够从海量、多维度的数据中提取出隐藏的规律与趋势，为投资者构建出超越传统认知范畴的投资模型。而大模型技术，更是将这一能力推向了新的高度，通过构建超大规模、高复杂度的模型，深入挖掘数据内部的深层联系与潜在价值，使投资预测与决策更加精准、更加科学。

本书的出版，正是对这股科技浪潮的积极响应与深度挖掘。它汇集了"2023IAMAC年度课题"的精华，筛选出业内外机构——太平资产、平安资管、人保资产、光大永明资产、大公国际的重磅研究成果，共同分享他们在机器学习与大模型技术应用方面的宝贵经验与深刻见解。这些内容不仅涵盖技术的基本原理与算法细节，更通过具体案例与实践经验，生动展示了这些技术在风险预警、投研数字化等多个方面的卓越成效。它们不仅是对现有投资模式的革新与挑战，更是对未来投资趋势的引领与塑造。

我们深知，保险资管行业的高质量发展离不开科技创新的强力支撑。因此，本书的问世不仅是对行业智慧与创新成果的集中展现，更是对未来发展路径的积极探索与展望。我们期待本书能够成为连接理论与实践的桥梁，为保险资管行业的从业者提供宝贵的理论参考与实践指导；同时，我们也期待它能够激发更多人对量化投资领域的兴趣与热情，共同推动该领域的不断发展与创新。

在此，我们再次向所有参与年度课题活动的机构表示衷心的感谢。是他们的辛勤付出与不懈探索，为我们呈现了这样一部内容丰富、见解深刻的学术佳作。我们相信，在业内外机构的共同努力下，我国保险资管行业定能在科技创新的引领下迎来更加辉煌的明天！

中国保险资产管理业协会党委书记
执行副会长兼秘书长
2024 年 9 月

CONTENTS 目录

专题一　机器学习在企业风险预警中的应用研究

第一章　绪论 ··· 2
　第一节　研究背景 ··· 2
　第二节　研究框架 ··· 3
　第三节　研究意义与创新点 ··· 3

第二章　信用风险预警模型与机器学习算法 ································· 5
　第一节　机器学习算法概述 ··· 5
　第二节　信用风险预警模型的因子体系 ······································ 9
　第三节　机器学习算法构建信用风险预警模型 ····························· 17
　第四节　信用风险预警模型的评估 ·· 19
　第五节　本章小结 ·· 23

第三章　使用机器学习构建信用风险预警模型 ······························ 24
　第一节　模型训练 ·· 24
　第二节　模型评估与算法比较 ··· 31
　第三节　本章小结 ·· 38

第四章　总结与建议 ··· 40
　第一节　研究结论 ·· 40
　第二节　研究建议 ·· 40

| 本专题参考文献 | 42 |
| 附　录 | 43 |

专题二　基于图挖掘技术的区域城投风险预警研究

第一章　文献综述 ·········· 49
第一节　城投债务问题综述 ·········· 49
第二节　金融风险预警建模综述 ·········· 51

第二章　数据的收集与处理 ·········· 54
第一节　研究数据的来源与获取过程 ·········· 54
第二节　节点之间连接权重的构建 ·········· 55
第三节　节点信用资质情况的构建 ·········· 57
第四节　连接权重和信用资质的标准化 ·········· 59

第三章　模型原理 ·········· 64
第一节　神经网络技术的演进 ·········· 64
第二节　常见的图分析技术介绍 ·········· 65
第三节　图神经网络的基本原理与工作机制 ·········· 66
第四节　图神经网络的常见类型以及模型选择 ·········· 67
第五节　基于自编码器的异常检测技术 ·········· 68

第四章　模型的构建及其训练过程 ·········· 71
第一节　模型的训练设置 ·········· 71
第二节　卷积层的选取 ·········· 72
第三节　模型的训练效果 ·········· 74

第五章　模型结果解析 ·········· 76
第一节　模型的整体误差情况 ·········· 76
第二节　一类错误分析 ·········· 78
第三节　二类错误分析 ·········· 81

第四节 模型整体表现分析	84
第六章 结论	86
第七章 展望	87
本专题参考文献	88
附　录	91

专题三　机器学习在FOF投研数字化领域的应用研究

第一章　课题背景	107
第一节　FOF发展历程	107
第二节　本课题研究内容和研究意义	109
第二章　相关研究	111
第一节　基金绩效评估相关研究	111
第二节　基金持仓、行业测算相关研究	113
第三节　行业景气度、行业配置相关研究	114
第四节　FOF组合管理相关研究	117
第五节　局限性与研究空间	119
第三章　研究框架	120
第一节　总体框架	120
第二节　数据体系	121
第三节　行业研究	123
第四节　组合优化	124
第四章　机器学习模型设计与实证研究	127
第一节　基金画像	127
第二节　持仓补齐	129
第三节　行业穿透	132
第四节　行业配置模型	136

第五节　组合优化 ………………………………………………… 144
　第五章　结论与展望 ………………………………………………… 154
本专题参考文献 ……………………………………………………… 156

专题四　神经网络在保险资金量化投资中的应用研究

　第一章　如何拓展保险资金在股票投资上的边界 ………………… 161
　第二章　机器学习算法的外延与内涵 ……………………………… 171
　第三章　从神经网络算法切入机器学习 …………………………… 188
　第四章　神经网络之 Transformer 在量化选股中的应用 ………… 195
　第五章　神经网络应用于保险资金量化投资的可能问题和未来展望 … 217
本专题参考文献 ……………………………………………………… 221

专题五　基于混频数据及共享信息挖掘的深度学习模型在量化中的应用

　第一章　引言 ………………………………………………………… 223
　　第一节　研究背景 …………………………………………………… 223
　　第二节　文献综述 …………………………………………………… 225
　　第三节　研究意义 …………………………………………………… 226
　　第四节　研究目的 …………………………………………………… 227
　第二章　基础介绍 …………………………………………………… 228
　　第一节　A 股市场、混频数据与共享信息 ………………………… 228
　　第二节　股票市场的价格预测 ……………………………………… 231
　　第三节　深度学习模型在量化市场的应用 ………………………… 234
　　第四节　共享信息挖掘模型综述 …………………………………… 244

第三章　深度学习模型改进 ····· 249
第一节　通过高低频股票数据混频结构调和不同长度信息 ········ 249
第二节　通过 Attention – RNN 结构对股票时序信息提取 ········ 250
第三节　通过 HIST 架构获取股票概念信息交叉作用机制 ········ 252
第四节　混频 Attention – RNN – HIST 模型结构 ····· 254
第五节　设计损失函数和学习速率保证模型的拟合效果 ········ 254

第四章　实证结果 ····· 258
第一节　训练数据 ····· 258
第二节　训练设计 ····· 259
第三节　结果分析 ····· 261

第五章　总结与展望 ····· 270

本专题参考文献 ····· 271

专题六　大规模预训练模型在量化投资中的应用

第一章　引言 ····· 278
第一节　研究背景 ····· 278
第二节　研究意义 ····· 280
第三节　研究目的 ····· 281

第二章　自然语言处理及大语言模型介绍 ····· 282
第一节　自然语言处理研究综述 ····· 282
第二节　大规模预训练模型综述 ····· 292

第三章　大模型在量化投资中的应用场景分析 ····· 298
第一节　通过 API 调用进行文本分析与提取 ····· 298
第二节　通过微调实现特定任务 ····· 302
第三节　结合 LangChain 构建本地化知识库模型 ····· 310
第四节　借鉴 Transformer 结构训练模型 ····· 314

第五节　代码 AI 生成技术在量化投资领域的应用 …………… 319
第四章　实证结果 ……………………………………………………… 323
　　第一节　因子生成与文本处理 …………………………………… 323
　　第二节　微调 NLP 任务 …………………………………………… 329
　　第三节　金融时事跟踪 …………………………………………… 332
　　第四节　Transformer 量化模型应用 …………………………… 339
　　第五节　量化代码生成 …………………………………………… 344
第五章　结论与展望 …………………………………………………… 351
本专题参考文献 ……………………………………………………… 352

专题一
机器学习在企业风险预警中的应用研究*

随着我国金融市场的不断发展和扩张，债券违约规模不断增加，企业信用风险预警日益成为监管机构和投资者关注的焦点。本研究以二级市场价格和利差数据为主要监测对象，结合发债企业性质和所属行业信息，引入成交量和情绪热度等信息加以辅助，整合构建覆盖债券价格、信用利差、基本属性、交易热度和新闻舆情五个维度的预警因子，使用逻辑回归、XGBoost、支持向量机和随机森林四种机器学习算法构建债券主体信用风险预警模型并通过回测检验，采用量化方法对债券市场主体的信用风险进行动态监测。根据风险准确度、风险预测准确度和风险预测新增准确度三项预警名单质量评估指标的验证结果，本研究所构建的风险预警模型具有较好的预测准确性和领先性，能够实现风险防范的前置预判和针对性分析，得到的预警结果也能为评级机构、市场投资者和监管机构的信用风险管理提供较好的参考，对促进金融市场的稳定具有重要意义，有助于推动债券市场的健康发展和可持续增长。

---

* 本专题选自大公国际资信评估有限公司2023IAMAC年度课题《违约前风险企业信用利差分析及在风险预警中的应用研究》；本课题获评优秀课题；课题负责人：应海峰；课题组成员：王思明、史秋阳、徐楫淼。

第一章 绪 论

第一节 研究背景

近年来，随着我国债券市场规模的不断扩大，违约常态化趋势越发明显。从2014年首只债券打破刚兑至今，我国信用债市场发生债券违约的数目逐渐增加，已涉及上百家违约主体，累计违约金额规模达到千亿元量级，信用风险已成为我国债券市场的重要特征之一。同时，在金融严监管的大环境下，叠加地缘冲突和美联储激进加息等国内外因素综合影响，我国债券市场的波动性出现上升。因此，面对当前的市场环境，通过预警信号提前锁定风险债券，不仅对投资者而言至关重要，也对国民经济的平稳运行有着深刻意义。

目前，国内外多数学者在对债券违约风险特征进行识别、研究和建模时，仍主要使用传统的财务状况指标，但在实际操作中存在如下局限：该方法对发债主体经营状况、财务状况等基本面数据的准确性与及时性存在较高要求，若不能及时获取准确的公司基本面数据，例如非上市公司披露财报的频率较低，或财报审计质量较差等，将严重影响违约风险的评估结果和时效性。此外，该类使用基本面数据的模型由于数据样本有限，难以使用较为复杂的大数据处理算法和技术对指标进行筛选和建模，无法挖掘到特征与违约风险间的非线性预测关系，且基本面数据多在信用风险发生后才会发生变化，导致预警信号发出的时间较晚，且多数情况下的预警模型仅能由人工根据经验对特征进行筛选并赋予一定的权重，导致相应得到的违约风险测算结果存在较大的主观性，无法提前对风险的发生进行预测，很大程度上制约了债券风险预警结果的准确性和可靠性。

本文以债券二级市场交易利差作为核心指标,并在此基础上,引入情绪热度信息加以辅助,整合构建债券价格、信用利差、交易热度和新闻舆情四个维度的预警因子,结合机器学习算法的优势,抓取各类型预警因子和风险主体间的非线性特征,并构建覆盖多维度的主体信用风险预警模型,以提升风险预警的准确性和及时性。

第二节 研究框架

本研究的整体思路是整合构建债券价格、信用利差、基本属性、交易热度和新闻舆情五个维度的预警因子,使用逻辑回归、XGBoost、支持向量机和随机森林四种机器学习算法构建债券主体风险预警模型并通过回测检验,采用量化方法实现对债券市场主体信用风险的动态监测。具体来看,本研究按照以下几个部分展开:

在违约前企业信用利差分析中,获取我国债券市场的风险主体和非风险主体名单,对风险主体在发生信用风险事件前的特征进行挖掘。

第三章、第四章分别为以信用利差为核心的风险预警模型的方法综述和实证研究,基于利差因子、基本属性因子、价格因子、舆情因子和交易因子,对因子特征进行变频处理和特征衍生,构建动态滚动风险预警模型,并选择不同机器学习算法进行训练评估和滚动回测,验证模型生成的企业风险预警名单的预测准确度。

第三节 研究意义与创新点

本研究的创新之处是以二级市场交易利差异动情况为核心,在此基础上构建利差因子,同时结合大数据和自然语言处理技术,在主体新闻舆情分析的基础上构建舆情因子,从基本属性、利差、价格、舆情、交易五个方面建立综合的风险预警多因子模型,以实现主体信用风险的提前预警,在风险监测和预警等方面具有重大的意义。综合来看，本研究有以下两个方面创新之处：

一方面，针对预警因子的构建角度，不同于传统的信用风险预警模型依赖于有限的财务指标和信用评级数据，本模型参考大数据因子的构建方法，整合多维度的数据，结合舆情等新兴因子和信息来源，构建综合的多因子预警体系，在价格因素基础上更加全面地评估企业信用风险。

另一方面，针对预警模型的算法角度，采用机器学习等人工智能技术，其较传统线性模型在处理复杂的非线性关系和大规模数据更具优势。同时，本研究使用数据挖掘方法和特征工程技术来提取和选择相关特征，改进模型性能，使其能更好地捕捉信用风险的动态复杂变化，提升预警结果的准确性和前置性。

第二章
信用风险预警模型与机器学习算法

第一节 机器学习算法概述

机器学习算法是一类通过对数据进行学习和模式识别,从而实现自主决策和预测的计算方法。机器学习算法可以自动从大量的数据中学习并提取有用的信息和规律,解决科学领域的复杂问题。近年来,机器学习技术迅速发展,广泛应用于各个领域,包括图像识别、自然语言处理、金融预测等。

机器学习的基本步骤包括数据准备、模型训练和模型评估三个主要阶段。数据准备阶段涉及收集、清洗和预处理数据。同时,还需要进行特征选择和特征工程,提取有意义的特征以提高数据的质量和适用性。模型训练阶段需要运用适当的机器学习算法,将数据输入模型进行学习并适当调整模型参数,以达到最优的拟合效果。最后,模型评估阶段需要采用各种评估指标来测量模型的准确性和泛化能力并评估模型在新数据上的性能。

机器学习算法根据基本原理、模型特点以及问题需求,分为多种类型。其中,常用的解决分类问题的机器学习算法有逻辑回归、支持向量机、决策树、近邻算法和神经网络等。不同的算法还能通过集成学习的方法相互结合,形成集成机器学习算法以提升模型性能,如随机森林、XGBoost 等。本研究将重点探索逻辑回归、支持向量机、随机森林和 XGBoost 这四种机器学习算法在信用风险预警模型中的应用。

一、逻辑回归

逻辑回归(Logistic Regression)是一种经典的机器学习算法,主要用于解决二分类问题。逻辑回归通过对线性回归模型的输出应用一个逻辑函数，将输出值映射为 0~1 之间的概率值，从而实现对样本进行分类。

逻辑回归的原理基于假设输出变量与输入特征之间存在线性关系，并应用逻辑函数将线性预测值转换为概率值。对于二分类问题，逻辑回归将概率大于 0.5 的样本预测为正类，概率小于等于 0.5 的样本预测为负类。逻辑回归的线性模型可以表示为：

$$z = \beta_0 + \beta_1 x_1 + \beta_2 x_2 + \cdots + \beta_n x_n$$

其中，x_1，x_2，$\cdots$，x_n 为输入特征；β_1，β_2，$\cdots$，β_n 为模型的权重参数；z 为预测值。

在模型训练中，逻辑回归通过最大似然估计或梯度下降等优化方法来拟合训练数据，从而找到最佳的模型参数 β_1，β_2，$\cdots$，β_n，使模型对训练样本的预测尽可能接近真实标签。在模型训练完成后，将新样本的特征输入训练好的逻辑回归模型中，通过计算线性预测值并应用 Sigmoid 函数得到样本属于正类的概率。最后，可以根据设定的阈值来判断样本的分类标签并得到最终预测结果。

逻辑回归以其易于理解和实现、计算量小、速度快以及存储资源低的特点，在分类问题中具有广泛的应用，特别适用于数据线性可分或近似可分的情况。在本研究的信用风险预警模型中，各因子间存在复杂的非线性关系，因此，除逻辑回归外我们还将运用以下更加复杂的机器学习算法。

二、支持向量机

支持向量机（Support Vector Machine）是一种解决分类问题常用的监督学习算法。支持向量机的原理是在特征空间中找到一个超平面，使其能够将不同类别的样本最大程度地分开，并且使距离最近的样本点到该超平面的距离最大化。

在处理线性可分问题时，支持向量机的目标是找到一个最优的超平面，使不同类别的样本点能够完全分开。我们定义决策函数为：

$$f(x) = \text{sign}(\omega^T x_i + b)$$

$f(x)$ 可以将样本点映射到超平面上方或下方，从而划分不同的类别。

其中，x_i 为输入样本的特征向量，ω 为超平面的法向量（权重向量），b 为偏置项，sign 函数用于判断样本点的类别。为寻找最优决策函数，即寻找最佳超平面，支持向量机算法的目标是最大化支持向量到超平面的距离。最大化间隔的优化问题可以表述为：

$$\text{maximize} \frac{2}{\|\omega\|}$$

$$\text{subject to } y_i(\omega^T x_i + b) \geq 1, \text{for } i = 1, 2, \cdots, N$$

其中，N 为训练样本数量；y_i 为第 i 个样本的类别标签。

而对于非线性可分的情况，支持向量机算法引入松弛变量，允许一些样本点位于超平面的错误一侧或在间隔内部。引入松弛变量后，优化问题的目标函数变为：

$$\text{minimize} \frac{1}{2}\|\omega\|^2 + C\sum_{i=1}^{N}\xi_i$$

$$\text{subject to } y_i(\omega^T x_i + b) \geq 1 - \xi_i, \text{for } i = 1, 2, \cdots, N$$

$$\text{where } \xi_i \geq 0, \text{for } i = 1, 2, \cdots, N$$

其中 C 为正则化参数，用于平衡最大间隔和分类错误的权重。同时，支持向量机可以通过核函数将非线性问题映射到更高维的特征空间，从而实现在高维空间中的线性划分。常用的核函数包括线性核、多项式核、高斯核等。

支持向量机在信用风险预警模型中的应用主要具有两点优势：（1）支持向量机在处理高维数据和复杂非线性关系方面表现出色。债券市场涉及大量宏观经济、金融指标和市场情绪等数据，而支持向量机能够通过核函数将数据映射到高维空间，更好地捕捉不同变量之间的复杂关系。（2）支持向量机关注于找到"支持向量"并构建有效的决策边界，对数据的分布没有严格要求并具有较强的泛化能力，在预测债券信用风险时具有较好的鲁棒性。

三、随机森林

随机森林（Random Forest）是一种基于多个决策树的集成，通过随机抽样和特征选择来提高模型的预测性能和泛化能力的集成学习算法。随机森林采用自助采样（Bootstrap Sampling）的方式对原始训练数据集进行随机抽样，形成多个不同的训练子集，即有放回地从原始数据集中随机抽取子集大小相同的样本，使每个决策树在训练时使用的数据具有差异性，以此增加模型的多样性。同时，随机森林引入随机特征选择的策略进行决策树的节点分割，即在每次节点分割时，仅从所有特征中随机选取一部分特征来评估，降低特征之间的相关性，从而增加每棵树的独立性。

基于以上方法，随机森林算法在不同的训练子集上进行训练并递归地对数据进行分类，每次选择最优的特征和分割点来生成树结构，构建出多棵决策树。在进行预测集成时，随机森林将采用多数表决的方式来确定最终预测结果。

随机森林可以处理高维数据和大规模数据集，与信用风险预警模型有较好的适配性。随机森林通过集成多个决策树的预测结果，能减少单个决策树的过拟合风险并有效处理信用风险预警模型各因子特征间的复杂关系。此外，随机森林可以评估每个特征在预测中的重要性，从而帮助识别出对债券违约风险影响较大的因素。

四、XGBoost

XGBoost（eXtreme Gradient Boosting）是一种基于梯度提升决策树的机器学习算法，由陈天奇在2016年发表的论文《XGBoost：A Scalable Tree Boosting System》中提出。XGBoost的核心思想是通过迭代训练一系列决策树模型，并将它们进行组合，从而提高整体模型的准确性和泛化能力。

XGBoost通过梯度下降的方式，在每步迭代中对原模型的残差进行学习，从而逐步减少预测误差，使最终模型能够更好地拟合训练数据。XGBoost的具体方法如下：

首先，定义损失函数为$L(y_i, c)$，用于衡量真实值与模型预测值之间的误差，其中c为常数。

$$F_0(x) = \mathrm{argmin}_c \sum_{i=1}^{N} L(y_i, c)$$

对于第 m 轮迭代（m 取值为 1, 2, 3, …, M），进行以下步骤：

（1）计算当前模型的一阶导数 g_{im} 和二阶导数 h_{im}：

$$g_{im} = \frac{\partial L[y_i, F_{m-1}(x_i)]}{\partial F_{m-1}(x_i)}$$

$$h_{im} = \frac{\partial^2 L[(y_i, F_{m-1}(x_i))]}{\partial F_{m-1}(x_i)}$$

（2）使用一阶导数和二阶导数拟合决策树：

$$T_m(x) = \mathrm{argmin}_T \sum_{i=1}^{N} \left[g_{im} \cdot T(x_i) + \frac{1}{2} h_{im} \cdot T^2(x_i) \right] + \lambda \cdot \|T\|$$

其中，$T_m(x)$ 第 m 棵决策树的预测输出；λ 是正则化项的系数；$\|T\|$ 是决策树的复杂度。

（3）更新模型：

$$F_m(x) = F_{m-1}(x) + \eta \cdot T_m(x)$$

其中，学习率为 η，用于控制每棵树的贡献程度。

m 次迭代后得到所有决策树的集成模型 $F_m(x)$ 即为最终预测模型。

XGBoost 算法以其高性能和高效率的特点在债券信用风险预警模型中的应用具有以下优势：首先，XGBoost 能够处理大规模数据集和高维特征，这将有利于处理信用风险预警模型中所涉及的大量金融数据和指标。其次，XGBoost 能够捕捉到特征之间的复杂非线性关系，并且自动进行特征选择和特征交互。债券信用风险通常受多个因素的综合影响，因子特征间存在一定相关关系，使用 XGBoost 算法能减少特征间复杂关系对模型效果的干扰。此外，XGBoost 能有效地处理缺失值和异常点并提升模型的鲁棒性。

第二节　信用风险预警模型的因子体系

一、基本属性因子体系

我们将主体所属行业和企业性质作为基本属性因子体系的输入特征，

使模型可以更好地区分不同行业和企业性质下的信用风险情况。除此之外，我们引入所在地区、发债规模、平均发行利率、是否上市、是否有担保人作为基本属性因子体系的特征。

（一）发债规模

发债规模是指债券发行的金额。债券发行规模的大小可能反映了企业的融资需求和资金实力。较大的发债规模意味着企业规模较大，资金需求较大，但也可能意味着企业在还本付息时需要更多的现金流，增加了违约风险。将发债规模作为特征，模型可以考虑不同规模下的信用风险。除了发债规模外，本研究还增加发债只数作为特征。

（二）平均发行利率

债券发行利率是发行债券时债券发行人支付给投资者的利率，也称为债券的票面利率，反映了债券的利息支付水平。债券发行利率可以反映市场对债券风险的估计，较高的发行利率可能意味着市场认为债券风险较高，从而可能增加违约的风险。同时，发行利率也受到市场利率、发行人财务情况和宏观环境等因素的影响。

（三）是否上市

上市公司通常受到更严格的监管和透明度要求，而非上市公司可能在财务信息披露方面较少受到监管。上市公司和非上市公司在财务和经营方面有很多差异，而这些差异会影响市场对发行主体的信心以及对其偿付能力和信用风险情况的评估。将发行人是否上市作为一个特征纳入因子体系中，可以帮助模型更好地捕捉差异并进行分析。

（四）是否有担保人

担保人是指在债券发行过程中，为了增加债券的安全性和信用等级，某个实体或机构对债券的本金和利息支付承担连带责任或担保责任。担保人可以提供额外的信用支持，从而减少债券违约的风险。在本模型中，我们定义主体所发任意一只债券有担保人即为主体有担保人。

基本属性因子体系 7 个特征如表 1-2-1 所示。

表1-2-1　　　　　　　　基本属性因子特征

因子体系	特征名称	特征符号	特征含义
基本属性因子	所属行业	Industry	主体所属行业
	企业性质	CompanyCval	主体所属性质类别
	发债规模	Size	主体所发债的实际发行总额（元）取对数
	发债只数	BondNum	主体发债数量
	平均发行利率	CouponRate	主体所发债券平均票面年利率（%）
	是否上市	Iflisted	主体是否为上市公司 1代表上市，0代表未上市
	是否有担保人	Guarantor	主体所发任一债券有担保人则判定为有担保人 1代表有担保人，0代表无担保人

二、利差因子体系

我们将利差因子作为本模型的核心因子。信用利差主要包括发行利差和交易利差，发行利差的计算方式为发行利率减去与其相同发行日期且相同剩余期限的国债到期收益率，对样本主体所有存续样本券的信用利差计算平均值，得到样本主体的发行利差。

由于交易利差特征为时间序列数据，即对于每个样本主体，都包含其所有交易日的净价比率和交易利差数据。我们将对其进行衍生变换，使其转换为主体维度上的数值特征。为保留时间序列特征数据的时序特性，我们将其衍生为以下几个新特征。

（1）平均值：平均值能反映时间序列数据在时间维度上的整体情况。

（2）标准差：标准差能衡量数据整体的变化和波动程度。

（3）最大值和最小值：最大值和最小值能捕捉时间序列中的极端值和波动性，从而帮助识别时间序列数据的峰值和谷值，即交易利差的最大值和净价比率的最小值。

（4）指数移动平均值：指数移动平均值对较新的数据点赋予更多的权重，有助于捕捉新的趋势变化和识别债券市场中的短期趋势，并且指数移动平均值具有平滑效果，能有效滤除时序数据中的随机噪声和波动。

（5）日变化最大值和最小值：这两个特征反映了每个交易日间波动的极端值，能识别和监测短期异动并为模型提供信息。

（6）累计变化、变化路径：累计变化反映数据随时间的累积趋势，有助于识别长期的数据变化趋势，提供了时间序列的积分信息。变化值反映了数据点在整个研究时段的差异，帮助捕捉趋势信息。而变化路径则强调了变化的幅度，不再考虑变化的方向，有助于捕捉长期波动性。

（7）滚动累计变化最大值、滚动变化路径最大值：滚动窗口期内的变化量能反映数据中在规定时间长度下的变化趋势和周期性波动。这里我们设置滚动窗口期为5天，对于交易日的日度数据来说，即为计算周滚动累计变化最大值和周滚动变化路径最大值。

利差因子体系共12个特征如表1-2-2所示。

表1-2-2　　　　　　　　利差因子特征

因子体系	特征名称	特征符号	特征含义
利差因子	发行利差	IssueSpread	发行利率减去对应国债收益率
	利差均值	SMEAN	交易利差的均值
	利差波动率	SSTD	交易利差的标准差
	最高利差	SMAX	交易利差的最大值
	最低利差	SMIN	交易利差的最小值
	利差指数移动平均值	SEMA	交易利差的指数移动平均值
	利差最大日变化	SCMAX	交易利差日变化的最大值
	利差最小日变化	SCMIN	交易利差日变化的最小值
	利差累计变化	SC	交易利差的累计变化
	利差变化路径	SCABS	交易利差日变化绝对值之和
	利差滚动周最大变化	S_R_CMAX	滚动窗口为一周的交易利差的累计变化的最大值
	利差滚动周最大变化路径	S_R_CABSMAX	滚动窗口为一周的交易利差的变化路径的最大值

三、价格因子体系

价格因子提供了市场对主体信用风险的实时评估和预期的有关信息，价格下降通常是由于发债主体经营状况恶化、财务困境加剧或市场预期变差等原因导致。债券价格下降说明市场预期该主体的信用风险上升，投资者要求更高的回报来补偿潜在的风险。因此，我们引入估价净价作为预警模型价格因子的数据来源，但由于债券价格同时受提前偿还等因素的影响，为了剔除这种并非由主体信用风险发生变化导致对债券价格产生的异动影响，本研究在估价净价的基础上计算其与债券剩余本金的比值，构建净价比率指标。对样本主体所有存续样本券的净价比率计算平均值，得到样本主体的净价比率：

$$净价比率 = \frac{估价净价}{剩余本金}$$

同样地，由于净价比率为时间序列数据，对其进行衍生处理得到价格因子的 11 个特征如表 1 - 2 - 3 所示。

表 1 - 2 - 3 价格因子特征

因子体系	特征名称	特征符号	特征含义
价格因子	价格均值	VMEAN	净价比率的平均值
	价格波动率	VSTD	净价比率的标准差
	最高价格	VMAX	净价比率的最大值
	最低价格	VMIN	净价比率的最小值
	价格指数移动平均值	VEMA	净价比率的指数移动平均值
	价格最大日变化	VCMAX	净价比率日变化的最大值
	价格最小日变化	VCMIN	净价比率日变化的最小值
	价格累计变化	VC	净价比率的累计变化
	价格变化路径	VCABS	净价比率日变化绝对值之和
	价格滚动周最大变化	V_R_CMAX	滚动窗口为一周的净价比率的累计变化的最大值
	价格滚动周最大变化路径	V_R_CABSMAX	滚动窗口为一周的净价比率的变化路径的最大值

四、舆情因子体系

舆情是指社会舆论、媒体报道、网络评论等涉及发行主体的信息和看法。在金融领域，舆情数据已经越来越多地被运用于分析和预测市场的走势和事件。本研究将选取舆情数据作为债券信用风险预测的指标。

在发债主体的信用风险预警中，舆情数据能够提供主体的经营状况、管理层变动、行业发展等方面的信息。积极的舆情可能会提高投资者对债券的信心，反之，负面的舆情会引发市场恐慌，影响债券的价格、利差以及流动性。如果舆情数据持续负面，则表明发债主体面临潜在的经营困难，其信用风险增加。此外，舆情数据中包含的关于公司财务和行业发展的信息也都将影响主体的盈利能力和偿债能力，从而影响其信用风险。

从聚源舆情数据库，我们提取每条舆情的关联主体、情感方向、情感重要度以及舆情发布时间。对于样本主体在研究窗口期内的舆情数据，我们分别统计出以下8个原始特征数据：

（1）N0：情感重要度为零星，情感方向为负面的舆情数量
（2）N1：情感重要度为一星，情感方向为负面的舆情数量
（3）N2：情感重要度为二星，情感方向为负面的舆情数量
（4）N3：情感重要度为三星，情感方向为负面的舆情数量
（5）P0：情感重要度为零星，情感方向为正面的舆情数量
（6）P1：情感重要度为一星，情感方向为正面的舆情数量
（7）P2：情感重要度为二星，情感方向为正面的舆情数量
（8）P3：情感重要度为三星，情感方向为正面的舆情数量

情感方向为负面的舆情包括公司财务问题（公司亏损、高负债、财务不透明）、公司管理层问题（高管辞职、贪污腐败、道德问题）、法律问题（法律诉讼、调查、监管行动）以及政治问题（政治事件影响）等。这些问题往往会引发投资者和媒体的负面关注，在市场和社会中广泛传播，导致负面舆情数量上升、投资者信心降低并对公司的信用评价产生负面影响。而情感方向为正面的舆情则包括财务业绩增长、市场份额扩大、股价上涨、获得奖项认可、收购合并成功、新产品技术创新等。正面舆情能提升公司

声誉和信用，有助于增强投资者信心并降低公司融资成本。正面舆情数量多的主体一般具有较好的声誉和信用资质，具有较低的信用风险；而负面舆情的增加往往预示着信用风险的上升，其中情感重要度等级高的负面舆情数量的骤增常伴随着重大负面事件的发生，需要特别关注。此外，在八个原始特征的基础上，我们进行衍生变换得到以下五个新特征：

（1）负面舆情总强度：为将窗口期内主体负面舆情强度数量化，我们将情感重要度作为权重计算负面舆情总强度得分。其中，由于情感重要度分为四级，我们规定零星对应权重为1，一星对应权重为2，以此类推，得到负面舆情总强度计算公式如下：

负面舆情总强度 $= N0 + 2 \times N1 + 3 \times N2 + 4 \times N3$

负面舆情总强度综合考量了情感重要度和舆情数量，为市场负面情绪的衡量提供了有效参考。

（2）正面舆情总强度：相应地，得到正面舆情总强度并以此衡量市场正面情绪。

正面舆情总强度 $= P0 + 2 \times P1 + 3 \times P2 + 4 \times P3$

（3）负面舆情平均强度：对于信用风险预警模型，负面舆情将会提供更多的预警信号，我们增加负面舆情平均强度作为模型特征。为了摒除舆情总量差异对负面舆情强度判断造成的干扰，我们计算负面舆情总强度与负面舆情总数的比值作为强度衡量的补充指标。

$$负面舆情平均强度 = \frac{负面舆情总强度}{负面舆情总数}$$

（4）舆情数量差和比：构建舆情数量差和比能综合考量正负舆情数的同时剔除舆情总量差异对判断带来的影响。主体舆情数量差和比越大，其舆情环境越偏向正面。

$$舆情数量差和比 = \frac{正面舆情总数 - 负面舆情总数}{正面舆情总数 + 负面舆情总数}$$

（5）舆情强度差和比：同样地，我们构建舆情强度差和比作为舆情强度的综合考量指标。主体的舆情数量差和比以及舆情强度差和比越大，其舆情环境越偏向正面。

舆情强度差和比 = $\dfrac{\text{正面舆情总强度} - \text{负面舆情总强度}}{\text{正面舆情总强度} + \text{负面舆情总强度}}$

至此，我们得到舆情因子的 13 个输入特征（表 1-2-4）。

表 1-2-4　　　　　　　　　舆情因子特征

因子体系	特征名称	特征符号	特征含义
舆情因子	零/一/二/三星负面舆情数	N0 N1 N2 N3	情感重要度为零/一/二/三星的负面舆情数量
	零/一/二/三星正面舆情数	P0 P1 P2 P3	情感重要度为零/一/二/三星的正面舆情数量
	负面舆情总强度	newsn	以情感重要度为权重的负面舆情数量和
	正面舆情总强度	newsp	以情感重要度为权重的正面舆情数量和
	负面舆情平均强度	newsan	每条负面舆情对应的负面情感强度
	舆情数量差和比	newscr	正负面舆情的数量之差除以正负面舆情的数量之和，用来衡量正负舆情数量的相对差异
	舆情强度差和比	newsar	正负面舆情的强度之差除以正负面舆情的强度之和，用来衡量正负舆情强度的相对差异

五、交易因子体系

交易因子包括各种市场参与者的交易行为、资金流动、市场流动性等，是金融预测中的重要因素。本研究采用的交易因子数据主要为交易活跃度数据。主体的交易活跃度指的是主体发行的债券在市场上的交易频率和成交量。交易活跃度的变化反映出投资者信心和市场情绪的变化，且发行主体债券交易活跃度的突然波动可能与潜在的违约风险相关。当市场上对某个债券的违约风险有所察觉时，投资者可能会采取行动以保护自己的利益，包括积极交易该债券以降低其持有资产的风险。此外，专业投资者、基金经理和风险管理机构通常会密切关注债券市场的信用风险，一旦他们察觉到潜在的违约风险，会迅速进行交易以调整其债券组合的风险敞口，导致交易活跃度的上升。

风险事件前交易因子的变化情况需要综合考虑多种因素。本部分将具体探究交易因子与信用风险的关系并将其加入模型的因子体系。

我们将以日均成交量和交易天数两个指标衡量主体的交易活跃度。

（一）日均成交量

用样本券的交易总量除以交易日总数，得到样本券的日均交易量；对样本主体所有存续样本券求平均值，得到样本主体的日均交易量。

（二）交易天数

对于每个样本主体，统计其所有存续样本券在研究窗口期内有交易的天数并计算平均值，得到样本主体的交易天数。

日均交易量和交易天数均为衡量债券市场交易活跃度的重要指标。日均交易量和交易天数越高的主体，其市场交易活跃度越高。

交易因子的2个特征如表1-2-5所示。

表1-2-5　　　　　　交易因子特征

因子体系	特征名称	特征符号	特征含义
交易因子	日均成交量	VOLUMEPD	总成交量/交易日天数
	交易天数	TDCOUNT	发生交易的交易日天数

第三节　机器学习算法构建信用风险预警模型

一、动态滚动模型构建

债券市场受到多种因素的影响，包括宏观经济环境、政策变化、市场情绪等，随着时间的推移，固定的模型会因为外部环境的变化而逐渐失去准确性。定期滚动更新模型可以帮助模型捕捉到市场的最新动态，从而保持较高的预测准确性和实用性。此外，由于因子体系中部分特征为时间序列数据，动态滚动模型可以持续地反映数据的时序特性，更好地预测未来的趋势和变化。反之，如果模型只使用固定的历史数据进行训练，会产生过拟合问题，导致模型对历史数据表现良好，但对新数据的预测能力较差。

因此，动态滚动模型能更好地捕捉到债券市场环境的动态变化，减少过拟合的风险并且更具泛化能力。

本研究构建动态模型的方法如下：

（1）沿用对样本主体库和信用风险事件的定义，对于样本主体库中主体，将级别下调和违约主体归为信用风险负面类，设置该类别机器学习分类标签为1，未发生级别下调或违约事件的主体归为信用风险非负面类，设置其机器学习分类标签为0。

（2）设置模型的开始时间和截止时间。模型的开始时间均为2018年7月1日，而截止时间随动态滚动不断变化。在每次滚动中，提取基本属性、利差、价格、舆情和交易五个因子体系下的各特征数据。其中，净价比率和交易利差数据的提取基于利差分析中对利差的提取方法，对未发生违约和级别下调的样本主体，提取最近三个月的净价比率和交易利差数据；对违约或降级的样本主体，取其首次违约或降级日前六个月至前三个月的净价比率和交易利差数据。

（3）对步骤2中提取出的数据进行数据清洗、特征工程、数据划分、模型选择、模型训练以及模型评估等步骤，将训练完成的模型部署在实际运用场景中并完成预测。

（4）更新模型截止日期，重新进行以上步骤。

由于本模型旨在提前预警，模型预测结果的检验具有一定滞后性，即是否成功预测一个主体的信用风险需要依据其未来三个月是否发生信用风险事件来判定。因此，为留出验证空间，对于本文所选取的研究时间段2018年7月1日至2023年4月1日，设置2022年10月1日为分界时点，即首次模型的截止时间，取2018年7月1日至2022年10月1日之间的数据作为首次模型训练数据并进行验证。此后，进行逐月滚动更新。

二、风险预警名单生成

在模型构建过程中，对于信用风险事件类别不同的主体，数据提取时间段有所差异。而在实际运用场景中，所有债券处于相同的时间维度。因此，实际运用中模型风险预警名单的生成步骤如下（以首次模型为例，首次模型训练截止时间为 2022 年 10 月 1 日）：（1）取 2018 年 7 月 1 日至 2022 年 10 月 1 日之间的数据作为训练集进行模型训练和评估；（2）设置 2022 年 10 月 1 日为截止日期，窗口期为 3 个月，对所有样本主体取 2022 年 7 月 1 日至 2022 年 10 月 1 日之间与训练集相同特征维度的数据并以此为预测集；（3）将训练完成的模型加载到预测环境中，对预测集数据进行分类预测，提取预测结果分类标签为 0 的主体生成风险预警名单。

在动态滚动模型中，每月将生成新的风险预警名单，对于连续或多次出现在风险预警名单中的主体需要重点关注。

第四节 信用风险预警模型的评估

一、模型性能评估

（一）混淆矩阵

本研究定义有信用风险的主体（即发生违约或级别下调）标签为 1；无信用风险的主体（即未发生违约和级别下调）标签为 0。混淆矩阵图例如下所示：

	预测值为 0	预测值为 1
真实值为 0	真阴性（True Negative）	假阳性（False Positive）
真实值为 1	假阴性（False Negative）	真阳性（True Positive）

各部分定义为：

真阴性：模型正确预测无信用风险的主体。

真阳性：模型正确预测有信用风险的主体。

假阳性：模型错误地将无信用风险主体预测为有信用风险。

假阴性：模型错误地将有信用风险主体预测为无信用风险。

基于混淆矩阵，我们计算出一系列分类模型的性能指标，如准确率、精确率、召回率、F1 分数等。

（二）准确率

准确率是指分类模型预测正确的样本数占总样本数的比例。它衡量了模型整体的正确预测能力，能够快速评估模型的整体表现。准确率的计算公式为：

$$准确率 = \frac{真阴性 + 真阳性}{真阴性 + 假阳性 + 真阳性 + 假阴性}$$

由于本模型中有信用风险的样本数量远少于无信用风险样本数量，而当样本不同类别数据不平衡时，准确率作为模型评估指标会过于关注多数类而忽略少数类，从而误导评估结果。因此，我们引入精确率、召回率和F1分数作为模型性能度量指标。

（三）精确率

精确率是指在所有被预测为有信用风险的样本中，实际有信用风险的样本的比例。它衡量了分类模型对有信用风险类的样本的判断准确程度。精确率的计算公式为：

$$精确率 = \frac{真阳性}{真阳性 + 假阳性}$$

（四）召回率

召回率是指在所有实际有信用风险的样本中，被正确分类为有信用风险的样本的比例。它衡量了分类模型对有信用风险类的样本的覆盖率。召回率的计算公式为：

$$召回率 = \frac{真阳性}{真阳性 + 假阴性}$$

（五）F1分数

F1分数是精确率和召回率的调和平均值，它综合考虑了分类模型的准确性和完整性。F1分数的计算公式为：

$$F1\ 分数 = \frac{2 \times 精确率 \times 召回率}{精确率 + 召回率}$$

由于精确率和召回率往往是一对矛盾的指标，提高精确率可能会降低召回率，反之亦然。F1分数在这种情况下可以作为一个综合指标，在精确率和召回率之间做出平衡。F1分数指标的优点在于它综合考虑了分类模型的准确性和完整性，常被运用于处理不平衡数据集和二分类问题。

在本研究的信用风险预警模型中，我们将以 F1 分数作为模型性能度量的主要参考指标。F1 分数的取值范围在 0~1 之间，越接近 1 表示模型的性能越好。

二、交叉验证

在机器学习模型的评估中，传统的数据划分方法是随机将数据划分为训练集和测试集。但这种划分方式存在一定的不足：（1）高度依赖划分方式：传统的划分方法是将数据集随机划分为训练集和测试集，不同的划分方式会产生不同的训练集和测试集的组合，导致模型的性能评估结果不稳定。（2）评估结果失真：当数据分布不平衡时，划分出的测试集和验证集无法体现整体数据分布。若随机划分的测试集中包含的某类样本数过少，会使模型的评估结果产生较大的偏差从而导致模型过拟合。（3）数据利用率低：传统的划分方法将一部分数据用于训练，一部分用于测试，当数据量较小时会导致数据利用率低或模型训练不充分。

为了客观准确地评估模型的性能和泛化能力，我们引入交叉验证的方法对模型性能进行评估。交叉验证作为一种常用的评估技术在机器学习中的模型评估被广泛采用，交叉验证通过将数据集划分为多个子集，多次对模型进行训练和测试，从而获取全面可靠的性能评估结果。常见的交叉验证方法包括留一交叉验证和 K 折交叉验证等。留一交叉验证是对于 N 个样本的数据集，将每个样本依次作为测试样本，其余 N-1 个样本作为训练集。这种方法在数据量较小的情况下特别有用，但计算成本高。K 折交叉验证是将原始数据集分为 K 个大小相等的子集并进行 K 次训练和测试，在每一轮训练和测试中，其中一个子集被用作测试集，剩余的 K-1 个子集用作训练集。通过重复使用不同的训练集和测试集，K 折交叉验证充分利用了数据，减少了因数据划分不同而引起的评估偏差，从而更全面地评估了模型的泛化性能。

对于本研究中的信用风险预警模型，违约和级别下调的样本数量远少于无信用风险的样本，数据分布严重不平衡，因此，我们采用 K 折分层交叉验证作为验证方法。K 折分层交叉验证是在 K 折交叉验证的基础上，保持 K 个子集中各类别的比例一致。K 分层折交叉验证在处理不均衡数据、准确评估模型性能以及提供更合理的数据代表性等方面具有显著的优势。基于 K 折分层交叉验证，选取 K = 5，最终得到的模型评估结果将由五个 F1 分数组成，我们将取其平均数和标准差进行比较并评估模型性能。

三、风险预警名单质量评估

除了对样本内数据进行模型性能评估外，我们基于现实运用场景，设定以下指标来评估风险预警主体名单的质量以及模型的实用价值：

（一）名单风险准确度

基于聚源数据库，从违约信息表中导出发生实质性违约事件或公司公告中披露了无法按期偿还本金和利息（展期不包含在内）的主体及其违约时间或公告发布时间，从评级信息表中导出级别下调主体及其级别下调时间。对两者进行整合并定义其为实际风险名单。统计模型生成的风险预警名单与实际风险名单中重合的主体数量，除以模型生成名单的主体数，定义该指标为名单风险准确度。名单风险准确度主要考察模型对所有曾发生或即将发生信用风险事件的主体的预测准确度。

（二）名单预测风险准确度

对于风险预警名单和实际风险名单的重合部分，统计其中级别下调或违约时间在模型训练截止时间之后的主体数量，除以模型生成名单的主体数，定义该指标为名单预测风险准确度。名单预测风险准确度主要考察模型对所有即将发生信用风险事件的主体的预测准确度。

（三）名单预测新增风险准确度

对于风险预警名单和实际风险名单的重合部分，统计其中首次级别下调或违约时间大于模型训练截止时间的主体数量，除以模型生成名单中还未出现过违约或级别下调的主体数，定义该指标为名单预测新增风险准确度。名单新增预测风险准确度主要考察模型对即将首次出现信用风险事件的主体的预测准确度。

第五节 本章小结

本章首先介绍了逻辑回归、支持向量机、随机森林以及 XGBoost 这四种机器学习算法的原理和使用场景，并对其在发债主体信用风险预警模型中的优劣进行了简要分析。随后，本章构建了以利差因子为核心，基本属性因子、价格因子、舆情因子和交易因子为补充的五因子体系并建立了基于现实运用的动态滚动模型和风险预警名单生成方法。最后，在模型结果评估方面，本章主要使用 F1 分数和交叉验证来评估和比较模型性能，并且以名单风险准确度、名单预测风险准确度和名单预测新增风险准确度为指标对模型生成的企业风险预警名单质量进行比较。基于本章对于模型的方法介绍，下面我们将进行实证研究。

第三章
使用机器学习构建信用风险预警模型

第一节 模型训练

一、数据获取与说明

基于模型构建方法，本研究从聚源数据库中提取 2018 年 7 月 1 日至 2023 年 4 月 1 日之间存续的、债券一级类型为企业债、公司债、中期票据和短期融资券的窄口径信用债共 52 468 只，以上述债券的发债主体为研究对象，得到 5 054 家样本主体。将发生过违约或级别下调的样本主体的机器学习分类标签设置为 1，即负类样本；未发生过违约和级别下调的主体机器学习分类标签设置为 0，即正类样本。由以上方式得到负类样本主体 572 家，正类样本主体 4 482 家。

对于本研究的动态滚动模型，本章将先以首次训练为例进行详细说明，并在模型评估部分进行滚动结果验证。首次训练模型训练集数据选取时间段为 2018 年 7 月 1 日至 2022 年 10 月 1 日，提取期间样本主体的特征数据[1]，剔除存在缺失值的主体后共得到 4 471 家主体，其中负类主体 424 家，正类主体 4 047 家。

二、特征有效性检验

由于利差因子已经验证其作为预警因子的有效性，价格因子基于中债估值数据，与利差因子中所使用估价收益率数据息息相关，我们不再进行

---

[1] 以计算出的违约时点的利差平均值为判断异常值阈值的标准，剔除交易利差大于 214.91% 的异常值。同样地，计算出净价比率在违约时点的平均值，剔除净价比率小于 0.72 的价格异常值。

特征有效性检验。而对于新加入的舆情因子和交易因子，我们对负面主体的舆情和交易特征进行历史数据分析以检验其有效性。

（一）舆情因子特征检验

为直观地观察舆情特征指标对风险预警的有效性以及信用风险事件发生前舆情特征的变化趋势，我们选取两家负类主体进行具体分析。其中，上海世茂股份有限公司仅发生过违约事件，启迪环境科技发展股份有限公司发生过违约事件和级别下调事件。由于舆情因子特征数量较多，我们选取其中四个特征（一星负面舆情数、二星负面舆情数、三星负面舆情数以及舆情强度差和比），画出其随时间变化的趋势图并对违约时间和级别下调时间进行标记，黑色竖线代表违约时间，灰色竖线代表级别下调时间。

从上海世贸股份有限公司的舆情特征随时间变化趋势图（见图1-3-1）来看，在发生首次违约事件前，上海世茂股份有限公司的一星、二星、三星负面舆情数均急剧上升，出现波峰；同时，舆情强度差和比则急剧下降，且该上升和下降趋势的出现较违约时间领先半年左右，舆情信息能为违约事件提供预警。

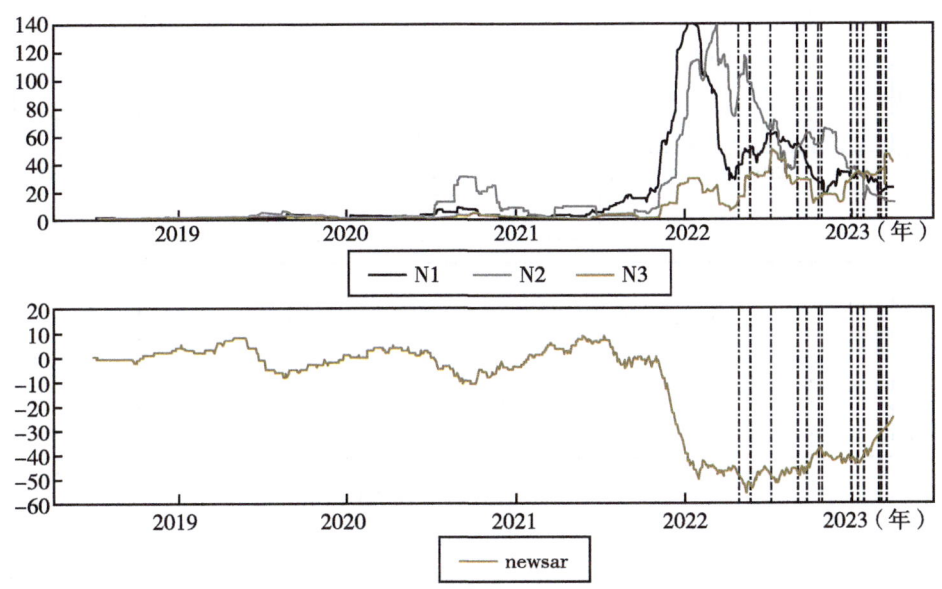

图1-3-1　上海世茂股份有限公司舆情特征随时间变化趋势

从启迪环境科技发展股份有限公司的舆情特征随时间变化趋势图（见图1-3-2）来看，启迪环境科技发展股份有限公司在发生违约事件前同样出现负面舆情数大幅增长和舆情强度差和比大幅下降的现象。而从级别下调事件来看，2018年和2019年的级别下调事件发生前，一星、二星、三星负面舆情数无明显变化，舆情强度差和比出现小幅波动并呈现下降趋势，但其下降趋势较级别下调事件的领先性并不明显；2021年评级下调事件连续发生前，一星、二星负面舆情数出现明显上升趋势，舆情强度差和比小幅下降；2022年级别下调事件与违约事件相隔较近，级别下调事件发生前负面舆情数急剧上升，舆情强度差和比急剧下降。

综上所述，对于违约来说，主体负面舆情数量急剧上升，舆情强度差和比急剧下降，且该变化领先违约时间半年左右；对于级别下调来说，仅发生连续评级下调或与违约相隔较近的评级下调事件前，负面舆情数的上升趋势和舆情强度差和比的下降趋势较为明显且具有领先性。总的来说，舆情信息能为信用风险预警提供有效参考。

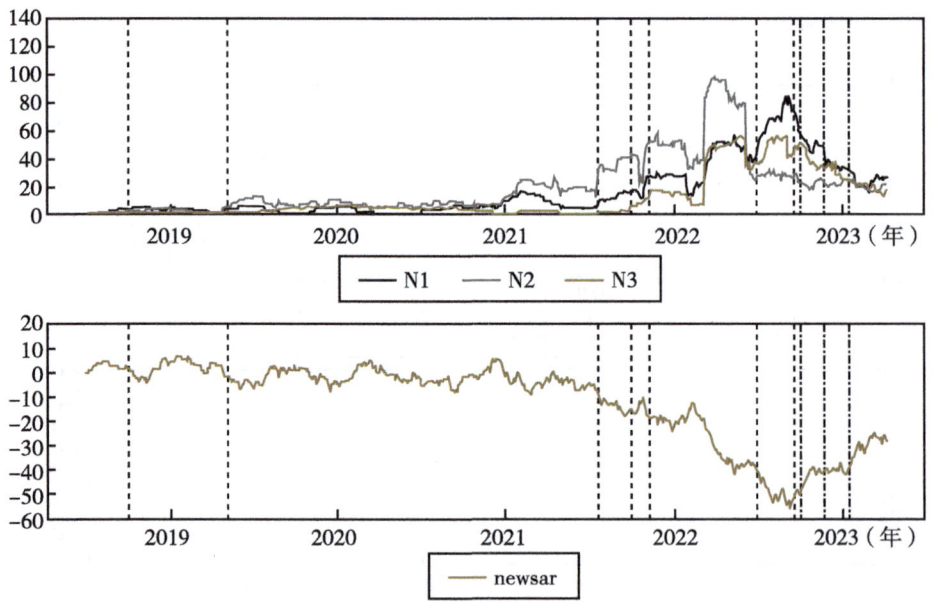

图1-3-2 启迪环境科技发展股份有限公司舆情特征随时间变化趋势

(二) 交易因子特征检验

与负类主体历史舆情数据分析类似，为研究交易特征的有效性以及其在信用风险事件发生前的变化，我们选取上海世茂股份有限公司和启迪环境科技发展股份有限公司这两家负类主体，作出其日均交易量和交易天数随时间变化的趋势图。

从上海世茂股份有限公司交易特征随时间变化趋势图（见图1-3-3）来看，违约事件发生前，日均成交量和交易天数基本呈现相同变化，均出现急剧上升趋势并在违约前约2个月达到峰值，此后开始下降。此外，日均成交量和交易天数的大幅上升趋势出现的时间较首次违约事件的发生时间领先6个月左右。

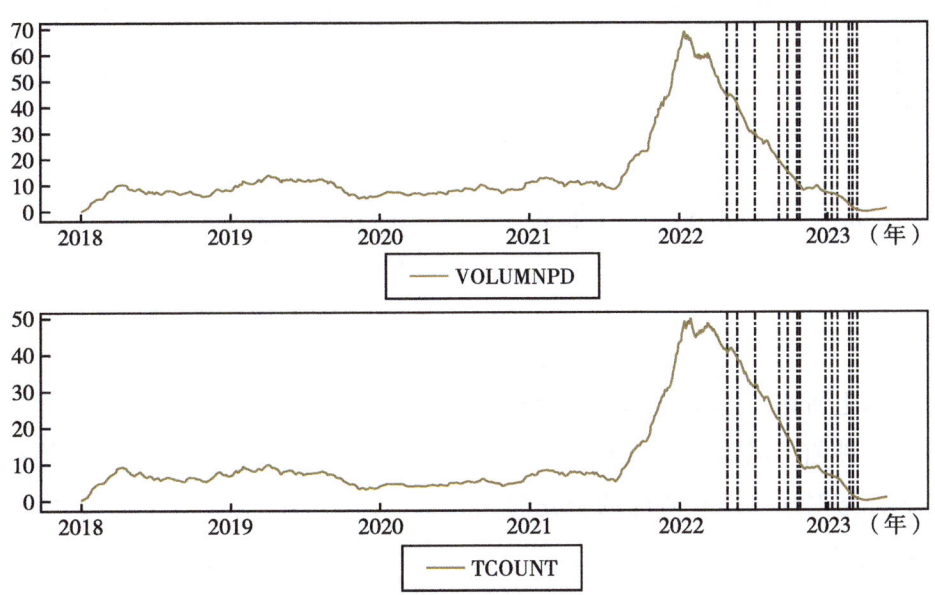

图1-3-3 上海世茂股份有限公司交易特征随时间变化趋势

从启迪环境科技发展股份有限公司交易特征随时间变化的趋势图（见图1-3-4）来看，发生级别下调事件前，日均成交量和交易天数均急剧上升。其中，2018年统计期内首次级别下调事件发生前，日均成交量和交易天数均在级别下调前8个月开始出现大幅上升；2021年7月开始启迪环境科技发展股份有限公司半年内发生三次级别下调事件，连续级别下调发生前，日均成交量和交易天数多次大幅上升，分别出现在 2020 年中、2021 年初及 2021 年中，且交易天数变化幅度较日均成交量更大。而由于 2022 年后主体信用状况已经严重恶化，投资者的大量抛售行为已经接近尾声，违约前不再出现交易活跃度急剧上升的现象。

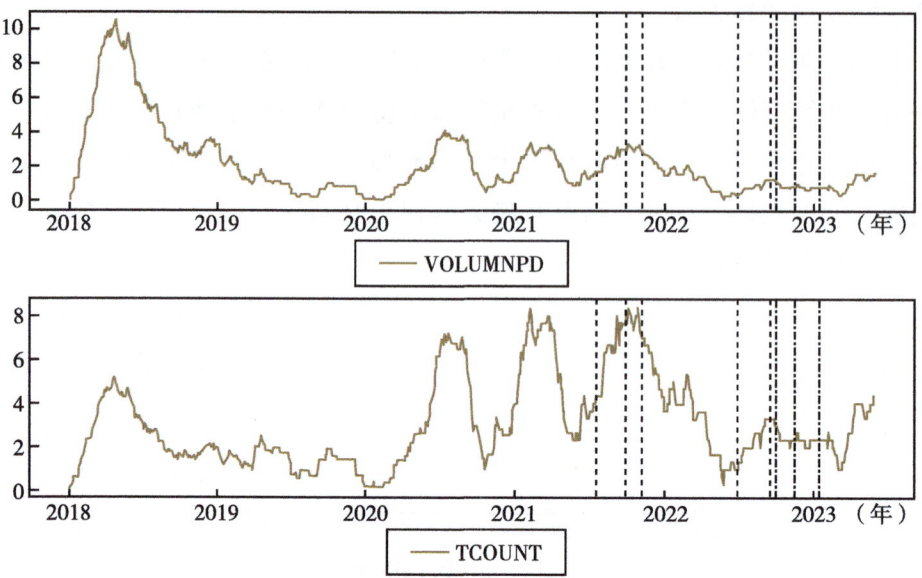

图 1-3-4　启迪环境科技发展股份有限公司交易特征随时间变化趋势

综上所述，主体日均成交量和交易天数变化情况基本一致，发生信用风险事件前，风险主体的日均成交量和交易天数均出现急剧上升的趋势，且该趋势对信用风险事件的领先时间较长，即交易特征对于风险预警具有较好的效果。

三、描述性统计

为初步探究各特征之间相关性以及特征与标签之间的关系，我们作出所有特征的相关性热力图（见图 1-3-5）。

特征相关性热力图中的每个单元格以颜色映射的方式展示了两两特征间的皮尔逊相关系数（Pearson Correlation Coefficient）的大小。对于本研究中所涉及的 45 个特征，发债规模与发债只数、发行利率与发行利差等特征间均存在较强的线性正相关关系。此外，价格因子、利差因子和舆情因子的部分衍生特征间也存在较强的相关性。特征间的多重共线性会使模型参数估计变得不稳定，即模型会对输入特征的微小变化非常敏感并导致过拟合。此外，高相关性特征包含较多冗余信息，会使模型解释性降低的同时复杂度增加，从而对模型的训练和推断产生负面影响。因此，在后续数据处理过程中，我们使用主成分分析（Principal Component Analysis，PCA）的方法进行降维，减少特征间的相关性。

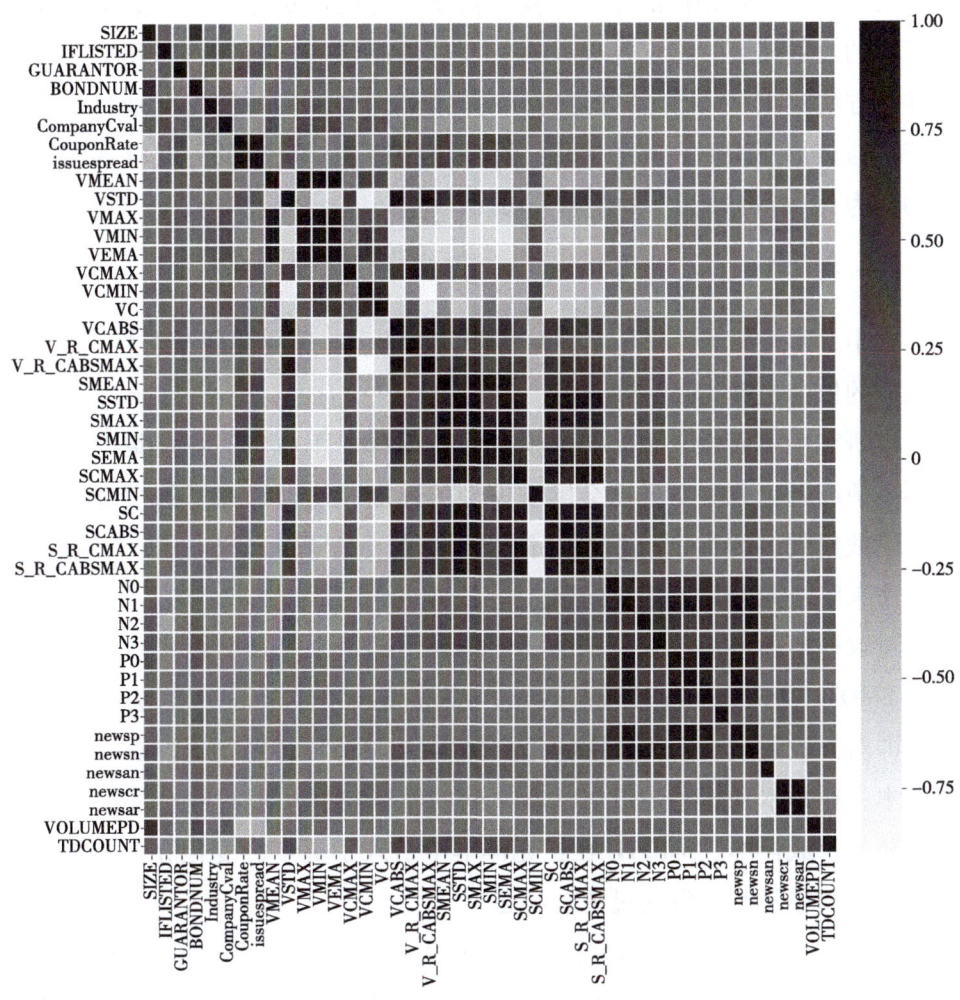

图1-3-5　特征相关性热力图

四、特征工程

首先，我们对特征衍生后得到的 45 个特征做进一步处理。特征中包含 4 个分类特征以及 41 个数量特征。分类特征中包括是否上市、是否有担保人、主体所在行业以及主体企业性质。其中，主体所在行业和主体企业性质为类别文本数据，我们使用标签编码器将类别型特征转换为整数型特征。而对于数量特征，我们对其进行数据标准化处理。数据标准化旨在将不同特征的数据缩放到相似的范围，使机器学习算法能更好地处理数据从而提高模型的收敛速度、稳定性以及对特征的敏感性。本研究将采用 Z – Score 标准化方法对 41 个数量特征进行标准化处理。Z – Score 标准化通过计算每个特征与该特征均值之间的差值，并除以特征的标准差的方式将数据缩放到均值为 0、标准差为 1 的正态分布。

$$Z = \frac{X - \mu}{\sigma}$$

式中，X 是原始特征值；μ 是特征的均值；σ 是特征的标准差；Z 是标准化后的值，也称为 Z – Score。

本研究中负面样本主体数远少于非负面样本主体数，数据集中存在严重不平衡问题。数据不平衡会影响模型的性能，使训练完毕的模型更倾向于预测数量较多的类别且模型评估结果失真。这里我们将尝试"过取样"的方法来解决数据集不平衡问题。

过取样通过增加数量较少的类别的样本数量来平衡数据集。本模型将使用 SMOTE（Synthetic Minority Over – sampling Technique）算法进行过取样，即对于数量较少的类别中的每个样本，SMOTE 会随机选择若干个最近邻样本，在样本和这些最近邻样本之间的特征空间中通过线性插值的方式生成新的合成样本。SMOTE 在扩充样本中引入了更多的变化和多样性，有助于减轻简单复制导致的过拟合问题。

同时，由于部分特征间存在较强的相关性，我们采用主成分分析的方法进行数据降维。主成分分析旨在通过解释方差和线性变换找到一组新的正交主成分，将高维数据转化为低维表示，以便更好地捕捉数据在特征空间中的内在结构。本研究进行主成分分析后得到累计方差解释比例如图1-3-6所示，由于本模型特征数较多，我们选取累计贡献值达到80%的主成分输入模型进行训练。

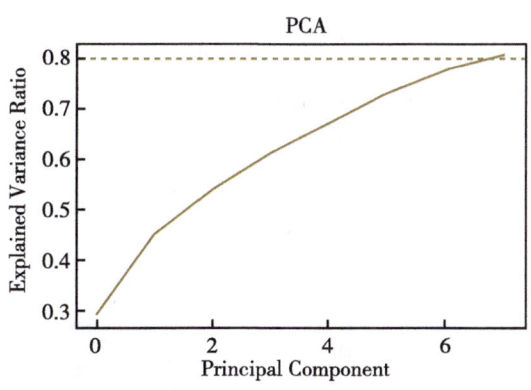

图1-3-6 累计解释方差比例

将处理完毕的数据按照8∶2划分为训练集和测试集，对其选择不同机器学习算法进行模型训练以及模型评估。此外，我们进行5折分层交叉验证，对模型进行5次迭代，每次选择其中一个子集作为验证集，而其余四个子集作为训练集。对于每次迭代，使用训练集来训练机器学习模型，然后使用验证集来评估模型性能。

第二节　模型评估与算法比较

一、不同机器学习算法的比较

本节将对不同机器学习算法的模型性能和生成的预警名单质量进行比较。我们对模型性能进行比较，得到四个算法的混淆矩阵（见图1-3-7）和分类报告（见表1-3-1）。

从混淆矩阵来看，XGBoost真阳性样本量最多，成功预测出47家有信用风险的主体；支持向量机真阳性样本量最少，成功预测出27家有信用风险的主体。从预测错误的类别来看，随机森林的假阳性样本量最少，将4

家无信用风险的主体预测为有信用风险,但其假阴性样本量最多,未能预测出 63 家有信用风险的主体。逻辑回归假阴性样本量最多,将 11 家无信用风险的主体预测为有信用风险;而 XGBoost 假阳性样本量最少,未能将 38 家有信用风险的主体成功预测。由于假阴性和假阳性错误之间存在一种权衡关系,即当算法在进行决策时,如果将决策边界设置得更加保守,则更容易将样本划分为负类别,假阴性样本量将减少,但这样会导致更多的正类别样本被错误地划分为负类别,增加了假阳性出现的概率。因此,仅凭混淆矩阵无法判断算法的性能优劣,下面我们将借助分类报告以及 F1 分数做进一步比较。

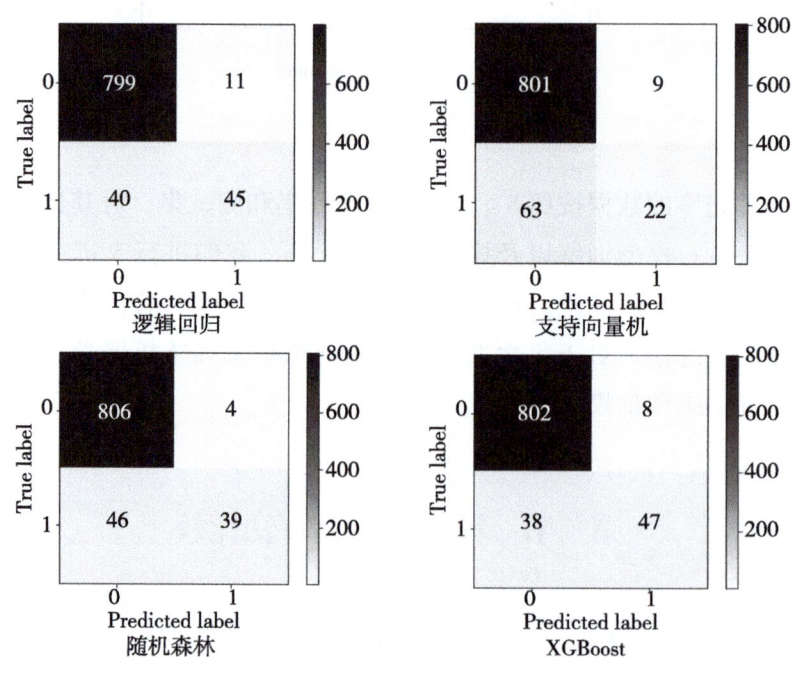

图 1-3-7 机器学习算法混淆矩阵

从分类报告来看,随机森林和 XGBoost 的模型性能较好,准确率分别为 0.944 和 0.949,F1 分数分别达到 0.609 和 0.671。此外,逻辑回归的准确率为 0.936,F1 分数为 0.538;支持向量机的准确率为 0.920,F1 分数为 0.379(见表 1-3-1)。从算法的精确率和覆盖率来看,随机森林的精确率为四个算法中最高,对于负面样本预测的精确率达到0.91;逻辑回归的精确率最低,为0.69。在覆盖率方面,XGBoost的覆盖率最高,为0.55;支持向量机的覆盖率最低,仅为0.26。

表1-3-1　　　　　　　　机器学习分类报告

逻辑回归				
	Precision	Recall	F1 - score	Support
0	0.95	0.99	0.97	810
1	0.76	0.43	0.54	85

逻辑回归测试集 Accuracy:0.936;F1 - score:0.538

支持向量机				
	Precision	Recall	F1 - score	Support
0	0.93	0.99	0.96	810
1	0.71	0.26	0.38	85

支持向量机测试集 Accuracy:0.920;F1 - score:0.379

随机森林				
	Precision	Recall	F1 - score	Support
0	0.95	1.00	0.97	810
1	0.91	0.46	0.61	85

随机森林测试集 Accuracy:0.944;F1 - score:0.609

XGBoost				
	Precision	Recall	F1 - score	Support
0	0.95	0.99	0.97	810
1	0.85	0.55	0.67	85

XGBoost测试集 Accuracy:0.949;F1 - score:0.671

此外,为了检验机器学习算法的鲁棒性,我们对模型进行5折分层交叉验证,汇总每一折的结果并计算不同算法下各折的平均值和标准差,得到验证结果如表1-3-2所示。其中,XGBoost的F1分数平均值最高,为0.706;支持向量机的F1分数最低,为0.307。而从算法的稳定性来看,逻辑回归和支持向量机算法的标准差低于 0.05，表现较随机森林和 XGBoost 更为稳定。

表 1-3-2　　　　　　不同算法交叉验证 F1 分数对比

	第一折	第二折	第三折	第四折	第五折	交叉验证结果
逻辑回归	0.541	0.543	0.475	0.475	0.492	0.505 ± 0.031
支持向量机	0.313	0.329	0.293	0.302	0.299	0.307 ± 0.013
随机森林	0.515	0.661	0.649	0.636	0.642	0.621 ± 0.053
XGBoost	0.587	0.752	0.774	0.661	0.754	0.706 ± 0.071

除了模型性能比较外，站在实际运用的角度，我们还将重点对比各机器学习算法的风险预警企业名单的质量。基于前文提出的名单质量评估指标，得到四种算法风险预警名单质量对比表（见表 1-3-3）。其中，准确度度量结果由百分比数值和具体主体数组成，括号内第一个数字表示命中主体数，第二个数字表示名单预测主体数。

支持向量机名单风险准确度、名单预测风险准确度和名单预测新增风险准确度均最高。具体来看，以 2022 年 10 月 1 日为训练截止时间，支持向量机得到名单共 38 家预测主体，其中 34 家主体实际出现违约或级别下调记录，名单风险准确度为 89%；且其中 30 家主体在 2022 年 10 月 1 日之后实际出现违约或级别下调记录，名单预测风险准确率为 79%。另外，剔除在 2022 年 10 月 1 日前已经发生过风险事件的主体，支持向量机共得到 10 家新增预测风险主体，其中 6 家实际在 2022 年 10 月 1 日之后出现首次违约或评级下调，预测新增风险准确度为 60%。成功预测的 6 家新增风险主体具体为远洋资本有限公司、旭辉集团股份有限公司、景瑞地产（集团）有限公司、广州合景控股集团有限公司、广东腾越建筑工程有限公司和碧桂园地产集团有限公司。其中，预警领先时间最长的为碧桂园地产集团有限公司，其发布无法偿还本金及利息公告时间为 2023 年 9 月 13 日，模型预警领先时间为 347 天；预警领先时间最短的为远洋资本有限公司，其级别下调时间为 2023 年 4 月 12 日，模型预警领先时间为 193 天。对于首次发生信用风险事件的主体的预测，模型的预警领先时间均超过 180 天且预测主体主要集中在房地产行业。

表1-3-3 不同算法风险预警名单质量对比

	名单风险准确度	名单预测风险准确度	名单预测新增风险准确度
逻辑回归	66%（55/83）	40%（33/83）	22%（8/36）
支持向量机	89%（34/38）	79%（30/38）	60%（6/10）
随机森林	87%（47/54）	65%（35/54）	42%（5/12）
XGBoost	75%（42/56）	55%（31/56）	18%（3/17）

结合模型性能和预警名单质量的对比结果，XGBoost虽然在样本内模型性能表现较好，模型F1分数达到0.65以上，但在实际预警名单中准确度较低，存在过拟合现象。而支持向量机虽然在模型性能上由于其预测口径较严，得到预测风险主体较少导致其覆盖率和F1分数较低，但其在预警名单的准确度上优于其他算法。造成以上结果的原因是支持向量机通过使用核函数来将数据投影到高维空间，在处理具有复杂边界或特征之间复杂关系的数据时可以更好地捕捉其内部特征。同时，本研究涉及的样本量较小，支持向量机的决策边界主要受到支持向量的影响，在样本量较小的环境下相对不易受到噪音数据的干扰。而XGBoost作为集成学习算法，模型复杂度较高，对训练数据的噪音和细微变化敏感，导致在新数据上的泛化能力下降，使模型在训练数据上的误差很低，但在新的预测集数据上的误差较高。因此，从首次训练模型结果来看，支持向量机在样本外的实际运用模拟效果最好，随机森林次之。

二、特征工程前后比较

本节将对比特征工程前后的模型性能以及企业预警名单质量。我们将不同机器学习算法下使用原数据、主成分分析（PCA）后数据以及过取样后数据的模型验证结果进行比较，验证结果将以交叉验证F1分数、名单风险准确度、名单预测风险准确度和名单预测新增风险准确度这四个指标的形式进行展现（见表1-3-4）。

从进行主成分分析前后的结果比较来看，支持向量机结果基本不变而其他算法在进行主成分分析后 F1 分数下滑但企业预警名单质量获得提升。支持向量机是一种非线性分类器，即使原始特征之间存在线性相关性，支持向量机可以通过核技巧进行映射处理。因此，支持向量机在原始特征空间和通过 PCA 降维后的特征空间中运行稳定，模型结果不太受 PCA 的影响。

从过取样前后的结果比较来看，过取样虽然有效提高了交叉验证 F1 分数，但过取样后企业预警名单质量出现较大下滑。对于逻辑回归、支持向量机、随机森林和 XGBoost 算法，过取样均导致名单风险准确度下降。其中，对支持向量机准确度下降最明显，三项指标下降均达到 20% 以上。主要是由于 SMOTE 通过在少数类样本之间进行插值来生成合成样本，这些新样本可能会引入一些噪声，并不能准确代表真实数据的分布。而模型过度适应新合成样本而不是真实数据，导致其泛化性能下降，在训练集上的性能提升，但在未出现的数据上性能下降。因此，在后续模型的滚动验证中，我们将不再考虑使用过取样方法。

表 1-3-4　不同机器学习算法特征工程前后结果对比

		交叉验证 F1 分数	名单风险 准确度	名单预测 风险准确度	名单预测新增 风险准确度
逻辑回归	原数据	0.505 ± 0.031	66% (55/83)	66% (55/83)	66% (55/83)
	PCA	0.314 ± 0.022	74% (58/78)	47% (37/78)	23% (6/26)
	过取样	0.818 ± 0.011	52% (64/124)	28% (35/124)	13% (9/69)
支持向量机	原数据	0.307 ± 0.013	89% (34/38)	79% (30/38)	60% (6/10)
	PCA	0.309 ± 0.019	91% (41/45)	82% (37/45)	63% (7/11)
	过取样	0.775 ± 0.019	70% (58/83)	45% (37/83)	26% (9/34)
随机森林	原数据	0.621 ± 0.053	87% (47/54)	65% (35/54)	42% (5/12)
	PCA	0.444 ± 0.032	84% (43/51)	74% (38/51)	50% (8/16)
	过取样	0.835 ± 0.020	44% (86/195)	22% (42/195)	8% (9/118)
XGBoost	原数据	0.706 ± 0.071	75% (42/56)	55% (31/56)	18% (3/17)
	PCA	0.476 ± 0.041	78% (39/50)	66% (33/50)	35% (6/17)
	过取样	0.860 ± 0.012	34% (127/377)	12% (45/377)	5% (13/263)

三、滚动动态模型结果比较

对于本研究所构建的动态滚动模型,我们将更新模型训练截止时间进行逐月动态滚动。分别以2022年10月1日、2022年11月1日、2022年12月1日、2023年1月1日、2023年2月1日、2023年3月1日以及2023年4月1日为训练截止时间,计算模型在原数据和PCA处理后的企业风险预警名单质量的三个度量指标(具体见本专题附表2),并对每个模型计算三个指标的滚动平均值和标准差(见表1-3-5)。

从滚动平均值来看,表现最好的算法为随机森林,其原数据下风险准确度、预测风险准确度和新增预测风险准确度的滚动平均值分别为95%、73%和73%,标准差分别为4%、10%和17%。除随机森林外,支持向量机风险准确度、预测风险准确度和新增预测风险准确度的滚动平均值分别为92%、76%和55%,标准差分别为3%、7%和14%,准确度仅次于随机森林且具有较高的稳定性。

对比主成分分析(PCA)前后各算法的动态滚动模型表现,支持向量机PCA前后无显著变化,逻辑回归进行PCA后准确度有所上升;随机森林和XGBoost则准确度下降,稳定性上升。具体来看,PCA通过捕捉数据中的主要方差的方式进行降维,有助于去除输入特征间的多重共线性并减少冗余信息和噪声,能有效提高高维数据下的逻辑回归的预测准确度。而对于随机森林和XGBoost来说,PCA后预测新增风险准确度的滚动平均值出现大幅下滑但总体稳定性得到较大提升。随机森林和XGBoost作为决策树的集成算法,能自行选择有效特征,PCA则会导致数据信息丢失,降低模型性能;但PCA能降低决策树之间的相关性,使集成模型更稳定。

此外,四种机器学习算法的名单准确度随训练截止时间的推移均呈现波动性上升的趋势,随着新的违约或级别下调事件的发生,稀缺的负面样本不断累积,为模型提供更多学习信息,有助于提高模型性能。

表 1-3-5　　不同机器学习算法滚动结果比较

		名单风险准确度	名单预测风险准确度	名单预测新增风险准确度
逻辑回归	原数据	58% ±6%	36% ±5%	20% ±11%
	PCA	86% ±17%	68% ±18%	58% ±22%
支持向量机	原数据	92% ±3%	76% ±7%	55% ±14%
	PCA	93% ±3%	76% ±4%	55% ±14%
随机森林	原数据	95% ±4%	73% ±10%	73% ±17%
	PCA	88% ±5%	71% ±5%	44% ±9%
XGBoost	原数据	74% ±23%	54% ±21%	34% ±26%
	PCA	70% ±7%	51% ±10%	22% ±8%

第三节　本章小结

本章风险预警模型的实证研究，首先对以 2022 年 10 月 1 日为训练截止日期的首次模型进行详细分析，对比不同机器学习算法下测试集混淆矩阵和分类报告并比较交叉验证下的 F1 分数和预警名单质量。从样本内验证结果来看，XGBoost 交叉验证 F1 分数最高，为 0.7；而支持向量机的企业预警名单准确度最高，名单风险准确度、预测风险准确度和新增预测风险准确度分别为 89%、79% 和 60%，且该模型对命中的首次出现信用风险事件主体的预测领先时间均超过 180 天。此外，对特征工程前后的验证结果进行比较，从进行主成分分析前后的结果比较来看，主成分分析后 F1 分数没有显著变化但各机器学习算法的企业预警名单质量获得一定提升；从取样前后的结果比较来看，过取样虽然有效提高了交叉验证 F1 分数，但过取样后企业预警名单准确度出现大幅下滑。

基于本研究构建的动态滚动模型，我们得到各算法下的滚动验证结果。其中，表现最好的算法为随机森林，其风险准确度、预测风险准确度和新增预测风险准确度的滚动平均值分别达到 95%、73% 和 73%。另外，通过对比主成分分析前后的滚动验证结果，我们发现支持向量机主成分分析前后无显著变化，逻辑回归进行主成分分析后准确度和稳定性有所上升；随机森林和 XGBoost 则准确度下降，稳定性上升，为是否使用主成分分析法提供了参考。

第四章 总结与建议

第一节 研究结论

本文以信用债发债主体发生风险事件前的信用利差为核心因子,在此基础上,结合基本属性因子、价格因子、舆情因子和交易因子,使用机器学习算法构建了一个可投入实际使用的企业信用风险预警模型,并通过回测验证了该模型在预测企业信用风险方面具有较高的准确性和领先性,在提高评级机构的风险识别能力、加强评级精度、保护投资者利益、防范金融风险等方面具有重要意义。

具体来看,主体的平均利差与信用风险事件发生率呈正相关关系,且风险主体的信用利差在信用风险事件发生前会出现快速上升趋势并发生剧烈波动,可以作为信用风险的预警信号。因此,本文以信用利差为核心因子,综合考虑企业基本属性、价格变化、新闻舆情、交易热度等影响因素,结合机器学习中的逻辑回归、支持向量机、随机森林以及 XGBoost 算法,构建主体信用风险预警模型。比较四种机器学习方法发现 XGBoost 虽然样本内模型性能评估表现较好,但其样本外实际情况模拟下的预警名单准确度较低,存在过拟合现象;支持向量机和随机森林在预警名单准确度上表现较好。综合动态滚动后预警名单质量来看,表现最好的算法为随机森林,其企业风险预警名单的风险准确度、预测风险准确度和预测新增风险准确度分别达到 95%、73% 和 73%。

第二节 研究建议

近年来,企业信用债信用风险事件屡屡发生,既反映了经济发展的快速进程，也揭示了我国在市场规范和风险管理方面仍存在挑战，债券风险预警体系的研究尚处于起步阶段。而随着金融科技的迅猛发展，包括机器学习和数据挖掘在内的技术不断崭露头角，这些技术以其精准地拟合非线性和非单调函数、提高预测准确性等优势，已经开始在金融预测领域受到广泛关注和运用。本研究构建了风险预警模型的因子体系并探索了四种机器学习算法在建模中的运用，构建的信用风险预警模型能做出有效预警，企业风险预警名单的准确度较高。而随着金融市场的不断演变和企业环境的动态变化，信用风险预警的研究领域将面临新的挑战和机遇。为建立更为全面的模型并进一步提高信用风险预警效果，本研究提出以下建议：

（1）风险预警和监控是债券市场中至关重要的一环，研究需要进一步深化提高风险的及早识别能力和监控能力，包括开发更高效的监测系统，对实时数据进行快速反应和及时评估，以及提出更精细化的风险预警策略，以减少不必要的风险暴露，维护金融体系的稳健运行。

（2）积极推动企业信息的披露机制的发展，提升信息透明度和数据真实性。同时，提供更多的标准化财务信息和企业风险披露途径，有助于风险预警模型获取更多有效的输入特征，探索企业内部因素对信用利差和违约风险的影响，提高其预警的准确性和领先性。

（3）人工智能和机器学习技术的发展为我们提供更快速和自动化的工具，信用风险预警模型需要持续探索更智能、自适应的算法和工具并对模型进行优化改进，以更好地应对不断变化的市场环境，为金融行业和实体经济的可持续发展提供有力的支持。

本专题参考文献

[1] Bonfim D. Credit risk drivers: Evaluating the contribution of firm level information and of macroeconomic dynamics [J]. Journal of Banking & Finance, 2009, 33 (2): 281-299.

[2] Shin K S, Lee T S, Kim H. An application of support vector machines in bankruptcy prediction model [J]. Expert Systems with Applications, 2005, 28 (1): 127-135.

[3] 周双双, 张子鹏. 基于机器学习模型的企业信用风险预警研究 [J]. 债券, 2022, (6): 79-83.

[4] 生柳荣, 陈海华, 胡施聪等. 企业债券信用风险预警模型及其运用 [J]. 投资研究, 2019, 38 (6): 25-35.

[5] 苏罡, 余尚兵, 李凡. 基于舆情的信用风险预警模型 [J]. 保险研究, 2021, (10): 90-105.

[6] 袁海霞, 彭月, 柳婷, 王晨. 债券价格对信用风险预警有效性的实证研究 [J]. 债券, 2022 (2): 72-77.

[7] 童冠群, 宋一丹, 周荣喜. 信用风险、投资者情绪对债券信用利差的影响研究 [J]. 价格理论与实践, 2023 (7): 173-177. DOI: 10.19851/j.cnki.CN11-1010/F.2023.7.197.

[8] 章天欣. 基于机器学习的债券违约风险预警模型研究 [D]. 南京大学, 2020. DOI: 10.27235/d.cnki.gnjiu.2020.001118.

[9] 李新. 构建我国债券市场风险预警指标体系 [J]. 中国财政, 2011 (10): 67-69. DOI: 10.14115/j.cnki.zgcz.2011.10.029.

[10] 向实, 曾银球, 闫新国等. 基于支持向量机方法的债券违约风险监测预警研究 [J]. 金融经济, 2022 (1): 40-50. DOI: 10.14057/j.cnki.cn43-1156/f.2022.1.004.

附　录

附表1　　　　　　　　　　模型全部输入特征

因子体系	特征名称	特征符号	特征含义
基本属性因子	所属行业	Industry	主体所属行业
	企业性质	CompanyCval	主体所属性质类别
	发债规模	Size	主体所发债的实际发行总额（元）；取对数
	发债只数	BondNum	主体发债数量
	平均发行利率	CouponRate	主体所发债券平均票面年利率（%）
	是否上市	Iflisted	主体是否为上市公司；1代表上市，0代表未上市
	是否有担保人	Guarantor	主体所发任一债券有担保人则判定为有担保人；1代表有担保人，0代表无担保人
价格因子	价格均值	VMEAN	净价比率的平均值
	价格波动率	VSTD	净价比率的标准差
	最高价格	VMAX	净价比率的最大值
	最低价格	VMIN	净价比率的最小值
	价格指数移动平均值	VEMA	净价比率的指数移动平均值
	价格最大日变化	VCMAX	净价比率日变化的最大值
	价格最小日变化	VCMIN	净价比率日变化的最小值
	价格累计变化	VC	净价比率的累计变化
	价格变化路径	VCABS	净价比率日变化绝对值之和
	价格滚动周最大变化	V_R_CMAX	滚动窗口为一周的净价比率的累计变化的最大值
	价格滚动周最大变化路径	V_R_CABSMAX	滚动窗口为一周的净价比率的变化路径的最大值

续表

因子体系	特征名称	特征符号	特征含义
利差因子	发行利差	IssueSpread	发行利率减去对应国债收益率
	利差均值	SMEAN	交易利差的均值
	利差波动率	SSTD	交易利差的标准差
	最高利差	SMAX	交易利差的最大值
	最低利差	SMIN	交易利差的最小值
	利差指数移动平均值	SEMA	交易利差的指数移动平均值
	利差最大日变化	SCMAX	交易利差日变化的最大值
	利差最小日变化	SCMIN	交易利差日变化的最小值
	利差累计变化	SC	交易利差的累计变化
	利差变化路径	SCABS	交易利差日变化绝对值之和
	利差滚动周最大变化	S_R_CMAX	滚动窗口为一周的交易利差的累计变化的最大值
	利差滚动周最大变化路径	S_R_CABSMAX	滚动窗口为一周的交易利差的变化路径的最大值
舆情因子	零/一/二/三星负面舆情数	N0 N1 N2 N3	情感重要度为零/一/二/三星的负面舆情数量
	零/一/二/三星正面舆情数	P0 P1 P2 P3	情感重要度为零/一/二/三星的正面舆情数量
	负面舆情总强度	newsn	以情感重要度为权重的负面舆情数量和
	正面舆情总强度	newsp	以情感重要度为权重的正面舆情数量和
	负面舆情平均强度	newsan	每条负面舆情对应的负面情感强度
	舆情数量差和比	newscr	正负面舆情的数量之差除以正负面舆情的数量之和,用来衡量正负舆情数量的相对差异
	舆情强度差和比	newsar	正负面舆情的强度之差除以正负面舆情的强度之和,用来衡量正负舆情强度的相对差异
交易因子	日均成交量	VOLUMEPD	总成交量/交易日天数
	交易天数	TDCOUNT	发生交易的交易日天数

附表 2　动态滚动企业风险预警名单质量

P1 - 风险准确度；P2 - 预测风险准确度；P3 - 预测新增风险准确度

			2022.10.1	2022.11.1	2022.12.1	2023.1.1	2023.2.1	2023.3.1	2023.4.1	滚动平均值
逻辑回归	原数据	P1	66% (55/83)	64% (49/77)	57% (35/61)	53% (50/94)	55% (42/76)	49% (37/75)	61% (31/51)	58% ±6%
		P2	40% (33/83)	43% (33/77)	41% (25/61)	32% (30/94)	34% (26/76)	29% (22/75)	33% (17/51)	36% ±5%
		P3	22% (8/36)	43% (7/35)	13% (4/30)	14% (7/51)	15% (6/40)	14% (6/44)	20% (5/25)	20% ±11%
	PCA后	P1	48% (58/120)	87% (40/46)	91% (39/43)	92% (36/39)	94% (32/34)	90% (37/41)	97% (33/34)	86% ±17%
		P2	28% (33/120)	72% (33/46)	79% (34/43)	77% (30/39)	74% (25/34)	71% (29/41)	76% (26/34)	68% ±18%
		P3	11% (8/70)	54% (7/13)	64% (7/11)	67% (6/9)	60% (3/5)	64% (7/11)	83% (5/6)	58% ±22%
支持向量机	原数据	P1	89% (34/38)	88% (30/34)	92% (33/36)	92% (34/37)	90% (26/29)	97% (32/33)	94% (33/35)	92% ±3%
		P2	79% (30/38)	76% (26/34)	75% (27/36)	73% (27/37)	66% (19/29)	88% (29/33)	74% (26/35)	76% ±7%
		P3	60% (6/10)	56% (5/9)	40% (2/5)	50% (3/6)	40% (2/5)	80% (4/5)	60% (3/5)	55% ±14%
	PCA后	P1	91% (41/45)	89% (33/37)	92% (34/37)	94% (32/34)	97% (34/35)	97% (32/33)	94% (31/33)	93% ±3%
		P2	82% (37/45)	76% (28/37)	78% (29/37)	76% (26/34)	74% (26/35)	73% (24/33)	70% (23/33)	76% ±4%
		P3	64% (7/11)	60% (6/10)	50% (3/6)	50% (2/4)	75% (3/4)	80% (4/5)	38% (3/8)	60% ±15%
随机森林	原数据	P1	87% (47/54)	91% (42/46)	95% (35/37)	95% (35/37)	100% (31/31)	97% (33/34)	97% (34/35)	95% ±4%
		P2	65% (35/54)	78% (36/46)	81% (30/37)	54% (20/37)	84% (26/31)	76% (26/34)	74% (26/35)	73% ±10%
		P3	42% (5/12)	67% (8/12)	71% (5/7)	71% (5/7)	100% (3/3)	80% (4/5)	80% (4/5)	73% ±17%
	PCA后	P1	84% (41/49)	80% (33/41)	87% (34/39)	94% (32/34)	89% (31/35)	92% (34/37)	87% (34/39)	88% ±5%
		P2	76% (37/49)	73% (30/41)	74% (29/39)	76% (26/34)	66% (23/35)	68% (25/37)	64% (25/39)	71% ±5%
		P3	50% (8/16)	38% (5/13)	29% (2/7)	50% (2/4)	43% (3/7)	57% (4/7)	38% (3/8)	44% ±9%

续表

XGBoost			2022.10.1	2022.11.1	2022.12.1	2023.1.1	2023.2.1	2023.3.1	2023.4.1	滚动平均值
	原数据	P1	75% (42/56)	66% (37/56)	94% (32/34)	76% (37/49)	97% (29/30)	85% (33/39)	28% (73/261)	74% ±23%
		P2	55% (31/56)	52% (29/56)	71% (24/34)	53% (26/49)	73% (22/30)	67% (26/39)	10% (25/261)	54% ±21%
		P3	18% (3/17)	17% (4/23)	60% (3/5)	20% (3/15)	75% (3/4)	45% (5/11)	3% (6/194)	34% ±26%
	PCA后	P1	78% (39/50)	69% (36/52)	68% (30/44)	63% (45/71)	69% (34/49)	80% (37/46)	60% (42/70)	70% ±7%
		P2	66% (33/50)	58% (30/52)	57% (25/44)	44% (31/71)	51% (25/49)	46% (21/46)	37% (26/70)	51% ±10%
		P3	35% (6/17)	27% (6/22)	13% (2/16)	19% (6/32)	21% (4/19)	25% (3/12)	15% (5/33)	22% ±8%

| 专题二 |

基于图挖掘技术的区域城投风险预警研究*

在我国的经济发展中，城投公司扮演了极为特殊和重要的角色，现已成为保险资金最为重要的投资方向之一。然而近年来不断有尾部主体暴露出信用风险，市场对地方债务的担忧可能为包括资产管理公司、银行等金融机构带来持仓风险。保险资管公司需要一种更加系统化的手段，以区域为单位，通过量化的方式对城投公司及其背后的地方债务风险作出有效的预警。

随着人工智能技术的蓬勃发展，深度学习算法模型正渗透至各行各业，并在时间序列分析、自然语言处理等多个细分领域取得了一定的成果，而金融机构也在算法交易、风险管理等场景下越来越依仗深度学习模型强大的表征和识别能力。图神经网络作为深度学习模型中特别为拓扑结构数据设计的新架构，可以被用于解构地方行政层级、城投公司与银行之间错综复杂的关系。而若将图神经网络的表征能力应用于对图谱信息的编码，并辅以解码器形成基于编码器—解码器架构的异常检测模型，即可用于评估各节点的信用风险发展与扩散情况，识别出图谱中的异常节点。

目前基于图模型神经网络进行城投企业预警分析的方案仍面

---

*本专题选自中国人保资产管理有限公司2023IAMAC年度课题《基于图挖掘技术的区域城投风险预警研究》；课题负责人：刘景晖；课题组成员：祝超、赵婷、张骅、王昊。

临数据难以获取等问题，但能够在当前条件下给出一些不同于市场共识的洞察，寻找到部分风险被高估或低估的城投公司、为其提供授信的银行等节点，表明了图神经网络在地方债务问题上的应用潜力。

第一章 文献综述

第一节 城投债务问题综述

近年来,随着俄乌危机下海外通胀高位运行、主要经济体货币政策加速收紧、国内受疫情反复的影响基本面偏弱、货币政策稳健偏松,金融市场对区域风险话题的关注度与日俱增。中央提出要守住不发生系统性风险底线,识别和化解区域层面的金融风险逐渐成为防范系统性金融风险的重要内容。目前,全国各类城投有息债务已超 60 万亿元,但由于监管政策的主动收紧,新增融资难度加大,2022 年城投债发行规模较上年下降 12.9%至 4.74 万亿元,但仍为历史第二高;净融资规模则大幅萎缩 52.5%至1.10 万亿元,尾部地区偿还压力激增(见图 2-1-1)。

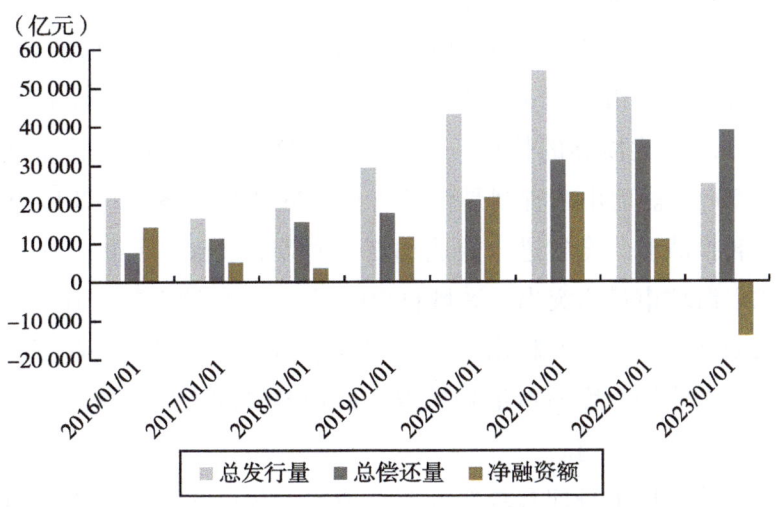

图 2-1-1 2015—2023 年上半年城投债发行偿还情况

资料来源:Wind,人保资产整理。

城投公司发展与投资的早期，市场机构通常采取自上而下、以区县为最小单位的评估框架，财政收入体量的大小是外部评级甚至部分内评机构判定信用等级的重要尺度。随着部分区域信用事件的陆续发生，评估框架逐步变迁至自下而上、以区域信用作为补充的体系，城投公司定位、自身经营造血能力的权重得以体现。在上述框架中，由于量化难度较高，始终未能将以省为单位的区域总体信用状况有效地纳入评级因素中，而自2016年开始，债务管理省级统筹的方向已经逐步清晰：〔2016〕国办函88号文首次提出"省级政府对本地区政府性债务风险应急处置负总责"，〔2022〕国发20号文明确"省级政府对省域财政问题揽总权及负总责，自力更生，地方政府不得增加隐性债务"，并多次针对省级政府提及"谁家的孩子谁抱走"。在这一背景下，城投公司的信用边界已难以简单界定在某一区县、某一地市的范围，而要综合考虑省级政府的支持意愿、债务管理方式与力度、区域金融资源的丰富程度和市场投资者行为对区域再融资环境等各种信用传导方式。

江苏省是区域债务统筹的典范：2018年以前，江苏省内各地市债务融资无度，镇江、常州均为债市网红，发行利率飙升，2018年初发行的镇江城建中票收益率超过7%，并最高升至8.5%。当年国务院常务会议首提隐性债务管控，江苏省举全省之力支持化债，争取到了专项债的特殊政策，四年内合计为镇江市倾斜1 200亿元的地方债券额度分配，维持了公开债券市场信心。上述债券的估值一路走低，2020年上半年最低降至3.2%，降幅超过500BP。而山东省则是债务管控失效的反面案例：2019年为实施新旧动能转换战略，全省进入快速加杠杆时期，经过两年的债务高增乱象频生，尤以潍坊市最为突出，区域自2021年开始陆续有融资违规刻章、定融和商票逾期等负面事件曝出，市场担忧情绪从区县级平台蔓延至市级平台，由于金融协调力度的不足和暴露出的债务管理失序，信用风险甚至部分传导至省级平台公司。

保险资管机构本身拥有较低的资金成本和风险偏好，又在对城投公司的各类直接与间接投资中参与度颇高，各类机构在制定区域金融风险策略方面，也着手尝试拓展风险分析维度，优化各层级区域的风险分析，监控主体动态风险信号，通过主体与所属区域的关联性监控地方隐性债务风险动态。而现有研究中，还尚未充分全面地引入近年来关注度较高的各类深度学习模型，并构建完整、可应用性强的区域风险传导影响评估模型。

第二节　金融风险预警建模综述

过去已有一些关注区域风险的研究，包括 Brixi 和 Schick 提出的财政风险矩阵，将政府负债分为"显性负债""隐性负债""直接负债""间接负债"。徐蕾和刘小川基于 KMV 模型测度和评估了我国各省地方政府性债务的违约风险，发现我国多数省份债务可持续能力较差等。也有学者将研究范围扩展到区域风险的传导与防范，包括：李飞和郑美莲对房地产市场、地方政府债务、金融市场三个领域的区域金融风险传导研究文献进行了系统性梳理和总结，认为上述三个领域积累的风险最为突出；吕勇斌、陈自雅分析发现区域金融风险存在"企业—银行""政府—银行"的部门间传递路径，且后者金融风险传递效应较强。在此基础上，一些研究进一步关注到了由区域风险引起的系统性金融风险。Reinhart 和 Rogoff 研究发现，当银行持有大量政府债务时，会导致政府债务风险蔓延至金融系统。杨子晖等发现，中国内地与中国香港市场、境外市场，以及美洲、欧洲、亚太市场内部均保持较高的区域一体化水平，易在同区域间引发显著的风险传染现象。

在过去的十几年里，人工智能在金融领域得到了广泛的应用，其相关研究也已经成为学术界和金融业非常热门的讨论话题。作为机器学习领域的一个强大的分支，深度学习也开始得到越来越多的关注，在金融行业也不例外。最早且最为直接的应用便是算法交易（Algorithm Trading 或 Quantitative Trading），通常指完全通过智能模型来进行买卖决策。深度学习在其中最常见于对价格的预测。这些智能模型一般由一些深度学习时间序列模型（如 RNN、LSTM 等）驱动，并结合一些规则和策略，通过优化买卖价差、限制订单分析、仓位大小等交易参数来关注交易本身的动态，以实现较高智能化程度的买卖策略并从中获得相较于传统方法更佳的回报。定价模型以及衍生品市场（Asset Pricing and Derivatives Market）作为算法交易中核心估值算法的扩展和延伸，将深度学习模型的定价估值能力从权益和期货市场扩展到企业、房地产、衍生产品等更为广阔的领域，并在包括期权定价、对冲策略开发、期权金融工程、期货、远期合约等研究中使研究人员获益。除此之外，机器学习在金融领域最大的应用场景便是与本文研究课题紧密相关的风险管理（Risk Management）及其衍生的欺诈检测（Fraud Detection）领域，即识别某项资产、公司、个人、产品、银行等的风险。此处的风险可以包含市场风险、信用风险、期限风险、欺诈风险等多种广义的，即可能对某项投资标的的投资价值产生负面影响或引起不确定性的因素。Ahmet Murat Ozbayoglu 等学者在 2020 年系统地归纳了机器学习，尤其是深度学习在金融领域的发展与应用，详细梳理了深度学习由金融领域的新兴事物向必不可少的工具的转化过程。

更为重要的是，出于稳定性、可靠性、可解释性等方面的考量，机器学习在金融领域的应用以逻辑回归、决策树类的模型为多；而金融领域中却常见非线性的、高维度的、连续观测的数据类型，如证券的行情数据、由政府和国家机关定期披露的中宏观经济数据等。为了对该类型数据进行尽量完备和充分的挖掘，深度学习在金融行业中的应用又以时间序列模型为主，抑或是在特殊场景下服务于自然语言处理（Natural Language Processing）、计算视觉（Computer Vision）等特定数据结构的专用模型，还未有将图神经网络用于投资研究领域，分析可投资主体之间庞大而复杂的关系网络的完整应用。

在深度学习领域，图神经网络（Graph Neural Networks，GNN）作为一种较为新颖的架构，正在引起越来越多的重视，并获得越来越重要的地位，其在处理非结构化数据时的出色能力使其在网络数据分析、推荐系统、物理建模、自然语言处理和图上的组合优化问题方面都取得了新的突破。图神经网络已经逐渐成为各大深度学习顶会期刊的研究热点，并且逐渐结合了最早于自然语言处理领域崭露头角的预训练模型（Pre-trained Model）、注意力（Attention）机制、迁移学习（Transfer Learning）等创新性的模型应用方式，以期不断扩大图神经网络的适用场景。但使用图神经网络搭建的编码器—解码器架构还处于起步阶段，其运用还局限于门槛较高的专业领域，如 Ailin Deng 和 Bryan Hooi 于 2021 年提出的 GDN（Graph Deviation Network），用于检测传感器捕获的异常数据。

本课题关注地方行政区划、城投公司、银行三类主体，整理形成"地方—地方""企业—地方""企业—银行"三种关系链路。课题中引入了知识图谱的数据结构，以主体为图谱的节点，以关系链路为边，构建了包含上述节点与边的拓扑结构的异质图谱；同时，借助图卷积神经网络对图谱的节点和邻域信息进行编码与聚合，借助解码器网络对编码值进行解码并还原输入信息。然后在训练集上通过反向传播方法不断缩小编码器的输出与输入信号之间的差别（即重构误差）。最后参考了基于编码器—解码器架构的异常检测方法，在已经经过训练并形成了较强复原能力的图神经网络上运行来自测试集的更多样本，考核模型对原始样本的复原度，寻找城投语境下令模型发生较大误判的样本。

课题中通过引入图谱数据结构和深度学习工具，以定量的方式对给定主体之间的风险传导和扩散情况进行了建模与复现，并寻找在已知信息下建模效果不甚理想的主体作为异常样本。通过本方法，得到了地方行政区划、城投公司、银行之间常规的信用风险传导模式，亦能为信用分析师标记出不符合常规模式的节点清单供进一步分析，为基于个体信息的传统信用分析方法补充了新的研究思路，为保险资管机构进行信用风险预警监测、投资机会的挖掘等业务场景提供了新的抓手。

第二章 数据的收集与处理

第一节 研究数据的来源与获取过程

本次研究所用的数据皆为来自中国金融市场的常见公开数据,主要与地方行政区划、城投公司,以及银行相关。

地方行政区划:地方政府通常会设立以筹集资金、推动城市基础设施建设和公共服务项目为目的的专业性投资平台,并为其提供融资和资金方面的支持;同时,由于地方政府为城投公司提供了信用资质的背书,两者的信用资质在很大程度上是互相影响的。本研究首先获取了全国各地包含各类高新区在内的共 3 513 个行政区划的名称与层级结构,包括各省份、城市、地区之间的层级和隶属关系;其次获取了各地公布的历年 GDP 数据,并通过基于历史排序的插值等方式提升其数据质量,最终共整理出 3 428 个行政区划及其 GDP 数据用于建模分析。

城投公司:作为与地方政府关系密切的投融资平台,亦是本次研究最重要的研究对象,我们收集了来自各类机构认定的共 3 845 家城投公司名单及其注册地信息,结合近年内公开披露过财务报表、有存续的非担保债券等条件限制,共有 2 110 家城投公司被纳入后续的建模分析之中。其总资产规模将被用于刻画公司在注册地的重要性,而其存续债相对于高等级信用债的利差将被用于指代其信用资质。

银行:我国共有超过 4 000 家各类银行,其中有超过 300 家规模较大、资质较好的银行在银行间市场发行同业存单。银行在我国金融体系里扮演着极为重要的角色,大多数区域性银行与城投公司一样隶属于地方政府管辖,并且普遍通过购买债券、提供贷款等方式服务于城投公司的融资需求。而出于息差和行政指令等方面的考量,近年来各地银行也普遍在与城投公司之间建立更多联系。我们通过城投公司和银行财报中披露的与城投公司有关的授信敞口规模来描述银行与城投公司的关系紧密度，并通过其发行的同业存单利差指代银行的信用资质。截至2022年底，共有238家有存续的同业存单且存在对城投公司授信敞口的银行，涉及银行对城投公司的授信链路共23 873条。

第二节 节点之间连接权重的构建

图谱数据有别于常规表格型数据的最大亮点在于，它能借助邻接矩阵关系权重完整地表达出节点之间存在的关系。这种关系可以是离散化信息的邻接矩阵，关注连接关系的存在与否，而不带有显性的权重，如社交网络中的两个人是否直接认识；也可以是由连续数据构成的邻接矩阵，节点之间的关系以连续数值表示，如社交网络中两个人的互动频率等。

传统图分析技术通常用于研究图的拓扑结构、社区结构、中心性等属性，主要使用基于传统的图论和统计方法，如PageRank、社交网络分析等，这些方法主要关注节点之间的连接关系和拓扑性质，较少关注具体的权重信息。如果希望在图谱分析的过程中引入更加丰富的深度学习手段，以实现如节点分类、链接预测、图生成等更加多样化的任务目标，便需要考虑边和节点的权重信息，提供更丰富的数据表示，支撑模型的数据表征能力并匹配任务本身的复杂度。

本研究将尝试使用图神经网络，分析由地方行政区划、城投公司和银行构成的图谱，因此更倾向于构建带有权重信息的邻接矩阵，以充分表达节点之间的信息，供深度学习模型进行更加充分的数据挖掘。

在本研究中，邻接矩阵主要来自地方行政区划的层级、城投公司的注册地点、银行授信的对象等既定信息，因此对于关系链路的存在性并无太大争议。相比之下，关系权重直接影响图谱分析的准确性，决定了后续在图谱上运行深度学习任务时，模型所能学习到的特征和模式的质量。如何定量地计算和表达节点之间的关系权重则是影响该图谱构建质量的关键所在。

● 地方行政区划的关系权重：行政区域的划分是图谱中最易获得，也最具有确定性的基础数据，将作为该图谱中的骨干结构最先被构建。然而，同一个行政区划节点下不同的子节点重要性截然不同。为了客观、真实地体现出同层级下不同节点在经济建设过程中起到的不同作用，我们采用GDP"贡献率"来衡量行政区划节点之间的连接强度。例如，每个省份与中央人民政府（根节点）的关系权重即为该省份2022年GDP占全国同期GDP的比重；而每个城市到其所在省份的关系权重即为该城市2022年GDP占该省份同期GDP的比重；地区到城市的关系权重同理。鉴于区级以下的行政层级不设独立财政，也鲜少设立城投公司，更低层级的行政区划暂不作考虑。

● 城投公司到行政区划的关系权重：地方国资委通常是城投公司的控股股东，对城投公司的经营管理具有一定的话语权；而城投公司的业务具有社会责任和公益属性，特别是在城市基础设施和公共服务的建设方面，基本完全服务于地方的经济建设和社会发展。一般来说，城投公司的总资产规模越大，往往意味着它承接了更多的基础设施建设、运营等社会性任务，在某地的经济发展过程中扮演了更加重要的角色。在城投公司的信用资质和偿债能力普遍依赖于其所在地经济发展水平和地方政府行政能力的大背景下，更大的资产规模通常也意味着信用资质方面更强的趋同性。因此我们采用城投公司总资产规模占该地GDP比重的方式衡量城投公司在其对应的行政区划内的重要性。

● 银行到城投公司的关系权重：商业银行针对贷款客户拥有健全成熟的信用风险管理体系，与此同时又面临存贷款息差的压力，必须在严格的规章制度下设置明确的准入门槛，并为达到授信标准的城投公司提供必要的资金支持。贷款客户已经使用的授信额度构成银行面临的风险敞口的绝对数额，而银行的总资产数额代表了银行整体的业务规模。借用"贡献率"的概念，我们统计了城投公司披露的授信额度和使用情况，并将城投公司已使用的授信额度占该银行总资产的比例作为银行和城投公司之间关系的衡量标准。

第三节 节点信用资质情况的构建

以债券为主的固定收益类金融产品是保险资金最常见的投资标的。本研究专注于城投主体以及对其有授信敞口的银行，这两类公司均为中国债券市场的主要参与者。前者主要发行企业债，后者主要发行商业银行债、商业银行次级债、同业存单等一系列品种的债券。非利率债券的利差与主体信用资质的关系密切，衡量其发行债券的利差便为我们研究主体信用资质提供了连续且可比的视角。

中央国债登记结算有限责任公司（以下简称"中债登"）会对中国金融市场中流通的债券进行估值，它是目前市场上最权威的债券估值数据，也是来自包括保险资管机构在内的金融机构债券交易员做交易的主要参考指标。根据中债登的声明，其估值具有中立性、充分性、规范性、透明性等特点，出于它的可靠性和公信力，即使在一些情况下具有一定的误差和滞后性，仍然可以被认定为债券价格的市场共识。我们选取被研究主体发行的各类债券，并借由债券的中债估值计算存续债券的利差。由于信用债利差一般由期限风险溢价、流动性风险溢价和信用风险溢价构成，我们通过选取期限在一定范围内且条款相似的债券，剔除永续、担保增信、私下发行等特殊情况，来弱化不同债券之间期限风险和流动性风险的差异。在中债估值作为债券市场价格共识的基础上，此时的债券利差可以作为广大投资者对发债主体信用风险的共识，同时也是本研究中的基线模型。

- 城投公司的信用资质描述：为了准确地描述城投公司的信用利差，我们对城投公司发行的债券进行了一定程度上的过滤。首先是选取行权或到期剩余期限在 0.5~3 年的债券，以避免临近到期债券因为低基数效应造成的估值收益率大幅变化；其次去除了包括发行方式为私募、包含永续条款、拥有担保增信等因素在内，证券本身的估值收益率因为特殊条款的存在而无法客观反映发行人本身信用资质的证券。在受特定风险事件（如弱资质地区城投债务连续技术性违约）影响的中/宏观背景下，信用债市场与以国开债为代表的无风险利率间的利差可能整体走阔或收窄，因此本次以同期限中债高等级（AA+）信用债估值曲线作为基准收益率，计算个券利差；最后计算各时点样本券的信用利差算术平均值来描绘城投公司主体的信用资质变化情况。

- 行政层级的信用资质描述：一般来说，同一个行政区划下辖的城投公司之间，利差水平应当具有一定的趋同性。同一区域内的尾部平台会面临更多来自市场的质疑，但同一地区有低资质城投主体的存在也预示着该地区对于城投公司所能提供的隐性担保作用有限，因此其利差也需要被纳入计算考量。综上，我们计算每个地区所有城投主体的算术平均利差（相对同期限中债AA+信用债估值）作为该行政层级的信用资质情况。

- 授信银行的信用资质描述：同业存单是一种短期债务融资工具，大型商业银行普遍发行同业存单来丰富其融资渠道并管理流动性。不同于常规信用债品种，同业存单的价格和收益率通常受到市场整体流动性与央行货币政策调整的影响。为了在市场环境变化之外尽量独立地评估银行的信用资质，我们选取了四大国有商业银行（中国银行、中国农业银行、中国建设银行、中国工商银行）的同业存单利率构建无风险收益率曲线，以此计算银行同业存单利差，再对存续期在0.3~1年的同业存单利差做算术平均，得到商业银行的信用资质情况。

- 训练集与测试集的时间分割：出于计算和存储的便利性考虑，对利差数据做采样，每个月记录4次各节点所发行证券相对于国开债的利差。避开跨年理财赎回潮和资金面调整对信用债利差造成的额外影响，选取2022年2月~10月共37个时间点作为训练集，2023年3月~6月共17个时间点作为测试集。以8个时间点（约两个月）为一个观察窗口，在训练集和测试集分别形成约30组和10组观测区间，并计算每个节点在观测区间内利差的若干统计量。与此同时，在包含行政层级、城投公司、银行的全部节点名单确定的前提下，并非所有节点在整个统计时间窗口内都能保证一定有选定类型的债券存续。为了引导模型减少对无存续债节点的关注度，我们在用显著有别于常见数据的数值对缺失值进行填充的同时，也新建了bool型变量标记该值是否为填充值，共计形成7个维度的数据。

● 信用资质指标的构建：我们以各节点相关特定品种债券的利差来代表金融市场投资者对于各节点的信用状况共识，每个节点在每个训练批次中均有 8 个时间点上不同的利差表现。考虑到估值本身有一定的滞后性，短期的资金面状况调整和市场偏好的变化又会引起估值的短期波动，两个信用资质相似的节点在两个月内利差的变动原始数值在变动的幅度和时间点上均无绝对的相近关系。为了使模型更准确地捕捉到节点之间利差的相似关系，我们设计了 6 个指标，分别为：代表观测周期起始时初始信用资质的初始信用利差（spread）、代表观测期内普遍信用资质的平均信用利差（mean_spread）、代表观测期内最悲观情况的最高信用利差（max_spread）、代表观测期内最乐观情况的最低信用利差（min_spread）、代表观测期开始后信用资质最大回撤的信用利差最高涨幅（spread_growth）、代表观测期内信用资质最大变化的信用资质最大波动（spread_gap）。通过上述处理，我们淡化了利差变化在观察期内时间上的敏感性，具有相似信用状况的主体会在数据上表现出更强的相似性，自然更加有利于模型的识别和判断。

第四节 连接权重和信用资质的标准化

为了更好地保证模型的综合表现，包括预测性能、稳定性、训练速度等多重指标，我们有必要对基于业务经验归纳出的图谱权重数据预先进行一定的了解，结合深度学习模型的特性，进行一定的数据预处理和标准化。这将有利于为模型引入一定的先验知识，确保模型更好地学习到领域相关的知识。

真实数据中，基于"贡献率"概念所形成的连接权重符合长尾分布，即少部分地区贡献了所在地的大多数生产总值；少量城投公司承接了一地大多数的公益性质业务；少量城投公司构成了一家银行面向城投的绝大多数授信敞口等。基于利差构建的信用风险度量也蕴含相同的特点，少量节点由于信用资质显著弱于市场主流水平，体现为其存续债券或同业存单的利差明显偏高。我们通过设计标准化函数的方式，将本课题研究的问题由定量的"利差预测"问题转化为更为稠密和定性的排序问题，关注样本各指标之间的排序关系而非绝对数值，减少各指标绝对数值差异对模型预测效果造成的干扰。同时，我们可以构建标准化函数的反函数，将模型的预测结果方便地复原为原始数值。

深度学习模型作为广义线性模型应用的延伸，对极端值（outlier）有一定敏感性，且依赖于邻近的稠密样本在高维空间形成连续的转换边界。在面对回归问题时，模型通过训练形成非线性高维空间，通过多轮计算，使输入数据被转化为尽量贴近目标值的输出值。如若某个数值范围内的样本较为稀疏，则该数值范围附近的空间未经过大量样本驱动的充分训练调优，很容易出现欠拟合或过拟合的现象，更勿论受制于浮点数的精度限制，计算机程序在处理极大、极小值时容易丢失精度，产生梯度爆炸或梯度消失效应。

因此，在将数据输入模型进行训练之前，需要将节点之间连接权重转化为 0 ~ 1 之间较为稠密和均匀地分布。在深度学习模型通过梯度下降的方式学习适当权重的过程中，这通常有助于避免梯度消失或梯度爆炸问题，从而让模型更快更好地收敛到较好的权重。从正态分布的 3 - Sigma 法则可以得知，当数据的分布符合正态分布假设时，99.7% 的数据将落在均值加减三个标准差的范围内。真实数据即使包含极个别不在 0 ~ 1 范围内的数据，由于神经网络在训练时通常采用 batch 的形式输入一组数据，只要不再存在有绝对值极大的数字，就不会对训练效果造成显著的影响。因此如果希望将输入数据转化为 0 ~ 1 之间的类正态分布，我们可以将该问题转化为：将输入数据转化为中位数（平均数）为 0.5，标准差为 $1/(3 \times 2) = 0.1667$ 的正态分布。这样的处理方式会使数据本身损失部分偏度和峰度信息，但在真实的经济社会运行规律中，通常存在有分配的不公平现象，如少量行政节点贡献了地区范围内绝大多数生产总值、个别城投平台获得了远多于其他平台的资源倾斜等。在面对经济数据时，相比之下研究其排名的重要性通常会高于其绝对数额，因此这样的数据处理过程减轻了偏态数据带来的负面影响，使我们的模型更容易训练和解释，并取得合理的预测效果。

以城市 GDP 为例，演示本次实验中对于数据标准化的处理过程。随着近年来的经济建设工作不断开花结果，我国已有市级行政单位的 GDP 突破 3×10^{12}（即 3 万亿元）大关；而不同城市之间的发展并不平均，约 87% 的城市生产总值并未超过 5 000 亿元，城市生产总值的直方图分布呈现出非常明显的长尾特征（见图 2-2-1）。

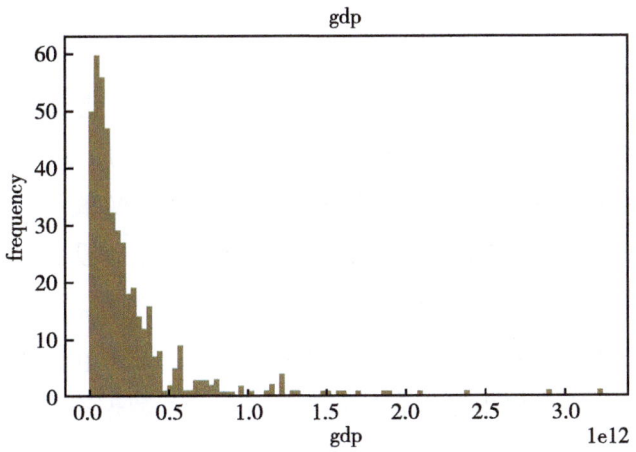

图 2-2-1　各城市生产总值总量分布直方图

资料来源：中诚信城投数据库，人保资产整理

对城市 GDP 总量取以 e 为底的对数后，原本呈现出长尾分布的 GDP 总量直方图分布范围被显著压缩到 22~29 的范围之中，且众数、中位数、平均数均在 26 左右，均显示出较为明显的正态分布特征（见图 2-2-2）。

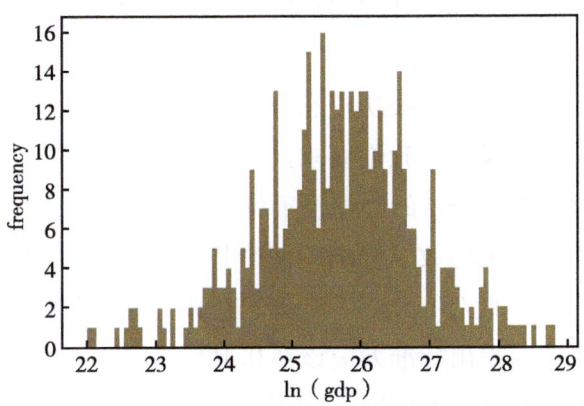

图 2-2-2　各城市 GDP 总量以 e 为底的对数分布直方图

资料来源：中诚信城投数据库，人保资产整理

Shapiro – Wilk 检验是一种常用的用于检验数据是否来自正态分布的统计检验方法。在以往的实验中，Shapiro – Wilk 检验通常表现出相比 Kolmogorov – Smirnov 检验、Anderson – Darling 检验等其他检验方法更优的效果。

Shapiro – Wilk 检验的原假设是数据样本来自于正态分布，而备择假设是数据不是来自正态分布。它首先将数据按升序排列，然后计算一个统计量 W，它测量了数据与正态分布之间的拟合程度。W 值的计算基于样本的排名和正态分布的期望值和方差，而 p 值表示了在原假设成立的情况下（即数据来自正态分布），观察到与或更极端的 W 值的概率。通常情况下，p 值是用于做出拒绝或接受正态分布假设的关键指标。如果 p 值小于显著性水平（通常为 0.05），则可以拒绝正态分布的假设，表示数据不来自正态分布；反之，若 p 值高于显著性水平（即 $p > 0.05$），则可以接受正态分布假设，表示样本数据符合正态分布。

在将上述建模需要用到的各类连接权重经过所述标准化处理后，我们依据正态分布及其检验方法的定义，设置并评估一些正态分布的常见指标，以查验上述标准化方法是否可以给出我们所预期的标准化结果（见表 2 – 2 – 1）。

- p – Value：为 Shapiro – Wilk 检验中是否接受正态分布假设的关键指标，$p > 0.05$ 时可以接受正态分布假设，即可以认为经过处理后的样本数据服从正态分布。

- 中位数、平均数：在服从正态分布的数据中，其平均值与中位数应该非常接近。上文中说明，我们要求经过处理后的数据，中位数和平均数均位于 0.5 附近，即该分布的中枢位置位于 0.5。

- 标准差：已知平均数、标准差两个指标，即可唯一确定一个正态分布的概率密度分布。此处，由 3 – Sigma 法则下绝大多数样本分布在 0 ~ 1 范围内的假设，可以得出标准差应该在 0.1667 左右。即，当标准差在预期值附近时，绝大多数（约 99.7%）的样本会落在 0 ~ 1 范围内。

- 离群率：指经过加工之后，数值分布在 0 ~ 1 范围之外的样本数量占样本总数的比例。根据我们的假设，该比例应该维持在约 0.3% 的极低水平，即极个别样本在 0 ~ 1 的范围之外。这样低比例的数值并不会对在大量样本集上构建损失函数以优化参数的深度学习模型产生实质性影响，因此可以直接选择截断数据到 [0, 1] 范围内来完成数据的标准化处理。

表2-2-1　　　　各类指标标准化分布服从度

指标名称	p-Value	中位数	平均数	标准差	离群率
省级GDP/全国GDP	0.1396	0.5063	0.4937	0.1694	0.0000%
市级GDP/省级GDP	0.0693	0.5043	0.4957	0.1669	0.4405%
区级GDP/市级GDP	0.0616	0.5023	0.4977	0.1667	0.6456%
城投公司总资产/所在地区生产总值	0.0587	0.4931	0.5069	0.1667	1.1125%
城投公司已使用授信/银行总资产	0.0623	0.5003	0.4997	0.1667	0.5173

资料来源：中诚信城投数据库，人保资产整理

经检查，研究中用到的各类原始数据均服从长尾正态分布，因此均适用于上文中提到的数据处理方式，以加工成为平均数和中位数在0.5附近，而标准差接近于0.1667的正态分布，符合数据标准化任务的既定目标。

第三章　模型原理

第一节　神经网络技术的演进

虽然在金融等专业领域的应用更晚，但实际上神经网络（Neutral Network）技术的出现早于目前被广泛应用的决策树（Decision Tree）以及一众以决策树为基础发展出的模型，包括随机森林（Random Forest）、梯度增强决策树（Gradient Boosted Decision Tree）等。早在1943年，McCulloch-Pitts（MP）模型被提出并演化定型为感知机（Perceptron Machine），以类似于神经元的形式模拟人脑的运作方式，神经网络便拥有了其雏形。但相比于人脑中千亿级别的神经元，早期计算机的算力瓶颈严重制约了神经网络规模的发展，更遑论对大规模神经网络进行有效且可行的参数优化。

直到反向传播（Back Propagation）算法的出现，大规模神经网络的参数优化成为可能。在进入21世纪后，计算机芯片的工艺制程和计算能力飞速发展，尤其是图形处理器（Graphic Processing Unit，GPU）的出现，使超大规模的神经网络模型成为可能。自AlexNet模型在2012年ImageNet比赛中获胜起，越来越多的深度学习模型被提出，不断地刷新着机器学习基准测试的纪录，深度学习逐渐成为主流的机器学习解决方案。

传统的机器学习方法以有监督学习（Supervised Learning）为主，需要足够多有标注的数据来训练模型，以便模型去学习如何将输入映射到正确的输出。而在一些场景中，数据的标注成本高、难度大，大规模数据集中的标记结果完全无法做到穷尽（exhaustive）和互斥（exclusive）。开发者无法为模型提供足够的标注数据用于有监督学习，数据的标注成为机器学习技术继续进步的瓶颈。凭借远高于传统机器学习的结构和任务灵活程度，深度学习模型发展出了各种各样的预训练方法来克服数据标记不充足的问题，包括自然语言处理技术中常见的完型填空、猜测下一字词，或是图像识别领域的图片重构等，最终在这些领域几乎摆脱了对人工标记的依赖，也逐渐在一些基准测试上展现出不逊于人类专家的水准。本文也利用了深度学习技术任务目标灵活的特点，在没有实质性标记学习样本的情况下，使模型将样本分为若干类别，实现了机器学习任务与数据标注之间的解耦。

第二节 常见的图分析技术介绍

相比常见的表格型（tabular）数据，图谱（graph）数据包含了实体与它们之间的关系信息，这些关系可以具象为"主""谓""宾"的形式，如"A 银行为 B 城投公司提供了授信"。不止于此，生活中，大到人与人、人与物、物与物之间的关系，小到对图片的着色或者地图的寻址，均能以图谱的形式呈现。极大地扩展了数据的信息量和灵活性，也为数据的处理和分析提出了全新的挑战。

为了更好地从非结构化的图谱数据中提炼有用的信息，数据科学家从20 世纪 70 年代起便开始研究并形成了一系列图论和网络科学分析手段。图论分析中，将节点与节点之间的连接称为度（degree），由此引申出中心性（centrality）分析的概念，包括通过连接数量表示节点在网络中地位的度中心性（degree centrality）、考虑连接权重的权重度中心性（weighted degree centrality）等。目前已经在交通、能源等网络，甚至生物信息学中蛋白质的相互作用等场景的分析中得到应用。除此之外，社群发现（community detection）也是一种常见的图论算法，它在中心性的基础上又引入了模度（modularity）的概念，通过分析节点之间边的统计关系，将图谱中的节点和边尽量均匀地划分为多个社群。与传统机器学习中的聚类（clustering）方法类似，社群发现算法会令社群内节点之间的关系尽量紧密，而保持社群之间的距离，这在社交网络分析中可以用于刻画人际关系、寻找可能认识的人等场景。除此之外，随着计算机网络的普及和发展，网络中的数据量不断增加，网络中的信息越来越复杂。为了更好地管理和分析这些信息，需要一种统一的方式来描述网络中的实体、属性和关系，众多学者们于20世纪80年代末提出并逐步完善了语义网（Semantic Web）、网络本体语言（Web Ontology Language）、资源描述框架（Resource Description Framework）等理论与技术，并在推荐系统、搜索引擎、风险管理等方面得到了广泛的应用。

不难发现，图论分析法更多关注图谱中的结构性、关系性信息，且主流的图论分析法均关注节点间连接的统计信息，如数量、密度等，节点本身的信息很难参与到分析流程之中，节点之间的连接往往也被简化为单一的数量、距离等标量，难以体现真实世界更加丰富的信息。而语义网技术栈更加侧重于海量网络数据的管理和分析，虽然也能为图分析技术提供一些技术路径，但对于数据结构层面的贡献显著大于图分析技术。直到2017年图神经网络（Graph Neural Networks，GNNs）被提出，深度学习技术正式在图分析领域崭露头角。图模型利用深度学习端到端（end–to–end）学习的特性，尽量完整、全面地考虑节点的多维度特征与边的多维度特征；再结合其灵活的任务适配能力，被用于图谱和节点的分类、节点信息猜测、图链路预测等各个领域。最早的图神经网络基于图卷积技术，通过卷积的方式将周围节点的信息经由邻接矩阵整合进单个节点的向量表示之中，但必须运行在完整的图谱之上，而且在面临节点增减时调整图结构时，模型本身的适配成本也比较高，扩展性和泛化能力一般。后续也涌现出了许多基于GCN的改进算法，如GraphSAGE、Graph Attention Network（GAT）、Graph Isomorphism Network（GIN）等，不仅对图结构的变化有了一定的适配能力，更引入了前沿的注意力机制等突破性技术，甚至可以与时序神经网络相结合，在时间维度上捕捉图谱信息的微妙变化。这些算法极大地提升了深度学习对图谱信息的挖掘能力，它们的发展对于图谱数据领域的研究和应用产生了深远的影响。

第三节 图神经网络的基本原理与工作机制

图神经网络（GNNs）是一种用于处理图谱数据的机器学习方法。不同于机器学习算法通常所依赖的表格型输入变量，图神经网络可以从图谱的拓扑结构（topology）中提取信息并进行表征，并支撑包括节点分类、链路预测等一系列下游任务。近年来，图神经网络被广泛应用于互联网、基础科学等领域，如 Uber Eats、Pinterest、Amazon 等海外互联网公司已经在利用图神经网络优化其推荐系统，而 Google Brain 团队则使用图神经网络优化了谷歌自研的处理器芯片 TPU 的整体功耗和性能表现，但在金融投研领域的应用还处于初期探索阶段。

主流的图神经网络大都依赖卷积（convolution）对图谱进行处理，它的核心思想是将节点的特征与其邻居节点的特征进行聚合，从而计算出节点在图谱中受到的来自相邻节点的影响。卷积常被用于图像处理领域，其基于图片中像素的相邻关系，通过卷积核的计算在局部区域内对图像信息进行提取；而图谱中的节点连接方式比图像任务中常见的像素形式更加复杂和抽象。因此，图神经网络通过将节点的邻居信息整合进节点，并更新其自身的向量表示的方式，确保节点本身的特征通过邻接矩阵进行了充分的传导。借助一个包含了节点本身、相邻节点和邻接关系的向量，图神经网络便可以实现对节点信息、邻域信息和周围节点信息三者的表征。

第四节　图神经网络的常见类型以及模型选择

设计理念上，图神经网络可以分为传导式（Transductive）图神经网络和归纳式（Inductive）图神经网络两个大类。

● 传导式图神经网络：传导式学习是一种在训练模型时利用未标记数据的学习方法。它的目标是对训练数据中的已标记样本进行预测，而不是在整个特征空间中建立一个泛化的模型。具体到传导式模型在图神经网络中的应用，它主要用于处理已知节点的图数据，它关注的是在已有节点的情况下对它们进行特征表示学习。这种类型的图神经网络在训练阶段会考虑整个图的结构和节点属性，但在测试阶段只能对已知节点进行预测，不能处理新节点的情况。

● 归纳式图神经网络：归纳式学习是一种在训练模型时仅利用已标记数据的学习方法。它的目标是构建一个泛化模型，可以对未见过的数据进行预测。归纳式图神经网络则更加灵活，能够处理已知节点和未知节点的情况。它能够从已有节点中学习到图的一般特征，并将这些特征应用于新的、未见过的节点。相比传导式图神经网络，其拥有更强的泛化能力，可以适应更灵活多变的场景，但在对单一节点进行预测时仅能获取图谱的一部分信息。

由于研究时间范围内（2022年2月~10月为训练集，2023年3月~6月为测试集），本研究所涉及的节点和连接信息不会轻易地发生变化，统计时间均可认定为2022年12月31日，可以认定为2022年12月31日归纳整理形成的静态图谱。因此，此处选用传导式图神经网络可以更充分地利用其更全面的图谱信息挖掘能力，并在很大程度上回避其对于新增节点兼容性较差的不足。

● 节点信息的稳定性：本次研究所涉及的节点信息包括地方行政区划、城投公司注册地和名单、已知参与城投主体融资的银行名单信息，即使面临少量的新增和减少发债主体的现象，亦常见于被市场边缘化的中小型企业上，不会涉及该领域的主要实体。因此，其节点信息具有较强的稳定性。

● 连接权重的稳定性：图谱中的连接权重信息全部来自于地区生产总值、城投公司和银行的资产总额、银行对城投公司的已使用授信敞口三类信息，均按年度更新，数据的统计时间均可按照信息披露规范认定为2022年12月31日。这些信息将在政府工作报告和企业年度报告披露后的很长一段时间里保持不变。因此其连接权重也具有较强的稳定性。

第五节　基于自编码器的异常检测技术

本研究通过计算提取了金融市场对图谱中各节点的信用风险共识，并期望从中获得不同的观点，即市场高估或低估了某些节点的信用风险，以此作为辅助保险资管行业进行投资研究的抓手。我国债券投资市场中活跃着众多投研能力出色的机构投资者，整体上呈现出较强的有效性，对大多数主体的信用风险都有较为完备的共识，仅在极少数样本上对它们的信用风险有所误判。因此，本研究中的图神经网络模型将会工作在正负样本极为不均衡的场景下。而且，面对广大投资者已经形成的市场共识，我们并不能轻易地断言和标记样本的标签。种种条件的制约意味着本研究中我们不能采用常见的二分类手段构建模型。考虑到图神经网络对于图谱结构数据的表征和编码能力，可以采用编码器—解码器（encoder – decoder）的模型架构读取原始节点信息（在我们的场景下有6个维度），再生成每个节点的低维度向量表征（在我们的场景下有4个维度）。在理想情况下，编码器会将节点本身、节点周围的拓扑结构和周围其他节点的信息整体压缩到一个更小的维度，再通过解码器模型对节点数据进行复原。在反向传播机制的干预下，即使对特征的提炼和压缩一定会丢失一部分信息，模型仍会倾向于降低解码器输出与实际数据的差别。由于编码器与解码器之间的信息传递只能通过一个较小的"管道"，这样的模型架构会诱导编码器寻找输入数据中蕴含更多信息的部分，而解码器会基于编码器传递来的信息，尽其所能地刻画节点原本的样貌。

自编码器（self – encoder）是一种由编码器—解码器组成的深度学习架构，旨在通过编码器将高维的输入数据映射为低维度的编码信息，再通过解码器将低维度的编码信息重构回输入数据。若解码器能比较完整地复原输入数据，则意味着编码器输出的低维度编码包含了原始输入中绝大多数有效信息，有效地实现了数据的压缩和传递。由于自编码器具有无须标注训练数据、可以将任意维度和结构的数据压缩到指定维度等优势，该架构被广泛运用于自然语言处理、图像处理等深度学习的细分领域；而编码器输出的编码信息，由于包含了原始输入数据中大多数的有效信息，亦被经常用来支持后续解码器以外的各类机器学习任务，包括分类任务、节点相似度测算等。

在异常检测领域，由于通常缺少足够多的样本标注来进行正常的有监督分类学习，真实的异常样本占总样本的比例往往非常少，对数据集进行有效的遍历与标注又受到实际情况的制约而难以实现，自编码器的重构数据差异便成为一种常见且有效的手段。这种模型架构通常又被称为变分自动编码器（Variational Autoencoder）或利用重构进行异常检测（Anomaly Detection using Reconstruction）。在训练时，自编码器通过学习和捕捉数据复原的模式来重构输入数据，并试图在全局上最小化重构数据的误差。通常，随着神经网络在训练过程中进行反向传播使全局误差降低，自编码器将学习到适用于绝大多数样本的编解码模式。此类模型通过考核解码器的重构误差实现异常检测。在理想情况下，解码器将能够较为准确地复原绝大多数样本的输入信息。对于少部分重构数据与原始数据差别较大的样本，即意味着其模式与大多数样本有所不同，或输入数据并不能完整地反映其模式。简而言之，从模型视角出发，重构误差较大的样本可以被认定存在异常。

随着近年来深度学习技术的发展和普及，基于编码器—解码器架构的异常检测模型在许多领域都有广泛而成熟的应用，包括图像异常检测、文本异常检测、网络流量行为异常检测、反洗钱行为检测等，但暂未有在投资研究场景下的实践案例。本研究将借助基于图神经网络构建的编码器，并对地方政府、城投公司和银行三类节点的利差数据进行编码和解码，以求寻找被错误定价的主体，为发现投资机会和规避信用风险提供全新的方法和视角。

第四章 模型的构建及其训练过程

在深度学习模型的训练过程中,通常要调整大量的超参数,以使模型具备合理的、与设计目标和所能提供的数据相匹配的信息挖掘能力,在训练集和测试集上都表现出合理的预测效果。模型的超参数之间一般呈显著的非线性组合关系,参数之间互相牵制影响,并不能以凸优化问题的思路对超参数的选择进行求解。因此,在构建深度学习模型时,工程师通常会采用手动初始化,辅以参数之间的随机搜索、自适应调整等方法,在计算量可控的前提下寻找最优参数组合,优化模型整体表现。

第一节 模型的训练设置

表 2-4-1 列举了本次实验中一些典型的需要进行调整的超参数,以及通过调参后确定的较为可靠的参数组合。

表 2-4-1　　　　　　　　模型参数表

参数名称	参数设置	参数说明
卷积层数	2	卷积层数越高,获取邻居节点的信息越广越深。考虑到单个节点向外影响其他节点普遍发生在同省份之内,设计两层卷积足以充分地引入邻域信息。编码器将会读取输入信息,并将它映射到一个编码表示向量中。编码器的结构越复杂,编码向量相比原始输入数据而言就更抽象
解码器层数	3	解码器应具有与编码器相近的总体复杂度,用于将经过编码器抽象表达的输入数据解码和复原为输入时的数据样式。由于卷积层本身具有相比全连接层更高的复杂度,此处选择了比编码器多一层的解码器结构

续表

参数名称	参数设置	参数说明
信息漏失比例	0.3	Dropout是一种应用于深度学习模型的正则化技术，用于在神经元传递之间互相传递信息的过程中以一定的比例丢失一部分数据。Dropout漏失的数据是随机的，这使模型每一次都在面对一个独一无二的情况，以较低的成本模拟了模型在现实中可能面对的各式各样的新增数据，可以有效缓解模型过拟合问题，提升模型的泛化能力
卷积输出维度	4	为了确保模型将输入数据"压缩"到更低的维度，且不会通过重复原始数据的方式使解码器输出与编码器输入尽量接近，一般来说基于图卷积神经网络的编码器的输出维度需要低于其输入维度，即输入的特征维度（7）
损失函数	MSELoss	均方误差损失函数，针对连续数值（非二元）型输入，可以用于评估模型预测值与真实值之间的差异。常用于回归型任务
优化器	Adam	自适应学习率优化器，根据参数的梯度调整学习率，并使用均方根动量来处理梯度更新，可以有效地处理稀疏梯度和非平稳目标函数，通常表现较好
训练轮数	1 000	在引入早停（Early Stopping）机制的前提下，训练轮数应设置得稍大，保证覆盖了模型在测试集上收敛的全部过程，以充分利用模型自主调整训练轮数的能力

资料来源：人保资产

第二节 卷积层的选取

适用于异质图的卷积层通常有SAGEConv（Graph Sample and Aggregated Convolution）和GATConv（Graph Attention Network Convolution）两种。

● GAT的核心是自注意力机制（Self-Attention Mechanism），它允许每个节点根据其与其他节点的关系动态地分配权重。这意味着节点可以对不同邻居节点分配不同的注意力，从而更灵活地捕捉图中的信息。GAT通常使用多头自注意力机制，每个头都可以学习不同的节点权重分配方式。多头注意力允许模型在不同维度上同时捕捉不同类型的关系和特征。在自注意力机制的基础上，GAT执行了类似于传统图卷积的操作。对于每个节点，它将邻居节点的特征与分配给这些邻居节点的注意力权重相乘并相加，以更新节点的表示。它能够有效地捕捉节点之间的复杂关系，是图深度学习领域的重要进展之一。

- SAGEConv 使用了邻居采样的策略。对于每个节点，它不会考虑所有邻居节点，而是从邻居节点中随机抽样一部分作为邻居节点的代表。这可以有效降低计算复杂度，尤其在处理大型图时非常有用。对于每个节点，SAGEConv 将其自身的特征与邻居节点的特征聚合在一起。这有助于将邻居节点的信息合并到目标节点的表示中。SAGEConv 通常可以堆叠多个图卷积层以增加模型的表征能力。每个图卷积层都会进行邻居采样和特征聚合，以逐渐提取更高级别的节点表示。

在训练集上控制网络其他参数（如隐藏层宽度、编/解码器结构、损失函数、优化器等）不变，选取 2 头注意力的 GATConv 卷积层和 2 层 SAGEConv 卷积层进行训练，并记录和观察两种图卷积方案在 2 500 次训练中分别的误差收敛情况，用于评估卷积层的效果。

经过实验，如图 2-4-1 所示，虽然在仅进行 100 轮训练时，SAGEConv 卷积层的误差会略微大于 GATConv，但在进行了 100 轮以上的训练时，SAGEConv 卷积层不论是训练时误差降低的速度，还是误差的绝对数值，均取得了相比 GATConv 更具优势的结果。以 150 轮训练为例，SAGEConv 的误差数值为 5.0811，而 GATConv 的误差数值为 5.2002。两者误差

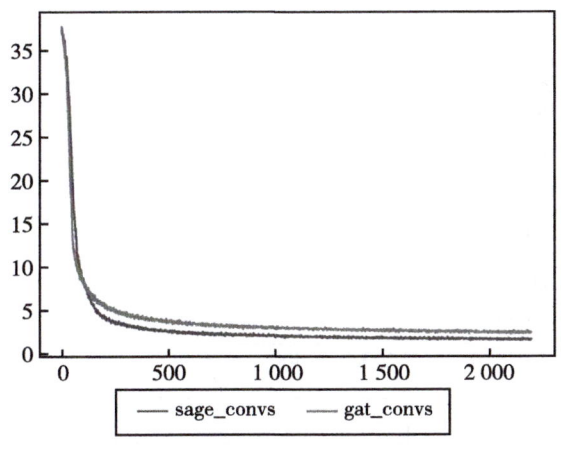

图 2-4-1　卷积核误差对比

资料来源：人保资产

差别最大的轮数是第 244 轮，SAGEConv 的误差降低到 4.5338，而 GATConv 的误差仍然维持在 5.1574，差距较为明显。而在这之后的训练过程中，SAGEConv 也持续表现出更好的信息挖掘能力，始终输出比 GATConv 更小的误差。基于 SAGEConv 在训练中表现出的优势，本次实验将选取 SAGEConv 作为异质图卷积层，即图神经网络的编码器，用于提取节点信息的向量表达。

第三节　模型的训练效果

在模型训练的初期，由于模型的参数来自随机的初始化过程，参数会在反向传播机制的推动下迅速地向最优解区域收敛，模型通常会经历训练集和测试集误差共同减小的过程（见图 2-4-2 早停机制下的模型训练误差收敛曲线左侧"阶段一"）。然而，随着训练的深入，在 Adam 自适应学习率优化器的推动下，模型的误差收敛速度将放缓（见图 2-4-2 早停机制下的模型训练误差收敛曲线右侧"阶段二"）。在模型参数到达最优解附近之后，将逐步发生过拟合现象，即模型在用于训练的数据集上获得越来

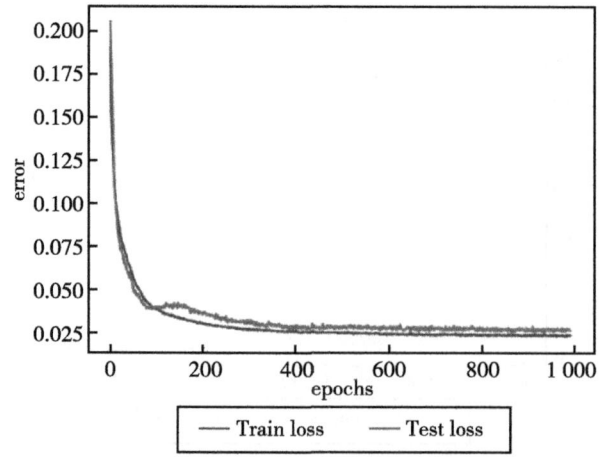

图 2-4-2　早停机制下的模型训练误差收敛曲线

资料来源：人保资产

越好的效果，而在未曾见过的测试集上效果不再有提升，甚至会因为模型过于关注训练集数据中无法被泛化的无效信息而在测试集上观察到越来越大的误差。当更多轮数的训练无法使模型在测试集上获得更好的表现，便意味着模型的预测能力已经开始逼近数据集所能提供的上限。为此，深度学习中引入了早停（Early Stopping）机制，在测试集性能达到极限时主动停止训练过程。经过数轮训练与验证，该模型普遍在训练进行到约 400 轮时达到较好性能。模型在早停机制的干预下主动停止训练，则该机制会确保模型停留在训练集和测试集误差较为接近的 400 轮左右。

在训练到第 400 轮左右时，训练集与测试集的误差非常接近。如若不引入早停机制，则更多训练轮数虽然可以使训练集的误差继续收敛，但难以继续减小测试集上的误差，呈现出一定的过拟合倾向（见图 2-4-3）。

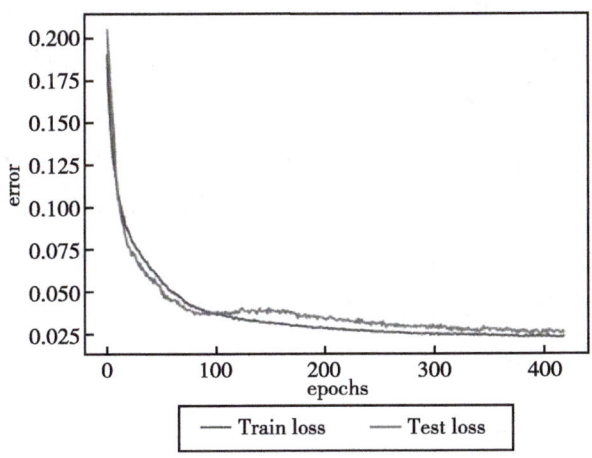

图 2-4-3　无早停机制的模型训练误差收敛曲线

资料来源：人保资产

第五章 模型结果解析

经过上述有效的数据处理、模型架构设计和参数比选，训练过程中模型的误差被有效减小，在训练集和测试集上分别得到了 0.0251 和 0.0278 的平均平方误差。可以认定模型在大多数时间点和样本上都能准确地对样本进行编码与复原。考虑到我们所能提供的信息本身在准确性、时效性等方面的局限性，很难做到完整、及时和全面，可以认定该模型已经取得了合理的训练效果。

对于少量的，预测结果与实际结果差别较大的主体，我们认为它的偏差最有可能来自相比其他节点有所不同的行为模式使市场上多数投资者对节点的信用资质有所误判，但同时也不能排除是因为输入数据的片面性导致了偏差的产生。由于模型本身获得的信息有限，难以区分解码器的复原误差来自上述两种情况中的哪一种，因此即使该研究方法提出了一批异常节点，仍然更适合在保险资管信用研究领域作为人工分析的补充手段来使用，对主体信用风险的识别起到查漏补缺的作用。

第一节 模型的整体误差情况

如前文所述，模型的测试集选取在 2023 年 3 月 1 日~2023 年 7 月 1 日，每 2 个月作为一个滑动窗口对利差进行观察，形成包括初始利差（spread）、平均利差（mean_spread）、最大利差（max_spread）、最小利差（min_spread）、利差涨幅（spread_growth）和利差波动（spread_gap）6 个指标。这 6 个指标刻画了主体利差的变化情况。在异常检测的过程中，我们将考核节点重构的误差。由于信用债的利差本身是连续数值，针对连续数值的误差测算，我们选择与反向传播时相同的平均平方误差（Mean Square Error）对重构误差进行评估（见图2-5-1、图2-5-2）。

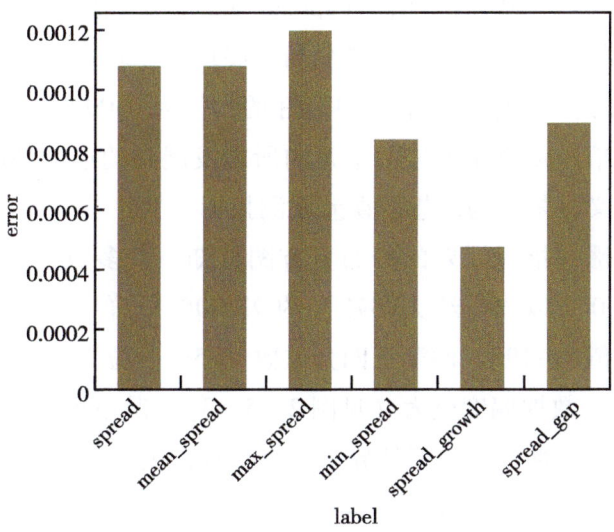

图2-5-1　各指标的MSE误差

资料来源：人保资产。

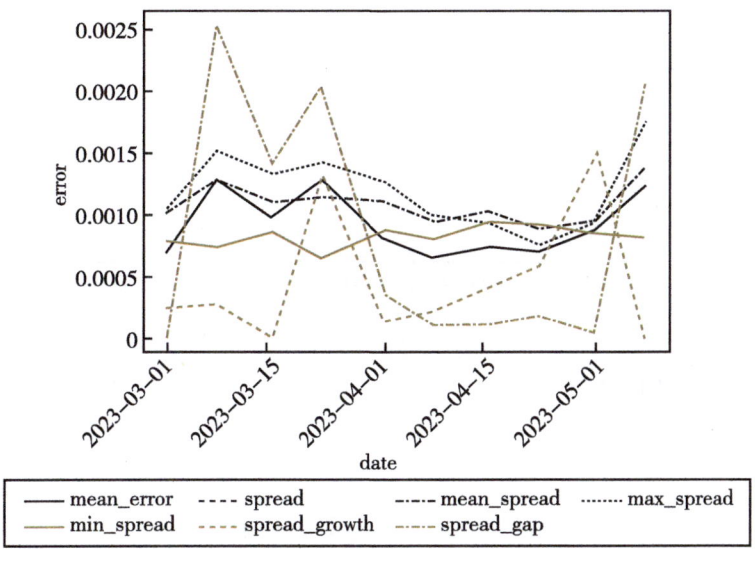

图2-5-2　各指标误差的变化情况

资料来源：人保资产。

从各指标重建的误差来看，无论是各指标在不同时间段平均的误差，还是分时间段来看，利差的涨幅（spread_growth）虽然在几个特殊的时间点误差较高，但仍在大多数时候和全局上展现出比较低的误差，全部时间点上的平均误差是所有统计指标中最好的，仅为0.00047。叠加它从构建之时就考虑到信用资质在未来两个月内所能发展到的最差情况，具有较好的实际业务含义，是较为理想的误差观测指标。

构建利差涨幅指标误差的分布直方图可知，大多数（约88.71%）样本的误差在0.002以内，绝大多数（约91.20%）样本的误差在0.003以内。指标最大值0.1196，而第三四分位数（75%分位数）仅为0.0066，差距达到0.0999，数据偏度极大（见图2-5-3）。误差较大的样本在分布上展现出极强的稀疏性，为后续的异常节点检查提供了便利。

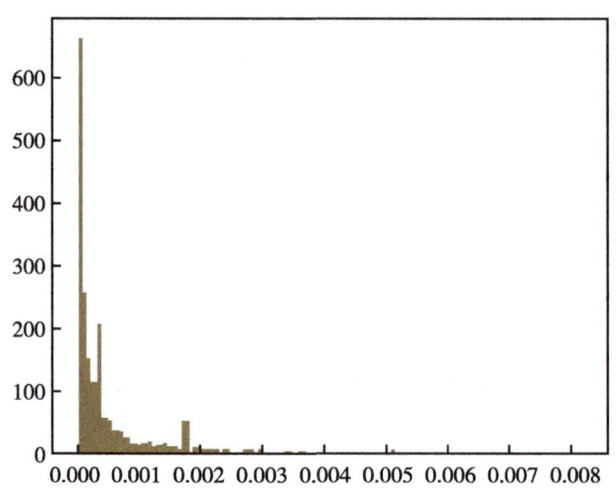

图2-5-3　利差涨幅指标误差的分布直方图（去除最大5%）

资料来源：人保资产

第二节　一类错误分析

我们抽取模型认定的利差涨幅显著高于实际值的100家城投和银行主

体作为一类错误的代表主体。从模型的异常检测方式出发，可以认定：发生一类错误的主体，其信用资质将恶化。在发生一类错误的主体中，我们观察到如下几个特征：

- 城投公司的层级与资质普遍较低：在 100 个风险被低估的公司中，54 家公司属于区县或区县级开发区，在城投公司中属于资质最弱的一类主体；仅有 5 家公司属于省级或省级开发区。如果以 YY 评级作为参考，其中 78 家主体在 7 及以上，属于不建议投资的范畴。

- 城投公司所属区域多为市场认可度高的强省：100 个主体中，分布数量最高的前两个省份分别为江苏（17 个）和浙江（11 个），由于经济发达、政府债务率相对可控，或是展现出极强的债务统筹能力，江浙一直是市场机构下沉城投债投资策略的重点区域。

- 城投公司业务类型上，产业类平台偏多：与传统的基建、土地开发业务相比，部分城投公司从事的文旅、公用事业或交通运输类项目运营具有一定的自身造血能力，被认为是与政府关系更为疏远的业务类型。在 100 个主体中，相关产业类公司出现的频率明显高于发生二类错误的主体名单。

- 银行的层级和资质偏低：在 100 家风险被低估的银行中，农村商业银行达到了 57 家，占比超过一半；其次是城市商业银行，也达到了 32 家。一般认为资质较好、经营正规的国有大型银行无人入选，股份制商业银行也仅有恒丰银行一家入选。如果以 YY 评级作为参考，银行作为持牌金融机构，评级一般较高，而这里仅有 2 家银行的 YY 评级达到 3，却有 59 家的 YY 评级在 6 或以上，很难构成保险资管机构的投资标的。

- 银行的所在地区呈现两极分化：与城投公司的一类错误名单类似，银行一类错误名单中也有大量浙江的银行，其数量高达 23 家，呈现断层领先；而来自其他地区的银行整体较为平均，位列第二的江苏仅有 6 家银行入选；另有大量风险被低估的银行，来自贵州、云南、西藏、辽宁、黑龙江等经济发展水平较低、债务负担较重的省份。

相关资料见图 2-5-4 至图 2-5-7。

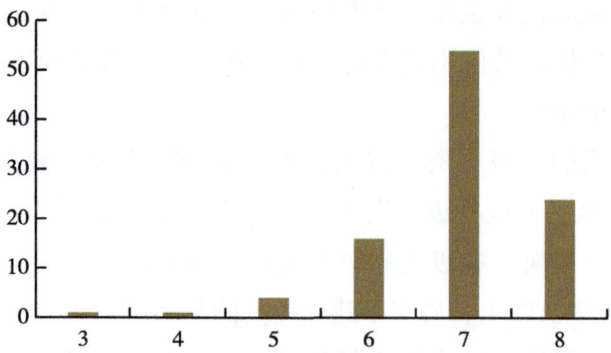

图 2-5-4　一类错误样本平台的 YY 等级分布

资料来源：人保资产，YY 评级，人保资产整理

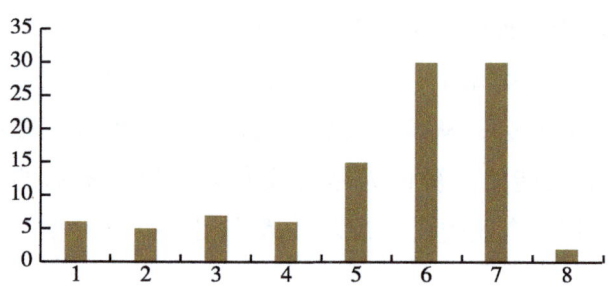

图 2-5-5　二类错误样本银行的 YY 等级分布

资料来源：人保资产，YY 评级，人保资产整理

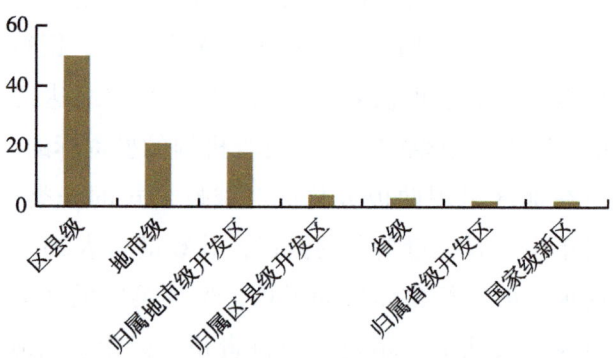

图 2-5-6　一类错误样本平台的行政层级分布

资料来源：人保资产，中诚信城投数据库，人保资产整理

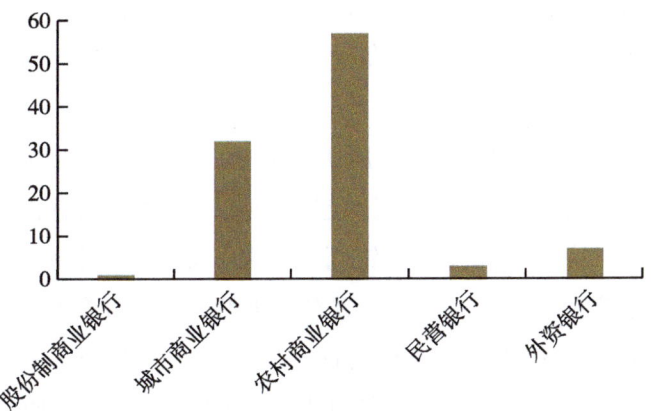

图 2-5-7 一类错误样本银行的银行类型分布

资料来源：人保资产，Wind，人保资产整理

第三节 二类错误分析

我们抽取模型认定的利差涨幅低于实际值的 100 家主体作为二类错误的代表主体。与一类错误正相反，发生二类错误的主体，模型认为其信用资质将好转。

在发生二类错误的城投主体中，我们观察到与一类错误名单相反的特征：

• 城投公司的层级与资质普遍较高：在 100 个风险被高估的公司中，61 家公司属于地市或地市级开发区，17 家公司属于省级或省级开发区，合计占比 78%。如果以 YY 评级作为参考，其中 88 家主体在 6 及以下。

• 城投公司所属区域相对集中于存在一定信用瑕疵的省份：100 个主体中，分布数量最高的前两个省份分别为山东（17 个）和湖北（12 个），从信用而言，虽然经济和财政实力较强，但上述省份在近一年内因受到非标信用风险事件或重大投资风险事件的影响，市场认可度略有下行，一般采取资质上收的投资策略。

- 平台地位方面，区域主平台的占比略多：在名单中，诸如宁波城建、合肥建投、杭州城投、长沙城投等主体均为当地最为核心的城投公司，与当地政府的关系最为稳定。
- 银行的层级和资质普遍有所提升：在100个风险被高估的银行中，城市商业银行的数量达到了53家，超过一半；考虑到国有银行和股份制银行本就少而精的特性，国有大型银行（4家）和股份制商业银行（11家）的入选比例也颇为可观。从YY评级看，虽然YY评级在6档和7档的主体分别达到了30家，但也有39家银行的YY评级在6以下。不论是从银行类型还是YY评级来看，二类错误名单中银行的整体信用资质均显著好于一类错误名单。
- 银行的所在地向省会和经济发达地区集中：银行的地域分布显著变得更加均匀，一些近年来经济快速发展的省、市所属银行入选名单，如充分分享了成都发展带来的外溢红利的四川宜宾和绵阳，两地下辖城市商业银行便双双被模型认为未来发展向好；经济发达的江浙地区风险被高估的银行，也由大量农商行逐渐转变为南京银行、江苏银行，和杭州银行、宁波银行这样资质较好，与保险资管机构有大量业务往来的银行。

相关资料见图2-5-8至图2-5-11。

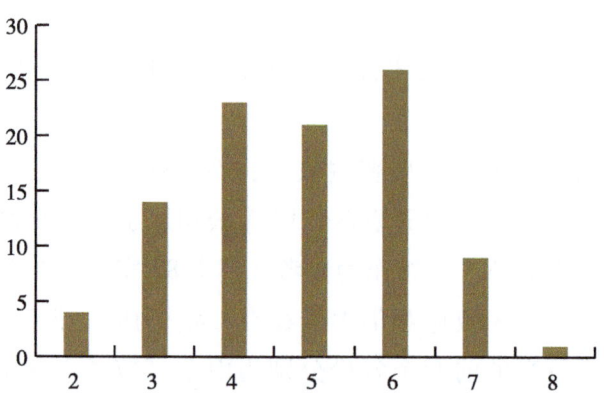

图2-5-8　二类错误样本平台的YY等级分布

资料来源：人保资产，YY评级，人保资产整理

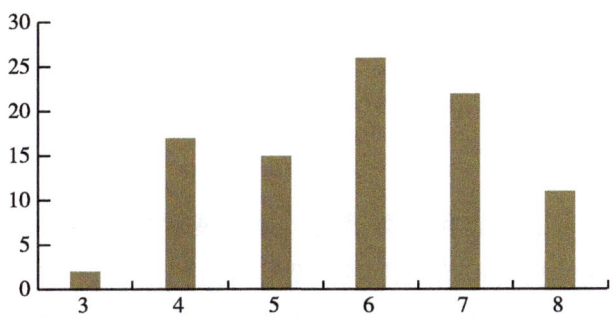

图 2-5-9　一类错误样本银行的 YY 等级分布

资料来源：人保资产，YY 评级，人保资产整理

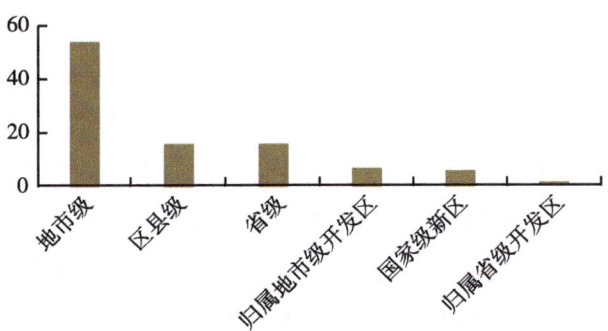

图 2-5-10　二类错误样本平台的行政层级分布

资料来源：人保资产，中诚信城投数据库，人保资产整理

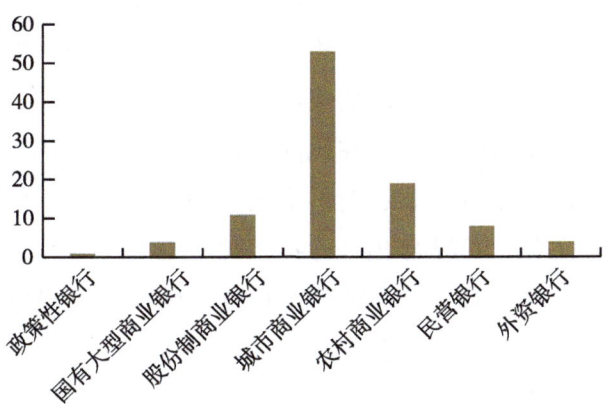

图 2-5-11　二类错误样本银行的银行类型分布

资料来源：人保资产，Wind，人保资产整理

第四节　模型整体表现分析

根据模型提示的一类和二类错误名单所展示出的特性，我们认为图谱视角给予我们在城投公司信用排序和投资价值挖掘方面的诸多启示：

首先，模型敏锐地捕捉到了市场上投资者的行为模式，即集中投资和大力下沉于认可度较高的区域的"抱团行为"。自2020年疫情冲击伴随的信用扩张开始，城投债市场已清晰地表现出强者恒强、弱者退出的融资态势，这背后的原因包括弱资质地区不断爆发信用风险事件、强省对于高负债地区采取了债务统筹管控的果断措施、信用研究方法论和行为趋同等。体现在城投投资中，浙江两地是城投"刚兑"的标杆地区，获得了更高的信用溢价，两地的区县级平台成为信用挖掘的主要标的。

承接上述原因，在风险预警方面，我们应将更多注意力放在过度下沉的弱资质主体和产业类主体上，模型在此给予了一定的参考价值。例如，在一类错误样本中，广州市番禺信息技术投资发展有限公司的市场认可度较高，主要得益于该主体所处的区域位置较好，是广州市番禺区属平台，我们重新审视了平台的各项经营与财务表现，认为该城投公司仅从事经济园区内的载体建设和租售，职能定位有限；已运营项目租金收入表现不佳，三年连续亏损且亏损额不断扩大；相应的资产质量一般且变现难度大，风险较为突出，与市场给予较高的信用溢价不相匹配。再如，模型提示无锡市文化旅游发展集团有限公司存在风险低估的可能。经研究，该城投公司主要从事无锡市国有旅游资源运营，下属资源较为丰富，但近两年受到疫情冲击经营明显恶化，2022年出现亏损、2023年仍未止亏。但由于无锡市地处强省、且该主体仅有一只存续公开债券，因此市场投资者对不利因素的定价不足，仍给予了较高的溢价。

其次，模型提供了信用挖掘的方向值得进一步思考。

其一，高层级的核心平台，在现有的投资框架中，由于刚兑的存在，资金过度拥挤到区县平台，而这一类由于收益率偏低，无法达到大部分机构的考核要求，反而没有得到应有的配置。随着城投化债和转型的推进，长期趋势是融资的市场化程度和定价有效性不断提高，高层级、核心平台的配置价值有望随之凸显，这一类平台尤其适合拉长久期，与保险资金的投资风格相契合。

其二，事件冲击后的信用回归。在二类错误样本中，我们关注到几个市场关注度极高的名字，如青岛金水控股集团有限公司、青岛海创开发建设投资有限公司，均为青岛市李沧区区属平台，而青岛市作为北方"第二城"，原本是经济活跃财力雄厚、市场认可度颇高的计划单列市，李沧区区级平台于2022年意外爆发的非标逾期事件是导致区域平台被大幅抛售的导火索。由于青岛市在救助方面显得较为低调和滞缓，市场情绪迟迟无法恢复，但需要考虑的事实是，尽管资金链断裂已超过一年，李沧区仍然没有发生实质性非标违约，债券市场的恐慌情绪有望逐步收敛。再如，位于云南昆明市的昆明轨道交通集团有限公司和昆明市安居集团有限公司，由于昆明轨交银行展期谈判的曝出和昆明专家访谈的广泛传播，区域内城投公司再融资快速枯竭，市场投资者几乎全部撤出；但同时，云南省市两级政府积极协调银行与地方债资源，获得了极大的债券置换额度，消息传出后利差已明显收敛。在这一类主体中，我们往往容易忽视区域内金融资源和平台资源的调度信息，而这恰恰是图谱模型所擅长的。

第六章 结 论

本研究为保险资管机构参与城投公司相关投资时的信用风险评估提供了新的工具作为抓手，通过运用图谱结构，统筹衡量行政单位及其下辖城投公司的信用风险分布和扩散情况，同时也通过银行对城投公司的授信情况，衡量了城投公司债务问题对相关银行的影响。为了充分参与到各地城投公司的投融资活动中，保险资管机构本身会对各大城投公司的信用情况做充分的跟踪评估。

本文所述的方法结合了较为前沿的图神经网络和基于编码器—解码器架构的异常检测方法，以在估值形成的信用风险市场共识中挖掘极度不平衡的信息。所形成的模型为市场参与者本身的观点提出了补充意见，从图神经网络的全新视角，完善了投研人员处理高纬度拓扑数据的能力。加以合理利用，便可以帮助投资机构更好地发现在原本基于投研手段下被忽视的风险，或者被遗漏的投资机会。

虽然模型在现有条件下展现出一定的异常检测能力，但由于深度学习模型本身的非线性、高维度特性，数据在模型内经过多轮抽象和提炼后已经基本丧失了可读性，而它的训练和预测也更倾向于一种端到端（end-to-end）的过程，这使它对于用户普遍呈现为决策过程不可见的黑盒。出于这方面考量，我们只能考核模型对节点特征的复原效果，并由此寻找可能存在异常的节点。而对于最后发现的异常样本，模型并不能主动地呈现出它认定风险较高的原因，在绝大多数情况下只能从与节点有强关系的弱资质节点反推。

另外，本研究中的图谱构建用到了地方 GDP、某地区城投公司总资产之和、银行授信情况等非结构化数据，这些数据的获取高度依赖于所研究主体的信息披露情况。本研究假设图谱间节点的关系是静态的，但关系链随时间会发生变化，而投资者仅能被动地等待相关机构主动的信息披露。地方债务问题另外受到各地营商环境、地方国企的经营情况等因素影响，在本研究中暂未纳入考量。

第七章 展 望

本研究所述的成果可以应用到各类城投公司债务的参与者，而非保险资管机构所专用，如地方隐性债务管理、相关银行新增授信等场景下均会有所帮助。受益于深度学习框架本身的灵活性和可扩展性，可以在更多维度上扩展模型的非结构化数据处理能力，如通过循环神经网络导入更多历史数据、通过引入图谱的子图查询功能使模型具有适配新增节点的能力；如果改变模型的训练目标，也可以将模型的作用从评估节点的信用资质，发展为评估节点或子图的相似性、图谱结构的生成、隐秘关联关系的挖掘等更具挑战性的任务。

为了最大限度地帮助模型缩短学习路径，本研究中前期涉及大量的基础计算工作，形成了图谱数据下比较独具的特点工程。虽然运用了端到端的深度学习模型，但整个过程中依然有大量需要人工查验和调优的检查点。目前，以大语言模型（Large Language Model，LLM）为代表的端到端模型快速崛起，该研究中的模型也可以通过提升数据质量、扩展数据数量等方式，使整个研究过程中的自动化程度进一步提升，缩小手工步骤引入的误差。

为了提升数据质量、扩展数据数量，可以考虑引入更多相关节点与数据，包括但不限于地方国企及其经营情况、各地民营企业经营活跃度情况、地方历年经济发展数据、银行向其他类型企业的授信情况等，不仅可以补足模型所用数据频率低、不完善等遗憾，更能通过调整深度学习模型的架构实现更多有价值的预测目标。

本专题参考文献

［1］Ahmet Murat Ozbayoglu, Mehmet Ugur Gudelek, Omer Berat Sezer. Deep learning for financial applications: A survey ［J］. Frontiers of Computer Science, 12（4）, 581 – 600, 2018.

［2］Allen, F., & Carletti, E. An overview of the crisis: Causes, consequences, and solutions ［J］. International Review of Finance, 10（1）, 1 – 26, 2010.

［3］Borgatti, S. P. Centrality and network flow ［J］. Social Networks, 27（1）, 55 – 71, 2005. https: //doi. org/10. 1016/j. socnet. 2004. 11. 008.

［4］Brixi, H. P., & Schick, A. (Eds.). Government at risk: contingent liabilities and fiscal risk ［M］. World Bank Publications, 2002.

［5］Ciano, G., Rossi, A., Bianchini, M., & Scarselli, F. On inductive – transductive learning with graph neural networks ［J］. IEEE Transactions on Pattern Analysis and Machine Intelligence, 44（2）, 758 – 769, 2022.

［6］Collier, A., & Collier, A. The Rise of the LGFV ［M］. Shadow Banking and the Rise of Capitalism in China, 53 – 72, 2017.

［7］Deng, A., & Hooi, B. Graph Neural Network – Based Anomaly Detection in Multivariate Time Series ［C］. arXiv: 2106. 06947, 2021.

［8］Devlin, J., Chang, M. – W., Lee, K., & Toutanova, K. BERT: Pre – training of Deep Bidirectional Transformers for Language Understanding ［J］. Advances in Neural Information Processing Systems, 30, 1094 – 1104, 2018.

［9］Ding, Y., Zhao, X., Zhang, Z., Cai, W., & Yang, N. Graph sample and aggregate – attention network for hyperspectral image classification ［J］. IEEE Geoscience and Remote Sensing Letters, 19, 1 – 5, 2021.

［10］Fortunato, S., & Hric, D. Community detection in networks: A user guide ［J］. Physics Reports, 659, 1 – 44, 2016.

［11］Gong, D., Liu, L., Le, V., Saha, B., Mansour, M. R., Venkatesh, S., &

Hengel, A. V. D. Memorizing normality to detect anomaly: Memory – augmented deep autoencoder for unsupervised anomaly detection [C]. In Proceedings of the IEEE/CVF International Conference on Computer Vision (pp. 1705 – 1714), 2019.

[12] Kramer, P. A Nonlinear Mapping for Data Structure Analysis [J]. IEEE Transactions on Computers, 1008 – 1018, 1991.

[13] Krizhevsky, A., Sutskever, I., & Hinton, G. E. ImageNet Classification with Deep Convolutional Neural Networks [C]. Advances in Neural Information Processing Systems, 25, 1097 – 1105, 2012.

[14] Lucas Jr, H., Agarwal, R., Clemons, E. K., El Sawy, O. A., & Weber, B. Impactful research on transformational information technology: An opportunity to inform new audiences [J]. Mis Quarterly, 371 – 382, 2013.

[15] Mochón, A., Quintana, D., Sáez, Y., & Isasi Viñuela, P. Soft computing techniques applied to finance [J]. Applied Intelligence, 29 (1), 111 – 1151, 2007.

[16] Paguada, S., Batina, L., Buhan, I., & Armendariz, I. Being Patient and Persistent: Optimizing An Early Stopping Algorithm for Deep Learning [C]. arXiv: 2111. 14416, 2021.

[17] PreScouter. How Can AI Be Used in Anomaly Detection? [blog], 2021. from https://www.prescouter.com/2021/05/how – can – ai – be – used – in – anomaly – detection/

[18] Reinhart, C. M., & Rogoff, K. S. Financial and sovereign debt crises: Some lessons learned and those forgotten [J]. Journal of Banking and Financial Economics, 2 (4), 5 – 17, 2015.

[19] Ruff, L., Vandermeulen, R., Goernitz, N., Deecke, L., Siddiqui, S. A., Binder, A., Müller, E., & Kloft, M. Deep One – Class Classification [C]. Proceedings of the 35th International Conference on Machine Learning, 80, 4393 – 4402, 2018.

[20] Ruxton, G. D., Wilkinson, D. M., & Neuhäuser, M. Advice on testing the null hypothesis that a sample is drawn from a normal distribution [J]. Animal Behaviour, 107, 249 – 252, 2015.

[21] Sun, C., Shrivastava, A., Singh, S., & Gupta, A. Revisiting Unreasonable Effectiveness of Data in Deep Learning Era [J]. arXiv: 1707. 02968, 2017.

[22] Tao, K. Assessing local government debt risks in China: A case study of local government financial vehicles [J]. China & World Economy, 23 (5), 1 – 25, 2015.

[23] Velickovic, P., Cucurull, G., Casanova, A., Romero, A., Lio, P., & Bengio,

Y. Graph attention networks [J]. stat, 1050 (20), 10 – 48550, 2017.

[24] Wang, H., Yang, J., Lee, H. - S., & Han, S. Learning to design circuits [J]. arXiv: 1812.02734, 2018.

[25] Zhao, T., Yang, C., Li, Y., Gan, Q., Wang, Z., Liang, F. & Shi, C. Space4hgnn: a novel, modularized and reproducible platform to evaluate heterogeneous graph neural network [C]. In Proceedings of the 45th International ACM SIGIR Conference on Research and Development in Information Retrieval (pp. 2776 – 2789), 2022.

[26] Zhang, J., Liang, X., & Zhang, S. A deep learning framework for financial time series using stacked autoencoders and long – short term memory [J]. PloS one, 12 (7), e0180944, 2017.

附　录

附录1：　城投公司风险被低估前100家

公司名称	YY 等级	所在省份	平台层级
*****集团有限公司	4 +	广东省	地市
*****建设投资集团有限公司	3	广东省	省
*****旅游发展集团有限公司	6 +	江苏省	地市
*****境控股集团有限公司	5 −	广东省	地市
*****投资控股集团有限公司	6 −	陕西省	区县
*****公路联络线有限责任公司	4 +	北京市	省
*****资有限公司	7 +	山东省	区县
*****投资发展集团有限责任公司	5 +	河北省	地市
*****资产投资经营（集团）有限公司	5 −	上海市	区县
*****城开发投资有限公司	6	浙江省	区县
*****资本投资运营集团有限责任公司	7 +	浙江省	区县
*****资控股集团有限责任公司	5	江西省	区县
*****投资控股集团有限公司	6	山西省	地市
*****经济技术开发有限公司	6	上海市	地市
*****术开发区实业发展集团有限公司	7 +	浙江省	区县
*****展投资有限公司	7 +	浙江省	区县
*****区城市建设投资发展有限公司	7	江西省	区县
*****资集团有限公司	7 −	山东省	区县
*****市建设投资集团有限公司	5	浙江省	区县
*****展集团有限公司	6 +	福建省	地市
*****建设投资有限公司	7 −	湖北省	区县
*****州产业园区投资控股集团有限公司	7 −	广西壮族自治区	地市（开发区）

续表1

公司名称	YY 等级	所在省份	平台层级
***** 发区投资集团有限公司	8 +	安徽省	地市
***** 建设发展集团有限公司	7 −	江苏省	区县
***** 神舟旅游开发有限公司	8 +	江苏省	区县
***** 有资本投资运营集团有限公司	5 −	湖北省	地市
***** 国有资产经营管理集团有限公司	8 +	重庆市	地市
***** 业集团有限公司	6 +	浙江省	区县
***** 伟业投资开发有限公司	6	北京市	地市
***** 有控股集团有限公司	6 +	浙江省	区县
***** 发投资有限公司	7 −	四川省	区县
***** 展（集团）有限公司	5	陕西省	地市
***** 城建设（集团）有限公司	6	江苏省	区县
***** 实业发展集团有限公司	5 −	江苏省	区县
***** 旅游投资集团有限公司	6	河北省	地市
***** 设投资集团有限公司	7	山东省	区县
***** 国有资本投资运营集团有限公司	6 +	浙江省	区县
***** 设投资发展集团有限公司	7	江西省	区县
***** 投资集团有限公司	5 −	浙江省	地市
***** 团有限公司	4 +	河南省	地市
***** 交通集团有限公司	4 −	广东省	地市
*****（集团）有限公司	4 −	上海市	地市
***** 股有限公司	7 −	江苏省	地市
***** 技术开发区建设投资有限公司	8 +	安徽省	地市（开发区）
***** 发区科技园区建设开发有限公司	7 +	浙江省	区县
***** 展集团有限公司	7 +	江苏省	区县
***** 发展（集团）有限公司	7	安徽省	地市
***** 业园投资控股有限责任公司	6 −	北京市	地市
***** 城市建设投资有限责任公司	7 −	四川省	区县
***** 投资有限公司	7	江苏省	区县
***** 有资本运营控股集团有限公司	5 −	安徽省	区县
***** 控股集团有限公司	5	湖南省	区县
***** 投资发展集团有限公司	7 +	浙江省	区县
***** 港产业投资有限公司	7 −	江苏省	地市

续表2

公司名称	YY等级	所在省份	平台层级
*****城市投资发展集团有限公司	6	西藏自治区	地市
*****区城区建设投资开发有限公司	7 −	江西省	区县
*****源开发建设集团有限公司	7 −	陕西省	地市
*****通发展投资集团有限公司	5 −	浙江省	区县
*****通投资开发有限公司	6	湖北省	省
*****资发展有限公司	6 +	江苏省	区县
*****有资本投资运营集团有限公司	6 +	湖北省	地市
*****刻旅游集团有限公司	8 +	重庆市	区县
*****控股)有限公司	7 −	四川省	区县
*****城市建设投资开发有限公司	8 +	湖北省	地市（开发区）
*****业基地开发有限公司	7	浙江省	区县
*****市建设综合开发有限公司	7 −	山东省	区县
*****发投资集团有限公司	8	湖南省	地市（开发区）
*****建设投资开发有限公司	7 −	江西省	区县
*****发展集团有限公司	6	浙江省	区县
*****区城市投资发展有限公司	7 −	江西省	区县
*****城建设投资发展集团有限公司	7	黑龙江省	地市
*****术开发区贵合投资发展有限公司	8 +	贵州省	地市（开发区）
*****开发投资集团有限公司	8	云南省	地市（开发区）
*****国有资产投资经营有限公司	7 +	浙江省	区县
*****术开发区恒生投资开发有限公司	8 +	四川省	地市（开发区）
*****城投资控股集团有限公司	7 −	湖北省	区县
*****城投集团有限公司	7 −	江西省	区县
*****发展建设集团有限公司	8 +	江西省	区县
*****设施投资发展集团有限公司	6 −	山东省	地市
*****投资建设集团有限公司	8 +	山东省	区县
*****家旅游度假区国有资产投资经营管理（集团）有限责任公司	7 −	云南省	地市
*****城市建设投资有限公司	7	江苏省	区县
*****资控股集团有限公司	8	四川省	地市（开发区）
*****展集团有限公司	7	江苏省	区县
*****投资集团有限公司	7 +	湖北省	地市

续表 3

公司名称	YY 等级	所在省份	平台层级
*****资控股有限公司	7+	江苏省	区县
*****水利投资开发有限公司	6-	湖南省	地市
*****资管理有限公司	8	山东省	区县
*****资集团有限公司	8	江苏省	区县
*****投资发展集团有限公司	7+	浙江省	区县
*****产业发展（集团）有限公司	7-	江苏省	区县
*****太湖经济投资开发有限公司	7	浙江省	区县
*****实业集团有限责任公司	7-	四川省	区县
*****设投资（集团）有限公司	6+	吉林省	地市
*****建设投资有限公司	7+	湖南省	地市
*****发建设投资有限责任公司	8+	湖南省	区县
*****投资有限公司	8+	湖北省	区县
*****团有限公司	6-	江苏省	区县
*****现代产业园建设发展有限公司	7	安徽省	地市
*****通水利投资建设集团有限公司	7	浙江省	区县

附录 2： 城投公司风险被高估前 100 家

公司名称	YY 等级	所在省份	平台层级
*****投资有限公司	6	山东省	区县
*****投资集团有限公司	6	河南省	地市
*****有资本投资运营集团有限公司	5-	山东省	国家新区
*****设投资集团有限公司	5	山东省	区县
*****本投资集团有限公司	5	湖北省	地市
*****建设投资公司	5-	湖北省	地市
*****新区海洋控股集团有限公司	5+	山东省	国家新区
*****集团有限公司	6	河南省	地市
*****团有限公司	7-	云南省	地市
*****展集团有限公司	7	贵州省	国家新区
*****投资控股有限责任公司	6	安徽省	地市
*****投资集团有限责任公司	3	江西省	省

续表 1

公司名称	YY 等级	所在省份	平台层级
*****展控股（集团）有限公司	6	安徽省	地市
*****发展投资集团有限公司	5 +	浙江省	区县
*****集团股份有限公司	4 +	北京市	区县（开发区）
*****学城发展集团有限公司	5 +	北京市	地市
*****新城产业投资集团有限公司	6	重庆市	地市
*****通集团有限公司	4	山东省	地市
*****矿片区整治开发有限责任公司	5 −	江苏省	区县
*****通集团有限公司	3	四川省	地市
*****投资（集团）有限公司	4 −	重庆市	省
*****建设投资集团有限公司	6 −	湖南省	区县
*****济技术开发集团有限公司	6 +	江苏省	区县
*****航空投资集团有限公司	4	江西省	省
*****通开发投资（集团）有限公司	3	重庆市	省
*****展集团有限公司	7	福建省	地市（开发区）
*****市建设投资有限公司	8	贵州省	区县
*****投资有限责任公司	5 −	云南省	地市
*****术开发区投资发展集团有限责任公司	4 −	浙江省	地市（开发区）
*****发展集团有限公司	7	四川省	地市
*****资集团有限公司	3	湖北省	省
*****团有限公司	3	广东省	地市
*****设投资集团有限公司	4 +	福建省	地市
*****资本运营集团有限公司	4	浙江省	地市
*****资产经营有限公司	6	山东省	地市
*****区城市旅游开发投资有限公司	5 −	山东省	区县
*****建设发展投资集团有限公司	6	山东省	地市
*****建设集团有限公司	5 −	湖南省	区县
*****资集团有限公司	6 +	山东省	地市

续表 2

公司名称	YY 等级	所在省份	平台层级
*****建设投资开发集团有限公司	3	湖北省	地市
*****本投资运营集团有限公司	7 +	宁夏回族自治区	地市
*****发展投资有限公司	4 +	江苏省	地市
*****旅控股集团有限公司	6 −	江西省	地市
*****资集团有限公司	6	四川省	区县
*****集团有限公司	7	云南省	地市
*****有资本投资集团有限公司	8 +	湖北省	地市（开发区）
*****展投资集团有限公司	5	河南省	地市
*****团有限公司	4	福建省	地市
*****投资有限公司	7 +	湖北省	区县
*****业投资集团有限公司	7 −	湖北省	地市
*****有资产经营有限公司	6	河南省	区县
*****投资集团有限公司	5 −	广西壮族自治区	省
*****交通集团有限公司	4 +	湖南省	地市
*****区城市建设发展有限公司	7 +	山东省	区县
*****展集团有限公司	4 +	湖南省	地市
*****术产业开发区投资发展集团有限公司	6 +	浙江省	区县
*****资集团有限公司	4	山东省	地市
*****建设投资集团有限公司	4 −	浙江省	地市
*****集团）有限公司	2	上海市	省
*****股集团有限公司	4 +	四川省	地市
*****富投资控股集团有限公司	5 −	山东省	区县
*****合发展集团有限公司	6 +	山东省	国家新区
*****投资集团有限公司	3	浙江省	地市
*****集团）有限公司	2	上海市	省
*****投资集团有限公司	2	浙江省	省
*****建设管理集团有限公司	5 +	陕西省	地市

续表3

公司名称	YY 等级	所在省份	平台层级
*****设投资集团有限公司	7	河南省	地市（开发区）
*****集团有限公司	3	广东省	地市
*****恒业集团有限公司	6 +	山东省	区县
*****建设投资有限公司	5	湖北省	地市
*****股集团有限公司	6 +	山东省	区县
*****建设投资集团有限公司	3	浙江省	地市
*****建设投资控股（集团）有限责任公司	3	江苏省	地市
*****设集团有限责任公司	7 −	云南省	地市
*****资控股有限公司	3	浙江省	地市
*****投资建设集团有限公司	6	山东省	国家新区
*****展投资集团有限公司	5	湖北省	地市
*****设集团有限公司	4	江苏省	地市
*****建设投资开发集团有限公司	4 +	湖南省	地市
*****展（集团）有限公司	3	上海市	国家新区
*****发展投资集团有限公司	6	湖北省	地市
*****设投资发展（集团）有限公司	3	江苏省	地市
*****展集团有限公司	5 −	山东省	地市
*****投资集团有限公司	6	山东省	地市
*****资产投资集团有限责任公司	5 −	福建省	地市
*****投资控股集团有限公司	4 −	江苏省	地市
*****区发展集团有限公司	6	陕西省	国家新区
*****通集团有限公司	6	云南省	地市
*****控股)有限责任公司	3	四川省	省
*****投资发展集团有限公司	5 +	浙江省	地市
*****新区融合控股集团有限公司	5 +	山东省	地市
*****公路集团有限公司	3	福建省	省

续表4

公司名称	YY 等级	所在省份	平台层级
*****资运营投资控股集团有限责任公司	6 −	江西省	地市
*****区城市开发建设投资集团有限公司	6	山东省	区县
*****股集团有限公司	6 −	山东省	区县
*****投资控股（集团）有限公司	4 +	安徽省	地市
*****发建设投资有限公司	6 −	山东省	区县
*****团有限公司	3	湖北省	地市
*****建设投资开发有限责任公司	6	湖北省	地市
*****设施投资有限公司	2	北京市	省

附录3：　　　　　　银行风险被低估前100家

公司名称	YY 等级	银行类型	所在省份
***行股份有限公司	5	城市商业银行	浙江省
***海微众银行股份有限公司	4	民营银行	广东省
***行股份有限公司	6	城市商业银行	西藏自治区
***村商业银行股份有限公司	5 +	农村商业银行	江苏省
***居农村商业银行股份有限公司	7 −	农村商业银行	浙江省
***南农村商业银行股份有限公司	5	农村商业银行	江苏省
***西农村商业银行股份有限公司	8 +	农村商业银行	安徽省
***行股份有限公司	5 +	城市商业银行	山东省
***隆商业银行有限公司	5 −	城市商业银行	浙江省
***村商业银行股份有限公司	8	农村商业银行	湖南省
***村商业银行股份有限公司	4 +	农村商业银行	重庆市
***顺农村商业银行股份有限公司	8 +	农村商业银行	浙江省
***村商业银行股份有限公司	7	农村商业银行	安徽省
***村商业银行股份有限公司	3	农村商业银行	上海市
***德农村商业银行股份有限公司	8 +	农村商业银行	浙江省
***宁农村商业银行股份有限公司	8 −	农村商业银行	贵州省

续表 1

公司名称	YY 等级	银行类型	所在省份
***行股份有限公司	4 -	城市商业银行	新疆维吾尔自治区
***村商业银行股份有限公司	6 +	农村商业银行	广东省
***城农村商业银行股份有限公司	6	农村商业银行	浙江省
***行股份有限公司	3	城市商业银行	上海市
***村商业银行股份有限公司	4 -	农村商业银行	广东省
***州龙湾农村商业银行股份有限公司	6	农村商业银行	浙江省
***台农村商业银行股份有限公司	7 -	农村商业银行	吉林省
***平农村商业银行股份有限公司	7 -	农村商业银行	福建省
***山农村商业银行股份有限公司	6 +	农村商业银行	江苏省
***溪农村商业银行股份有限公司	6 -	农村商业银行	浙江省
***关村银行股份有限公司	7 -	民营银行	北京市
***镇农村商业银行股份有限公司	8	农村商业银行	贵州省
***村商业银行股份有限公司	4	农村商业银行	广东省
***行股份有限公司	5 +	城市商业银行	陕西省
***丰农村商业银行股份有限公司	8 -	农村商业银行	河南省
***州农村商业银行股份有限公司	6 +	农村商业银行	浙江省
***子农村商业银行股份有限公司	7 +	农村商业银行	安徽省
***姚农村商业银行股份有限公司	6	农村商业银行	浙江省
***村商业银行股份有限公司	7 -	农村商业银行	福建省
***溪农村商业银行股份有限公司	7	农村商业银行	浙江省
***淮农村商业银行股份有限公司	7	农村商业银行	安徽省
***州农村商业银行股份有限公司	7	农村商业银行	浙江省
***金农村商业银行股份有限公司	5	农村商业银行	江苏省
***行股份有限公司	4 -	股份制商业银行	山东省
***行股份有限公司	5 -	城市商业银行	贵州省
***兴瑞丰农村商业银行股份有限公司	6 +	农村商业银行	浙江省
***行股份有限公司	5 +	城市商业银行	福建省

续表 2

公司名称	YY 等级	银行类型	所在省份
***村商业银行股份有限公司	8 -	农村商业银行	贵州省
***行股份有限公司	7 +	城市商业银行	山东省
***州鹿城农村商业银行股份有限公司	6	农村商业银行	浙江省
***乡农村商业银行股份有限公司	6	农村商业银行	浙江省
***行股份有限公司	7	城市商业银行	黑龙江省
***村商业银行股份有限公司	5 +	农村商业银行	山东省
***盐农村商业银行股份有限公司	7	农村商业银行	浙江省
***行股份有限公司	4 -	城市商业银行	山东省
***化农村商业银行股份有限公司	7	农村商业银行	浙江省
***义农村商业银行股份有限公司	8 -	农村商业银行	贵州省
***行股份有限公司	7	城市商业银行	吉林省
***阳农村商业银行股份有限公司	6	农村商业银行	浙江省
***呼和浩特金谷农村商业银行股份有限公司	7 -	农村商业银行	内蒙古自治区
***商业银行股份有限公司	7 -	城市商业银行	新疆维吾尔自治区
***州农村商业银行股份有限公司	5 -	农村商业银行	江苏省
***商业银行股份有限公司	8	城市商业银行	四川省
***行股份有限公司	5 -	城市商业银行	陕西省
***都农村商业银行股份有限公司	7	农村商业银行	山西省
***行股份有限公司	4	城市商业银行	重庆市
***浔农村商业银行股份有限公司	6	农村商业银行	浙江省
***行股份有限公司	6 +	城市商业银行	山东省
***润银行股份有限公司	5	城市商业银行	广东省
***江农村商业银行股份有限公司	6	农村商业银行	福建省
***塔银行股份有限公司	6 +	城市商业银行	云南省
***村商业银行股份有限公司	6 +	农村商业银行	广东省
***行股份有限公司	4 +	城市商业银行	四川省

续表3

公司名称	YY 等级	银行类型	所在省份
***德农村商业银行股份有限公司	5+	农村商业银行	广东省
***州路桥农村商业银行股份有限公司	7+	农村商业银行	浙江省
***银行股份有限公司	6-	城市商业银行	河北省
***熟农村商业银行股份有限公司	5+	农村商业银行	江苏省
***合农村商业银行股份有限公司	4-	农村商业银行	浙江省
***行股份有限公司	7	城市商业银行	山东省
***行股份有限公司	4-	城市商业银行	江西省
***行股份有限公司	6	城市商业银行	山东省
***峡银行股份有限公司	6+	城市商业银行	重庆市
***行股份有限公司	6	城市商业银行	山东省
***行股份有限公司	4+	城市商业银行	广东省
***村商业银行股份有限公司	4-	农村商业银行	广东省
***行股份有限公司	4-	城市商业银行	安徽省
***南农村商业银行股份有限公司	7+	农村商业银行	浙江省
***吉农村商业银行股份有限公司	6-	农村商业银行	浙江省
***行股份有限公司	4	城市商业银行	湖南省
***联银行股份有限公司	8	民营银行	吉林省
***村商业银行股份有限公司	4-	农村商业银行	四川省
***仑农村商业银行股份有限公司	7	农村商业银行	浙江省
***行股份有限公司	4-	城市商业银行	河南省
***兴农村商业银行股份有限公司	6-	农村商业银行	浙江省
***行股份有限公司	6-	城市商业银行	河北省
***暨农村商业银行股份有限公司	6	农村商业银行	浙江省
***善农村商业银行股份有限公司	6	农村商业银行	浙江省
***行（中国）有限公司	无	外资法人银行	无
***行（中国）有限公司	无	外资法人银行	无
***黎银行（中国）有限公司	无	外资法人银行	无
***行（中国）有限公司	无	外资法人银行	无

续表 4

公司名称	YY 等级	银行类型	所在省份
＊＊＊行（中国）有限公司	无	外资法人银行	无
＊＊＊行（中国）有限公司	无	外资法人银行	无
＊＊＊行（中国）有限公司	无	外资法人银行	无

附录 4： 银行风险被高估前 100 家

公司名称	YY 等级	银行类型	所在省份
＊＊＊村商业银行股份有限公司	5 −	农村商业银行	湖南省
＊＊＊州余杭农村商业银行股份有限公司	6 +	农村商业银行	浙江省
＊＊＊阳农村商业银行股份有限公司	7	农村商业银行	浙江省
＊＊＊商业银行股份有限公司	7	城市商业银行	四川省
＊＊＊行股份有限公司	4 −	城市商业银行	贵州省
＊＊＊行股份有限公司	7 −	城市商业银行	山东省
＊＊＊行股份有限公司	5 −	城市商业银行	浙江省
＊＊＊行股份有限公司	5 −	城市商业银行	湖南省
＊＊＊一银行有限公司	6 +	外资法人银行	上海市
＊＊＊齐银行股份有限公司	5 −	城市商业银行	新疆维吾尔自治区
＊＊＊村商业银行股份有限公司	4 +	农村商业银行	北京市
＊＊＊村商业银行股份有限公司	6 +	农村商业银行	广东省
＊＊＊村商业银行股份有限公司	7 −	农村商业银行	贵州省
＊＊＊技农村商业银行股份有限公司	6	农村商业银行	安徽省
＊＊＊行股份有限公司	5 −	城市商业银行	福建省
＊＊＊昌农村商业银行股份有限公司	8 +	农村商业银行	浙江省
＊＊＊行股份有限公司	7	城市商业银行	四川省
＊＊＊海农村商业银行股份有限公司	7	农村商业银行	浙江省
＊＊＊州椒江农村商业银行股份有限公司	7	农村商业银行	浙江省
＊＊＊湘银行股份有限公司	7 +	民营银行	湖南省
＊＊＊行股份有限公司	5 −	城市商业银行	甘肃省
＊＊＊行股份有限公司	5	城市商业银行	湖北省

续表 1

公司名称	YY 等级	银行类型	所在省份
***行股份有限公司	5 −	城市商业银行	河北省
***村商业银行股份有限公司	6 −	农村商业银行	天津市
***行股份有限公司	6 +	城市商业银行	江西省
***安农村商业银行股份有限公司	6 −	农村商业银行	福建省
***行股份有限公司	4 −	城市商业银行	河南省
***瑞银行股份有限公司	7 −	民营银行	上海市
***商业银行股份有限公司	5 −	城市商业银行	山东省
***行股份有限公司	4	城市商业银行	江苏省
***兴银行股份有限公司	6	城市商业银行	广东省
***行股份有限公司	5 −	股份制商业银行	天津市
***行股份有限公司	6	城市商业银行	甘肃省
***行股份有限公司	5 −	城市商业银行	广西壮族自治区
***行股份有限公司	6 −	城市商业银行	山东省
***银行股份有限公司	6 +	城市商业银行	河北省
***行股份有限公司	6	城市商业银行	四川省
***康农村商业银行股份有限公司	7	农村商业银行	浙江省
***行股份有限公司	5	城市商业银行	四川省
***行股份有限公司	6 +	城市商业银行	山西省
***商银行股份有限公司	7	民营银行	浙江省
***商业银行股份有限公司	6	城市商业银行	四川省
***行股份有限公司	5 +	城市商业银行	江西省
***民银行股份有限公司	7 −	民营银行	重庆市
***行股份有限公司	7	城市商业银行	河北省
***虞农村商业银行股份有限公司	6	农村商业银行	浙江省
***行股份有限公司	6 +	城市商业银行	浙江省
***行股份有限公司	7	城市商业银行	山东省
***行股份有限公司	5	城市商业银行	湖北省
***都农村商业银行股份有限公司	7	农村商业银行	安徽省

续表2

公司名称	YY 等级	银行类型	所在省份
***部湾银行股份有限公司	5 -	城市商业银行	广西壮族自治区
***行股份有限公司	7	城市商业银行	山东省
***乌农村商业银行股份有限公司	6	农村商业银行	浙江省
***城银行股份有限公司	7	民营银行	天津市
***网银行股份有限公司	7 -	民营银行	四川省
***华成泰农村商业银行股份有限公司	7 +	农村商业银行	浙江省
***宁银行股份有限公司	7 -	民营银行	江苏省
***行股份有限公司	7	城市商业银行	辽宁省
***行股份有限公司	7	城市商业银行	云南省
***邦银行股份有限公司	8	民营银行	湖北省
***行股份有限公司	7 -	城市商业银行	辽宁省
***行股份有限公司	6	城市商业银行	宁夏回族自治区
***行股份有限公司	7 -	城市商业银行	青海省
***行股份有限公司	6 -	城市商业银行	内蒙古自治区
***行股份有限公司	7	城市商业银行	四川省
***行股份有限公司	6	城市商业银行	新疆维吾尔自治区
***行股份有限公司	1	国有大型商业银行	北京市
***府银行股份有限公司	6 +	城市商业银行	四川省
***海农村商业银行股份有限公司	7	农村商业银行	天津市
***行股份有限公司	7	城市商业银行	广西壮族自治区
***银行股份有限公司	7	城市商业银行	黑龙江省
***行股份有限公司	6	城市商业银行	海南省
***行股份有限公司	3	城市商业银行	江苏省
***西银行股份有限公司	6	城市商业银行	四川省
***商业银行股份有限公司	7	城市商业银行	四川省
***东发展银行股份有限公司	2	股份制商业银行	上海市

续表3

公司名称	YY等级	银行类型	所在省份
***村商业银行股份有限公司	6	农村商业银行	湖北省
***行股份有限公司	5	城市商业银行	天津市
***行股份有限公司	1	国有大型商业银行	上海市
***商银行股份有限公司	6＋	城市商业银行	浙江省
***行股份有限公司	3	城市商业银行	江苏省
***行股份有限公司	3	城市商业银行	浙江省
***行股份有限公司	7	城市商业银行	山西省
***行股份有限公司	3	城市商业银行	浙江省
***行股份有限公司	4	股份制商业银行	浙江省
***出口银行	1	政策性银行	北京市
***行股份有限公司	1	股份制商业银行	广东省
***行股份有限公司	3	城市商业银行	北京市
***大银行股份有限公司	2	股份制商业银行	北京市
***行股份有限公司	3	股份制商业银行	北京市
***行股份有限公司	2	股份制商业银行	北京市
***行股份有限公司	3	股份制商业银行	广东省
***行股份有限公司	2	股份制商业银行	福建省
***行股份有限公司	2	股份制商业银行	广东省
***生银行股份有限公司	4＋	股份制商业银行	北京市
***业银行股份有限公司	1	国有大型商业银行	北京市
***设银行股份有限公司	1	国有大型商业银行	北京市
***业银行（中国）有限公司	无	外资法人银行	无
***行（中国）有限公司	无	外资法人银行	无
***亨银行（中国）有限公司	无	外资法人银行	无

专题三

机器学习在 FOF 投研数字化领域的应用研究*

本专题探讨了机器学习技术在 FOF 投资领域的应用。依托投研因子体系构建基金画像，对基金和管理人进行全面定量分析。通过持仓补齐和行业穿透算法实现基金仓位和行业分布的精准测算，控制组合风险。行业配置模型从中观视角指导投资组合获取超额收益。组合优化算法融合上述模型成果，实现多重约束下的基金组合配置与管理。本课题的研究不仅促进了机器学习技术在 FOF 投资实务中的应用，也为未来相关研究提供了有价值的参考。

---

* 本专题选自平安资产管理有限责任公司 2023IAMAC 年度课题《FOF 基金投研数字化实践探索——机器学习在行业配置与组合管理的应用研究》；本课题获评优秀课题；课题负责人：罗水权；课题组成员：万军、陈娟、晏沛泉、刘剑、李燕婷、李美卓、马斓轩、张宇烙、陈奕安、杨青、高寒冰。

第一章　课题背景

第一节　FOF 发展历程

基金中基金（Fund of Funds，FOF）是一种以基金为主要投资对象的共同基金，通过在一个委托账户下持有多个不同基金来分散投资，技术性降低集中投资的风险。FOF 起源于 20 世纪 70 年代的美国，投资对象为一系列私募股权基金，投资门槛较高。1985 年，先锋基金（Vanguard）推出了最早的公募 FOF，投资标的均为该公司旗下基金，其中 70% 投资于股票类基金，30% 投资于债券类基金，标志着公募 FOF 的诞生。20 世纪 90 年代长达 10 年的美股牛市催生了个人投资者对金融投资产品的巨大需求，为 FOF 的发展提供了丰富的底层资产。同一时期，美国企业养老金体系中的固定缴款计划（Defined Contribution Plan，DC Plan）使生命周期基金应运而生，促进了 FOF 需求的增长。1996 年，美国出台了全国证券市场改善法案，在法律层面为 FOF 发展扫除了障碍，促进了基金公司 FOF 产品的发行。

1990 年，美国市场上仅有 20 只 FOF，总资产管理规模为 14.26 亿美元。而到了 1997 年，FOF 产品增加到了 94 只，总资产管理规模达到 215 亿美元。进入 21 世纪以来，美国政府推行了一系列关于养老金投资的税收优惠政策，这些政策进一步促进了养老金投资公募 FOF 产品，使 FOF 迎来了爆发式的增长。截至 2020 年，美国 FOF 规模超过 2.8 万亿美元，总数量也由 2000 年的 215 只增长至 2019 年的近 1 500 只。在市场份额方面，2002 年以前，美国 FOF 资产规模在共同基金市场总规模的占比低于 1%，而截至 2019 年底，该比例已经维持在 10% 附近的水平。在投资产品类别方面，在 20 世纪 90 年代初期，美国的 FOF 产品主要分为配置型、股票型和固定收益型三类，而如今 FOF 产品类别已扩充至包括混合型基金、股票型基金、固定收益型基金、另类投资基金、货币市场基金、商品基金、可转换证券基金以及不动产基金等多个类别，其中混合型 FOF 在数量和规模上都占据主要地位。截至 2019 年末，美国 FOF 数量共有 1 469 只，净资产规模为 2.54 万亿美元，而其中混合型 FOF 有 1 248 只，净资产规模为 2.19 万亿美元，占全部 FOF 净资产规模的 86%。

我国 FOF 发展与海外成熟市场相比起步较晚。2005 年，招商证券发布的创新型理财产品"基金宝"是国内首只受批的以基金为标的资产的基金。2014 年，中国证监会发布《公开募集证券投资基金运行管理办法》，第一次提出了公募 FOF 的概念并确定了其法律地位，并明确要求 FOF 须有 80% 以上资产投资于其他公开募集的基金份额。2016 年，中国证监会发布的《公开募集证券投资基金运作指引 2 号——基金中的基金指引》从 FOF 的定义、投资范围、费率、估值和风险管理方面进一步规范了 FOF 业务。2017 年 9 月初，6 只普通型 FOF 获批发布。同年，为应对养老金缺口问题，监管层提出养老基金可以按 FOF 模式运作，进一步促进了我国 FOF 的发展。2018 年，中国证监会核准了 14 家基金公司的养老 FOF 基金。截至 2022 年 11 月 30 日，国内市场上共有 368 只 FOF，总资产规模达 2 068 亿元。

FOF 是保险资金最早的权益资产投资形式。《中国保险资产管理业发展报告（2023）》显示，截至 2022 年底，参与调研的 32 家保险资产管理公司合计配置公募基金 1.01 万亿元。保险资金具有久期长、规模大、成本刚性等特点，是目前期限最长、风险偏好最低、约束条件较多的长期资金之一。保险资金管理体量庞大，管理难度较大，FOF 投资在产品久期、收益预期和风险水平上与保险资金的属性较为契合，能够助力保险资管业务实现突破。FOF 投资可以根据保险公司的资产负债匹配需求，选择合适的基金组合，缓解保险公司资产负债久期错配的问题，更好地满足保险公司的长期稳健投资目标。由于保单预定利率和资金成本的存在，这些刚性成本约束决定了安全性在保险资金投资原则中的重要地位。FOF 的资金分散化投资降低了投资风险，投资策略和产品的多样性能够降低整体投资组合的波动性，更好地应对市场风险。面对随时可能发生的赔付，FOF 投资的灵活性可以满足保险资金运用的流动性需求，从而兼顾绝对收益和相对收益。

第二节　本课题研究内容和研究意义

FOF 投资在信息透明度、基金经理选择、绩效波动、风险评估、投资结构、选择基金等方面具有挑战，这些挑战可能影响投资者的预期回报、风险敞口以及投资策略的执行。本课题对 FOF 投资中面临的多种挑战提出了有效可行的解决方案。首先，FOF 中涉及多个基金，投资者难以获得有关基金投资组合的详细信息，包括底层资产和交易明细等，且连续的基金持仓数据也较难获得，信息透明度不足会对基金投资决策造成较大影响。其次，FOF 投资的绩效取决于基金经理的投资决策能力，表现优秀的基金经理更大可能在未来的投资中获得较好业绩。再次，不同基金的风险特征可能因资产类型、投资策略而有所不同，且不同基金组合表现也各有所异，FOF 投资组合的整体风险和绩效评估较难进行全面比较。最后，尽管对不同基金的绩效和风险有所了解，选择合适的 FOF 仍存在困难，这源于市场变动下不同基金之间的风险传递无法预测。

面对 FOF 投资的难点与困境，本课题从数据补齐、基金刻画、行业配置、组合优化等方面建立研究框架，提出了可行的量化分析方案。经实验论证，模型效果较同业主流方案具有一定优势，具有较明确的应用可行性与实用价值。本课题在基金、管理人、企业、行业、金融市场、宏观和事件等数据的基础上，对季报数据中全部持仓数据进行了量化补齐，提高了全部持仓信息的完整度，同时基于基金的绩效表现相关指标，预测基金行业分布，测算行业仓位，一定程度上弥补了未公开信息对基金研究的影响。坚实的数据基石上建立基金投研因子体系是研究框架的核心，模型从行业拥挤度、分析师预期、业绩、聪明资金、趋势、机构资金和宏观视角动态估值七个维度，选取不同的行业因子，依据因子打分实现行业的绩效比较，并在此基础上形成行业轮动策略，以应对 FOF 内部复杂的投资结构。最后，本课题基于马科维茨均值方差理论，融合以上基金画像、行业穿透和行业配置方法，实现多重约束下基金组合构建与优化，紧跟业绩基准的前提下平衡风险与收益，逐步积累超额业绩。

本专题首先对近年来基金投研体系、基金数据补齐、行业轮动策略及 FOF 投资组合管理等方面的国内外相关研究进行了梳理和总结。然后详细介绍了基金画像、持仓补齐、行业穿透、行业配置、组合优化五个模块的建模过程和实验结果。最后，对当前研究成果与成效进行了总结，并提出了关于 FOF 投资未来的研究空间与发展方向。

第二章 相关研究

基金研究是 FOF 研究框架的基础，基金评估指标、基金数据应用、行业轮动策略以及组合优化是几个重要的环节。本章将分别从基金绩效评估、持仓测算、行业配置、FOF 组合管理四个方面梳理业界现有研究成果，及其对进一步研究的启示。

第一节 基金绩效评估相关研究

寻找一个真实客观的指标用来评估 FOF 的绩效水平是机构和学者关注的问题，一般选择适用于所有基金评估的指标和方法来衡量 FOF 的业绩。历史业绩是较为直观的评价指标，投资者可以通过内部收益率、净值增长率等考察基金的收益情况。Hunter et al.（2014）提出了一种简便的方法用于解释共同基金之间的只依赖于基金收益率和投资目标的共性。具体做法是在常用的多因子模型中加入表示等权配置所有同类型基金的额外基准，这一做法显著地提升了对在未来具有优异表现的基金的筛选。随着风险—收益理论的提出，风险被纳入历史业绩的影响因素中，Sharpe 比率（Sharpe，1966）、Treynor 比率（Treynor，1965）和 Jensen 比率（Jensen，1968）是将投资绝对收益和风险水平相结合的三大指标，用来评估基金风险调整后的收益率。事实上，这些常用的指标并不时刻有效。Lehmann 和 Modest（1987）基于资本资产定价模型（Capital Asset Pricing Model，CAPM）和套利定价理论（Arbitrage Pricing Theory，APT）对基金评估指标的有效性展开研究，研究结果表明用于评估基金绩效水平的 Jensen 指数和 Treynor–Black 指数对构建的 APT 基准十分敏感，采用不同的 APT 基准所得到的共同基金的排名截然不同。

基金的业绩与基金经理的投资风格和择时能力相关,好的基金经理应该可以根据市场形势的变化而调整投资组合,因此有许多从基金经理的角度对基金业绩进行评价的研究。Berk 和 Van Binsbergen(2015)发现每只共同基金每年可以从资本市场中产生 320 万美元的价值,这一横截面差距能持续十年之久,超额收益主要取决于基金经理的管理能力。Angelidis et al.(2013)引入了一种新的基于因子暴露的方法来衡量基金经理的静态和动态择时能力,这个方法是以基金经理自我报告为基准,而不是选择具有相同风险特征的被动投资组合为基准。Wermers et al.(2012)利用美国本土所有主动管理权益基金的加总持仓构造了一个股票收益预测度量模型,并且利用该模型研究了基金经理选股能力的来源。对于市场中基金经理是否具有可靠的风险预测和择时能力观点不一。Henriksson 和 Merton(1981)通过在回归方程中加入一个虚拟变量来估计基金经理的择时能力,构建了 H-M 模型,实证分析中发现被验证的基金经理市场择时能力较弱。Gao et al.(2020)使用美国对冲基金报告持股情况对基金经理的基金选择、风格配置和主动管理能力进行研究,发现对冲基金经理拥有基金选择能力。唐文勇(2023)利用 2005 年至 2021 年主动管理型偏股公募基金数据,对基金经理的主动管理能力进行研究,从基金经理维度将产品业绩按规模加权整合为基金经理业绩,证实了基金经理是具备主动管理能力的。李学峰等(2023)以我国开放式基金为样本,研究共同激励机制下的基金经理行为。研究发现激励扭曲使基金经理存在短视投资行为,短期内可以帮助基金经理获得较好的业绩,但长期不可持续。基金历史绩效不一定具有可持续性,基于基金收益率的 Spearman 秩相关系数检验、基金收益序列的自回归系数检验等方法常用于考察基金业绩的可持续性。

除了历史业绩指标外,我们还可以使用基金绩效归因模型来分析基金的业绩,通常采取的做法是将基金相对于基准指数的超额回报在多个不同的因素上分解,以揭示这些因素对业绩的贡献。Fama(1972)以 CAPM 为基础最先提出了绩效归因分析模型,将基金的超额收益率分解为选择回报和风险回报,并进一步将选择回报分解为可分散回报和净选择回报。Wagner 和 Tito(1977)基于 Fama 的框架构建了债券的久期归因模型。除上述风格归因模型外，还可以从行业归因、择时归因、交互作用归因等角度进行基金绩效的分解。

第二节 基金持仓、行业测算相关研究

了解基金的持仓比例对基金研究十分重要，基金持仓数据揭示了基金经理的投资决策和基金暴露于不同资产类别的程度。分析基金持仓数据有助于评估基金的投资风格和风险敞口，投资者可根据基金持仓数据分析市场趋势，预测可能的投资机会和风险，做出更明智的资产配置决策。Solomon et al.（2014）在共同基金持仓、媒体报道和资本流动之间建立回归模型，证明了媒体关于共同基金的持仓报告会影响投资人在不同基金中的资金分配。作者认为媒体对公司的报道会使突出的股票收益增加，同时吸引投资者的注意力，从而促进资本向持仓更透明的基金流动。Cici et al.（2016）调查了对冲基金的权益仓位，发现其报告值与基于证券价格研究中心收盘价所计算的标准预估偏离约7%。这些权益估计的偏差大小，与标的股票资产的非流动性程度，以及价格波动性均呈现正相关关系。权益仓位报告值与估计值的偏差更大的基金，会表现出更不连续的报告收益率，并且这些投资顾问所管理的其他基金，具有更高的不实披露风险。Sherrill et al.（2017）利用逻辑回归模型，对持有被动 ETF 的主动管理共同基金展开研究，包括市场择时、流量控制和现金持仓等。作者发现在 2004 年到 2015 年期间，有 1/3 的主动管理基金持有 ETF 仓位，同时在资产组合中为 ETF 提供更多持仓比例的主动管理基金会具有更差的表现。

基金定期公布的全部持仓是重要的基金研究数据，在基金分析、基金评价等方面都有非常广泛的应用。但公募基金只在每个季度结束后的 15 个工作日内披露基金重仓、在 8 月末和次年 3 月末披露基金全部持仓。孟庆斌等（2019）利用公募基金 2003 年至 2014 年披露的持仓数据，对业绩粉饰进行研究。研究发现基金未来业绩与业绩粉饰程度显著负相关，且基金二季度、四季度的业绩粉饰程度显著高于一季度、三季度，这是由于我国

公募基金在二季度、四季度持仓信息披露详细程度更高导致的。由此可见，如果仅使用基金半年报和年报中的全部持仓信息，不仅会降低持仓信息的获得频率，也会给之后的基金分析带来明显的滞后性。选择合理的方法对阶段性披露的基金持仓数据进行处理有助于获得更多有效信息。张然等（2023）将主动型公募基金的总持仓分解为正常持仓和异常持仓，构造持仓数据关于市值、资产收益率等指标的回归模型，利用异常持仓预测公司未来股票收益。汪梓轩等（2023）提出对基金持仓分层的分析方法，构建了基金独立性指标，充分利用基金季报中的信息，关注静态持仓刻画独立性的研究。

基金的行业持仓权重是基金的重要研究数据，某些行业可能更容易受到经济周期、政策变化或其他因素的影响。基金在不同行业中的投资分布信息有助于投资者更好地理解基金的投资风格、风险敞口和潜在机会。而限于中国市场基金投资组合详细持仓信息不公开的问题，行业配置权重信息是很难准确估计的。基金行业仓位测算大体可以总结为基金净值和一系列市场指数回归，将各指数对应的回归系数 Beta 值作为对应的仓位。除传统回归模型外，行业内常用机器学习方法提升仓位测算的精准度。Lasso 回归和岭回归（Ridge Regression）是两种对传统回归模型的修正模型，通过在损失函数后面加入 L1 正则化惩罚项或 L2 正则化惩罚项，实现系数压缩，减少复杂模型过拟合问题。卡尔曼滤波（Kalman Filter）是另一种常用方法，将基金的行业仓位看作隐含状态，把基金收益率当作可观测状态，用状态空间模型对基金收益率建模，通过卡尔曼滤波可以高效地识别出基金持仓的变动。张学勇等（2018）基于行业指数的流通市值比，来测算行业在市场上的权重，从而在有约束条件的回归分析框架下估计基金每月的行业配置，针对约束中的非负限制条件，作者采取动态状态空间下的 Return-based 模型，使用卡尔曼滤波方法近似法估计主动型基金的行业配置比例。

第三节 行业景气度、行业配置相关研究

行业配置是指根据商业周期所处的阶段在不同行业进行交替选择，从

而获得超额收益的一种投资策略。基金在各个行业的持仓比例对基金的预期收益影响较大，合理的行业配置可以有效分散风险，降低单一行业波动对投资组合的影响。Busse 和 Tong（2005）在 Carhart 四因子模型的基础上增加了行业动量因子，证明了行业配置能力占基金表现的 1/3，且该能力推动了相对绩效的持久性。Sassetti 和 Tani（2006）利用 1993 年 1 月至 2003 年 9 月富达特定行业的基金数据进行了测试，认为行业轮动策略能够持续击败买入持有策略。Bessler et al.（2021）以 2007 年 5 月至 2020 年 11 月为考察期，对 ETF 中的 10 个行业和 6 个因子分别构造投资策略，比较因子投资和行业投资策略的表现。发现在更长的时间窗口下，因子投资比行业投资表现更优。然而在较短的时间窗口下，两种策略的表现的优劣取决于经济周期。在危机时期，行业投资可以提供更好的多元化机会。对于国内市场，武文超（2014）选取 2006 年初至 2013 年底沪深 300 行业指数的收益率数据，利用反转交易策略对我国 A 股市场的行业轮动现象进行研究，结果表明我国 A 股市场的行业动量现象在日和月的时间区间上相当明显，在周的时间区间表现为阶段性的行业轮动和动量现象。

在基金研究中，行业景气度是常用的行业配置考虑因素。行业景气度是指一个特定行业或领域在一段时间内的繁荣程度或发展趋势，它通常被用来评估该行业的增长和利润潜力，以及可能的市场机会和风险。行业景气度指标能够反映当前社会经济状况下行业的发展趋势，在行业配置过程中具有一定的预测能力。在我国，行业景气度由国务院发展研究中心（DRC）行业景气度监测平台每月公布一次，该指标是对行业销量、行业价格、行业就业指数、行业利润等一系列指标进行定量加工后合成得到的。在实际研究中，由于行业的划分标准、数据的精细度要求有所不同，用行业历史业绩表现来代表行业景气度是一种可行的替代方法。薛爽（2008）分别采用虚拟变量和连续变量的方法计算行业景气度，作者选择 1993 年以来可获得行业内样本公司总资产利润率（ROA）或主营业务利润率（CROA），用每年数据的中值构造时间序列，某一年的数据超过平均水平，则该年的行业景气度为 1，否则为 0，当年水平与平均水平的差值越大则表示当年的行业景气度越高，否则越低迷。

对于中国市场中行业配置能力是否对基金业绩起到促进作用这一问题，学者们持有不同的观点。邢欣羿和孙谦（2015）使用 2001 年至 2011 年十年间沪深两市所有股票型开放基金，构造 Carhart 四因子模型进行回归实证。研究结果发现，中国开放式股票基金的业绩与行业集中度等指标有正向关系，证明了有效的行业配置在基金管理过程的积极作用。张学勇等（2018）使用 2004 年至 2013 年我国主动型基金回报率和股票回报率的数据，测算行业集中度和行业活跃度指标，构造基金业绩与行业配置指标的回归模型，实证结果表明行业集中度和行业活跃度均和基金的业绩正相关。陈晓非等（2021）构建面板固定效应模型对行业配置能力与基金业绩之间的关系展开研究，认为行业集中度和行业选择能力对基金业绩有显著影响，基金经理积极的行业配置行为能够取得显著超额收益。宋光辉等（2013）考察 2006 年 1 月至 2012 年 12 月这段时间我国激进配置型基金，这段时间的行业配置是有效的，但不同基金的行业配置效率有所不同。而王晓晖（2015）对优化行业配置可以提升基金业绩这一观点提出了质疑。作者选取 2005 年 12 月 31 日成立的 55 只股票型开放式基金，实证研究了基金行业配置效率对基金业绩的贡献程度仅在 3% 左右。事实上，行业配置能力本身可能受限于投资行为特点。中国基金在个股层面的羊群现象十分显著，而基金在行业配置层面的羊群现象会使基金整体风险波动增加，继而影响基金业绩。徐信忠（2011）等利用 2002 年至 2009 年中国开放式基金半年度的完整持仓数据，对相邻两期基金行业数据展开研究，发现其平均相关系数达到 32%，证明国内开放式基金的行业配置存在羊群效应。

国内外机构和学者对于行业轮动在投资中的应用有很多研究，其中通过宏观经济因素划分经济周期来设计行业轮动模型是较为常见的方式。Conover et al.（2008）利用 1973 年至 2005 年间美国股市的数据分析了货币政策和行业轮动之间的关系，基于货币环境的宽松程度设计了行业轮动策略，该轮动策略可以获得持续的显著超额收益。Chong 和 Phillips（2015）利用了一系列低频经济测度作为信号来执行行业轮动策略，以不同的优化方式构建了行业 ETF 多头组合。结果表明，与标普 500 指数和等权 ETF 组合相比，利用低频经济测度构建的资产组合无论是在绝对表现还是相对表现方面都更好。彭惠和刘欣雨（2016）对 2004 年 4 月至 2014 年 12 月近十年间我国股市的各行业指数的收盘数据展开行业联动特征分析，应用数据挖掘中的关联规则和 Apriori 算法挖掘出不同时期的行业间轮动规则，并依据投资时钟原理提出了资产配置策略，发现该策略能够显著跑赢沪深 300 指数和全行业基准。周亮（2019）选择 2007 年 1 月至 2017 年 8 月的经济数据，以领先指数和滞后指数为分析指标，依据美林投资时钟对经济周期的划分，设计了稳健的行业轮动配置策略，确定复苏、过热、滞涨和衰退四个时期对应持有的行业指数。近年来数据挖掘技术不断发展，复杂网络方法也逐渐应用于投资领域。李仲飞和周骐（2023）认为传统的行业配置模型忽略了行业网络的整体关联性，提出了将复杂网络方法应用到行业配置的模型方法，补充了复杂网络方法在投资组合管理中的应用。

第四节　FOF 组合管理相关研究

FOF 组合管理的研究有助于构建一个长期稳定的组合，FOF 组合优化以现代投资组合理论为基石，实现多重约束下最优配置的求解。巴曙松（2017）对 FOF 的特点进行总结，从宏观理论框架、经济周期下的行业轮动、基金经理的选择以及 FOF 的投后管理等角度做出具体阐述。关于 FOF 理论体系的发展，冯科等（2019）对国内外学者近年来关于 FOF 的基本概念、运营理论、实证分析等方面的文献进行梳理和总结，并对 FOF 的业绩评价方法和指标进行了总结和分类，提出了当前研究存在的问题及今后完善和发展的方向。相比直接投资基金，FOF 在风险收益上更具有优势。Potter（2001）对共同基金多元化 FOF 进行了初步研究，对跟踪误差的分析结果显示构建多个基金的投资组合具有降低风险的效果。Weidig et al.（2005）根据直投基金数据构建了 FOF 组合并计算基金组合的风险收益，结果显示 FOF 组合的风险明显小于直接投资基金。Wolf 和 Wunderli（2009）建立了各种权重下的股权投资组合，对比显示同等风险下，基于过去收益数据构建的投资组合的收益高于简单的投资组合，该结果证明了

FOF 的有效性。

现代投资组合理论（Modern Portfolio Theory，MPT）是构建 FOF 组合策略的基石，FOF 优化可以使用 MPT 来构建有效前沿，并选择位于有效前沿上的投资组合。随着均值—方差模型的不断完善，由 MPT 衍生的量化型大类资产配置策略不断发展，FOF 的选择正是建立在大类资产配置方案的基础上。Black 和 Litterman（1992）在高盛任职期间提出了 Black – Litterman 模型，将历史数据估计的先验收益率和新息数据线性加权，由此得到新的模型期望收益率，最后运用 Markowitz 最优化模型得到各类资产的最优配置比例。大学捐赠基金模型是典型的融入宏观经济周期与主管判断的大类资产配置模型，该模型是由耶鲁捐赠基金的管理者 David Swensen 开创的投资理念和策略，利用该类基金资金期限长的特点，可以投资流动性低、周期长、回报率高的资产。除大类资产配置策略，FOF 的投资策略还有美林投资时钟、跨期套利策略、Alpha 投资策略等。Alexander 和 Dimitriu（2004）提出了对冲基金投资组合的最小方差优化和对冲基金配置策略的其他条件。这种方法追求整体投资组合的方差最小化，以实现最佳的风险或收益平衡。在 FOF 中，可以使用数学优化方法来计算出权重，最小化投资组合的方差。

关于 FOF 组合优化有许多实证研究。Chen et al.（2009）将基金经理的优化目标定义为给定跟踪误差的条件下最大化资产组合相对于基准的超额收益。作者将总的跟踪误差分解为相对于基准的偏离和相对于基金 Alpha 的额外风险两部分，在量化分析构成资产组合超额收益的每一个成分的贡献后，发现风格约束下的资产组合表现取决于基金经理的主动寻找 Alpha 的能力。Conlon et al.（2007）利用对冲基金收益数据构建了互相关矩阵，并将随机矩阵理论应用于该构建过程，对矩阵特征向量进行分析，结果表明许多特征值与随机矩阵理论得到的值有偏离，这些有偏的特征值对应的特征向量与对冲基金经理们所采用的不同策略组有关，通过去除收益互相关矩阵中的噪音部分，可以使预测的对冲基金风险和实际风险之间的差异大大减少。Jacobsen 和 Ma（2020）描述了一种用于 FOF 优化的最大化 Alpha 信息比率的方法。Chen et al.（2022）提出了一个用于 FOF 组合优化模型的并行算法，以最小化交易成本为目标函数，构造了一个有约束的拉格朗日函数，函数中假设交易成本函数的凸性，通过交替方向乘子法（Alternating Direction Method of Multiplies，ADMM）将二次项与非线性项分离，使原问题分割，从而加速求解过程。Lee 和 Sohn（2023）提出了一种主成分 Alpha 风格因子嵌入的风险平价策略，这种策略可以分散 FOF 中基金经理的风格风险和投资选基风险，模拟结果表明，相较于独立地使用风格风险因子和主成分 Alpha 因子，该策略具有更加稳定的风险—收益特征。对于国内市场也有一些关于 FOF 组合优化的创新研究。曾庆松和冯科（2023）基于 2018 年至 2021 年 FOF 面板数据展开实证研究，构造了"FOF——子基金——股票"的基金网络，研究发现基于自身投研能力且能够利用多重基金网络获取信息的 FOF 业绩表现更好。

第五节　局限性与研究空间

回顾基金投资领域的相关研究，可以发现前人的研究提供了扎实的理论和方法基础，也带来了一些研究启示。FOF 的研究建立在对基金的研究基础上。首先，当前文献多关注风险—收益相关的静态指标，对基金经理的管理能力缺乏评估标准，所以很难从定性和定量的角度实现基金绩效水平的全面评估。其次，关于基金持仓数据补齐的模型和方法相关的文献较少，现有文献更多关注已有数据的处理，基金全部持仓数据是十分重要的研究数据，选择合适的模型实现持仓补齐是顺利展开后续研究的基础。再次，现有文献中有一些以量化方式探究中国市场行业配置模型，但可解释性较弱，底层的行业无法比较。结合行业景气度的行业配置模型具有更好的预测能力，量化行业比较模型有助于了解当前行业的发展趋势，基于此的行业轮动策略有助于获得超额收益。最后，基于机器学习方法的 FOF 组合构建和优化，相关文献较少，仍有进一步探索的空间。

第三章 研究框架

本章对本课题的研究框架及核心模型进行描述,首先从总体上介绍了FOF数字化实践的研究框架和研究路径,然后分别从数据应用、行业研究和组合管理三个方面介绍相关模型的基本原理。

第一节 总体框架

本课题从FOF行业配置与组合管理的角度,构建了全面的基金投研因子体系,用数字化方法形成行业轮动策略并完成组合优化,实现了FOF投研的量化探索。首先基于客户的投资目标和风险属性,综合考虑经济周期、货币周期、信用周期拟合的投资时钟,确定大类资产配置框架。在具体操作层面,构建基金投研因子体系底座,以基金、管理人、行业、宏观、企业、金融市场和事件为基础,经持仓补齐和行业测算后从中观角度精选有效因子。基于基金、管理人等数据库数据,对基金业绩评价并刻画基金经理画像,以筛选出最优秀的基金管理人为目标,从大科技、大消费、大健康、周期、金融地产、先进制造、新能源以及全市场的角度对基金经理展开"7+1"能力圈研究,将基金产品划分为被动型、择时型、行业轮动、价值型、成长型、GARP型和均衡型7类风格,从定性和定量的角度对基金经理、基金产品和基金公司深入研究。持仓补齐和行业穿透是基金投研因子体系的核心基石,由于上市公司及公募基金定期报告披露信息的限制,需要利用模型优化方法对持仓信息和行业数据进行补齐,用量化方法实现基金行业分布的准确测算,保证了研究数据的连续性,为后续行业研究建立了数据基石。

在FOF投资框架中,行业配置是其中重要一环。如何通过中观视角进行行业配置获取超额收益引起了市场 FOF 投资机构的广泛关注。特别地，随着 A 股机构化程度的不断加深，市场结构化特征越发明显，行业 Beta 既是风险来源也是收益来源，成为投资过程中不可忽视的重要部分。行业配置模型基于补全的行业数据，从中观角度对行业基本面和行业景气度展开研究，从业绩评估和市场趋势分析等角度选择因子，实现深度行业比较从而构建行业配置模型。使用机器学习方法实现 FOF 组合优化，优化过程兼顾了风险与收益的组合，以行业穿透和风格暴露为风险因子，以雷达因子和用户基金打分为收益因子，在风险与收益的组合约束下遵循组合资产分析、组合绩效归因、组合构建优化的顺序流程构造优化器，求解最优组合。该研究框架从数据补全、基金刻画、行业研究、风险监控和组合优化自下而上地对 FOF 组合管理进行探索，整合了宏观、行业、市场、企业、基金等数据和一系列机器学习算法。

第二节 数据体系

一、基础数据

本课题综合运用基金、管理人、企业、行业、金融市场、宏观和事件等内外数据，立足微观、中观与宏观，多层次、多角度对基金展开研究，构建了全面的基金投研因子体系，并以此为基石实现 FOF 的组合管理。在公募基金规模激增的背景下，业绩优秀的基金经理的管理规模也加速上行，新发基金也爆款频出。投资者对投资公募基金的需求较高，行业内绩优基金经理处于供需不平衡的状态。如何帮助投资者科学地找到符合投资者需求的优秀基金经理，则成为需要解决的问题。基金画像基于原始数据建模，结合基金产品、基金经理和基金公司数据，构建多因子基金经理画像体系。该基金画像模型通过挖掘 3 个维度（公司、经理、产品），8 个主标签（1F + 1C + 6P），38 个次标签，200 多个从标签，对基金经理进行全面刻画，旨在筛选出业绩预期收益高并且有持续性的基金经理。

二、仓位测算

在公开披露信息的基础上进行建模和求解，通过持仓补齐、行业穿透与基金分类的工作，提高了研究数据的质量，更好地帮助了解基金的特征和提示规避风险，为后续形成行业轮动策略和组合优化提供了坚实的数据基石。

持仓补齐是指对于一只基金的持仓信息，进行完整性的验证和处理。基金定期公布的全部持仓是重要的基金研究数据，在基金分析、基金评价等方面都有非常广泛的应用。但公募基金只在每个季度结束后的15个工作日内披露基金重仓、在8月末和次年3月末披露基金全部持仓。如果仅使用基金半年报和年报中的全部持仓信息，不仅会降低持仓信息的获得频率，也会给之后的基金分析带来明显的滞后性。利用量化补齐基金的持仓数据，可以保证全部持仓数据的连续性，有助于解释底层资产的分布与变动，从而提高普通基金持仓的信息频度和完整度。持仓补齐是利用历史持仓信息、收益率、换手率等数据，对时间序列数据分析和建模，继而实现缺失值填充的过程。持仓补齐的方法主要包括：基于基金持仓的补全，基于基金净值的补全，基金持仓和净值相结合的补全三种方式。本文采用基于基金持仓和净值相结合的方式进行持仓补齐，利用本期的重仓信息和上期的全部持仓信息，以报告期日前后基金模拟股票组合的收益率与基金真实收益率误差最小为优化目标，基于净值求最优解模拟补全的申万行业信息。

基金分类是基金评价的基础，科学分类可以加深对基金的认识和对风险收益特征的把握。量化基金可分为指数增强型基金、对冲型基金和主动管理型基金三种。基于量化解析基金持仓，重构基金分类体系，将基金划分为一二级，并补充短周期分类，重分量化基金，重构ETF宽基分类，补足主题分类，同时利用持仓补齐数据增强基金分类效果。

行业穿透指基于基金的绩效表现、行业趋势和发展前景的分析，预测基金行业分布。权益基金的行业仓位对FOF投资和行业配置有着重要参考意义，公募基金的仓位变动反映了市场投资情绪变化等关键信息。目前常见的基金仓位测算方法主要基于传统意义上的指数模拟法，使用一级行业指数日收益率作为回归模型的自变量，基金的日频收益率作为因变量，通过几种不同的多元线性回归方式，进行基金仓位测算。传统穿透模型所采用的基金仓位测算方法仅基于日频基金净值数据和行业数据，没有利用基金报告中公布的重仓股、行业分布等信息，存在一定局限性。股市的系统性风险及行业间联动效应，各一级行业指数之间存在较强的共线性，使回归问题变得比较病态，难以取得可靠的结果。基于以上原因，我们引入公开披露的先验信息，并根据这些信息对回归模型进行优化和校准，得到更加符合基金实际情况的行业穿透信息，在控制行业偏离情况下，保留对近期行情的敏感度，并根据不同的基金类别，采用不同的机器学习模型进行行业穿透。

第三节　行业研究

行业配置是 FOF 投资框架中重要的一环，随着 A 股机构化程度的不断加深，市场结构化特征越发明显，行业 Beta 既是风险来源也是收益来源，成为投资过程中不可忽视的重要部分。行业配置策略的核心是基于行业相关维度的行业多因子模型。在运用多因子模型到行业配置上的时候需要充分考虑影响行业收益的因素，在众多因子中选取有效的因子。业内行业多因子研究框架，较为常见的有利用价值因子、成长因子、规模因子等风格因子构造行业配置模型，其重点关注低估值、高成长潜力以及不同规模公司之间的差异，或是基于公司财务数据合成行业财务因子，利用行业整体的财务、资金与量价等指标构造行业配置因子，形成行业配置模型（国泰2022）。武文超（2014）通过对行业指数收益的测试，指出动量和反转策略与行业指数的结合隐含了行业轮动的思想，趋势动量在获取超额收益上是有效的因子。行业配置模型综合估值、景气度、趋势、拥挤度等维度构造行业多因子模型，结合投资实际应用场景，建立行业底层因子库，刻画行业全视角画像，实现更深刻的行业比较，通过中观视角进行行业配置从而获得超额收益。

一、行业比较

行业比较借鉴 CANSLIM 体系中聚焦个股盈利、业绩增速、趋势和机构观点的逻辑框架，形成行业轮动策略研究中的七大维度：Crowd 行业拥挤度、Analyst 分析师预期、NotableProfit 业绩、Smart 聪明资金、Leader 趋势、Institution 机构资金和 MacroPB 宏观视角动态估值。探究 CANSLIM 体系中各个维度下的行业单因子，如基本面中的 ROE 边际改善、净利润同比等盈利指标，一致预期下的分析师认可度与分析师净上调，机构资金中的公募基金行业分布等，从相关因子中选取有效的行业单因子，构建行业全视角画像，对每个行业在各因子上的表现进行打分，根据因子得分从高到低对行业进行排序，从而量化行业比较。

二、行业配置

本课题基于 CANSLIM 体系构建了适用于 A 股市场的行业轮动策略。从量化角度，该策略的核心逻辑是基于分析师预期、财报业绩表现、北向资金、机构资金、趋势、估值、拥挤度的行业多因子模型。其中业绩表现和分析师预期分别代表行业历史景气度以及未来景气度预期，这两者作为行业基本面的表征数据，赚的是资产基本面改善的钱；北向资金代表市场聪明资金动向，窥探市场聪明资金的行业偏好；机构资金刻画公募基金的行业变动观点，探知机构资金的最新观点；趋势代表市场有效性，一般认为走势强劲的行业通常会在未来持续走强；估值代表安全边际，赚的是资产偏离长期估值中枢的钱；拥挤度代表市场非理性，观察行业内交易活跃股的表现来判断行业交易情绪是否过热，避免市场反应过度的风险。综合考虑上述因子得到的行业轮动策略可以更好地进行资产配置和风险管理，实现更优的绩效和投资目标。

第四节　组合优化

行业穿透模型对全市场偏股型基金行业仓位的测算跟踪，提供了市场中更准确的投资信息，有助于评估基金经理的真实投资动向、操作风格、行业配置及择时能力，进一步完善基金和经理人画像。同时，在构建基金组合时，可以准确把握组合与基准的行业分布，从而降低跟踪误差，提高投资效率。此外，行业配置模型给出的多空建议，可以通过行业权重约束或 Alpha 打分的形式，参与组合构建或组合优化，从而助力基金组合获取更多超额收益。

基金经理的投资动向和操作风格往往难以准确把握，利用行业穿透模型可以深入挖掘基金的投资组合，揭示基金经理隐藏的投资策略和行业偏好，对基金的持仓结构有更全面的了解，从而更准确地评估基金经理的投资能力和风险控制能力。通过对全市场偏股型基金行业仓位的测算跟踪，还可以发现市场中的优秀基金经理，提供更有价值的投资选择。在构建基金组合时，单一的指数跟踪可能存在一定的误差，导致组合表现与预期偏离，行业穿透结果给出组合中各行业的权重分布，进而降低跟踪误差，提高组合的整体表现。

行业配置模型还可以为基金组合提供更多的投资建议。结合对行业的多空建议与风险偏好和投资目标，灵活地调整组合中不同行业的权重。特别是通过行业权重约束或 Alpha 打分的方式，可以更加科学地对组合进行优化，将更多资金配置到具有高 Alpha 收益潜力的行业，从而实现超额收益的增加。这种主动的行业配置策略有助于提升基金组合的整体收益，增加投资者的财富积累。

基金组合优化的目标是在给定的约束条件下，使投资组合的预期收益最大化或者在目标收益率下使风险最小化。其中约束条件可以包括风险承受能力、预期收益率、资产类别的权重限制等。通过对这些约束条件进行优化，找到最优投资组合，实现目标的最优化。常见的组合优化模型包括均值方差模型和风险价值模型等，核心逻辑是针对构建的投资组合，最小化给定风险水平下的期望收益率或最小化投资组合的在险价值（Value at Risk，VaR）来计算最优权重组合。

本课题的基金组合优化模型，基于马科维茨均值方差理论，实现多重约束下基金组合最优权重的求解。适用场景包括全新基金组合的构建和对现有组合的优化调仓。在组合优化中，合理选择约束条件是至关重要的，本模型基于收益和风险同时考虑持仓额度合规上限、跟踪误差、行业权重期间、风格暴露区间等约束，实现能够适应不断变化的市场环境的组合优化求解模型，同时展示收益、超额收益曲线和定量业绩评价指标。

第四章
机器学习模型设计与实证研究

在第三章研究框架介绍的基础上，本章详述了 FOF 研究过程中涉及的模型细节。具体从基金画像、持仓补齐、行业穿透、行业配置和组合优化五个方面描述模型原理和建模过程，并展示了各模型的回测效果。

第一节　基金画像

一、模型原理

基金经理画像因子体系以股票多因子模型为理论基础，定量刻画了基金经理预期收益率与基金经理收益率在每个因子上的暴露，及其与收益率之间的关系。多因子模型是对于风险—收益关系的定量表达，不同因子代表不同风险类型的解释变量，一般表达式为：

$$\tilde{r}_j = \sum_{k=1}^{K} X_{jk} \cdot \tilde{f}_k + \tilde{u}_j \tag{1}$$

其中，X_{jk} 表示股票 j 在因子 k 上的因子载荷；$\tilde{f}_k$ 为因子 k 上的因子收益；$\tilde{u}_j$ 为股票 j 的残差收益率。

因子体系构建分为单因子构建和因子合成两个步骤，从基金产品、基金经理和基金公司三个维度，选取投资业绩、投资产品、个人特质、投资理念、公司资质、投研团队、投资流程和舆情得分八个主标签构建"1F + 6P + 1C"理论模型。由 200 多个从标签的数据出发，通过定量方法提取因子数据，并进行填充，去极值，标准化等处理后，进行有效性检验。在单因子构建基础上，通过因子相关性检验，去除多重共线性后，利用线性和非线性加权相结合的方式，将从标签因子合成次标签和主标签，并生成基金经理总分。

二、模型效果

根据基金经理画像总分的排名，按 20% 取 5 组进行分层测试，第一组为总分排名前 20%，第五组为总分排名为后 20%。每季度开始，取每组基金等权加总当季收益率作为该组的总体收益率，并构成每组的净值曲线。由图 3-4-1 可以看出，基金经理画像对基金经理的收益和超额收益都有明显的分层效果，证明画像可以有效区分绩优且业绩持续性强的基金经理。利用基金经理画像总分，可以定期对基金经理进行排名，并给出投资建议，构建多头组合，并在控制换手率情况下，取得稳定的超额收益。

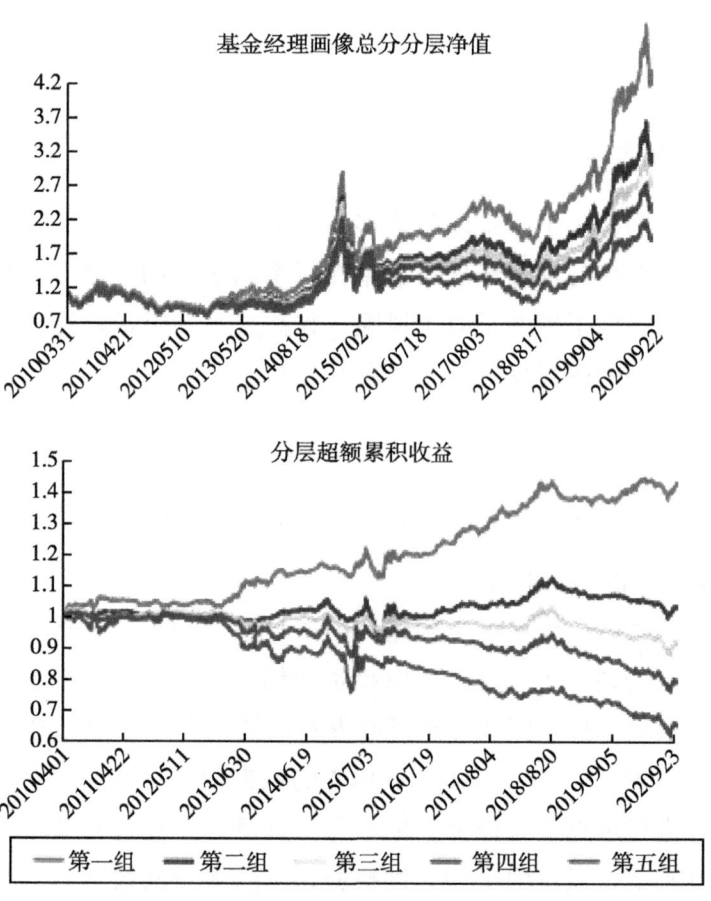

图 3-4-1 基金经理分组净值曲线

基金画像采用量化的方法，形成多维度多层次动态经理画像因子体系，有效地解决了基金投资中经理分析的难题，诸如：经理人跳槽，风格漂移，Alpha 不纯，业绩不可比，业绩持续性差等问题，为量化基金经理刻画奠定了基础。

第二节　持仓补齐

一、模型原理

持仓补齐模型采用基金持仓和净值回归相结合的方式提升预测精度。该模型利用了上期的全部持仓信息和本期前十大重仓股、进入上市公司流通股东的持股、全部的证监会和 GICS 行业配置比例等数据，构建了基金模型股票组合，使在报告期日前后模拟股票组合的收益率与基金真实收益率的误差最小，并基于净值求优化解模拟补全的申万行业信息。

模型根据"已知持仓＞管理人持仓＞其他持仓＞回归拟合"的优先原则，综合基金持仓和基金收益率两个维度的数据，还原基金全部持仓。基金的已知持仓是能够直接获得的基金持仓，可信度最高，包括十大重仓股和十大流通股东。基金管理人持仓来自同基金经理在其他基金中的同期持仓和本基金的上期持仓，可参考性相对较高。其他持仓包括基金公司平台股、公募基金持股、宽基成分等。已知持仓、管理人持仓、其他持仓采用限制逐级收紧的复权方式进行补齐。如果使用已知持仓和管理人持仓不能充分还原基金全部持仓，则参考基金收益信息，使用回归拟合的方法，从有一定参考性的备选股票池中筛选股票。

投资港股的基金数量和规模都在不断攀升，2019 年一季度投资港股的主动权益基金仅有 172 只，合计持股市值为 445 亿元，而到 2021 年三季度末投资港股的基金数量和持股市值分别增长了 4 倍和 8 倍以上，未来可能有更多的基金投资港股。为充分纳入更多的样本，在还原基金全部持仓时，由于 Wind 公布的基金行业配置和港股行业分类无法匹配。因此，我们构建了港股 GICS 分类和 Wind 分类的映射关系，依据 GICS 行业分类对基金的港股持仓都进行了还原。

持仓补齐之后，模型还会根据净值优化权重。为了保证优化求解的精确性，需要尽可能还原基金的纯权益部分收益率，将基金每日收益率剥离非权益部分，用基金收益率减去基金、债券、现金部分收益，剩余纯权益每日收益率。打新收益是公募基金重要的 Alpha 来源，随着科创板和创业板注册制的逐步落地，公募基金迎来一波打新热潮。但当我们使用回归法估计基金的持仓时，打新收益可能会显著影响回归结果。根据中签的股票数量和日度行情数据可以计算出每日打新的收益金额，然后根据公开信息和打新规则等可用信息估算基金的每日规模序列数据，以获得基金的每日打新收益率，也需要从基金收益中去除。然后根据基金收益率，对权益每日收益率进行调整，以便去除股票波动的再平衡影响。最后，利用凸优化算法，求解补齐部分中，除已知持仓＋同管理人持仓＋其他持仓外部分的最优化权重。优化目标为最小化股票组合和权益收益的误差。

二、模型效果

计算还原后的全部持仓与基金实际持仓的行业重合度，并与重仓股归一化的方法进行对比。为了排除仓位对量纲的影响，将还原后的基金全部持仓和基金实际持仓都进行归一化处理。单只基金的行业重合度为该基金在每个行业上的重合权重之和，以 009336. OF 指数增强基金为例，用 2023 年一季报在 6 月 30 日时点上进行补齐，与 8 月 29 日公布的半年报中全部真实持仓对比，对比效果如表 3-4-1 所示。对于前十大重仓股票，补齐命中了 9 只，命中率 90%；121 只持仓股票，补齐命中了 94 只，命中率 78%；持仓比例重合度为 22.23%。

表 3-4-1　　　　申万一级行业补齐效果

股票代码	股票名称	真实持仓	补齐结果	股票代码	股票名称	真实持仓	补齐结果
688169	石头科技	1.73%	0.26%	600487	亨通光电	0.62%	0.38%
000725	京东方 A	1.68%	0.00%	002299	圣农发展	0.62%	0.23%
300037	新宙邦	1.65%	0.32%	600489	中金黄金	0.61%	0.39%
600885	宏发股份	1.61%	0.34%	002568	百润股份	0.59%	0.27%

续表 1

股票代码	股票名称	真实持仓	补齐结果	股票代码	股票名称	真实持仓	补齐结果
600166	福田汽车	1.59%	0.21%	600378	昊华科技	0.59%	0.16%
600862	中航高科	1.59%	0.23%	000729	燕京啤酒	0.59%	0.25%
601233	桐昆股份	1.58%	0.31%	002415	海康威视	0.53%	0.00%
000513	丽珠集团	1.57%	0.18%	300251	光线传媒	0.51%	0.13%
000998	隆平高科	1.57%	0.23%	000975	银泰黄金	0.51%	0.28%
601717	郑煤机	1.57%	0.16%	688188	柏楚电子	0.47%	0.14%
300244	迪安诊断	1.53%	0.18%	002155	湖南黄金	0.43%	0.16%
300073	当升科技	1.52%	0.29%	603596	伯特利	0.40%	0.22%
600372	中航电子	1.52%	0.50%	002223	鱼跃医疗	0.40%	0.24%
002128	电投能源	1.51%	0.15%	601991	大唐发电	0.37%	0.14%
001914	招商积余	1.51%	0.08%	600195	中牧股份	0.37%	0.10%
601000	唐山港	1.50%	0.11%	600027	华电国际	0.36%	0.25%
600352	浙江龙盛	1.49%	0.34%	300938	信测标准	0.36%	0.00%
000932	华菱钢铁	1.48%	0.28%	603658	安图生物	0.33%	0.18%
002940	昂利康	1.47%	0.00%	601928	凤凰传媒	0.33%	0.10%
600985	淮北矿业	1.47%	0.16%	600060	海信视像	0.33%	0.20%
000785	居然之家	1.47%	0.11%	688029	南微医学	0.33%	0.09%
002939	长城证券	1.46%	0.17%	603728	鸣志电器	0.31%	0.00%
600380	健康元	1.45%	0.19%	002368	太极股份	0.31%	0.23%
000636	风华高科	1.44%	0.21%	300474	景嘉微	0.29%	0.35%
600801	华新水泥	1.44%	0.13%	688256	寒武纪	0.24%	0.49%
600021	上海电力	1.44%	0.18%	300502	新易盛	0.24%	0.00%
002185	华天科技	1.43%	0.33%	002903	宇环数控	0.24%	0.00%
601456	国联证券	1.42%	0.16%	002831	裕同科技	0.23%	0.13%
002092	中泰化学	1.41%	0.19%	002595	豪迈科技	0.20%	0.16%
601058	赛轮轮胎	1.37%	0.33%	603939	益丰药房	0.20%	0.26%
002439	启明星辰	1.34%	0.28%	002230	科大讯飞	0.19%	0.00%
002624	完美世界	1.24%	0.29%	000034	神州数码	0.19%	0.00%
301117	佳缘科技	1.23%	0.00%	688100	威胜信息	0.19%	0.00%
603688	石英股份	1.23%	0.28%	600588	用友网络	0.19%	0.00%
600511	国药股份	1.22%	0.18%	000938	紫光股份	0.19%	0.00%
300724	捷佳伟创	1.22%	0.41%	688308	欧科亿	0.18%	0.00%
688116	天奈科技	1.21%	0.20%	300996	普联软件	0.18%	0.00%

续表2

股票代码	股票名称	真实持仓	补齐结果	股票代码	股票名称	真实持仓	补齐结果
002683	广东宏大	1.08%	0.17%	600131	国网信通	0.17%	0.12%
601500	通用股份	1.07%	0.00%	688551	科威尔	0.17%	0.00%
002250	联化科技	1.06%	0.13%	688618	三旺通信	0.17%	0.00%
601128	常熟银行	1.04%	0.25%	688031	星环科技	0.17%	0.00%
300253	卫宁健康	1.02%	0.30%	300286	安科瑞	0.16%	
002738	中矿资源	1.00%	0.36%	002236	大华股份	0.16%	
688777	中控技术	0.98%	0.43%	688690	纳微科技	0.16%	0.13%
688357	建龙微纳	0.96%	0.00%	603019	中科曙光	0.16%	
300308	中际旭创	0.94%	0.48%	688012	中微公司	0.15%	0.00%
688033	天宜上佳	0.89%	0.00%	002867	周大生	0.15%	0.09%
600859	王府井	0.88%	0.25%	688041	海光信息	0.13%	0.00%
600095	湘财股份	0.88%	0.10%	688258	卓易信息	0.13%	
300699	光威复材	0.86%	0.23%	603589	口子窖	0.09%	0.31%
603927	中科软	0.82%	0.16%	002850	科达利	0.04%	0.23%
600066	宇通客车	0.81%	0.19%	300558	贝达药业	0.02%	0.19%
002028	思源电气	0.77%	0.35%	603816	顾家家居	0.02%	0.25%
603885	吉祥航空	0.74%	0.20%	603228	景旺电子	0.02%	0.11%
600529	山东药玻	0.74%	0.18%	002153	石基信息	0.02%	0.21%
300003	乐普医疗	0.71%	0.38%	300144	宋城演艺	0.02%	0.38%
002531	天顺风能	0.69%	0.17%	002372	伟星新材	0.02%	0.24%
002384	东山精密	0.66%	0.53%	002294	信立泰	0.02%	0.25%
002557	洽洽食品	0.65%	0.16%	300604	长川科技	0.02%	0.26%
002056	横店东磁	0.64%	0.21%	600536	中国软件	0.01%	0.41%
688099	晶晨股份	0.64%	0.31%				

第三节　行业穿透

一、模型原理

基金行业穿透是指基金持有的股票资产占基金资产的比例。公募基金作为 A 股市场中重要的机构投资者，其持股动向一直受到市场关注。一方面，出于对基金经理投资能力的认可，股票投资人一般认为公募基金的仓位变动反映了市场投资情绪变化等关键信息；另一方面，基金投资人也会随时关注其持有的基金的仓位变动情况，辅助自己的投资决策。

然而，公募基金只在每个季度末对其资产配置情况进行披露。这就使投资者与基金管理者之间存在一种相对的信息不对称性。所以对基金仓位的测算研究成为一项有意义的工作。目前常见的基金仓位测算方法主要基于指数模拟法，使用一级行业指数日收益率作为回归模型的自变量，基金的日频收益率作为因变量，通过多元线性回归方法，进行基金行业分布测算：

$$r = Xw + \varepsilon \tag{2}$$

其中：r 为在回归时间范围内基金收益率的时间序列向量；X 为在回归时间范围内的一级行业指数收益率矩阵；w 为待拟合回归系数，即一级行业占基金资产比例的向量；ε 为残差向量。

传统的多元线性回归方法得到的 γ_i 不是对基金持有股票的行业分布的最优线性无偏估计量（BLUE），这是因为：（1）基金不直接投资行业指数，股票收益率与其对应的行业指数收益率存在差异；（2）基金收益不完全来自于股票，即使是股票型基金也可以有不多于 20% 的非股票资产。此外，线性回归方法在方法论上存在两点缺陷。一是忽略了基金报告中的公开信息。模型所采用的基金仓位测算方法仅基于日频基金净值数据和行业数据，没有利用基金报告中披露的重仓股、行业分布等信息。这些公开数据相对于模型估计的权重是准确而稳定的，对于报告发布后行业分布的测算有非常强的参考意义。不使用报告数据进行校准可能导致估计量偏差过大。二是变量间存在多重共线性。股市的系统性风险及行业间联动效应，使各一级行业指数之间存在较强的多重共线性，削弱了线性回归的假设，可能导致方差过大结果不稳定。

基于以上原因，为了得到尽量减少偏差、降低方差，在本课题中我们在最小二乘线性回归的基础上，引入了基金的公开信息作为先验信息，对行业分布提供真实值的锚定点，同时使用回归模型对净值与仓位的变化作出及时的反应，并在披露数据之后持续进行持仓补齐并对回归结果校准，得到更加符合基金实际情况的行业穿透信息（见图3-4-2）。另外，针对基金的非股票收益问题，我们重新定义了行业划分，采用31个申万一级分类加债券的32个行业作为行业分类，以此尽量接近真实的收益率。

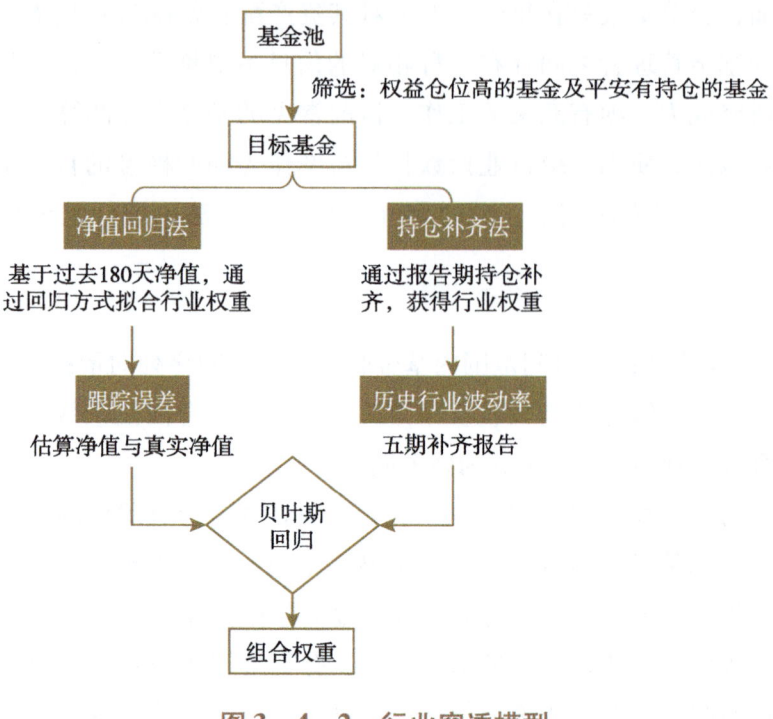

图3-4-2 行业穿透模型

对于权益型基金，模型先分别使用净值回归法和持仓补齐法得到两个版本的行业分布，并通过对两种模型结果的置信度进行估算。净值回归法跟踪误差方差越小，则拟合越靠近理论值，回归算法越可靠；持仓波动率越大，则持仓算法越不可靠。在此基础上借用贝叶斯岭回归的思路，以持仓补齐结果权重 w_F 作为先验，增加一个对先验偏离的正则项，构建损失函数（3），然后通过最小化损失函数，获得最终估计值。

$$v = \alpha^T I(w - w_F)$$

$$L(w) = (r - Xw)^T(r - Xw) + \frac{1}{\beta} v^T v \tag{3}$$

其中，w 为待优化行业权重向量，限制条件为 $\sum_{i=1}^{32} w_i = 1$，保证各行业权重之和为 1。该损失函数的第一项为净值回归法的 SSE，第二项正则项为估计值对先验权重的偏离度，在 α 和 β 的调整下，在回归法更可靠的情况下正则项的权重较小，在补齐法更可靠的情况下正则项的权重较大。增加正则项可以在净值回归误差较大的情况下，让基于公开真实的持仓补齐结果作为锚定点，使结果尽量稳定而准确。

基于单基金的行业穿透结果，结合 FOF 组合的基金持仓数据，可以很容易地计算组合中基金部分的行业分布。以天相基金指数的行业分布作为基准，可以得出目标组合各行业相对基准的超额配置。单基金和组合的行业穿透在基金日常投资决策、风控、投后管理方面都有重要的指导作用。

二、模型效果

采用行业分布截面对比的方式，在 2023 年 6 月 30 日这个时间点作为行业穿透计算日来预测半年报行业分布情况，对 009336.OF 指数增强基金进行行业穿透。与 8 月 29 日公布的半年报中真实的行业分布对比，穿透结果基本贴合真实情况。如图 3-4-3 所示，行业穿透相对于半年报披露真实持仓（9 月初公布数据）的行业偏离绝对值的均值为 1.15%。

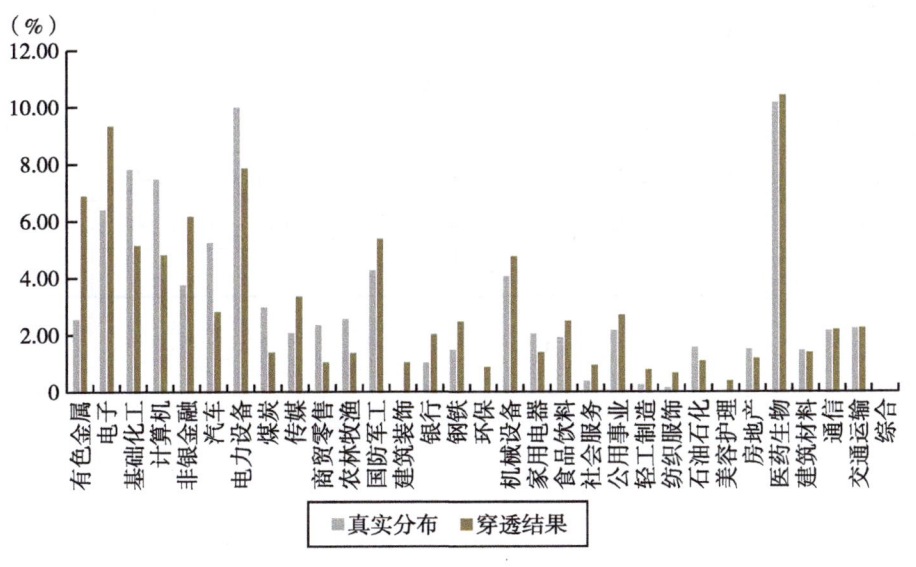

图 3-4-3 行业穿透分布结果

表 3-4-2 给出行业穿透和真实持仓的数据。除综合外，行业穿透与真实数据差异绝对值在 2.0% 以上的行业有七个，分别为有色金属、电子、基础化工、计算机、非银金融、汽车和电力设备，其中有色金属的差异最大为 4.35%，差异的绝对值在 0.1% 以下的行业有四个，分别为建筑材料、通信、交通运输和综合，其中交通运输和综合差异不超过 0.01%。

表 3-4-2　　　　行业穿透效果　　　　（单位:%）

行业	真实结果	穿透结果	差异	行业	真实结果	穿透结果	差异
医药生物	10.15	10.43	-0.28	传媒	2.08	3.37	-1.29
电力设备	9.99	7.87	2.12	家用电器	2.06	1.41	0.65
基础化工	7.82	5.15	2.67	食品饮料	1.92	2.50	-0.58
计算机	7.48	4.83	2.65	石油石化	1.58	1.10	0.48
电子	6.41	9.34	-2.93	房地产	1.51	1.20	0.31
汽车	5.24	2.83	2.41	钢铁	1.48	2.48	-1.00
国防军工	4.26	5.40	-1.14	建筑材料	1.46	1.39	0.07
机械设备	4.06	4.77	-0.71	银行	1.04	2.05	-1.01
非银金融	3.76	6.19	-2.43	社会服务	0.38	0.95	-0.57
煤炭	2.98	1.41	1.57	轻工制造	0.25	0.80	-0.55
农林牧渔	2.56	1.38	1.18	纺织服饰	0.15	0.68	-0.53
有色金属	2.55	6.90	-4.35	建筑装饰	0.00	1.06	-1.06
商贸零售	2.35	1.06	1.29	环保	0.00	0.89	-0.89
交通运输	2.24	2.25	-0.01	美容护理	0.00	0.40	-0.40
公用事业	2.17	2.72	-0.55	综合	0.00	0.00	0.00
通信	2.16	2.20	-0.04				

第四节　行业配置模型

一、模型原理

本模型基于分析师预期、业绩表现、北向资金、机构资金、趋势、估值和拥挤度七大维度构建行业全视角画像，根据因子得分从高到低对行业进行排序，月度输出行业打分结果，从中观视角进行行业配置，指导投资组合获取超额收益。行业配置模型由因子池构建和配置信号产出两部分构成，其中因子池构建的步骤为单因子构建、因子检验和因子合成，用等权及 ICIR 加权的方式，测试复合因子有效性。

（一）因子池构建

从分析师预期、业绩表现、北向资金、机构资金、趋势、估值和拥挤度的维度筛选相关因子，具体筛选过程如下：

分析师预期：本模型通过自下而上关注分析师对个股的盈利预测调整，观察卖方视角下行业未来业绩的预期变化。具体来讲，模型通过滚动筛选过去 3 个月内卖方分析师对于个股进行 FY1（未来一年）盈利预测调整的个股。如果分析师本次预测的利润高于前次预测，即为分析师上调盈利预测；如果分析师本次预测的利润低于前次预测，即为分析师下调盈利预测。计算个股过去 3 个月中盈利预测净上调比例，以行业成分股内的分析师净上调比例因子的中位数作为分析师对行业前景的乐观程度，构建分析师净上调比例因子。

业绩表现：本模型选用 ROE 和净利润两大业绩指标，计算行业利润边际改善和盈利能力边际改善能力。其中通过计算股票财报公布的净利润高出根据历史数据线性外推的业绩的超预期程度［（当期净利润 – 预期净利润）/预期标准差］，以行业内成分股的中位数作为行业利润边际改善因子值（Standardized Unexpected Earnings，SUE）。盈利能力边际通过计算个股单季度 ROE 相对去年同期单季度 ROE 的差值来衡量其盈利能力，以行业内成分股的中位数作为行业利润边际改善（DeltaROEQ）因子值。

机构资金：本模型假设公募基金作为市场专业投资机构，具备行业选择的能力。机构资金维度依赖行业穿透模型计算公募基金月度调仓的行业权重，利用 brinson 模型（Brinson et al., 1986）筛选出市场上主动权益型基金在时序上能稳定排名前 50% 的公募基金池，在该基金池基础上计算主动股基的行业超低配的边际变化情况，构建公募基金行业变动因子。

趋势：Moskowitz 和 Grinblatt（1999）对美股市场的分析表明，行业动量是动量效应的主要来源,向诚等(2018)对 A 股市场研究表明行业内龙头公司动量对非龙头公司动量起到牵引作用。本模型定义每个行业内公募持股市值前 30% 的股票为该行业内的行业龙头股,计算行业内龙头股在过去 120 个交易日的收益率中位数与行业内全体股票在过去 120 个交易日的收益率中位数的差刻画行业内的动量效应。同时,将行业收益率与行业成交量的比值作为行业内动量效应消散速度的表征指标,构建行业内成交量调节动量因子。

估值:基于实证研究不同的宏观环境对于价值和成长的偏好存在明显的区别,当利率趋势下行时,市场流动充足,更利好高成长板块的表现;当利率趋势上行时,市场流动性收紧,更利好低估值板块的表现。本模型依赖债券投资时钟模型预测当下宏观环境,对信用周期和货币周期进行划分,叠加 PB 估值因子的趋势表现,动态调整估值因子的权重。若当前信贷周期处于紧缩期,则给予低估值行业更高的得分;若当前信贷周期处于扩张期,且利率处于下行期、因子趋势为高估值,则给予高估值行业更高的得分;在其他的状态下,不使用估值因子。

拥挤度:在股票投资中,量是价的原因,价是量的结果。当有大量资金在同一时刻涌入到同一板块中时,往往会反映在价格的变化上。本模型采用价格指标,计算各个行业中股票过去一个月收盘价创出过去一年新高股票数量与创出过去一年新低股票数量之差占样本股票的比例,观测该行业的短期交易情绪存在过热的迹象,构建拥挤度因子。

基于上文介绍的七大维度,最终一共探索 55 个行业单因子。对维度内的各细分因子进行 IC、ICIR 检验,测试单因子的有效性,最终验证有效单因子为 27 个(IC > 2%,ICIR > 0.5)(见表 3-4-3)。

表 3-4-3　　因子列表

主因子维度	因子名称	IC	ICIR	是否有效
基本面(N)	SUE	9.0%	1.23	1
	毛利率同比	10.6%	1.28	1
	ROE 边际改善	7.0%	1.08	1

续表 1

主因子维度	因子名称	IC	ICIR	是否有效
基本面（N）	净利润率同比	10.1%	0.87	1
	ROIC	8.36%	0.51	1
	净利润同比	7.2%	0.60	1
	毛利率	6.6%	0.52	1
	净利率同比增减（TTM）	5.9%	0.58	1
	ROIC_加权	5.91%	0.34	0
	ROA	5.3%	0.52	1
	ROE	4.2%	0.35	0
	资产周转率	3.7%	0.43	0
	净利润同比增速（TTM）	3.7%	0.34	0
	ROE（TTM）	2.2%	0.19	0
	净利润率	1.6%	0.16	0
	资产周转率_TTM	1.25%	0.15	0
	营业收入同比增速	1.2%	0.09	0
	净利润率（TTM）	1.1%	0.12	0
	营业收入同比增速（TTM）	-1.5%	-0.14	0
	净利润合计	-1.9%	-0.13	0
	存货合计	-2.3%	-0.21	0
	营业收入合计	-5.3%	-0.33	0
	营业收入（TTM）	-5.7%	-0.35	0
	总资产合计	-5.8%	-0.36	0
	营业成本合计	-5.9%	-0.41	0
	净资产合计	-6.5%	-0.42	0
	工业企业经济效益	4.0%	0.59	1
一致预期（A）	分析师认可度	6.5%	0.53	1
	分析师净上调	3.0%	0.51	1
	分析师覆盖度	-1.7%	-0.28	0

续表2

主因子维度	因子名称	IC	ICIR	是否有效
拥挤度（C）	成交金额	测试拥挤度组合与等权组合未来一个月的超额收益情况		0
	估值价差			0
	配对相关性			0
	行业个股新高			1
聪明资金（S）	北向资金成交活跃度（20）	12.1%	1.50	1
	北向资金成交活跃度（60）	10.06%	1.20	1
	北向资金净流入（20）	4.69%	0.68	1
	北向资金净流入（60）	7.09%	1.12	1
	超大单资金流入（20天）	5%	0.66	1
	超大单资金流入（60天）	3%	0.33	0
趋势动量	传统动量（60）	0.20%	0.01	0
	传统动量（120）	4.00%	0.25	0
	传统动量（240）	5.00%	0.36	0
	赚钱效应（5）	2.00%	0.22	0
	赚钱效应（20）	1.00%	0.06	0
	赚钱效应（120）	2.00%	0.29	0
	赚钱效应（240）	5.00%	0.55	1
	结构化动量（120）	8.00%	0.64	1
	结构化动量（240）	8.70%	0.97	1
	成交量调节动量（120）	8%	0.52	1
	成交量调节动量（240）	10%	0.61	1
宏观调节下的估值因子（M）	动态调节估值因子	回测动态调节后估值因子表现		1
	动态调节估值因子（KYZ）			1
机构资金（I）	公募基金行业分布（加入资产配置能力筛选）	5.61%	0.60	1
	公募基金行业分布	5.52%	0.53	1

在七个维度单因子检验的基础上，尝试用等权及ICIR加权（计算因子过

去 12 个月 IC/IR 的值作为权重）的方式，测试复合因子有效性。图 3-4-4 和图 3-4-5 分别为 ICIR 复合因子和等权复合因子分组测试结果，表 3-4-4 给出复合因子检验结果，最终从 IC 检测结果以及分组效果上看，等权的方式模型效果更稳定，最终本模型采用等权加权的方式构建复合因子。

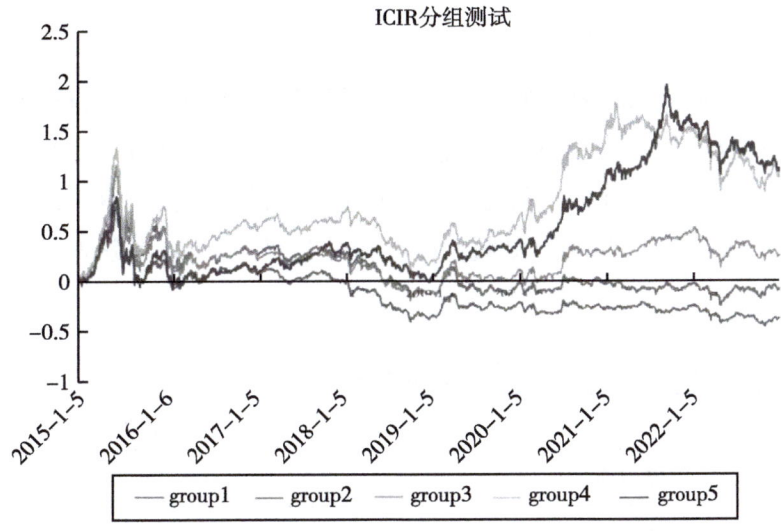

图 3-4-4　ICIR 复合因子分组测试结果

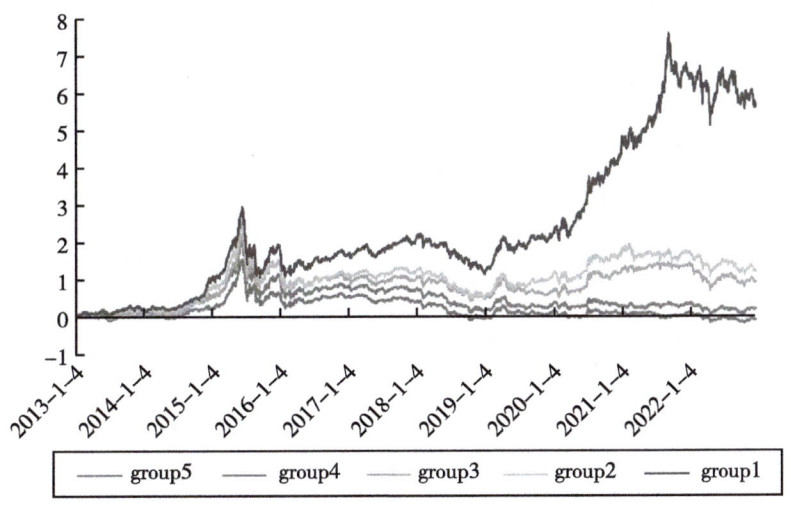

图 3-4-5　等权复合因子分组测试结果

表 3-4-4　　　　　　　　复合因子检验结果

	IC_mean	Ann. IR	t-stat（IC）	胜率
等权	10.92%	1.42	5.06	67.11%
ICIR 加权	9.17%	1.02	3.09	65.77%

（二）配置信号产出

将影响行业轮动的七个维度配置信号进行等权合成后，进行标准化处理，根据因子得分从高到低对行业进行排序，实现行业比较。表 3-4-5 给出 2021 年第一季度行业排名及因子得分。其中得分最高的行业为美容护理，分数为 1.226，有 12 个行业得分为负数，综合得分最低的行业为房地产，得分为 -0.777。

表 3-4-5　　　　　　　　行业因子得分排名列表

行业	因子得分
美容护理	1.226
基础化工	0.460
电力设备	0.440
钢铁	0.410
纺织服饰	0.366
医药生物	0.352
机械设备	0.330
食品饮料	0.273
建筑材料	0.267
轻工制造	0.252
家用电器	0.226
石油石化	0.216
煤炭	0.212

续表

行业	因子得分
电子	0.143
汽车	0.111
有色金属	0.055
银行	0.038
环保	-0.045
公用事业	-0.113
国防军工	-0.221
农林牧渔	-0.306
非银金融	-0.314
计算机	-0.320
建筑装饰	-0.356
交通运输	-0.371
商贸零售	-0.588
通信	-0.637
传媒	-0.649
社会服务	-0.678
房地产	-0.777

二、模型效果

模型选择剔除综合后的 30 个申万行业作为样本，以申万行业等权组合为业绩基准，以月度为调仓频率，对 2013 年至 2022 年的数据进行回测，选择画像得分 Top5 的行业进行构建。

图 3-4-6 给出样本内回测效果，区间策略超额收益 352.49%，年化超额收益 16.29%，夏普比 1.76，月度胜率 63%；除 2015 年、2016 年外，其余年份均有超额收益。

■ 业绩走势

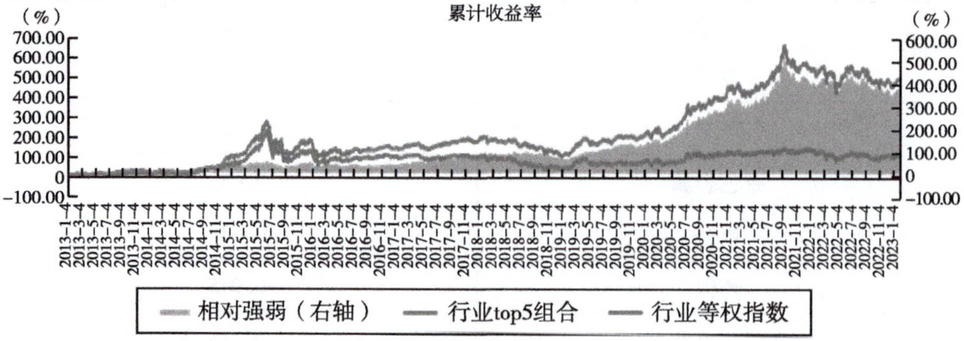

累计收益率

相对强弱（右轴）　行业top5组合　行业等权指数

■ 分年度表现

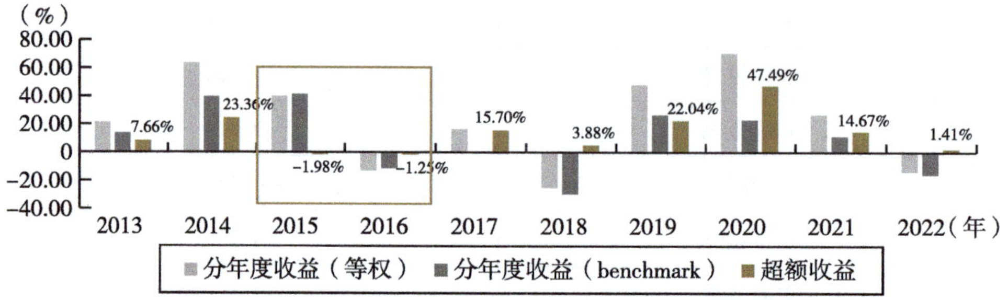

分年度收益（等权）　分年度收益（benchmark）　超额收益

	2022	2021	2020	2019	2018	2017	2016	2015	2014	2013
年收益	-14.94%	25.50%	70.40%	47.79%	-26.02%	16.39%	-13.21%	39.55%	63.56%	20.83%
夏普率	-0.65	1.07	2.78	2.23	-0.25	1.18	-0.48	0.96	3.28	0.97
最大回撤	20.30%	17.80%	14.00%	12.50%	31.80%	10.50%	23.50%	46.40%	9.70%	13.90%
月胜率	58.33%	58.33%	83.33%	75.00%	58.33%	83.33%	50.00%	58.33%	50.00%	58.33%

图 3-4-6　样本内回测效果

第五节　组合优化

一、模型原理

本课题的基金组合优化模型，基于马科维茨均值方差理论，实现多重约束下基金组合最优权重的求解。适用场景包括全新基金组合的构建，和对现有组合的优化调仓。图 3-4-7 展示了组合优化模块的总体逻辑结构，包括对优化目标中收益和风险的定义，各类约束的定义，以及求解和回测过程。

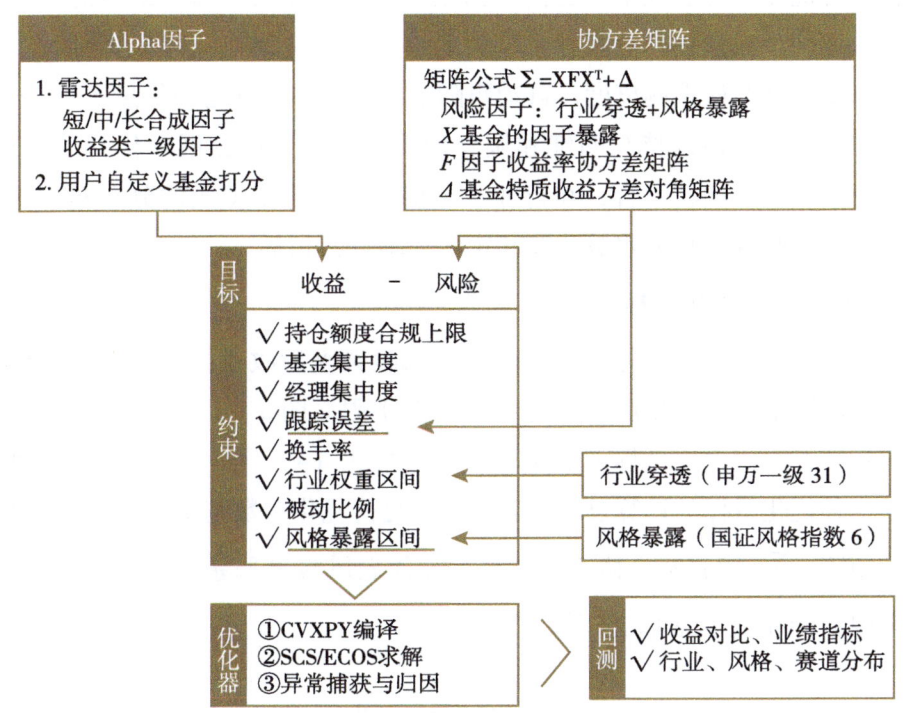

图 3-4-7 组合优化逻辑框架

优化器支持三种优化目标：最大化风险调整后收益，最大化收益同时约束风险上限，最小化风险同时约束收益下限。其中，收益水平并非直接使用历史收益来代表，而是来自基金画像探测雷达给出的短期、中期、长期综合评分，同时也支持用户自定义基金 Alpha 打分，表达对未来的预测观点。风险水平来自基金协方差矩阵，考虑到基金数量巨大，本课题采用多因子模型合成基金协方差矩阵。

优化器最大的特点在于对各类约束条件的广泛支持，包括基金集中度、经理集中度、主被动比例、港股比例、行业权重区间、风格暴露区间、Barra 因子暴露区间、换手率、跟踪误差、持仓上限等，基本涵盖了基金投资实务中的常用控制需求。考虑到多重复杂约束场景下可能出现的无解情况，在工程实现环节增加了自定义约束松弛控制策略，提高求解成功率，便于用户感知求解成功的边界条件。

组合优化求解过程中，还会根据绝对收益和相对收益模式，进行回测和效果评估。当选择相对收益模式时，在历史调仓时点，将根据预设的行业、风格、资产权重偏离度，自动跟随业绩比较基准在这些维度上的分布。优化完成后，在输出持仓明细和调仓建议的同时，还会展示优化后组合，相较于业绩基准和原组合，在行业、风格、资产等维度上的分布对比和偏离度，以及收益、超额收益曲线和定量业绩评价指标。

（一）组合优化目标定义

优化器支持三种优化目标：最大化风险调整后收益，最大化收益同时约束风险上限，最小化风险同时约束收益下限。图3－4－8展示了这三种优化目标在均值方差坐标上的逻辑关系。公式（4）、（5）和（6）分别展示了三种优化目标的计算过程，其中，w是待优化参数基金权重，r是基金收益矩阵，$\sum$代表基金协方差矩阵，λ代表风险厌恶系数，$risk_{max}$代表风险上限，$return_{min}$代表收益下限。

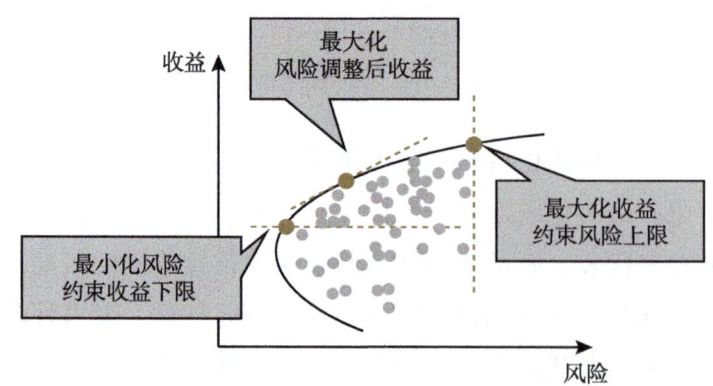

图3－4－8　均值方差模型优化目标示意图

$$\max r^T w - \lambda w \sum w^T \quad s.t. \begin{cases} w \geq 0 \\ w^T e = 1 \end{cases} \tag{4}$$

$$\max r^T w \quad s.t. \begin{cases} w \geq 0 \\ w^T e = 1 \\ \lambda w \sum w^T \leq risk_{max} \end{cases} \tag{5}$$

$$\min \lambda w \sum w^T \quad s.t. \begin{cases} w \geqslant 0 \\ w^T e = 1 \\ r^T w \geqslant \text{return}_{\min} \end{cases} \tag{6}$$

（二）收益指标合成

本课题并没有直接使用历史业绩来刻画基金的收益水平，而是采用基金画像探测雷达给出的短期、中期、长期综合评分，全方位描述基金的综合资质。模型不断刷新滚动历史窗口中，以下因子对未来短期、中期、长期收益贡献的 ICIR 值，动态分配权重，拟合出短期、中期、长期雷达打分，形成刻画基金综合质量的 Alpha 因子，作为收益项带入优化器。

（三）风险计量

由于基金数量庞大，若直接计算样本协方差，得到的矩阵是非正定的，会导致后续凸优化无法进行。所以，本模型参照业界一般做法，采用多因子模型构建协方差矩阵，风险因子来自基金行业穿透和国证风格暴露。计算过程包含以下三步：

1. 计算因子收益和基金特质收益

采用基金行业穿透和风格暴露作为风险因子，使用 statsmodels 的 WLS 模块，在基金月度收益截面上进行加权最小二乘回归，计算因子收益和基金特质收益。公式（7）展示了回归计算逻辑，其中 r_n 是基金月度收益，$X_{i,n}$ 代表上月末行业穿透权重，最终选取了较显著的 27 个行业，$X_{s,n}$ 代表上月末国证风格暴露系数，选取了 6 个风格中的 5 个，f_i 和 f_s 分别代表行业和风格因子收益，残差项 u_n 代表基金的特质收益。

$$r_n = \sum_{i=1}^{27} X_{i,n} f_i + \sum_{s=1}^{5} X_{s,n} f_s + u_n \tag{7}$$

2. 计算因子协方差矩阵

基于历史 36 个月的因子收益序列计算协方差矩阵，采用半衰期为 12 个月的指数加权，计算因子协方差矩阵，计算如公式（8）所示。其中 $l = 36$ 代表月度收益序列长度，$f_{i,t}$ 是因子 i 在 t 月的收益，$w^t = 0.5^{\frac{l-t}{\tau}}$ 进行指数加权，其中半衰期 $\tau = 12$，$\bar{f}_i = \dfrac{\sum_{t=1}^{1} w^t f_{i,t}}{\sum_{t=1}^{1} w^t}$ 是因子 i 收益的指数加权平均。

$$\text{cov}(f_i, f_j) = \sum_{t=1}^{1} w^t (f_{i,t} - \bar{f}_i)(f_{j,t} - \bar{f}_j) / \sum_{t=1}^{1} w^t \tag{8}$$

3. 合成基金协方差矩阵

基于因子协方差矩阵、基金因子暴露和基金特质收益，合成基金协方差矩阵，计算过程如使用公式（9）所示。其中 $\sum$ 为基金协方差矩阵，X 为基金的因子暴露，F 为因子收益协方差矩阵，Δ 为基金特质收益方差对角矩阵。

$$\sum = XFX^T + \Delta \tag{9}$$

（四）约束控制

为了满足基金投资实务中对各种参数的约束控制需求，组合优化支持多种维度的约束控制，包括基金集中度、经理集中度、主被动比例、港股比例、行业权重区间、风格暴露区间、Barra 因子暴露区间、换手率、跟踪误差、持仓合规上限等。在每个特定维度施加约束时，通过基金权重向量，与基金在该维度上的暴露矩阵相乘，实现在该维度上的聚合操作。图 3-4-9 展示了行业权重约束矩阵的构建过程，其他维度的约束矩阵构建，也采用类似的方式。

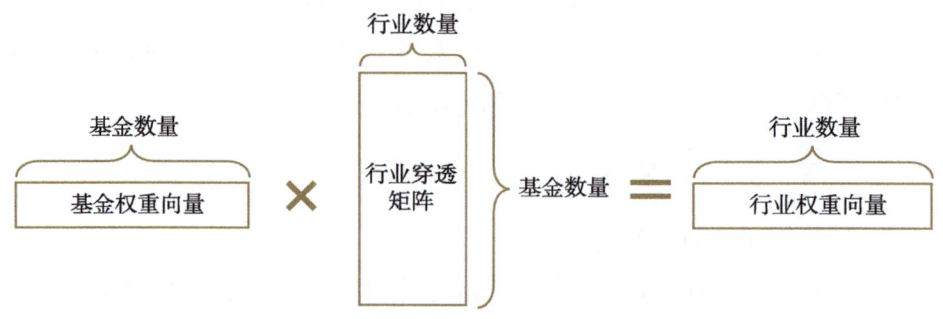

图 3-4-9 行业权重约束矩阵构建示意图

当组合优化不设置业绩基准时,各维度的约束配置为绝对权重区间;如果选择了业绩比较基准,可以设置相对基准的偏离度,便于模型自动跟踪基准在每个调仓时点上的分布。

当约束项较多或约束较严格时,容易出现无解的情况。为此,本课题在实现环节,增加了自定义约束松弛控制策略,通过引入软约束控制,一方面可以提高求解成功率,同时也便于用户感知能够求解成功的边界条件,方便在下一轮优化中配置更合理的参数。图3-4-10展示了自定义约束松弛机制的操作逻辑。模型可以配置在无解时,哪些约束项可以放松约束,以及他们的优先级顺序和最大放松幅度。当遭遇无解时,系统按预设的优先级、探测步长和最大幅度,进行约束松弛,并记录最终生效的松弛参数组合。通过灵活的人机交互,提高求解成功率和优化效率。

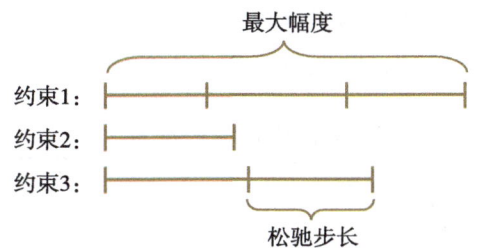

图3-4-10 自定义约束松弛配置示意图

二、模型效果

基于以上方法构建的基金组合优化器,可以在精确控制多重约束的前提下,实现基金组合权重的最优化求解,紧跟业绩基准在行业、风格等各维度上的风险暴露,逐步积累超额收益。本文采用贴近实盘的参数进行了回测验证,表3-4-6展示了详细的参数配置。

优化目标选择最大化风险调整后收益,组合资金规模为200亿元。业绩基准选择天相开放式基金指数998105,该指数以全部开放式股票型基金为样本,具有很好的代表性。对于候选基金的资质做了筛选,选择规模2亿元以上、成立1年以上的、基金经理任职超过6个月的基金进入候选池,避免新发基金和新任基金经理造成的数据缺失和不稳定。满足这些筛选条件的基金进入候选池，该步骤发生在优化求解之前。

求解过程中的约束控制，主要包含集中度和偏离度两大类。基金集中度表示组合投资单个基金权重比例上限，经理集中度表示组合投资的基金归属于同一基金经理的权重上限。持仓上限表示组合持有单个基金的金额，占该基金总规模的比例上限。行业权重偏离度表示组合在31个申万行业上的权重较业绩基准权重的差值，该偏离度约束依赖本课题前文所述的持仓补齐和行业穿透模型。风格权重偏离度表示组合在6个国证风格上的权重较业绩基准权重的差值，包括大盘价值、大盘成长、中盘价值、中盘成长、小盘价值、小盘成长。

回测跨度为3年，从2020年7月1日至2023年6月30日，每季度末调仓。在每个调仓时点上，首先计算业绩基准的行业和风格权重分布，然后给予该时点的基准中枢和偏离度参数，设置组合的行业、风格权重区间。调仓换手率采用单边口径，两期基金权重差值绝对值的1/2。

表3-4-6 组合优化参数配置

	参数项	参数配置
基础参数	优化目标	最大化风险调整后收益
	业绩基准（天相开放式基金指数）	998105（全部开放式股票型基金）
	组合资金规模	200亿元
基金筛选条件	基金规模	2亿元以上
	基金成立年限	1年以上
	基金经理任职年限	6个月以上
约束项	基金集中度	4%
	经理集中度	5%
	持仓上限（持有金额占基金规模）	20%
	行业权重偏离度（31申万行业权重较基准超低配比例）	±3.5%
	风格权重偏离度（6个国证风格权重较基准超低配比例）	±5%

续表

参数项		参数配置
回测控制	回测区间	2020.07.01 ~ 2023.06.30
	调仓频率	每季度末
	单边换手率	20%

表3-4-7展示了关键回测业绩指标，图3-4-11展示了组合与基准的累计收益走势对比，以及超额收益情况。可以看出，该组合用200亿元资金，精确跟踪了全部开放式股票型基金的总体走势，并且逐步积累了一定超额收益。扣费后年化超额收益达到4.14%，组合波动率也低于基准波动率。

表3-4-7　　　　　　　组合回测业绩指标

组合收益率	基准收益率	组合波动率	基准波动率	年化超额收益率	超额最大回撤
13.43%	1.00%	1.08%	1.21%	4.14%	4.93%

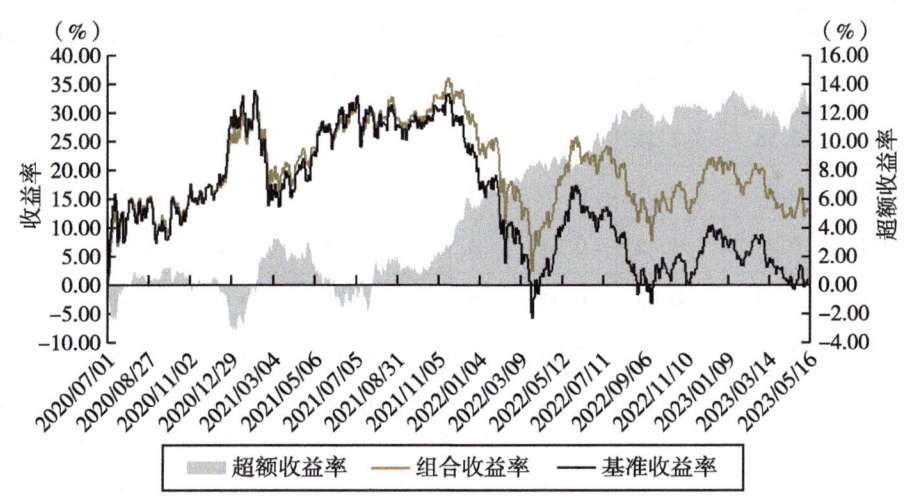

图3-4-11　组合回测业绩走势

表3-4-8和表3-4-9展示了组合在各个调仓时点上的行业和风格配置情况，及其相对业绩基准的超低配比例。从表中可以看出，组合在6个国证风格上的权重偏离度，都有效控制在了±5%以内，在31个申万一级行业上的权重偏离度，都有效控制在了±3.5%以内。对行业和风格权重

偏离度的有效控制,是确保组合能够紧跟业绩基准收益走势的关键。对单个基金的仓位测算和行业穿透,是实现这些维度约束的必要条件。

表3-4-8　　近一年调仓时点风格配置偏离度　　（单位:%）

风格	2023-03-31		2022-12-30		2022-09-30		2022-06-30	
	基准权重	组合超配	基准权重	组合超配	基准权重	组合超配	基准权重	组合超配
大盘成长	29.43	-3.47	31.40	-3.32	32.13	-2.71	35.25	-3.23
中盘价值	3.02	3.59	3.18	1.78	3.72	1.30	3.02	-0.15
大盘价值	18.67	-4.22	19.37	-4.17	18.39	-3.96	15.81	-4.52
中盘成长	26.06	-0.83	29.91	0.75	29.08	-1.59	25.86	-0.10
小盘成长	17.65	-0.08	11.15	0.84	12.20	2.94	15.44	3.02
小盘价值	5.17	5.01	4.99	4.11	4.48	4.02	4.61	4.98

表3-4-9　　近一年调仓时点行业配置偏离度统计　　（单位:%）

行业	2023-03-31		2022-12-30		2022-09-30		2022-06-30	
	基准权重	组合超配	基准权重	组合超配	基准权重	组合超配	基准权重	组合超配
环保	0.29	-0.19	0.28	0.04	0.32	-0.22	0.29	-0.05
电力设备	13.58	-2.35	14.19	-0.93	16.22	0.48	14.03	1.23
商贸零售	0.70	0.03	0.73	0.22	0.73	0.38	0.40	0.46
社会服务	0.73	3.42	0.74	3.31	0.70	2.48	0.64	0.65
综合	0.03	-0.03	0.02	-0.01	0.02	0.00	0.04	-0.03
汽车	2.90	-1.36	2.80	-1.05	3.08	0.22	3.28	0.13
石油石化	0.73	0.33	0.60	0.31	0.65	-0.08	0.50	0.65
银行	4.83	-3.00	5.44	-2.78	5.52	-3.12	5.04	-2.57
煤炭	1.39	3.31	1.39	3.32	1.93	3.30	1.40	3.27
房地产	1.27	-0.17	1.67	1.67	1.97	2.42	1.48	1.21
钢铁	0.77	-0.43	0.76	-0.25	0.91	-0.31	1.44	-0.03
纺织服饰	0.40	0.04	0.43	-0.05	0.37	0.18	0.31	0.06
通信	1.34	0.73	0.93	-0.02	0.99	0.06	0.94	0.09

续表

行业	2023-03-31 基准权重	组合超配	2022-12-30 基准权重	组合超配	2022-09-30 基准权重	组合超配	2022-06-30 基准权重	组合超配
交通运输	1.56	2.41	1.61	3.34	1.41	3.28	3.40	-0.05
轻工制造	0.40	0.79	0.41	1.05	0.39	0.53	0.37	0.25
基础化工	2.36	1.70	2.20	2.24	2.06	2.88	1.89	3.28
食品饮料	11.92	0.61	12.93	0.44	12.68	0.72	11.75	2.55
农林牧渔	1.52	-0.43	1.52	-0.50	1.57	-0.51	1.40	1.14
有色金属	3.54	-1.62	3.73	-1.76	4.10	-1.61	4.01	0.89
非银金融	8.10	-2.75	8.29	-3.00	7.91	-3.06	8.10	-3.06
建筑材料	0.71	0.53	0.81	1.10	0.68	0.81	0.64	0.62
美容护理	0.65	-0.11	0.83	-0.15	0.56	-0.20	0.78	-0.61
建筑装饰	1.63	3.49	1.70	-0.21	1.68	-0.42	1.61	-0.51
公用事业	1.46	-0.43	1.16	1.25	1.39	-0.63	1.51	-0.63
医药生物	12.16	-2.45	12.61	-2.96	11.17	-2.98	10.74	-3.01
家用电器	1.64	0.42	1.83	0.03	1.75	0.29	1.54	-0.09
电子	10.78	-2.56	9.27	-2.97	8.89	-3.04	10.39	-3.01
国防军工	3.39	-2.38	3.77	-2.96	3.76	-2.77	3.18	-2.47
机械设备	2.47	-0.99	2.52	-0.79	2.09	-0.49	4.50	-2.38
传媒	1.84	-0.07	1.54	-0.01	1.26	0.17	1.48	0.42
计算机	4.91	3.51	3.28	2.09	3.25	1.21	2.92	1.61

此外，我们还实验了行业配置模型与组合优化结合的效果，对于行业配置模型推荐的行业，通过这两种方式进行超配：一是将行业配置推荐作为基金Alpha加分项；二是放宽推荐行业的权重偏离度上限，如标准约束为偏离业绩基准行业权重〔-3.5%，+3.5%〕，对于推荐行业，约束区间调整为〔-2.5%，+4.5%〕。实验结果显示，通过这两种方式将行业配置模型结果融入组合优化，组合超额收益将获得进一步提升。

第五章 结论与展望

我国保险资金发展迅速，截至 2022 年末，系统内保险资金作为行业基石，管理规模合计 17.87 万亿元，管理第三方保险资金 1.80 万亿元，体量庞大。调研结果显示，32 家保险资产管理公司全口径资产管理规模达到 24.52 万亿元，增长率 15.11%。资产配置方面，整体以债券、金融产品和保险资管产品、银行存款为主，稳健风格突出。在当前不断发展的个人养老时代，保险资管与个人养老相结合，将为养老第三支柱建设贡献力量。FOF 投资是未来财富管理非常重要的工具之一，FOF 的风险二次分散能够有效平滑风险和收益，在未来市场的可发挥空间巨大，从而助力保险资管业务实现突破。

本文基于机器学习等计算机技术对 FOF 投研数字化进行实践探索，量化 FOF 行业配置与组合优化操作，以应对投资过程中的信息透明度、基金经理风险、基金绩效评估、行业配置策略和组合优化管理等方面的难题。具体实现上，从持仓补齐、基金画像、行业多因子模型、组合优化器等角度展开研究，建立了自下而上的研究框架。本文首先根据基金经理、基金公司和基金产品的数据构建"1F + 6P + 1C"理论模型，以股票多因子为理论基础建立基金经理画像，从能力圈和投资风格两个角度实现基金打分，形成多维度多层次动态经理画像因子体系。模型结果显示，基金经理画像对基金经理的收益和超额收益都有明显的分层效果，证明画像可以有效区分绩优且业绩持续性强的基金经理。针对全部持仓数据不完整的问题，采用基于基金持仓和净值两种补全相结合的方式构建持仓补齐模型，按照在估计全量持仓中的概率，依次根据证监会和 GICS 行业分类补齐，以最小化股票组合和权益收益的误差为优化目标，利用凸优化算法，求解补齐部分中除已知持仓 + 同管理人持仓外部分的最优化权重。行业配置模型基于分析师预期、业绩表现、北向资金、机构资金、趋势、估值和拥挤度七大维度构建行业全视角画像,选取27个单因子构建因子池,用等权加权的方式构建复合因子,将产出信号进行等权合成后,以因子得分量化行业,实现行业比较。基金组合优化模型基于马科维茨均值方差理论,实现了多重约束下基金组合最优权重的求解,精确跟踪了业绩比较基准的总体走势,超额收益回撤得到了比较有效的控制,组合波动率也低于基准波动率。

未来,FOF投资研究将呈现更加多元化的发展趋势。随着大语言模型的技术突破,更多的非结构化数据和多模态信息将被纳入分析范围。组合优化将不再局限于传统的风险—收益权衡,而更加注重在多种不确定性条件下的健壮性优化。同时,随着ESG投资理念的普及,如何将其整合进FOF的投资策略,使组合在追求收益的同时也能实现可持续性发展,将是未来的重要研究方向。

本专题参考文献

[1] 巴曙松. 多管理人基金（FOF/MOM）投资模式与金融科技应用展望 [J]. 清华金融评论, 2017 (05): 89-92.

[2] 陈晓非, 叶蜀君, 肖笛雨. 基金经理行业配置能力与基金业绩评价研究 [J]. 经济问题, 2021 (11): 44-50, 106.

[3] 冯科, 曾庆松, 何小锋. 基金中基金（FOF）理论研究进展 [J]. 中央财经大学学报, 2019 (08): 31-42.

[4] 李学峰, 徐荣, 区宇轩等. 共同激励机制下基金经理短视投资研究 [J]. 上海金融, 2023 (04): 2-16, 52.

[5] 李仲飞, 周骐. 一个基于 BL 模型和复杂网络的行业配置模型 [J/OL]. 中国管理科学: 1-12 [2023-09-19].

[6] 孟庆斌, 杨俊华, 许伟等. 投资者申赎与公募基金业绩粉饰——基于中国基金信息披露差异的经验证据 [J]. 管理评论, 2019, 31 (11): 20-32.

[7] 彭惠, 刘欣雨. 基于关联规则的中国股票市场行业轮动现象研究 [J]. 北京邮电大学学报（社会科学版）, 2016, 18 (01): 66-71.

[8] 宋光辉, 詹素卿, 刘广. 激进配置型基金的行业配置效率考察 [J]. 财会月刊, 2013 (16): 3-6.

[9] 宋江立. 我国公募 FOF 的发展及应用研究 [J]. 现代管理科学, 2018 (06): 36-38, 66.

[10] 唐文勇. 多因子模型视角下公募基金经理主动管理能力研究 [J]. 中国物价, 2023 (03): 97-100.

[11] 王晓晖. 行业配置效率影响基金投资业绩吗 [J]. 广东财经大学学报, 2015, 30 (01): 52-59.

[12] 汪梓轩, 雷欣南. "特立独行"能否"脱颖而出"——基于基金持仓分层的视角 [J]. 金融发展研究, 2023 (06): 47-58.

[13] 武文超. 中国 A 股市场的行业轮动现象分析——基于动量和反转交易策略的检验 [J]. 金融理论与实践, 2014 (09): 111-114.

[14] 向诚, 陆静. 投资者有限关注、行业信息扩散与股票定价研究 [J]. 系统工程理论与实践, 2018, 38 (04): 817-835.

[15] 邢欣羿,孙谦.中国开放式基金的行业配置与业绩相关性研究[J].现代管理科学,2015(01):63-65.

[16] 徐信忠,张璐,张峥.行业配置的羊群现象——中国开放式基金的实证研究[J].金融研究,2011(04):174-186.

[17] 薛爽.经济周期、行业景气度与亏损公司定价[J].管理世界,2008(07):145-150,167.

[18] 曾庆松,冯科.多重基金网络、信息发掘与基金中基金(FOF)绩效——基于2018—2021年FOF面板数据的实证研究[J].哈尔滨工业大学学报(社会科学版),2023,25(01):153-160.

[19] 张然,李润泽.主动型基金异常持仓、公司价值与未来股票收益[J/OL].南开管理评论:1-23[2023-09-19].

[20] 张学勇,吴雨玲,陈锐.行业配置与基金业绩:基于行业集中度和行业活跃度的研究[J].数理统计与管理,2018,37(03):478-491.

[21] 周亮.经济周期视角下我国股市行业配置研究[J].金融与经济,2019(05):83-88.

[22] Alexander C, Dimitriu A. The Art of Investing in Hedge Funds: Fund Selection and Optimal Allocations [J]. Social Science Electronic Publishing, 2004 (icma-dp2004-01).

[23] Angelidis T, Giamouridis D, Tessaromatis N. Revisiting mutual fund performance evaluation [J]. Journal of Banking & Finance, 2013, 37 (5): 1759-1776.

[24] Berk J B, Van Binsbergen J H. Measuring skill in the mutual fund industry [J]. Journal of Financial Economics, 2015, 118 (1), p1-20.

[25] Bessler W, Taushanov G, Wolff D. Factor investing and asset allocation strategies: a comparison of factor versus sector optimization [J]. Journal of Asset Management, 2021, 22 (6), p488-506.

[26] Black F, Litterman R. Global portfolio optimization [J]. Finance Analysts Journal, 1992, 48 (5), p28-43.

[27] Brinson G P, Hood L R, Beebower G L. Determinants of portfolio performance [J]. Financial Analysts Journal, 1986, 42 (4), p39-44.

[28] Busse J A, Tong Q. Mutual fund industry selection and persistence [J]. The Review of Asset Pricing Studies, 2012, 2 (2), p245-274.

[29] Chen P, Jiang G J, Zhu K X. Fund of funds, portable alpha, and portfolio optimization [J]. The Journal of Portfolio Management, 2009, 35 (3), p79-92.

[30] Chen Y, Li C, Lu Z. An ADMM Based Parallel Approach for Fund of Fund Construction [J]. Algorithms, 2022, 15 (2), p35.

[31] Chong J, Phillips G M. Sector rotation with macroeconomic factors [J]. The Journal of Wealth Management, 2015, 18 (1), p54 – 68.

[32] Cici G, Kempf A, Puetz A. The valuation of hedge funds' equity positions [J]. Journal of Financial and Quantitative Analysis, 2016, 51 (3), p1013 – 1037.

[33] Conlon T, Ruskin H J, Crane M. Random matrix theory and fund of funds portfolio optimisation [J]. Physica A: Statistical Mechanics and its applications, 2007, 382 (2), p565 – 576.

[34] Fama E F. Components of investment performance [J]. The Journal of Finance, 1972, 27 (3), p551 – 567.

[35] Gao C, Haight T D, Yin C. Fund selection, style allocation, and active management abilities: Evidence from funds of hedge funds' holdings [J]. Financial Management, 2020, 49 (1), p135 – 159.

[36] Henriksson R D, Merton R C. On market timing and investment performance. II. Statistical procedures for evaluating forecasting skills [J]. Journal of Business, 1981, p513 – 533.

[37] Hunter D, Kandel E, Kandel S, et al. Mutual fund performance evaluation with active peer benchmarks [J]. Journal of Financial Economics, 2014, 112 (1), p1 – 29.

[38] Jacobsen B, Ma C. Alpha Alchemy: Diversifying Without Diluting Alpha [J]. The Journal of Wealth Management, 2020, 23 (2), p75 – 87.

[39] Jensen M C. The performance of mutual funds in the period 1945 – 1964 [J]. The Journal of Finance, 1968, 23 (2), p389 – 416.

[40] Lee T K, Sohn S Y. Alpha – factor integrated risk parity portfolio strategy in global equity fund of funds [J]. International Review of Financial Analysis, 2023, 88.

[41] Lehmann B N, Modest D M. Mutual fund performance evaluation: A comparison of benchmarks and benchmark comparisons [J]. The Journal of Finance, 1987, 42 (2), p233 – 265.

[42] Markowitz H M. Portfolio Selection [J]. Journal of Finance, 1952, 7, p77 – 91

[43] Moskowitz T J, Grinblatt M. Do industries explain momentum? [J]. The Journal of Finance, 1999, 54 (4), p1249 – 1290.

[44] Potter M. What you see is not what you get: mutual fund tracking error and fund diversification properties [J]. SSRN Electronic Journal, 2001.

[45] Sassetti P, Tani M. Dynamic asset allocation using systematic sector rotation [J]. The Journal of Wealth Management, 2006, 8 (4), p59 – 70.

[46] Sharpe W F. Mutual fund performance [J]. The Journal of Business, 1966, 39 (1), p119 – 138.

[47] Sherrill D E, Shirley S E, Stark J R. Actively managed mutual funds holding passive investments: What do ETF positions tell us about mutual fund ability? [J]. Journal of Banking & Finance, 2017, 76, p48 – 64.

[48] Solomon D H, Soltes E, Sosyura D. Winners in the spotlight: Media coverage of fund holdings as a driver of flows [J]. Journal of Financial Economics, 2014, 113 (1), p53 – 72.

[49] Wagner W H, Tito D A. Definitive new measures of bond performance and risk [J]. Pension World, 1977, 13, p10 – 12.

[50] Weidig T, Kemmerer A, Born B. The Risk Profile of Private Equity Fund – of – Funds [J]. SSRN Electronic Journal, 2005.

[51] Wermers R, Yao T, Zhao J. Forecasting stock returns through an efficient aggregation of mutual fund holdings [J]. The Review of Financial Studies, 2012, 25 (12), p3490 – 3529.

[52] Wolf M, Wunderli D. Fund – of – funds construction by statistical multiple testing methods [J]. Institute for Empirical Research in Economics University of Zurich Working Paper, 2009 (445).

| 专题四 |

神经网络在保险资金量化投资中的应用研究*

随着计算机理论的发展、算力的提升、海量数据的沉淀，以神经网络为代表的机器学习技术已在各行业全面铺开，这头部科技公司业已开发出自有大模型，并且产业技术外溢。自2020年开始，各机器学习模型已备受各家私募基金公司关注，一些公司已将前沿成果在中国资本市场进行训练，部分公司已将训练成熟的机器学习方案应用于投资实践。

保险资金在整个金融机构体系中角色较为特征，其投资目标多元，同时面临长期利率下行和中国A股市场BETA不佳的市场环境，急需在Alpha攫取能力提升本领，私募基金的机器学习方向不啻为一个好的选择。

本专题介绍了机器学习家族全貌，并对其在投资中的适用性进行了探讨。本专题认为，神经网络在算力、成本的约束下是保险资金量化投资比较容易介入的一种机器学习。在应用实例中，本专题选取了Transformer模型在横截面上选股的应用作为实例对神经网络的应用做了探究，认为神经网络目前对于保险资金量化投资有极高的适用性。

---

* 本专题选自光大永明资产管理股份有限公司2023IAMAC年度课题《神经网络在保险资金量化投资中的应用研究》；课题负责人：潘静；课题组成员：林思，黄健奇。

第一章
如何拓展保险资金在股票投资上的边界

最新的报告显示，在 A 股市场上，保险资金持有市值（以前十大流通股东为基础）为 1.49 万亿元，占 A 股自由流通市值比例为 4.29%，在机构中处于第二大持仓机构，仅次于公募基金（见图 4-1-1）。

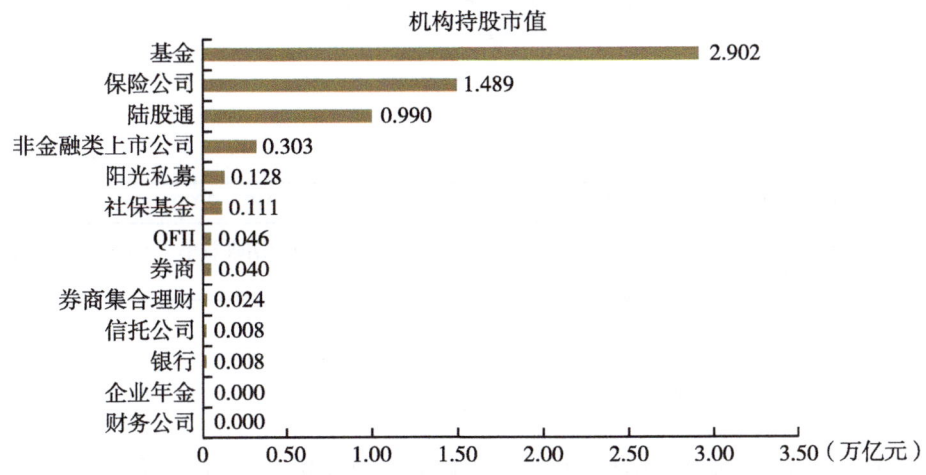

图 4-1-1 以前十流通股东计算的机构股票持仓

资料来源：Wind，作者整理

除去一般法人，与其他机构相比，保险公司的资金在股票投资上与其他机构资金区别极其巨大，特别是多投资目标的设定，使保险公司的股票投资难度极大。

一、保险资金股票投资的特殊性

（一）由于负债端成本刚性对预期收益要求较高

理论上，金融机构的负债成本应随着市场利率的下行而降低，特别在中国实现利率市场化"最后一公里"后，多数金融机构的负债成本出现了较大程度的降低。但由于保险资金来源主要为保单负债，而保单有刚性兑付和期限较长（传统寿险产品的期限通常在15年以上）特点，所以有别于其他资产管理行业，保险资金的负债成本并未随利率下行下降太多（见图4-1-2）。

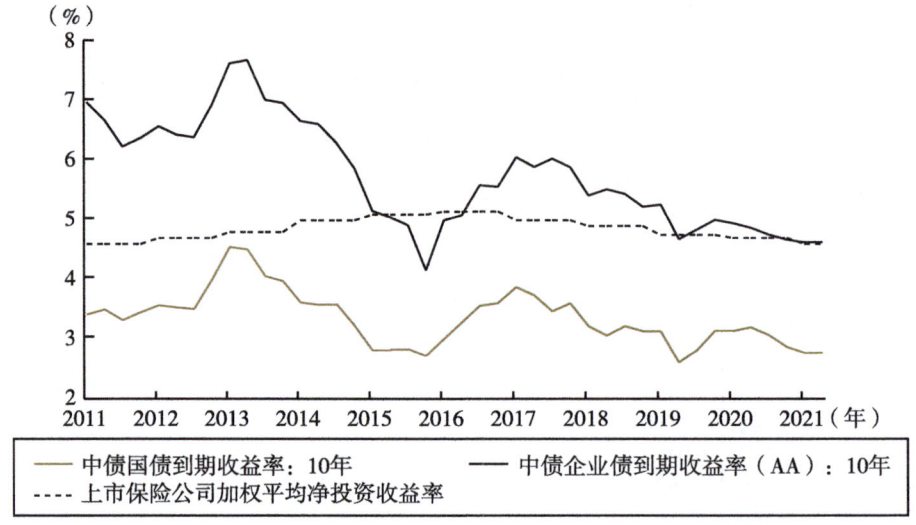

图4-1-2 债券市场收益率与保险公司投资

资料来源：Wind，作者整理

在保险资金的投资结构中，过去十年，固收资产、权益资产一直保持较为稳定的比例，长期保持在50%及13%左右，除这两项之外最大是非标资产。随着利率的下行以及资管新规的实施，固收资产面临长期收益率下行的情况，而非标资产也面临收益率下行和增量减少的双重困境，为实现资产收益对负债成本的覆盖，投资上对其他资产提出了更高的收益率要求，首要就是股票资产。

（二）保险资金的特殊监管对回撤要求较高

在各类机构中，公募机构是相对收益考核，其投资在仓位、类别上基本没有太大的空间，回撤对其影响并不大，或者说基本没有回撤要求。私募基金是绝对收益考核，其最大的一条线是清盘线，但由于私募基金投资者都为高风险偏好,其清盘线相对来说不至于太高,一般在1倍资产波动率附近。而保险资金投资较为复杂,由于监管政策及资金属性,其考核对回撤要求极高。

2019年7月,《保险资产负债管理监管暂行办法》发布,资产负债管理监管正式运行。该暂行办法明确,将依据资产负债管理能力评估和量化评估评分,对保险公司实施差别化监管(见图4-1-3)。

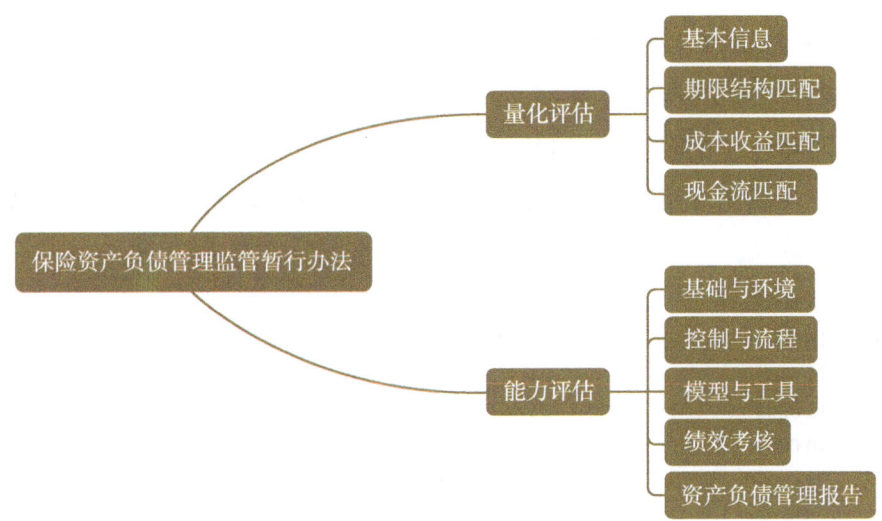

图4-1-3　保险公司资负管理体系

资料来源:作者整理

能力评估每年进行一次,量化评估每季度进行一次,故量化评估对整个保险公司的资产负债管理提升了要求标准。对于采用了《国际财务报告准则第9号(IFRS9)——金融工具》的保险公司,其资产以公允价值计量资产,资产价值的波动将在每一次量化评估中体现。由于股票资产的波动率远大于债券资产,股票资产的收益变动对每季度的量化评估影响极大。在量化评估中的成本收益匹配中,投资收益率与风险调整后的投资收益率的变化,将影响"公司的投资收益是否可以覆盖负债成本"的评估,因而大的回撤(特别是有亏损状态下的回撤)将会使保险公司量化评估状况恶化。

由于股票投资的高波动性和保险资金的特殊监管,保险资金投资不仅有收益上的要求,而且还有收益稳定性的要求,反映到投资结果上就是回撤的控制。在整个资产负债体系中,每个保险公司由于面临的情况不同(包括负债成本不同、非股票投资收益不同等),所能承受的回撤也不相同。回撤的控制使保险资金的股票投资难度要远大于其他机构。

二、保险股票投资面临的问题

(一) 环境上,A 股不是一个好 BETA

投资结果的好坏主要来源于两个部分:一个是 BETA 的收益获得性,即市场的环境(见图 4-1-4)。一个向上的 BETA 环境中,无论什么样周期投资,大概率是获得正收益的。另一个是 ALPHA 的收益获得性(见表 4-1-1)。

图 4-1-4 A 股市场的 BETA 远逊于美股

资料来源:Wind,作者整理

表 4-1-1　　　　A 股市场回撤大,长期收益率低

	波动率	收益率	最大回撤
沪深 300	21.83%	15.30%	-46.70%
纳斯达克指数	19.08%	372.90%	-36.40%

资料来源:Wind,作者整理

明显，过去十几年，A股市场的BETA并不太好，13年中仅上涨了15.3%，而同期纳斯达克指数上涨了372.9%。A股市场不仅收益率不如美股市场，风险也比美股市场大，波动率比美股高，最大回撤也比美股大。

由于保险资金每年都会投资于A股市场，且由于保费的逐年增加，其股票投资类似于以年为单位的定投。

可以以三种状态来表示最好、正常、最差的投资情形：

状态甲：投资能力极好，每年的定投都买在指数的最低点；

状态乙：正常投资，每年年初定投一笔；

状态丙：投资能力极差，每年的定投都买在指数的最高点。

从表4-1-2结果来看，三种情形下的年化收益率都不超过5%，这说明在A股的大环境下，保险资金单纯的股票指数化投资基本不能满足保险资金的收益与回撤要求。

表4-1-2　　　　　　　　以指数化定投意义不大

	累计收益率	年化收益率	年化波动率	夏普比率	最大回撤
状态甲	39.25%	2.57%	11.78%	0.21	34.65%
状态乙	18.97%	1.35%	11.99%	0.11	36.33%
状态丙	1.69%	0.13%	12.15%	0.01	35.51%

资料来源：作者整理

（二）ALPHA攫取能力不足

在BEAT环境不好的情况下，好的投资结果就需要ALPHA配合。在A股的BETA环境下，ALPHA攫取能力可谓是金融机构的安身立命之本。

由于保险资金的股票投资结果并无公开信息，鉴于在股票投资总体体量都属于万亿元级，可以以公募基金的偏股混合型基金和股票型基金的投资结果来间接说明（见图4-1-5、表4-1-3）。

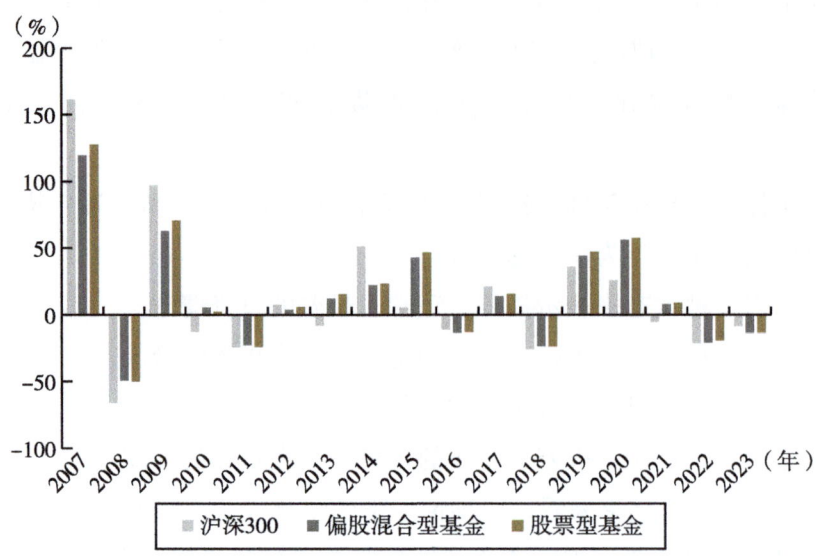

图 4-1-5 沪深 300、偏股混基、普通股基历年表现

资料来源：Wind，作者整理

表 4-1-3　　　　　　　基金占优并不是常态　　　　　　（单位:%）

时间	沪深300	偏股混合型基金	股票型基金
2007 年	161.55	119.82	128.18
2008 年	-65.95	-48.80	-50.88
2009 年	96.71	62.98	70.99
2010 年	-12.51	5.31	2.86
2011 年	-25.01	-22.70	-24.72
2012 年	7.55	3.65	5.68
2013 年	-7.65	12.73	15.47
2014 年	51.66	22.24	23.68
2015 年	5.58	43.17	47.02
2016 年	-11.28	-13.03	-12.39
2017 年	21.78	14.12	16.06
2018 年	-25.31	-23.58	-24.33
2019 年	36.07	45.02	47.03

续表

时间	沪深300	偏股混合型基金	股票型基金
2020年	27.21	55.91	58.12
2021年	-5.20	7.68	9.63
2022年	-21.63	-21.03	-19.86
2023年	-8.64	-14.05	-12.32

资料来源：Wind，作者整理

从近17年的公募基金投资来看，有7年的时间，偏股混合型基金和股票型基金都未跑赢沪深300指数，其余10年中，还有3年偏股混合型基金和股票型基金仅略微跑赢沪深300指数（分别是2011年、2018年、2022年）。也就是说，17年中仅有7年时间公募基金投资结果是明显好于指数的，这个结果无疑是比较悲观的。

虽然保险资金的股票投资结果并未看到，但其结果应该与公募基金相差不大。

三、从私募看可能的解决之路（从量化到机器学习）

（一）私募路径值得学习

如何实现长期稳健的股票投资收益率一直是保险资金投资的重大困扰。由于回撤控制的差异，在这个问题上，保险资金很难向公募基金学习。

从实现路径上讲，理论上可以通过提高择时胜率（包括加减仓位和灵活对冲）、以ALPHA补BETA两个方向来实现。对于提高择时胜率，由于中长期择时具有极低的容错率（看错一次对总收益影响极大），一般大资金难以采用这种模式来实现，相反以ALPHA补BETA的方向倒是有例可循。

从近7年的私募基金表现来看，百亿元级私募混合指数整体上波动小很多，即使在2018年，该指数下跌仅-19.4%，远好于沪深300指数和公募基金（见图4-1-6）。从交易方法上来看，基于量化投资的私募指数增强精选指数在收益率、回撤控制等方面都比基于主观的私募股票多头精选指数表现更为出色，这一点从二者的累计超额收益差异可以明显看到（见图4-1-7）。

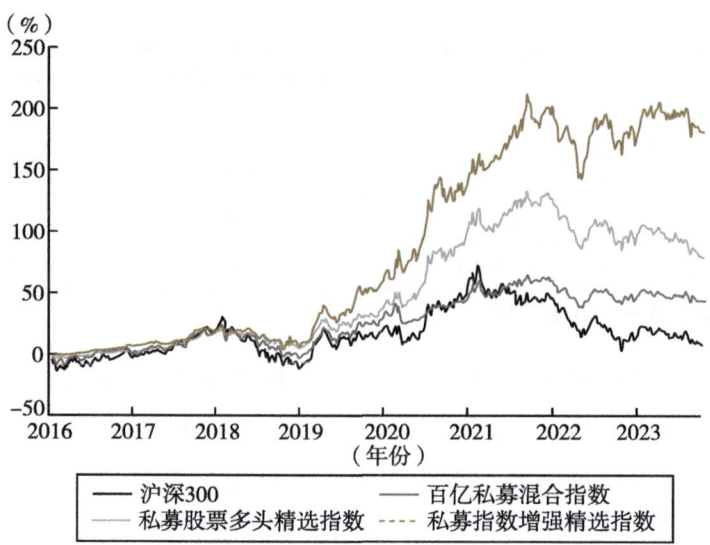

图4-1-6　私募表现远好于指数

资料来源：Wind，朝阳永续，作者整理

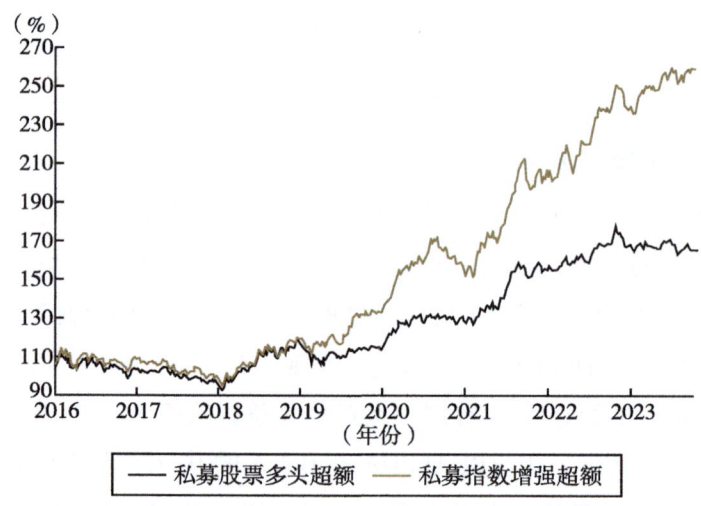

图4-1-7　私募量化业绩好于主观

资料来源：Wind，朝阳永续，作者整理

从超额的结果上可以看出，私募基金无论通过主观还是通过量化的方式，都获得了较为稳定的ALPHA。而量化方式在私募中的应用已完全实现在ALPHA换BETA的投资方向的完美突破，由于量化投资策略类别多样、可容纳股票数量大、可承受的资金规模大，私募量化完全可以成为保险资金股票投资的学习对象。

（二）私募量化策略的发展

国内量化策略的发展经历了三个阶段，分别是2010—2015年、2016—2020年及2020年至今。三个阶段有非常重要的节点影响。第一个节点是2015年股指期货的限制，限制导致私募难以开展中性业务，私募的重心向指数增强上转移；第二个节点是2019—2020年机构重仓股暴涨，北向的大量介入使市场ALPHA结构体系混乱，特别是打乱了原有的量化因子的节奏。总体而言，私募经历了数据由分散至融合、模型由单一至多元的过程（见表4-1-4）。

表4-1-4　　　　　　私募投资方法发展历程

	2010-2015年	2016-2020年	2020年至今
策略阶段	数据低频，交易低频 基本面因子 多因子模型	数据高频，交易高频 量价因子、高频因子 非线性模型	数据混合，交易高频 基本面与量价结合 多周期结合 时序与截面结合 机器学习
收益来源	小市值、行业、风格	波动性、非线性	切入因子及算法

资料来源：作者整理

时至今日，伴随着计算机水平的高速发展，私募量化已进入了大数据时代，一些私募机构每日接收的数据量达100GB以上（见表4-1-5）。

表4-1-5　　　　　　多元、海量的数据量

基本面数据 财务报表、预快报 ＞10GB	分析师预期类 包含卖方分析师未来看法 ＞50GB
机构研究成果类 调研、券商金股、分行业券股 ＞1GB	机构筹码类 公募基金持仓、北向存流量等 ＞10GB

续表

行情数据 日周月级别量价、技术指标等 ＞200GB	高频数据 Tick、Level2、分钟级别量价、分形等 ＞1TB
宏观数据 经济、行业类数据 ＞1GB	另类数据 舆情、产业链、专利等 未知

资料来源：作者整理

在大数据阶段，数据清洗、数据关联变得越发重要，传统的单一数据、线性方法已无法满足投资研发的需要，在高算力的基础上进行推导、建模，由机器学习归纳投资逻辑、生成策略已成为私募量化的主要方向。

故保险资金的股票投资不能还停留在仅依靠基本面信息的草莽时代，将先进的、前沿的、私募验证过或正在验证的投资方法论引用至保险资金股票投资中，是解决保险资金多投资目标的困局的应有之义。

第二章　机器学习算法的外延与内涵

一、机器学习与人工智能（AI）的关系

当前各产业体系中充斥大量关于深度学习、机器学习、人工智能（AI）的应用信息，高深如机器人、智能驾驶等应用，浅近如板卡游戏、条件指令应用等，人工智能一直是媒体大肆炒作的热点话题，到底有何差别，外界难以探究。故在探讨机器学习具体内容之前，有必要厘清一个概念区别，那就是机器学习与人工智能的关系问题。

人工智能的简洁定义是将由人类完成的智力任务自动化。而机器学习的定义为在不设定数据处理规则的前提下基于数据处理通过自动学习作出决策和预测。从两者的定义来看，人工智能涵盖的范围较广，机器学习应从属于人工智能。

人工智能主要是两类，分别为符号主义 AI 和机器学习。在符号主义 AI 中，输入的是规则程序和数据（依照规则程序用来处理），输出的结果是答案，像诸如象棋游戏、条件单交易皆属于此类，符号主义 AI 确实能解决一些人类所不方便解决的问题，但它难以给出明确的规则来解决更加复杂、模糊的问题。而机器学习输入的是数据和从这些数据映射出的预期结果（答案），输出的结果是规则，这些规则可应用于新的数据，并使程序自主生成答案。机器学习理念虽然出现很早，但由于其算法依赖大数据，故其在进入 21 世纪才蓬勃发展，由于存储设备、处理器（CPU、GPU）的快速发展，大型数据集（高像素图像、视频、语音资料、文本资产等）得以出现，使机器学习存在工程学习发展的基础（见图 4-2-1）。

二、机器学习算法分类

机器学习的核心逻辑在于：通过训练样本数据，预测未知数据的属性。按算法的"自主程度"机器学习分为无监督学习、监督学习、强化学习。

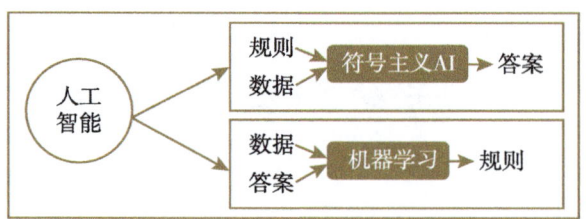

图4-2-1 机器学习是人工智能的子集

资料来源：作者整理

监督学习是在已知输入和输出的情况下训练出一个模型，将输入映射到输出，通俗地讲就是监督学习给算法一个数据集并且给定正确答案，在特征工程中，既包括特征又包括标签（见图4-2-2）。

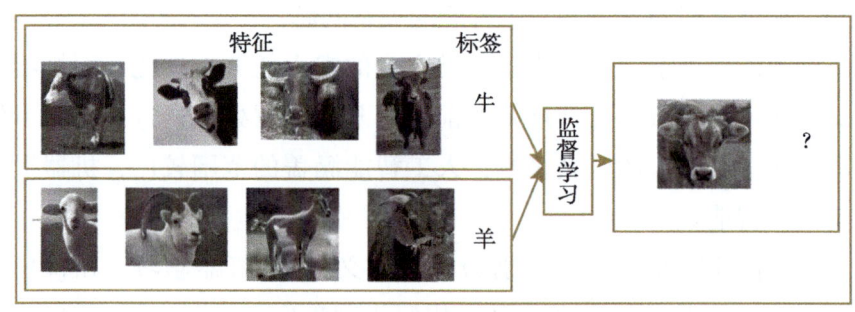

图4-2-2 监督学习

资料来源：作者整理

无监督学习是使用无标签的数据，从中发现隐藏的模式信息，通俗地讲无监督学习只包括自变量不包括任何因变量（见图4-2-3）。

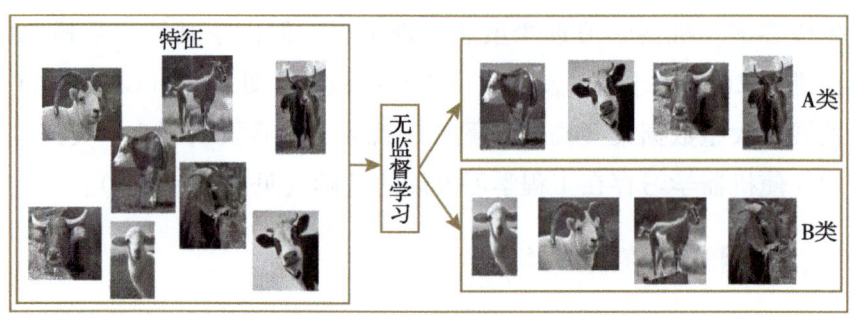

图4-2-3 无监督学习

资料来源：作者整理

无监督学习可以进行分类，但由于没有标签，给出的结果仅有区分性，但只是抽象的结果，当然具象与否在机器学习中并不重要。

强化学习的核心思想是算法通过个体与环境的交互形成过去经验的反馈，从反馈信号中试错进行学习（见图4-2-4、图4-2-5）。

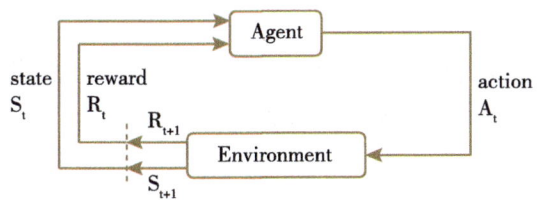

图4-2-4　强化学习

资料来源：作者整理

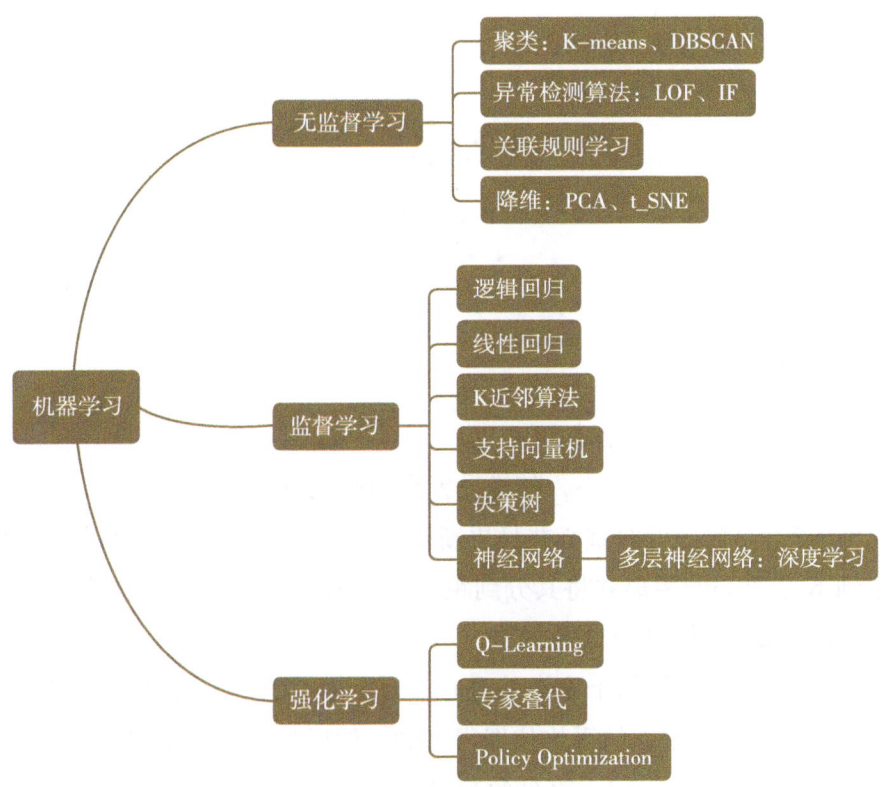

图4-2-5　机器学习分类

资料来源：作者整理

(一) 无监督学习

无监督学习的主要研究领域是聚类和降维,聚类是按照给定的相似性将数据分组,使同组数据彼此相似,而不同组数据不相似。降维是为了在尽可能保存相关的结构的同时降低数据的复杂度,类似于压缩。

1. 聚类算法之 K – means

K – means 算法是较为经典的聚类算法,其核心是设置分组的数量为 K,然后自动进行分组(见图 4 – 2 – 6)。

图 4 – 2 – 6 K – means 算法示意

资料来源:作者整理

K – means 的算法流程如下:

Step 1:定义 K 个重心,随机设置或初始化设置;

Step 2:寻找最近的重心并且更新聚类分配。针对数据集中每个样本计算它到 K 个重心的距离并将其分到距离最小的聚类中心所对应的类中,一般距离的度量采用欧几里得距离。

Step 3:重新计算每个聚类的重心,每个聚类的重心的新位置是通过计算该聚类中所有数据点的平均位置得到的,然后将重心移动到新聚类重心。

重复 Step 2 和 Step 3,直到每次迭代时重心的位置不再显著变化(即直到该算法收敛)。

由于 K – means 可以在大量数据中划分具有"相似"特征的数据点,

该算法被广泛运用于热点追踪、隐式产业链、关系图谱等股票投资领域。

2. 降维算法之主成分分析法（Principal Component Analysis，PCA）

维度灾难是数据工程师面临的一个常见问题，过多的特征增加了模型的存储空间和处理时间，PCA 是最成熟的无监督降维技术（见图 4 - 2 - 7）。

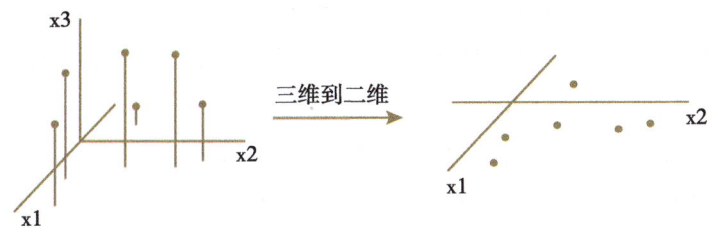

图 4 - 2 - 7　三维到二维的映射

资料来源：作者整理

PCA 的主要思想是将 N 维特征映射到 K 维上（K 小于 N），这 K 维是全新的正交特征也被称为主成分，是在原有 K 维特征的基础上重新构造出来的 K 维特征。在算法逻辑上，通过计算数据矩阵的协方差矩阵，得到协方差矩阵的特征值特征向量，选择特征值最大的 K 个特征所对应的特征向量组成的矩阵，进而将原数据矩阵转换到新的数据矩阵当中，实现数据特征的降维。PCA 算法有两种实现方法：基于特征值分解协方差矩阵实现 PCA 算法、基于 SVD 分解协方差矩阵实现 PCA 算法。

基于特征值分解协方差矩阵实现 PCA 算法流程：

Step 1：将原始数据按列组成 n 行 m 列矩阵 X（n 为样本原始维度，m 为样本数据）；

Step 2：去中心化，即每一行减去该行的平均值；

Step 3：计算协方差矩阵 $C = (X \cdot X^T)/m$；

Step 4：求协方差矩阵的特征值与特征向量；

Step 5：将特征向量按对应特征值从大到小排序，选择其中最大的 K 个组成特征向量矩阵 P；

Step 6：Y = PX 即为降维到 K 维的数据。

在金融投资领域，由于大量的数据存在多重共线性，在进行建模前，可以利用 PCA 对原始数据提取最重要的几个成分，解决共线性的问题。但由于其解释性相对较差，在时间序列应用上较少使用。

（二）监督学习

监督学习的主要研究领域是回归和分类，这种方法通常应用于开发预测模型。回归技术使用线性回归、决策树和人工神经网络（ANN）之类的算法来预测连续响应；分类技术则使用逻辑回归、支持向量机（SVM）或 K－近邻算法（KNN）等算法来预测离散响应。

1. 支持向量机（Support Vector Machine，SVM）

在多层神经网络变得火热之前，SVM 是最受欢迎的模型，因为 SVM 有充分的数学原理支撑，并且可得到全局最优解。

SVM 实际是一个二分类器，给定一组数据集，每个数据被标记为属于两个类别中的某一类别，算法创建向量（2 维）或超平面（>2 维）分配以对两个类别进行分配，学习策略目标是使间隔最大化（见图4-2-8）。

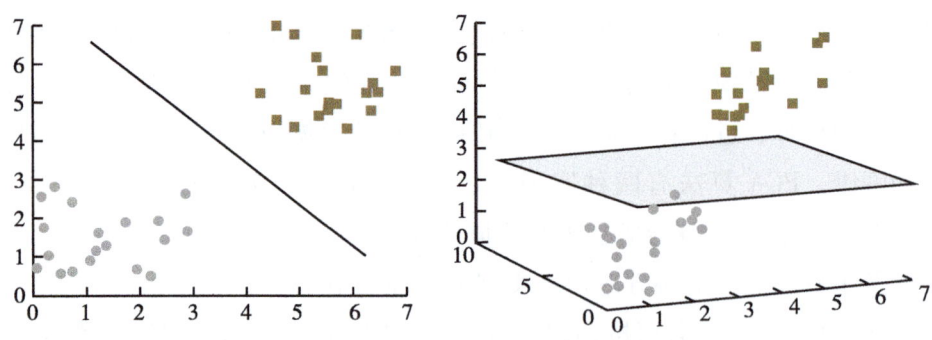

图4-2-8　SVM 二分示意

资料来源：作者整理

二维空间中，超平面 $\omega^T x + b$，间隔则为离超平面最近的样本（支持向量）到超平面的垂直距离，找到最优的 W 与 b 使间隔 d 最大，则可实现最优二分问题。

$$\max_{W,b} \frac{|\omega^T x + b|}{\|\omega\|}$$

$$s.t. \begin{cases} \omega^T x + b > 0 & y = 1 \\ \omega^T x + b \leq 0 & y = -1 \end{cases}$$

SVM 优点很多：首先，有严格的数学理论支撑，SVM 是一个凸优化问题，求得的解一定是全局最优而不是局部最优；其次，可以避免"维数灾难"，由于数据集的复杂度只取决于支持向量，拥有高维样本空间的数据也能用 SVM；最后，可处理非线性可分的二分类任务，引入核函数即可实现。

由于 SVM 的高精度特征，该算法广泛用文本划分、股价预测。

2. 决策树

决策树最初为解决分类问题的一种算法，后也应用于回归问题。决策树算法采用树形结构，使用层层推理来实现最终的分类，在推理过程中可以是 if – then 的集合，也可以是定义在特征空间与类空间上的条件概率分布。

决策树由下面三种元素构成：

根节点：包含样本的全集；

内部节点：对应特征属性测试；

叶节点：代表决策的结果（见图 4 – 2 – 9）。

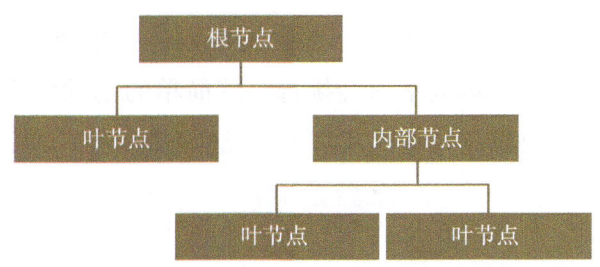

图 4 – 2 – 9　决策树模型决策过程

资料来源：作者整理

其基本流程为：从根节点开始，对数据的某一特征进行测试，根据测试结果将实例分配到其叶节点，每个叶节点对应着该特征的一个取值，如此递归地对数据进行测试并分配，直到最后将数据分到各叶节点的类中。

简单以股票投资为例，树模型从根节点市值开始，划分为小市值、大市值，区分两个分类的涨跌幅，然后在小市值和大市值以叶节点 ROE 再次划分，再次区分涨跌幅，增加第三个叶节点换手率，依据进行涨跌幅的划分（见图 4-2-10）。

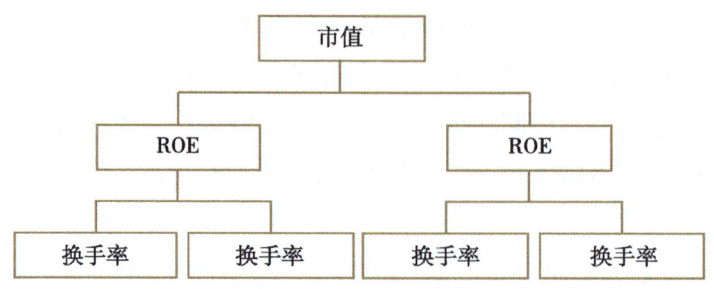

图 4-2-10　以股票应用为例的决策树

资料来源：作者整理

在决策树模型中一般会设置一个损失函数，模型的目的是找到一个决策树模式使损失函数最小。很明显，决策树的优点则是计算复杂度不高，输出结果易于理解，对中间值的缺失不敏感，可以处理不相关特征数据。但由于决策树的节点数可以很大，理论上肯定有一个最优解，但节点数越大，决策树的会越来越大，这容易产生过度匹配的问题。

单棵决策树由于其过度匹配问题受到限制，在集成学习方法应用后，决策树算法大量扩展。集成学习会挑选一些简单的基础模型进行组装，以达到增益的效果，决策树自然而然进入集成学习的视野（见图 4-2-11）。

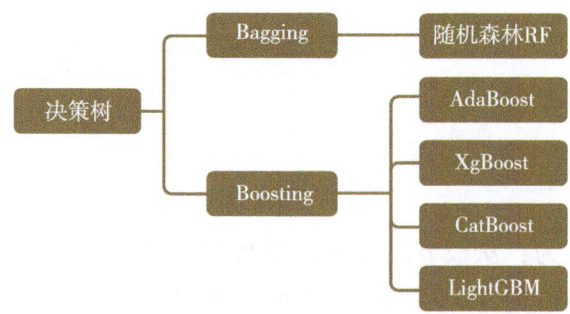

图 4-2-11　集成学习扩展了决策树的外延

资料来源：作者整理

集成学习在组装树模型时有两个思路。一个是 Bagging 方法，该方法使用多个基础树模型独立训练，然后将用特定的规则综合（比如求平均值）把各模型的输出汇总起来，形成最后的预测值。最典型的 Bagging 就是随机森林模型（见图 4-2-12）。

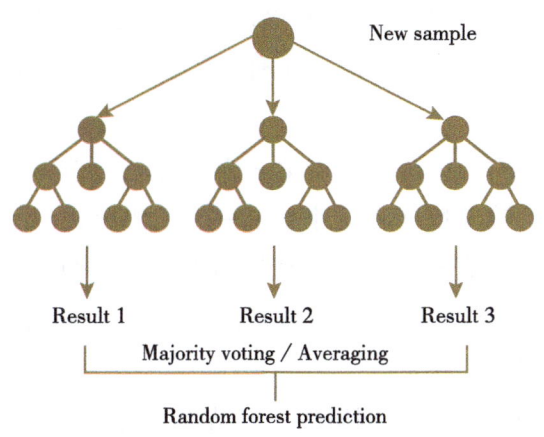

图 4-2-12　随机森林示意

资料来源：作者整理

另一个集成学习组装树模型的方法是 Boosting。该方法通俗讲是一种串联模式，一个基础树模型作出不完美的预测，但可以用第二的基础树模型，把预测不足的地方补足（见图 4-2-13）。

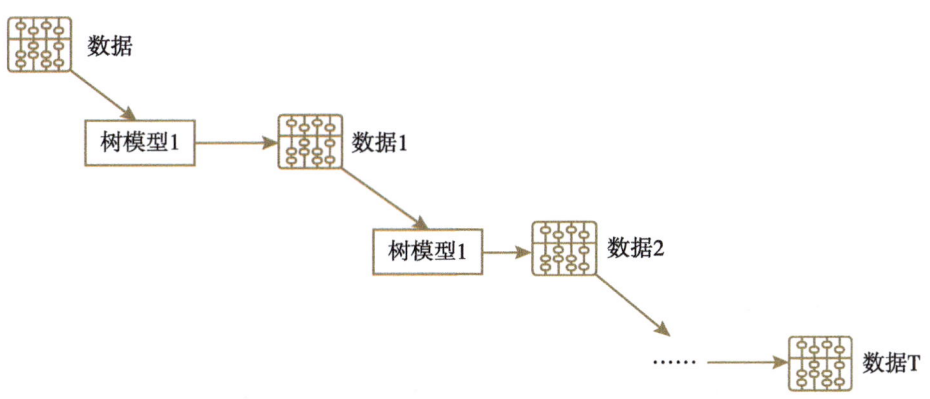

图 4-2-13　集成学习之 Boosting 结构

资料来源：作者整理

集成学习 Boosting 方法是一个大家族，包括 GBDT、AdaBoost、XG-Boost、Light GBM、CatBoost。

决策树模型及集成学习在各领域广泛使用，特别是 GBDT，在工业界应用广泛，常被用于多分类、点击率预测、搜索排序等任务。而对于算力不足的使用者，Light GBM 由于具有更快的训练速度、更低的内存消耗、更好的准确率、支持分布式可以快速处理海量数据等优点备受青睐。

3. 神经网络

神经网络的建构与传统的机器学习模型之间的结构差异很大，且并不寻求在输入数据和输出数据之间建立单一的函数形式，而是先将输入各项数据通过多个函数生成多个"中间值"并让这些中间值组成一"层"，再由这层的数据生成新的中间值并组成新的层，重复这一过程直至某一层与输出各项数据之间建立联系。

图 4-2-14 展示了神经网络的一般结构，输入各项数据组成神经网络的输入层，输出各项数据组成神经网络的输出层，而前面所说的"中间值"组成的层称为隐藏层。

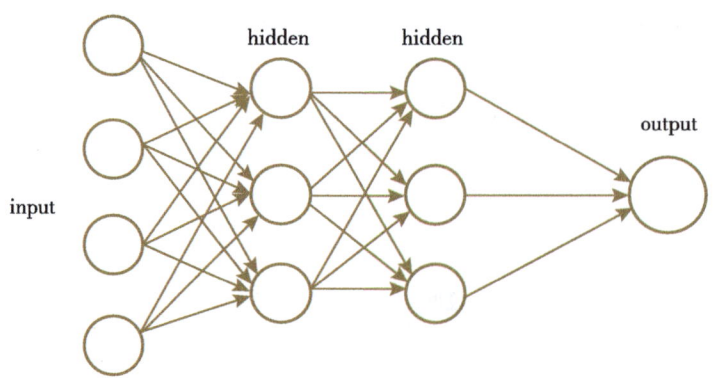

图 4-2-14　全连接神经网络结构

资料来源：作者整理。

当前，神经网络已完全与深度学习联系起来。与此相对应的是，其他机器模型基本属于浅层学习，因为这些模型仅仅学习了为数不同的层的数据表示。在深度学习中，这些分层表示通过神经网络的模型来学习得到的，结构是逐层堆叠的。

基于神经网络的深度学习的核心算法是反向传播算法，神经网络找到一组权重值后，将输出一个预测值，通过损失函数测量神经网络的预测值与真实目标值的距离，然后利用这个距离值作为反馈信号来对权重值进行微调（见图4-2-15）。

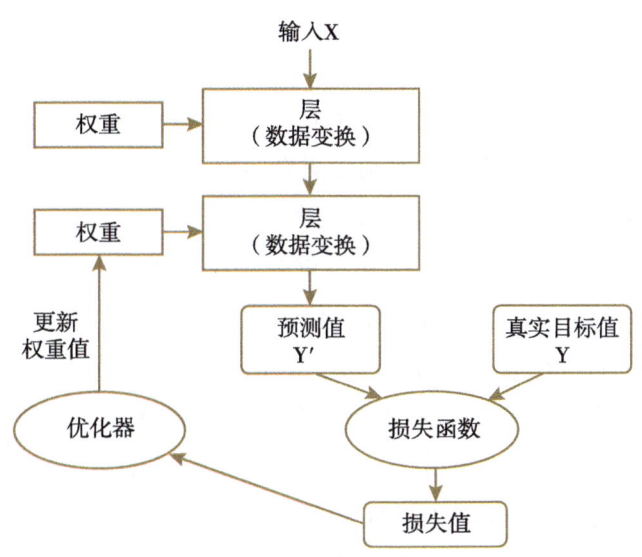

图4-2-15 神经网络的反向传播算法使其迈向尝试学习

资料来源：作者整理

在算法运行开始，设置一个随机种子，这个种子将对神经网络的权重随机赋值，如果其权重输出的预测值与真实值距离较远（即损失函数过大），算法将通过优化器调整权重。随着神经网络处理的次数越来越多，得到的权重值可以使损失函数越来越小。这是一个非常简单的算法，但由于其规模效应，几乎可以近似任何形式的函数，这也是神经网络被称为"万通近似器"的原因。

神经网络的发展将在第三章展开，此部分仅做机制说明。

（三）强化学习

强化学习通常应用于开发预测模型，并力图跟随市场环境不断改进策略。强化学习让计算机实现从一开始完全随机进行操作，通过不断尝试，从错误中学习，最后找到规律，学会了达到目的的方法。

强化学习与监督学习和无监督学习主要不同点在于：强化学习训练时，需要环境给予反馈，以及对应具体的反馈值。它不是一个分类的任务，不是金融反欺诈场景中如何分辨欺诈客户和正常客户。强化学习主要是指导训练对象每一步如何决策，采用什么样的行动可以完成特定的目的或者使收益最大化。

强化学习有三个特点：

一是试错。强化学习通过智能体在环境中随机地探索，产生的数据有不同的总体回报，再次遇这些数据将更新策略。

二是反馈延迟。该特点来源于最大化累积奖励，对于强化学习而言，最终的学习结果最为重要，过程并不重要，比如机器人是否在前进而没有摔倒、AlphaGO 是否取胜，为了最大化奖励，可能牺牲当前奖励。

三是时间序列很重要。下一状态 ~ P（·丨当前状态，智能体的动作），强化学习的一系列环境状态的变化和环境反馈等都是和时间相挂钩。

主流强化学习模型主要分为两类，一类是免模型学习（Model – Free），另一类是有模型学习（Model – Based）。有模型学习对环境有提前的认知，可以提前考虑规划，但是缺点是如果模型跟真实世界不一致，那么在实际使用场景下会表现得不好。免模型学习放弃了模型学习，在效率上不如前者，但是这种方式更加容易实现，也容易在真实场景下调整到很好的状态（见图 4 – 2 – 16）。

除了 AlphaGO，目前强化学习在自动驾驶领域、游戏测试等领域应用较多。但由于其采样训练耗时过长，算力开销极大，目前主要是头部科技企业在采用。

三、机器学习的范式化流程

无论是何种机器学习，都是在数据条件下解决条件问题的过程，因而其在部署上存在范式化的特点。

机器学习流程主要有 6 个，分别是数据获取、特征提取、数据转换、模型训练、模型选择、模型预测（见图 4 – 2 – 17）。

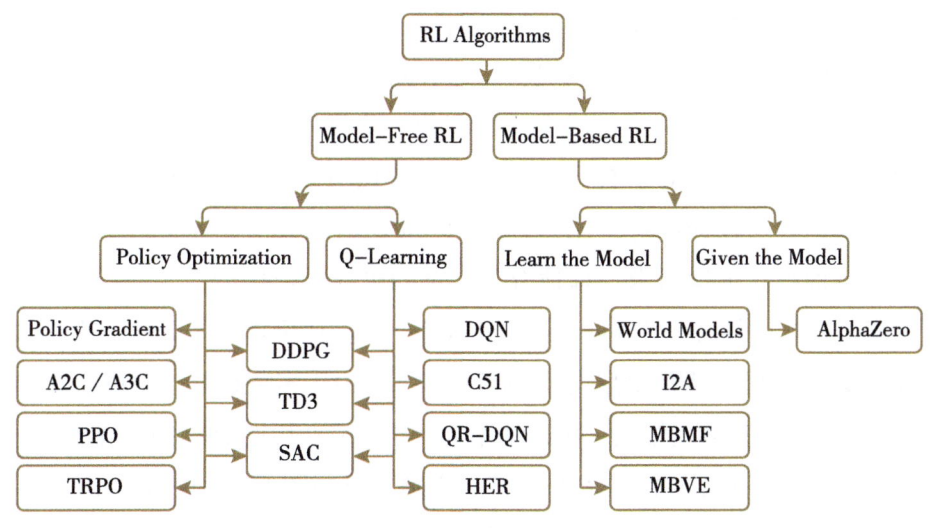

图 4-2-16 强化学习分类

资料来源：作者整理

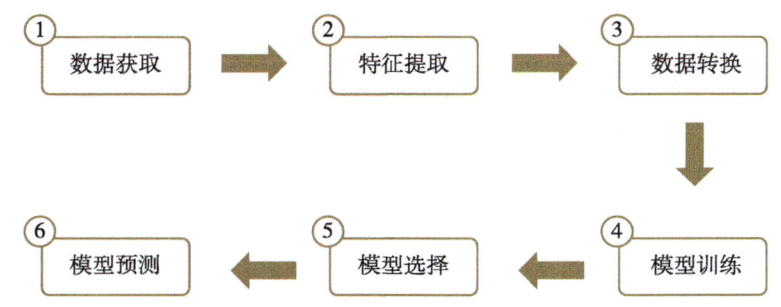

图 4-2-17 机器学习的常规流程

资料来源：作者整理

数据获取：数据分为结构化数据、非结构化数据。结构化数据指有着优良的存储结构的数据，大部分关系型数据库中存储的数据都为结构化数据；而各种文档（如 word、pdf、ppt）、图片（jpeg、png、gif 等）、视频、音频等都属于非结构化数据。在投资领域，这两种数据都存在，且体量巨大。由于其涉及数据质量、成本等问题，实际上，多数工程师在数据获取上耗费的时间最多。

特征提取：特征工程是另一项大工程，对于海量数据而言，如何提取有用的特征尤其重要。目前大部分工程师使用经验和统计理论两个方向做特征提取。其中经验方法有较大的局限性,其更像是一种人力资本投入。当前在金融领域,有许多金融科技公司介入特征提取,当然成本也相对较高。

数据转换:包括缺失值填充、标准化、降维等。此部分主要依后续应用模型的要求而定,对于有些模型,其对数据可视化、标准化程度要求较低,其数据转换较为容易,比如 Light GBM 就对缺失值、异常值不敏感。

模型训练:根据需求选择适合的一系列机器学习模型。

模型选择:包括交叉验证、样本外跟踪、模型评价指标等。模型选择问题在金融投资领域没有明确的具象化的解决方案。由于多数机器学习逻辑并不清晰,并且各模型参数量较大,很难对各模型之间的优劣进行明确的比较。

模型预测:模型预测、动态调整。金融市场与图像识别、语音识别存在很大的差异,后两者的结果属于确定性结果,前者更多是概率结果。故在实际应用中,通过多模型正交后进行预测是解决单一模型预测不足的良好路径。

四、机器学习在私募中的应用情况

截至 2021 年,量化股票类策略私募产品已占整个私募产品规模的 17.3%。这个比例已相对较大,而且增长趋势在扩大(见图 4-2-18 和图 4-2-19)。

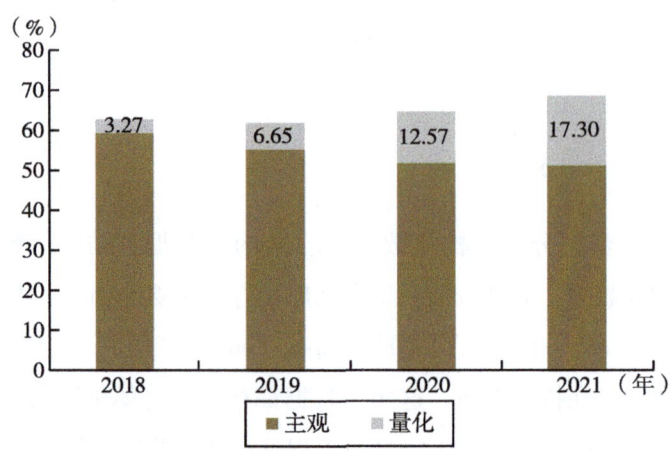

图 4-2-18 股票策略私募证券产品/私募产品规模占比(估算)

资料来源:《2021 年中国量化投资白皮书》,作者整理

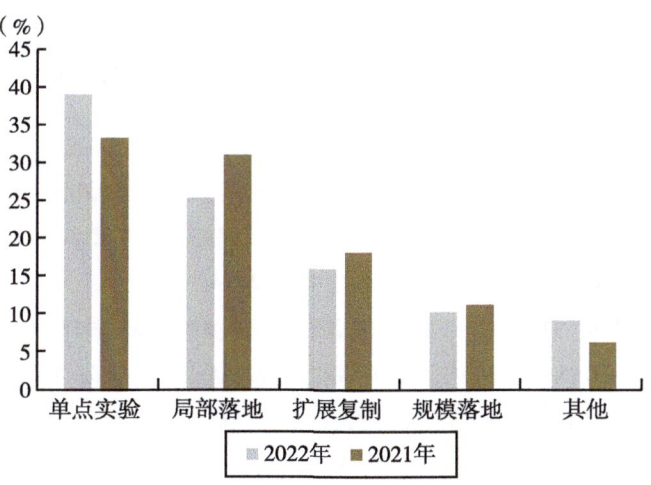

图 4-2-19　量化机构 AI 量化应用阶段

资料来源：《2022 年中国量化投资白皮书》，作者整理

在 2021 年、2022 年，国内量化机构集中于单点实验与局部落地阶段，最多的机构处于单点实验阶段，对于人工智能有初步认识，以试点形式进行小范围探索，模拟盘进行投资。从时间上看，2022 年较 2021 年在成熟度上提升了不少（见图 4-2-20）。

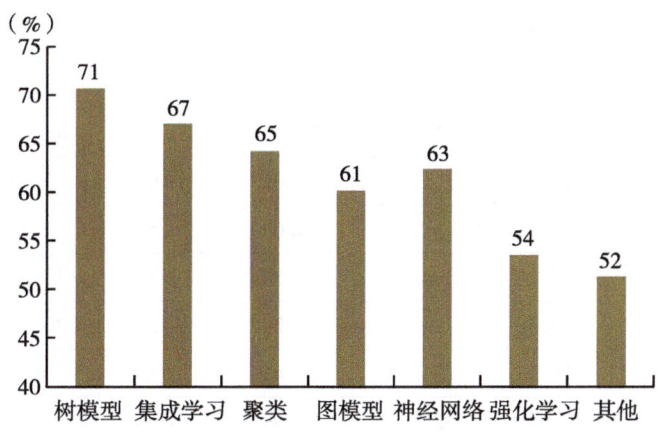

图 4-2-20　私募机构对各类模型的熟练程度

资料来源：《2022 年中国量化投资白皮书》，作者整理

从对模型的熟练度来看，在 2021 年，树模型和集成学习是私募从业者

最擅长的机器学习算法。但在具体算法上，相对于2021年，神经网络的使用明显增多，各私募都在增加模型复杂度（见图4-2-21、表4-2-1）。

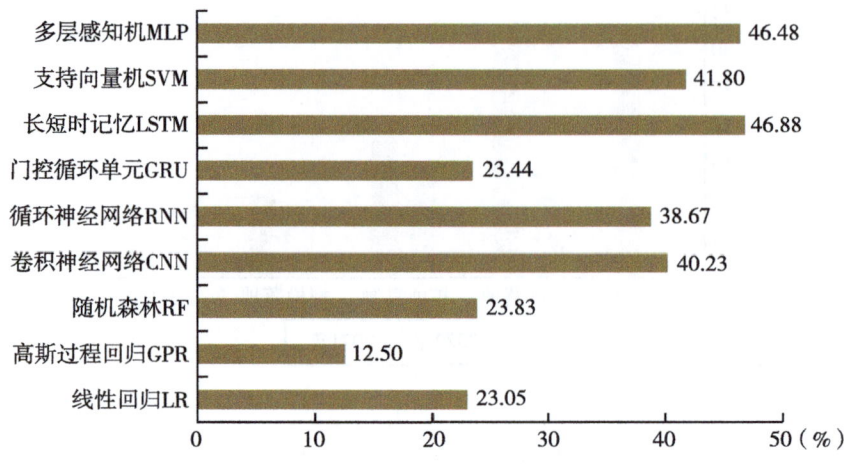

图4-2-21 私募常用机器模型使用率

资料来源：《2022年中国量化投资白皮书》，作者整理

表4-2-1　　　　　各类机器学习使用环节　　　　　（单位：%）

	模型	集成学习	聚类模型	图模型	神经网络	强化学习
数据清洗	22.99	20.11	14.94	14.94	24.71	13.79
特征提取	23.56	26.44	28.16	17.82	34.48	15.52
模型构建	21.84	27.01	27.01	21.26	41.95	21.26
收益预测	22.41	21.84	21.84	20.69	43.1	26.44
市场模式识别	18.39	21.84	27.01	18.97	35.63	19.54
衍生品定价	13.79	22.41	20.69	19.54	27.59	16.09
另类数据处理	14.37	18.39	19.54	19.54	31.03	17.82
产业链聚类	13.79	18.39	25.29	21.26	30.46	14.37
组合构建	20.11	24.14	22.41	20.69	33.33	22.41
策略优化	22.99	25.86	22.99	20.69	30.46	23.56
高频交易	17.24	17.82	18.97	20.11	32.18	27.01
无，没有使用	19.54	16.67	13.22	22.99	18.39	16.09

资料来源：《2022年中国量化投资白皮书》，作者整理

在各类算法上，树模型较多用于策略优化和收益预测，集成学习较多用来进行特征提取和组合构建，聚类模型较多用于特征提取、模型构建和市场模式识别，强化学习模型在高频交易和收益预测中使用较多，而神经网络在各项任务中都会较多地用到，图模型的整体使用率相对较低。

总体来看，私募基金行业在机器学习方面已远超各机构，其应用宽度也较其他机构更广。

第三章
从神经网络算法切入机器学习

机器学习种类较多，在具体应用上差异极大，而基于连接主义的深度学习（多层神经网络）和基于行为主义的强化学习在2015年后展现出强大的生命力。金融投资的流程控制中，决策处于最为重要的地位，而神经网络的训练模式与金融决策最为接近，故本专题在实例中选取神经网络算法作为切入机器学习的抓手。

一、神经网络的宽度与深度

（一）神经网络算法边界极大

神经网络历史比较久，循环神经网络（Recurrent Neural Network，RNN）早在1982年就被提出，第一个卷积神经网络（CNN）架构早在1998年就被提出，同在1998年被提出的还有长短期记忆（LSTM）。2014年生成对抗网络（GAN）被提出，发展较为温和，但2017年基于注意力机制的神经网络（Transformer）被提出后，智能感知水平大幅提升，加上算力的提升，神经网络算法在各领域都取得了瞩目的成就。

在如下领域，神经网络技术已近成熟：

A. 图像识别，其识别错误率已超过人眼识别；

B. 语音识别，已接近人类识别水平；

C. 文字转录，OCR技术已完备；

D. 语言翻译，神经机器翻译已突破语言障碍；

E. 智能助手，包括语音助手、智能驾驶等在模型层面已接近人类水平；

F. 推荐算法，定向广告投放类已在社交软件、搜索网站大幅应用；

G. 安全监控，智慧城市领域已全面应用。

随着算力的扩展，神经网络还在不断扩展其边界。以连接主义为主导的、以"大数据+大算力+强算法"为支撑的神经网络已在机器学习中占据主导地位。

（二）神经网络多模态发展

经过多年的发展，神经网络已衍生出多个模态，本章先就两个比较成熟的神经网络类别进行介绍。

1. 循环神经网络

循环神经网络将时序引入模型中，在每个节点都是一个循环单元，每一个节点的输出是由当前时刻的输入和前一时刻的反馈共同决定。

如图4-3-1所示，X-S-O（输入层、隐藏层、输出层）为一全连接神经网络，而W（循环层）展开后可以看到，某一时刻的S由上一时刻的S和当前时刻的X共同决定。

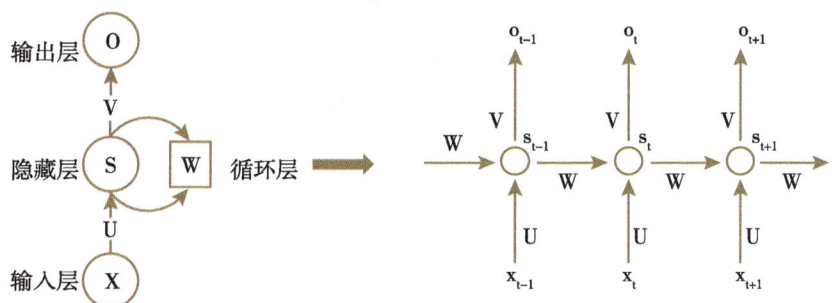

图4-3-1 循环神经网络示意

资料来源：作者整理

用公式表示为：

$O_t = g(V \cdot S_t)$

$S_t = f(U \cdot X_t + W \cdot S_{t-1})$

由于循环神经网络的结构按照时间顺序展开，故此类神经网络十分适合处理时序数据。

传统的CNN结构在输入的时序很长的情况下，容易出现梯度消失的情况。由于S_t是S_{t-1}的函数，在递归运算中，链条越长，当下梯度更新时，用不到前面的信息了,因为距离长了,前面的梯度就会消失。

(1)长短时记忆神经网络(Long short-term memory,LSTM)。LSTM 是 RNN 的一种变体,通过增加输入门、输出门、遗忘门来对特征进行选择,进而解决梯度消失的问题(见图4-3-2)。

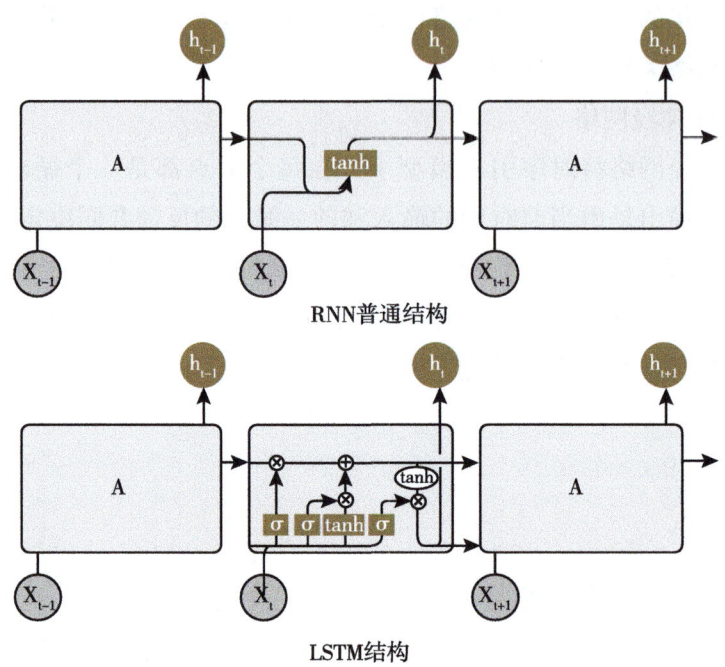

图 4-3-2 LSTM 核心结构

资料来源:作者整理

信息在三个门间的传递顺序为,先经过输入门,看是否有信息输入;再判断遗忘门是否选择遗忘;最后再经过输出门,判断是否将这一时刻的信息进行输出。

Z、Z_i、Z_f、Z_o 分别表示真实输入、输入门控信息、遗忘门控信息、输出门控信息,四类信息中只有真实输入是 tanh 激活函数,其他都是 sigmoid 激活函数。

$$Z = \tanh(W[x_t, h_{t-1}])$$

$$Z_i = \sigma(W_i[x_t, h_{t-1}])$$

$Z_f = \sigma(W_f[x_t, h_{t-1}])$

$Z_o = \sigma(W_o[x_t, h_{t-1}])$

经过 sigmod 激活函数，Z_i、Z_f、Z_o 皆为在 0~1 之间的数值，1 表示该门完全打开，0 表示该门完全关闭。

通过三门的设置，解决传统梯度消失的问题。

（2）门控循环单元（Gated Recurrent Unit，GRU）。由于 LSTM 参数相对较多，训练时间较长，对算力有一定要求，2014 年作为 GRU 一种 LSTM 改进算法被提出，它将遗忘门和输入门合并成为一个单一的更新门，同时合并了数据单元状态和隐藏状态（称为重置门），使模型结构比之于 LSTM 更为简单（见图 4-3-3）。

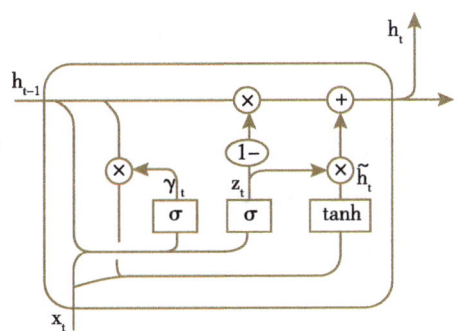

图 4-3-3 GRU 核心结构

资料来源：作者整理

$z_t = \sigma(W_z \cdot [h_{t-1}, x_t])$

$r_t = \sigma(W_r \cdot [h_{t-1}, x_t])$

$\tilde{h}_t = \tanh(W \cdot [r_t \cdot h_{t-1}, x_t])$

$h_t = (1 - z_t) \cdot h_{t-1} + z_t \cdot h_t$

式中，z_t 表示更新门信息；r_t 表示重置门信息。在信息传递上，首先利用 x_t 和 h_{t-1} 经过权重相乘通过激活函数得到两个 0 到 1 之间的值，即两个门值。然后在 h_{t-1} 与权重乘积之后与重置门相乘，最终得到 $\tilde{h}_t$，重置门的作用是决定 $\tilde{h}_t$ 包括 h_{t-1} 的信息得大小，后续就与 LSTM 基本一致。

GRU 与 LSTM 对比来看，LSTM 有 3 个输入、2 个输出，而 GRU 有 2 个输入、1 个输出，因而 GRU 训练速度更快同，一般在算力缺乏时使用 GRU 进行训练。

由于 RNN 以及在此基础上衍生的 LSTM 与 GRU 为处理时序数据而生，所以这两个模型在股票投资领域大面积使用。由于在投资领域存在大量的时序数据，且多数市场存在时序相关性，所以 LSTM 与 GRU 在股票投资领域的方案已趋于成熟。

2. 卷积神经网络

卷积神经网络（Convolutional Neural Network，CNN），是计算机视觉研究和应用领域中最具影响力的模型。该类神经网络通过卷积层、池化层、全连接层的组合结构设计，可以进行自动化特征抽取，在此基础上可以进行模式识别。目前广泛应用于图像识别、语音识别、自然语言处理等方面。

（1）卷积层。卷积概念来源于信息处理领域，其数学表达式为 $(f \cdot g)(x)$，在信号处理领域用来去除噪声、平滑信号、滤波。在 CNN 结构的卷积层中，将卷积核与输入数据进行卷积运算，这样可以提取输入数据中的局部特征。

（2）池化层。池化层主要将卷积层得到的特征进行池化运算，通常为最大值池化和平均值池化，前者是从目标区域中取出最大值，后者是计算目标区域中的平均值。很明显，池化运算属于降维运算，池化去处可以缩小参数矩阵的尺寸，减少最后全连接层的参数数量。池化层可以将不重要的信息（如边缘信息）忽略掉，增加模型的鲁棒性。

（3）全连接层。全连接层将池化得到的特征转化为一维特征，进行最后的训练和预测。全连接层的主要目的是将学习到的多维特征进行整合，进而与输出形成映射关系。

一个卷积神经网络由多个卷积层、池化层组成（见图 4-3-4）。以 LeNet-5 卷积神经网络为例，该神经网络由 2 个卷积层、2 个池化层和 3 个全连接层组成。随着 CNN 层数的不断加深，2012 年以来衍生出多个改进版本的神经网络模型。

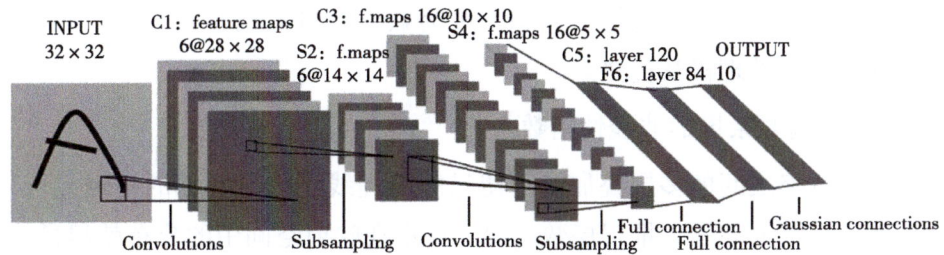

图 4-3-4 卷积神经网络示意

资料来源：Yann LeCun, Léon Bottou, Yoshua Bengio and Patrick Haffner《Gradient-Based Learning Applied to Document Recognition》，作者整理

在股票投资应用上，多家机构已撰写相关的研究报告，将 CNN 应用于 K 线图个股选择、因子数据二维化选股等多个方面。

二、神经网络对投资的适用性

虽然神经网络在领域呈现大发展的态势，但在金融领域其应用相对谨慎，比如信用风险识别由于其可解释性问题仍停留在验证层面。对于金融投资领域，一些机构已开始部分使用神经网络进行生产。虽然存在可解释性问题，但神经网络在投资领域仍为非常强的适用性。

（一）数据的体量和多样性程度较高

与头部科技公司积累的数据相比，投资领域的数据量确实较小，但对于其他行业，其沉淀数据体量比较大。

首先，金融领域是最早实现数字化的领域，较早就实现了金融、电信、传媒的融合，在这期间积累了大量的客户数据、企业数据、产业链数据、交易数据，并且很多数据处于闲置状态。

其次，越来越多的数据平台开始整合各类数据，比较产业链数据、舆情数据、交易数据、高频行业价格数据、文本数据等，类别十分多样，很多数据甚至与投资有直接关系。

最后，投资领域数据结构化程度较高，由于金融的涉及面较广，制式化业务、范式化文本产生的数据都是高度结构化，对于数据清洗而言极大地减小了复杂度。

金融投资领域在大数据的状态下极为缺乏海量数据整合方法，而神经网络在大数据处理极具优势。

（二）高复杂度的非线性函数

神经网络之间的多层叠加特征使只能处理线性可分问题的神经元可以处理非线性可分问题，堆得层数越深，样本在映射空间中的分布就越稀疏，就越容易对有效数据进行区分。

在传统投资领域，面对大量数据，需要将大量精力放在处理异方差、共线性、自相关这些问题上，数据维度越高，处理起来越困难，不熟悉机器学习领域的机构多采用经验法则，基本不具备处理复杂数据的能力。

而神经网络本身呈现出较少的数学理论，基本上是以工程为导向，采用的是简单的多级学习数据表示方法，但这种非常简单的机制在具有足够大的规模情况产生极为有效的结果。这种看似复杂的非线性方法在解决当前投资面临的特征爆炸问题极为有效。过去对于每个数据特征，在使用之前都将与结果进行逻辑验证，这就需要大量的算法工程师参与，神经网络可以将这些工程师解放出来。

（三）自动学习

过去投资领域的积累过程是先学习理论知识，再向先进从业者学习、模仿、实践，在这个过程中存在一个权威的事物，那就是领域专业知识，这个专业知识可能来自某篇论文或文献、某个投资大师或者某个理论演绎，大多数的投资方法需要由领域专家或领域专家知识来识别。在这种模式下，经历与阅历起重要作用，学习效率极低。

而神经网络最大的优势在于以增量方式从数据中自我学习、自我优化。神经网络的过程，实际上是一个特征逐渐提取和学习的过程，从理论上来说，神经网络能够做任何有监督学习的任务。

神经网络这种自动学习的特点可能会颠覆投资领域的人才培养路径，可能对投资领域引起变革。

总之，神经网络的"有效处理大规模数据、自动提取特征、多层次表达以及模型鲁棒性"等特征，将为投资领域的发展提供了强有力的支持。

第四章
神经网络之 Transformer 在量化选股中的应用

一、国内外研究现状

Transformer 算法在 2017 年的一篇名为《Attention is All You Need》（Vaswani et al.，2017）的论文中被首次提起。作为神经网络架构的一种，Transformer 算法尤其擅长高效地对序列数据建模。Transformer 算法依靠其自注意力机制，允许模型在预测时对不同部分的输入内容序列配置重要度权重。这种自注意力机制让模型在面对输入序列中各个元素时，如一段话中的各个单词时，即使各个元素间的距离很远，仍然可以捕捉各元素间的逻辑和关系。此外，Transformer 模型在自注意力机制运算的时候，可以支持并行计算，因此比此前其他的自然语言模型拥有更快的训练速度。由于这些优势，Transformer 算法很快在机器翻译、文本总结、问题回答、情绪分析等应用场景中得到大规模应用。

金融交易数据，例如证券的价格、波动率等，在某种程度上和文本有相似之处，后发生的数据点与前发生的数据点都存在逻辑依赖关系，由于季节性、动量效应、反转效应等特点，金融市场的时序数列存在自相关性。受到 Transformer 模型在自然语言处理方面的卓越成果的启发，国内外的研究人员开展探究了 Transformer 算法在金融交易领域，尤其是选股方面的应用效果。研究发现，在股票涨跌预测任务中，涨跌往往不仅取决于短期的波动，也与长期记忆中的上涨或下跌趋势相关。传统的神经网络算法在这方面存在一些劣势，如在循环神经网络（RNN）中，由于模型结构问题，难以有效地捕捉到时间序列中的长期依赖关系；而在卷积神经网络（CNN）中，卷积核的大小通常是固定的，因此只能考虑到局部信息，难以处理长期依赖。而 Transformer 模型通过引入自注意力机制和位置编码突破了传统模型结构的限制，直接建模序列之间的全局依赖关系，具备同时建模长期和短期时序特征的能力。在此列举一些国内外优秀论文的前沿研究成果：

Ding et al.（2020）在《Hierarchical Multi‐Scale Gaussian Transformer for Stock Movement Prediction》一文中，提出了一种基于高斯先验的 Transformer 模型，让 Transformer 在仍然能够学习相距较远的数据点关系的同时，更有可能关注彼此靠近的数据点，增强 Transformer 在金融数据上的局部性。此外，作者对于多头自注意力机制，增加了正交正则化，以此防止模型学习不必要的冗余。最后，在交易数据连续性的问题上，作者在自注意机制中，引入了"日内—周内—全局"的阶层制度。回测结果显示，通过纳斯达克及中证 500 成分股历史行情数据对模型进行训练，从预测准确率和马修斯相关系数衡量，Transformer 的预测效果超过了 CNN、LSTM 和 ALSTM 深度学习模型。

Yoo et al.（2021）在《Accurate Multivariate Stock Movement Prediction via Data‐Axis Transformer with Multi‐Level Contexts》一文中提出了一种 DTML 模型，对股价的自相关性和截面相关性进行建模以预测未来走势，并用中国、美国、日本、英国四国股市数据进行测试，相比 LSTM、ALSTM 等其他神经网络模型，均取得了更优的预测准确率和马修斯相关系数。

Daiya et al.（2021）在《Stock Movement Prediction and Portfolio Management via Multimodal Learning with Transformer》一文中，介绍了一种新的多模态深度学习模型 Trans‐DiCE。Trans‐DiCE 共分为三个部分，其中两个部分用来从金融指标和彭博社及路透社的新闻数据中提取特征，分别用到了扩展因果卷积网络和事件 Transformer 编码器网络，另一个部分整合这些特征来做预测。在标普 500 指数和 20 只个股的回测结果显示，该模型相较测试中的其他几个神经网络模型有更高的预测准确率。此外，作者提出 Trans‐DiCE 在组合优化方面也有助于提高夏普比率。

二、从 CNN、RNN 至 Transformer

本专题第三章介绍了 CNN 与 RNN 的基本结构。CNN 在机器视觉应用十分广泛,可以说由于 CNN 的出现,机器视觉的研究与应用都有了质的飞跃。而 RNN 在语音识别、Time Series 数据方面应用十分广泛,由于其在时序上的关注,对于短距相关数据处理上尽显优势。

但这两类神经网络在文本翻译上都遇到了瓶颈。

Embedding 模型出现以后,文本数据可以被表示为向量矩阵。在这个矩阵中行数表示文本中词语的数量,列数表示维度,一行对应一个词。例如,一个包含十个词语的句子,使用了 100 维的 Embedding,最后就有一个输入为 10×100 的矩阵(见图 4-4-1)。

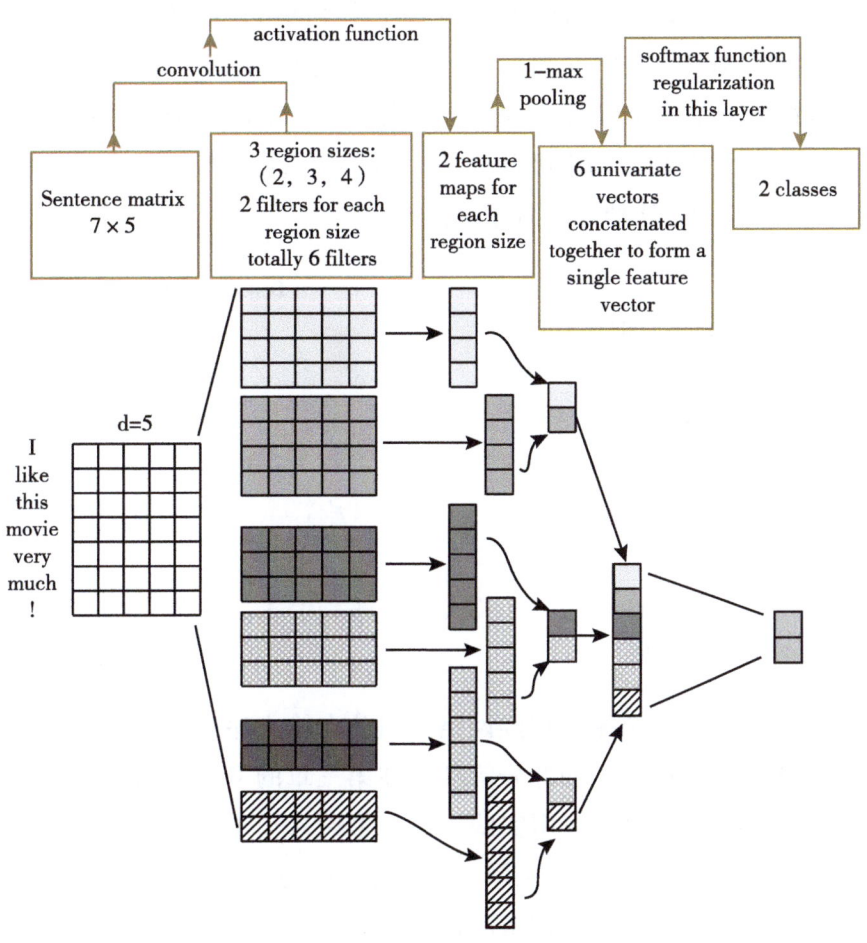

图 4-4-1　CNN 在文本识别中的应用示例

资料来源:作者整理

在 CNN 进行文本翻译时，每一次计算都只能看向距离中心位置相当近的事物，也就是会对这个矩阵进行切片。因而，基本逻辑是将一个句子准确无误地分解成可以独立理解的分句，然后再进行组合形成整句。这种模式对于短距文本翻译较为有效，但一旦出现长距文本，且上下文有联系时，则会出现特别奇怪的结果。

RNN 在文本翻译方面主要的应用是 Seq2Seq 模型。Seq2Seq 模型有一个编码器（Encoder）和一个解码器（Decoder）（见图 4-4-2）。编码器神经网络对输入序列 x_1，x_2，…，x_m 进行处理，将输入序列信息压缩到 h_1，h_2，…，h_m 向量中，由于编码器使用循环神经网络，在处理 x_1 时，h_1 只概括 x_1 的信息；处于 x_2 时，h_2 概括了 x_1、x_2 的信息，循环往复，则 h_m 是整个输入序列的概要，包含了输入序列的全部信息。解码器神经网络初始状态 s_0 来自 h_m，解码器神经网络可以将 h_m 中包含的信息解码，逐个元素地生成输出序列。这是 RNN 翻译的简化过程。

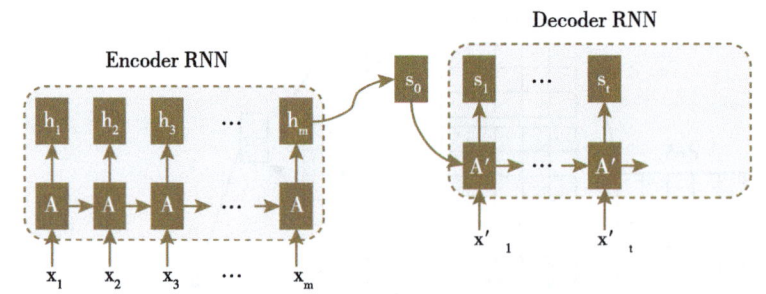

图 4-4-2　RNN 在文本识别中核心构件

资料来源：作者整理

由于编码器为一个循环神经网络，因此在输入序列很长时，编码器会或多或少遗忘输入序列中的部分信息（在第三章的 RNN 有介绍）。在机器翻译等经典 Seq2Seq 模型应用实践中，如果输入句子部分信息被遗忘，则 Decoder 显然无法生成正确的翻译。而更为致命的是，如果一个文本开头的词语只能根据后面出现的单词来理解时，就会出现问题。

由此可以看出，CNN 和 RNN 在文本翻译上的问题，CNN 重视局部，RNN 存在遗忘和前后联系的问题，两者都难以处理单词之间的依赖关系，特别是长距、倒序依赖关系。

解决文本翻译最有效的方法是 Attention。Attention 第一篇论文发表在 2015 年，用于改进 Seq2Seq 模型，可以大幅提高机器翻译的准确率。Transformer 模型最早在 Google 机器翻译团队在 2017 年发表的论文《Attention is All You Need》中被提出，该模型将 Attention 机制引入模型中，有效地捕捉输入序列中各位置之间的相关性，建立输入和输出之间的全局依赖关系。

三、Transformer 的核心架构

（一）Attention

在加入注意力机制的 Seq2Seq 模型中，编码器序列 h 与解码器序列 s 不再直接连接，而是通过不固定长度的 c 序列进行连接（n!=m），而 c 序列由注意力模型生成，从结构可以看出注意力模块可以视为是一个具有 n 个输入节点和 m 个输出节点的全连接神经网络（见图 4-4-3）。

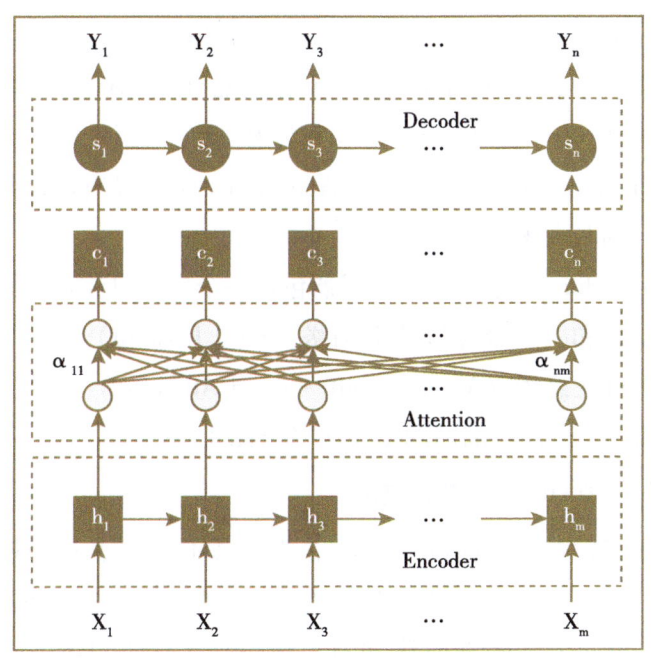

图 4-4-3　注意力基本结构

资料来源：作者整理

在注意力模型中,每一个上下文序列 c 为编码器所有隐状态向量的加权和:

$$c_i = \sum_{j=1}^{m} \alpha_{ij} h_j$$

其中,α_{ij} 为注意力权重系数(也称为注意力得分)。

在编码器中,隐变量 h_j 蕴含了输入序列第 j 个元素的信息,因此对编码器隐变量按照不同权重求和表示在生成预测结果 y_i 时,对输入序列中的各个元素上分配的注意力是不同的:α_{ij} 越大,表示第 i 个输出在第 j 个输入上分配的注意力越多,即生成 i 个输出时受到第 j 个输入的影响也就越大;反之则反。

在注意力模型中,注意力权重系数是通过构造一个全连接网络,然后再对该网络输出向量进行概率化得到的。全连接网络的训练与整个模型其他部分的训练同时完成(即实现端到端训练)。

(二) Transformer 结构

Transformer 模型采用的也是编码器—解码器架构。在《Attention Is All You Need》文章中,Transformer 由 6 个编码器和 6 个解码器构成。值得注意的是,编码器与解码器的数量结构可随模型变化而变化,GPT(Generative Pre – Trained Transformer) – 2 的 Transformer 结构没有使用编码器,采用的是 decoder – only 结构。

在原始 Transformer 结构中,编码器包含一个多头自注意力模块(Multi – Head Attention)和一个全连接前馈网络(Feed Forward)模块,解码器包括一个掩膜多头自注意力(Masked Multi – Head Attention)模块、一个多头自注意力模块和一个全连接前馈网络模块(见图 4 – 4 – 4)。

(三) Transformer 的选股应用

在量化投资领域,在时间序列是需要考虑不同时点对当期的影响,这一点 LSTM、GRU 有应用,但 LSTM、GRU 的关注由时点距离有极大关系。经前述分析,Transformer 在时序注意力可以比 LSTM、GRU 更能适合股票选择。另外,需要考虑在横截面上各股票之间的相互影响,过去对于横截面的建模基本上都是对各股票孤立对待,并未考虑这种相互影响关系。

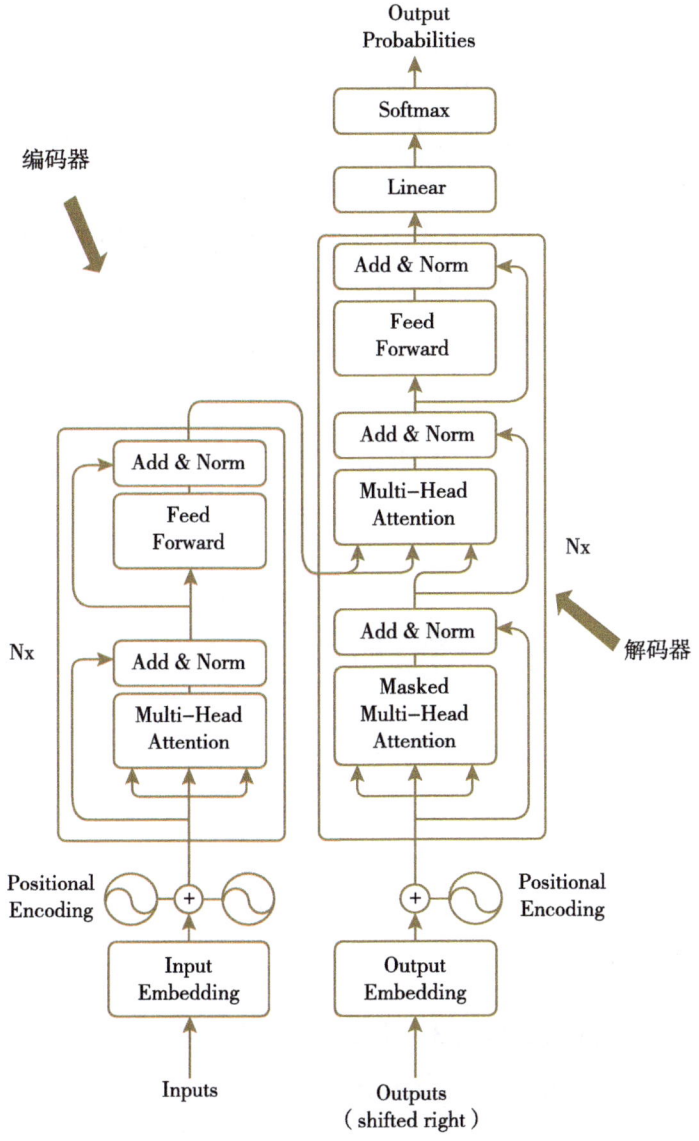

图 4-4-4 原始 Transformer 结构

资料来源：作者整理。

本章的实例将关注横截面上 Transformer 对量化投资中选股的应用，为适应股票横截面数据，本章实例将对传统 Transformer 结构进行修改。

修改1：不再保留解码器。使用编码器—解码器情况通常是在输入和输出之间存在质的差异的情况将一种类型的序列映射到另一种类型的序列时使用。在金融数据中，不存在输入与输出之间质的差异。

修改2：修改编码器结构。新增了一个归一化层（Layer Norm，Layer Normalization），对特征张量按照某一维度或某几个维度进行0~1的归一化操作。模型的输入为横截面数据，需要对特征在算法中进行归一化操作。修改后的编码器结构包括一个多头自注意力模块、两个归一化层、一个全连接前馈网络模块（见图4-4-5）。

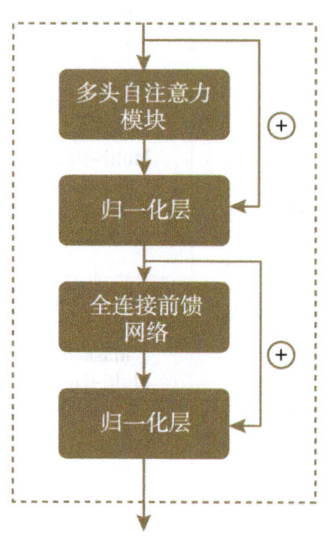

图4-4-5 实例中的编码器结构

资料来源：作者整理

修改3：设置编器数量为3。本实例清洗的数据为月度数据，为防止数据过度挖掘，将编码器数量适当减小。

四、模型的数据处理

（一）样本域

时间域：2011年1月3日至2023年6月30日，其中2011年1月3日至2018年12月31日为初次建模时间域。

空间域：全部A股，且上市时间6个月以上、退市前1个月以上（有一定的未来函数，但不影响全局）、非 ST 股及 ST 摘帽后 3 个月以上。

（二）特征选取（即因子选择）

特征是指从数据中抽取出来的对结果预测有用的信息，主要运用于信息工程学中，而在套利定价模型（APT）中，因子指的是对资产的收益率有影响的各种因素。因此，金融中的因子实质上就是特征。

在本实例中，我们选取基本面类、日频量价类、高频低频化类三大类因子，其中基本面类因子 14 个、日频量价类因子 12 个、高频低频化类因子 10 个，共计 36 个因子（见表 4-4-1）。

表 4-4-1　　　　　　　　　　特征选取

因子类别	因子名称	算法说明
基本面	ROE	ROE_ttm
	ROA	ROA_ttm
	SP	市销率倒数
	EP	市盈率倒数
	DP	股息率（TTM）
	净利润增长	单季度净利润同比
	营收增长	单季度营业收入同比
	市值	对数市值
	净利润率	净利润/营业收入
	研发费用比例	研发费用/营业收入
	资产负债率	负债总额/资产总额
	商誉占比	商誉/资产总计
	SUR	标准化预期外营业收入
	SUE	标准化预期外盈利
日频量价类	换手率	20 日（成交量/流通股本）均值
	波动率	20 日日收益率标准差
	特异率	20 日个股收益率和沪深 300 收益率回归拟合优度
	Beta	20 日个股收益率和沪深 300 收益率回归斜率

续表

因子类别	因子名称	算法说明
日频量价类	偏度	20日日收益率偏度
	峰度	20日日收益率峰度
	量价相关性	过去20日成交量和复权收盘价秩相关系数
	动量	过去第240日至过去第20日收益率
	反转	20日收益率
	残差波动率	20日个股收益率和沪深300收益率回归残差波动率
	ABR	20日大单资金净流入率
	NSA	开盘净买入强度
高频低频化	尾盘累计涨幅	20日收盘10分钟累计收益率
	下行波动率	20日10分钟频率负收益率标准差
	二阶矩	20日10分钟频率收益率二阶矩
	趋势强度	20日10分钟频率 收益率/振幅
	净委买变化率波动率	21日10分钟频率（前5档净委买量/流通股本）波动率
	UTD	20日1分钟换手率分布均匀度
	MPB	20日1分钟市价偏离度
	OIR	20日1分钟订单失衡率
	NOS	20日1分钟收益率噪音偏离
	exRtn	20日1分钟极端上涨幅度

资料来源：作者整理

采样频率：月度。

标签：未来1月（自然月）TWAP收益率。

（三）特征处理

1. 缺失值填充

缺失值全部填充为0。部分因子（主要指高频低频化因子）在2013年以前全部缺失，此部分缺失值全部填充为0。

2. 时间序列归一化

对同一个股,在单个因子序列上采用最大归一化(Min-Max Scaling),将数据线性地映射到一个特定的范围。

$$f^* = \frac{f - f_{min}}{f_{max} - f_{min}}$$

3. 截面 MAD 去极值

MAD 为绝对偏差值的中位数,即 median(|x − median|),采用 5 倍 MAD 去极值。

$$f' = \begin{cases} f_{median} + 5MAD & \text{if } f > f_{median} + 5MAD \\ f_{median} - 5MAD & \text{if } f < f_{median} - 5MAD \\ f & \text{else} \end{cases}$$

4. 截面标准化

采用 Z-Score 标准化,将归一化、去极值处理后的因子序列在截面上减去其均值、除以其标准差,得到一个新的近似服从 N(0,1) 分布的序列。

$$f'' = \frac{f - mean_f}{\sigma_f}$$

五、参数选择与模型设计

(一)参数选择

编码器层数:3

解码器层数:0

dropout rate:0.1

多头注意力机制头数:1

Epoch Size:200

参数选择未进行最优化,考虑到使用 GPU 进行训练,参数选择采用经验数据。

(二)模型设计

滚动训练:由于月度滚动训练模型对算力要求较高,本实例采用 6 个月作为滚动训练窗口。2011年1月3日至2018年12月31日为初始训练窗口，之后每6个月训练一次，样本采用自增模式，如2019年6月30日训练时，样本时间区间为2011年1月3日至2019年6月30日。自增训练模型不断会加入新的信息，随着因子之间关系的变化，模型本身也会相时而动（见图4-4-6）。

验证集：随机选取训练窗口10%的样本作为验证集。

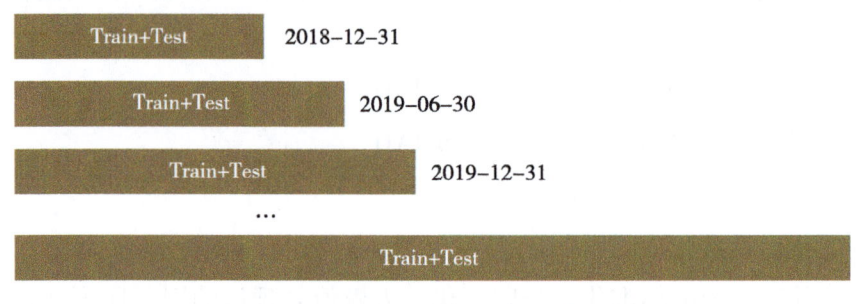

图4-4-6　滚动训练结构示例

资料来源：作者整理

样本外测试：当期训练好模型至下期训练期间，以每月末所有样本经处理后的因子作为模型的输入，得到期间每个样本的预测值f。该值作为Transformer因子（以前简称TF因子），用于回测及组合优化。

六、模型样本外训练结果

本实例使用2011年1月3日至2018年12月31日作为样本内训练窗口，6个月滚动窗口训练，每月进行样本外测试。针对中证800域、中证1000域和全A域，本实例分别验证了TF因子的有效性。

图4-4-7展示了在中证800域里TF因子的IC、累计IC以及按因子大小分10组的各组收益率信息。在中证800域里，IC值显著大于0，累计IC近4年半以来回撤较小，分组收益率大致呈现单调趋势。

图4-4-8展示了在中证1000域里TF因子的IC、累计IC以及按因子大小分10组的各组收益率信息。在中证1000域里，IC值也显著大于0，累计IC近4年半以来基本没有太大的回撤，分组收益率单调性要好于中证800域。

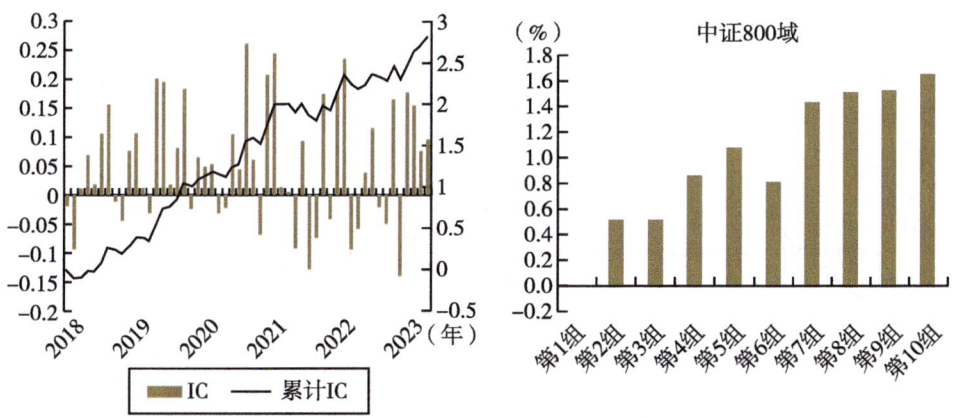

图 4-4-7　TF 因子在中证 800 域的 IC 及分组表现

资料来源：作者整理

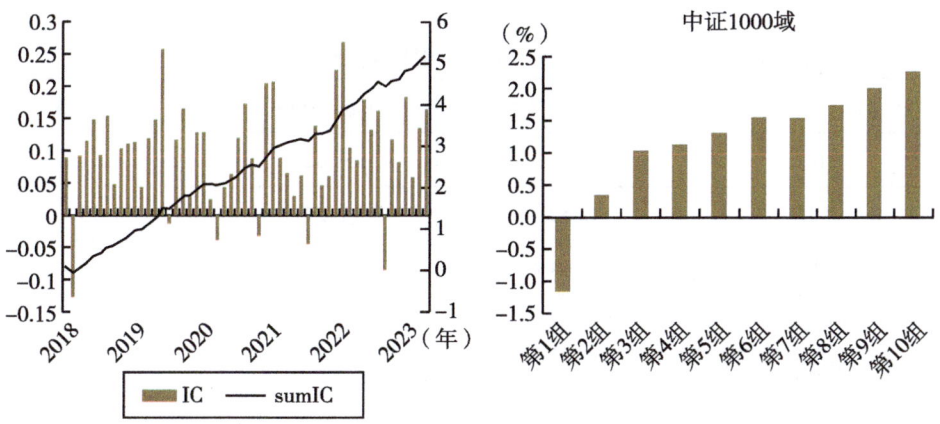

图 4-4-8　TF 因子在中证 1000 域的 IC 及分组表现

资料来源：作者整理

图 4-4-9 分别展示了在全 A 域里 TF 因子的 IC、累计 IC 以及按因子大小分 10 组的各组收益率信息。在全 A 域里，IC 值小于 0 的比例极少，累计 IC 呈单边向上的趋势，分组收益率单调性极好。

表 4-4-2 展示了 TF 因子在各域的有效性统计量，总体上，各域的 IC 均值皆显著大于 3%，可视为因子显著有效，从 ICIR 和 IC＞0 比例来看，TF 因子在市值偏小的域中的表现要好于市值偏大的域，且在后者有更大的超额收益率。

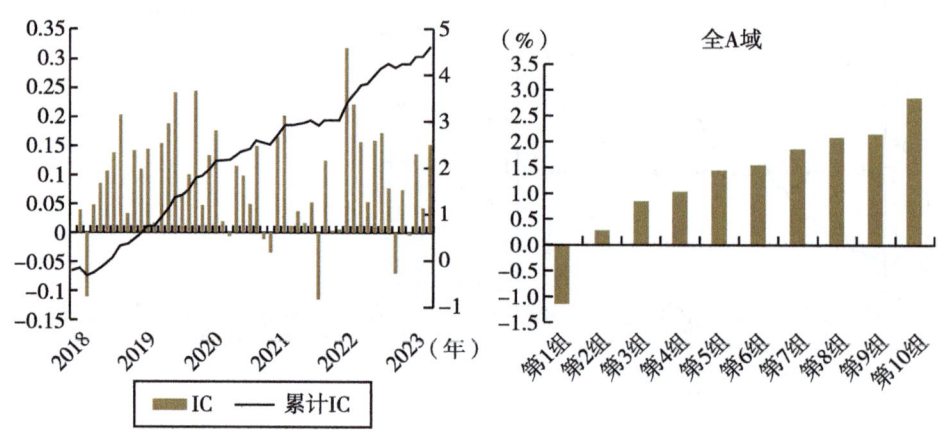

图4-4-9　TF因子在全A域的IC及分组表现

资料来源：作者整理

表4-4-2　　　　　　　因子在各域的横向对比

	中证800域	中证1000域	全A域
IC	5.31%	9.82%	8.81%
ICIR	0.52	1.24	0.99
IC>0比例	66.04%	88.68%	86.79%
多空收益率	1.67%	3.43%	4.05%

资料来源：作者整理

综合来看，基于36个因子的经Transformer训练后的TF因子在A股市场具有高度的有效性。

七、模型在保险资金股票投资中的具体应用

（一）组合优化：生成策略

在前述的行文中，TF因子确实是一个比较好的ALPHA因子，基于此进行组合优化生成有效策略的可能性较大。策略方向主要分两个：一是带跟踪误差控制的增强、类增强策略；二是不带跟踪误差的主动量化策略。

增强、类增强策略采用图4-4-10使用的方案进行优化。

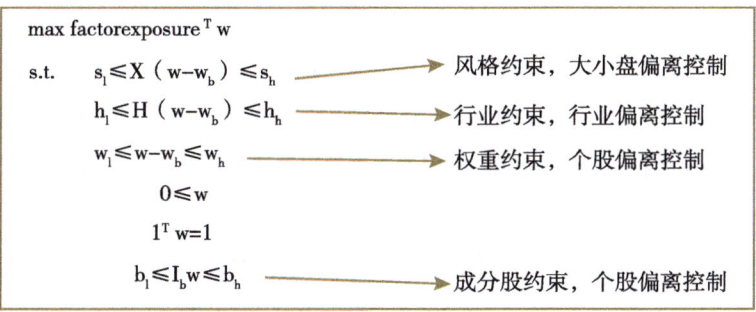

图 4-4-10　组合优化约束条件

资料来源：作者整理

主动量化策略与分层策略类似，但会在域、换手率上有限制，前者主要控制风格倾向，后者主要控制成本。

基于 TF 因子生成下述六个策略：

策略一：300 增强。选股域采用中证 800 + 中证 1000 成分股，个股偏离上下限 ±0.5%（相对于沪深 300 成分股权重），个股上限 10%，个股下限 0，行业偏离上下限 ±0.5%（相对于沪深 300 成分股行业权重），成分股内仓位下限 10%，换手率上限 40%。以沪深 300 指数为超额比较对象。

策略二：500 对冲。选股域采用中证 800 + 中证 1000 成分股，个股偏离上下限 ±0.5%（相对于中证 500 成分股权重），个股上限 10%，个股下限 0，行业偏离上下限 ±0.5%（相对于中证 500 成分股行业权重），成分股内仓位下限 10%，换手率上限 40%。以中证 500 指数为超额比较对象。

策略三：500 增强。选股域采用中证 800 + 中证 1000 + 国证 2000 成分股，个股偏离上下限 ±0.5%（相对于中证 500 成分股权重），个股上限 10%，个股下限 0，行业偏离上下限 ±0.5%（相对于中证 500 成分股行业权重），成分股内仓位下限 10%，换手率上限 40%。以中证 500 指数为超额比较对象。

策略四：1000 增强。选股域采用中证 1000 + 国证 2000 成分股，个股偏离上下限 ±0.5%（相对于中证 1000 成分股权重），个股上限 10%，个股下限 0，行业偏离上下限 ±0.5%（相对于中证 1000 成分股行业权重），成分股内仓位下限 10%，换手率上限 40%。以中证 1000 指数为超额比较对象。

策略五：小盘 TF。选股域采用中证 1000 + 国证 2000 成分股，个股上限 1%，个股下限 0，换手率上限 40%。以国证 2000 指数为超额比较对象。

策略六：微盘 TF。选股域采用非（中证 800 + 中证 1000 + 国证 2000）成分股，个股上限 1%，个股下限 0，换手率上限 40%。以国证 2000 指数为超额比较对象。

以绝对收益来衡量，在样本外的六个策略中，至少有四个策略实现了四年半时间里全部正收益，而 2022 年仅 300 增强策略和 500 对冲策略亏损，但亏损幅度相对较小（见图 4-4-11 和表 4-4-3）。

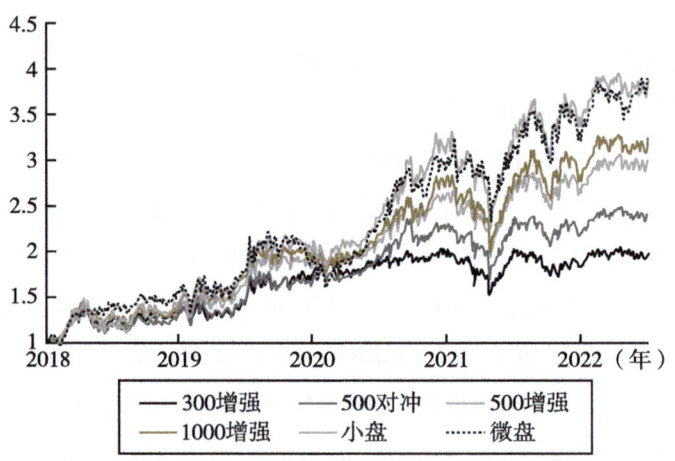

图 4-4-11　各模型的绝对收益结果

资料来源：作者整理

表 4-4-3　　　　各模型分年度收益率情况　　　　　（单位:%）

年份	300 增强	500 对冲	500 增强	1000 增强	小盘 TF	微盘 TF
2019 年	35.75	30.48	36.14	39.65	42.56	55.23
2020 年	30.06	30.01	38.11	40.57	43.16	21.75
2021 年	13.83	35.19	40.02	43.34	56.65	58.31
2022 年	-8.44	-4.21	1.11	0.11	6.92	8.93
2023 年 6 月 30 日	6.74	9.47	12.69	15.13	13.53	19.13

资料来源：作者整理

以相对收益衡量,在样本外的六个策略中,所有策略都实现了四年半时间里全部正超额收益,相对收益较小的是 2019 年至 2020 年这两年的 300 增强和 500 对冲策略,产生相对收益较小的原因是 2019 年至 2020 年是北向资金大幅进入 A 股市场的一年,大盘成长呈现抱团投权倾向,使整个 A 股市场因子出现混沌(见图 4-4-12 和表 4-4-4)。

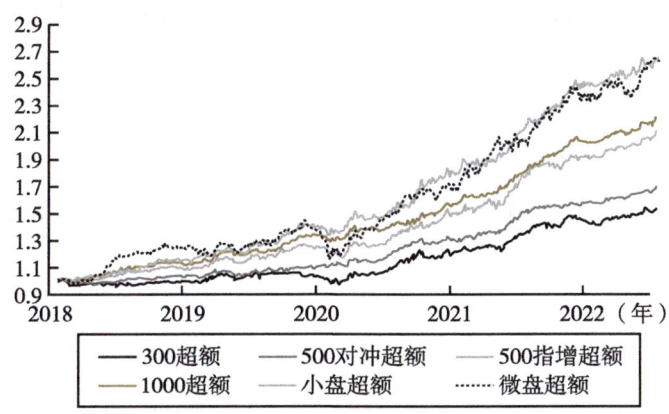

图 4-4-12　各模型的相对收益结果

资料来源:作者整理

表 4-4-4　　　　　各模型分年度相对收益率情况　　　　　(单位:%)

年份	300 增强	500 对冲	500 增强	1000 增强	小盘 TF	微盘 TF
2019 年	-0.23	3.25	7.72	11.13	13.44	23.52
2020 年	2.24	7.56	14.26	17.74	19.91	1.98
2021 年	20.07	16.96	21.14	18.93	29.98	31.36
2022 年	16.84	20.21	26.89	27.66	36.35	38.91
2023 年 6 月 30 日	7.05	6.81	9.89	9.40	7.67	13.34

资料来源:作者整理

(二) 策略应用

保险资金在股票投资领域投资的多投资目标主要体现为平稳的收益率(利润目标)、低的回撤率(监管目标)、年度级别正收益(KPI 目标底线)。在不考虑择时的情况下,总体策略应用就一个方向,那就是以 ALPHA 补 BETA,由此衍生几个应用方案:"固收+"、子权益单边组合、对冲+。

1. "固收+"方案

"固收+"方案目前在保险资金投资中应用较广,其底线为不能将"固收+"变成"固收-"。这个方案中,由于大部资金投资于债券,回撤已得到很好的控制,故在股票端保持年度正收益就能达到底线。基于TF因子的策略体系中,500增强、1000增强、小盘TF、微盘TF四个策略通过高ALPHA的方式实现了年度级别的正收益,是"固收+"方案中值得引用的品种。

图4-4-13和表4-4-5展示基于TF因子策略的固收+方案的回测结果。从结果上看,4个固收+策略将最大回撤控制了-5%附近,与此相对应的是885007.WI(万得混合型债券二级指数)最大回撤为-6.21%。4个固收+策略夏普率和Calmar比率皆显著大于1,显示出较为明显的绝对收益属性。

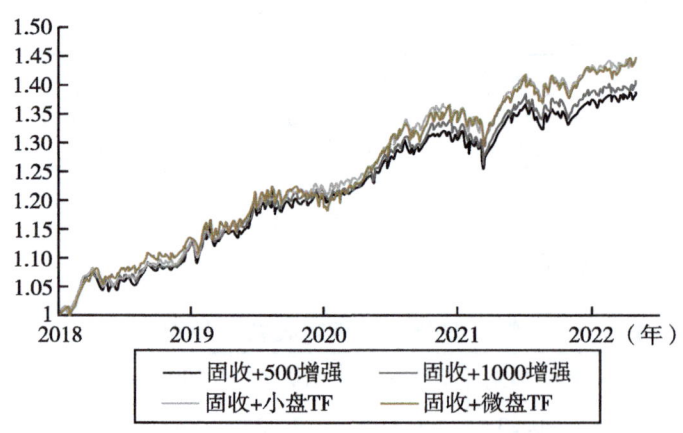

图4-4-13 固收+各种方案表现

资料来源:作者整理

表4-4-5　　　　固收+策略组风险收益指标

	固收+500增强	固收+1000增强	固收+小盘TF	固收+微盘TF
最大回撤	-4.95%	-5.56%	-5.76%	-4.70%
波动率	3.74%	3.90%	4.01%	4.02%
夏普率	1.23	1.26	1.39	1.39
年化收益率	7.61%	7.92%	8.58%	8.59%
Calmar比率	1.54	1.42	1.49	1.83

资料来源:作者整理

2. 子权益单边组合

对于纯股票组合，在保险资金的平稳的收益率、低的回撤率、年度级别正收益三大目标中，低的回撤率最难以达到，应用上只能尽量减少回撤，在单一资产类别策略组中，减少回撤的主要途径就是低相关性，即如果几个单边策略的收益率的相关性比较低（特别是下行相关性低），那么几个单边策略的组合其回撤将极大地降低。

基于 TF 因子策略组在抱团投机行情中超额略弱、在震荡及下行中超额表现强劲，从这个角度可以找一种与行情关系不紧密的策略与之互补，则可能在一定程度上降低回撤。在因子策略体系中，红利类、低波动类策略满足前述要求。将 TF 因子策略作为子组合与红利低波策略结合，可以大致实现保险资金的三大目标。

图 4-4-14 和表 4-4-6 展示基于 TF 因子策略的子权益单边组合方案的回测结果。从结果上看，四个组合策略将最大回撤控制了 -15% 附近，与单一 TF 因子策略相对回撤已在大幅下降，与此相对应的是 885001.WI（万得偏股混合型基金指数）最大回撤为 -30%。同时，四个策略夏普率在 1 左右，这对于股票单边策略而言已属于较优的策略。

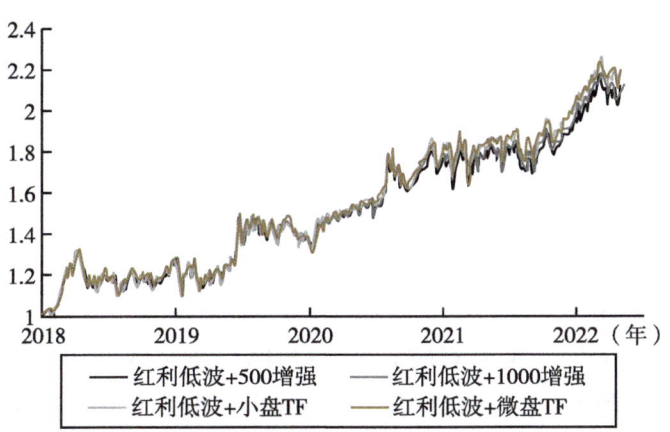

图 4-4-14 TF 策略与红利低波策略融合表现

资料来源：作者整理

表 4-4-6　　　　　　　　　策略组合表现情况

	红利低波 + 500 增强	红利低波 + 1000 增强	红利低波 + 小盘 TF	红利低波 + 微盘 TF
最大回撤	-15.99%	-15.98%	-16.26%	-14.64%
波动率	15.21%	15.26%	15.32%	15.30%
夏普率	1.02	1.03	1.07	1.08
年化收益率	18.44%	18.77%	19.40%	19.48%
Calmar 比率	1.15	1.17	1.19	1.33
原策略最大回撤	-26.55%	-29.61%	-30.52%	-26.11%

资料来源：作者整理

在年度收益率上面，四个组合策略在四年半时间每年都实现正收益（见表4-4-7）。综合来看，这样的策略组合基本满足保险资金的三大投资目标。

表 4-4-7　　　　　策略组合分年度表现情况　　　　　（单位:%）

年份	红利低波 + 500 增强	红利低波 + 1000 增强	红利低波 + 小盘 TF	红利低波 + 微盘 TF
2019 年	23.79	24.32	24.63	26.54
2020 年	11.30	11.62	11.94	9.28
2021 年	28.70	29.20	30.98	31.23
2022 年	1.69	1.61	2.64	2.95
2023 年 6 月 30 日	16.50	16.89	16.65	17.53

资料来源：作者整理

3. 对冲方案

由于基于 TF 因子策略有较高的 ALPHA，要实现低的回撤率，自然而然的方案就是对冲方案，即拿策略作为多头、股指期货或股指期权作为空头，将 BETA 对冲掉，得到 PURE ALPHA。但是由于保险资金无法参与股指期权，且参与股指期货必须是套保账户，故现货只能在中证 800 + 中证 1000 的成分股中选择，期货只能采用股指期货。基于 TF 因子策略中，300 增强、500 对冲的选股域皆符合前述要求，故策略上可以基于 TF 因子 500

对冲多头+IC 空头的形式展开。

图 4-4-15 展示了以基于 TF 因子 500 对冲作为现货多头、500 股指期货为空头、零敞口下的策略结果。从结果上看，2019 年、2020 年全对冲下的策略基本没有收益，回撤也较小（仅为 -4.4%），大部分收益来源于 2021 年和 2022 年，这种情况的产生有两大原因：一是 2019 年、2020 年为抱团投机年份，基于 TF 因子 500 对冲现货的 ALPHA 极薄；二是中证 500 股指期货长年对指数处于贴水状态，贴水率即对冲成本，这一部分进一步稀释了最终收益。从此结果来看，全对冲方案难以进入生产，主因在其收益率不足。

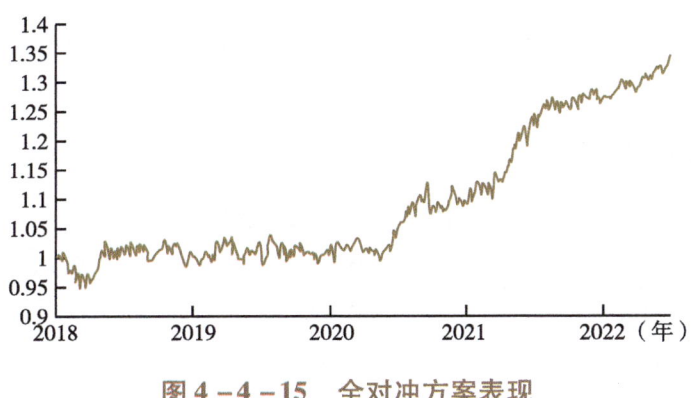

图 4-4-15 全对冲方案表现

资料来源：作者整理

为了解决这个问题，由于基于 TF 因子的 500 对冲单边具有较好的收益性，策略上可以考虑适当放松回撤控制，增大多头敞口暴露。具体执行上可以增加 20% 敞口，即"80%×500 对冲现货+60%×股指期货空头"方案。

增加 20% 敞口的方案在净值趋势上显著向好，与保险资金绝对收益的多目标要求更为接近。

从统计量上来看，20% 敞口对冲并未带来回撤的下降，这一点较为意外，由于全对冲的回撤受 ALPHA 与基差双重影响，增加敞口后敞口的正向变化在一定程度上抵消了这种影响（见图 4-4-16）。同时，20% 敞口带来了夏普率、收益率、Calmar 比率的提升，即 20% 敞口带的收益提升要大于风险提升。从年度收益来看，20%敞口对冲方案在年度收益上更加符合多目标要求，该方案对于有股指期货投资能力的保险公司或保险资管来说不失为一个更为有利的选择（见表4-4-8）。

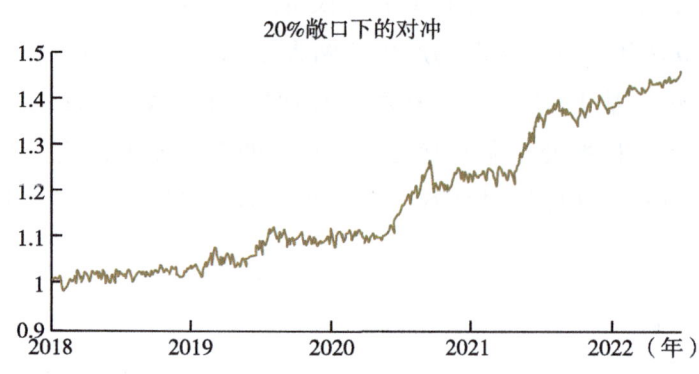

图4-4-16 对冲+方案表现

资料来源：作者整理

表4-4-8 全对冲与对冲+对比情况 （单位:%）

	全对冲	20%敞口对冲
最大回撤	-5.47	-4.61
波动率	6.06	6.38
夏普率	0.66	0.93
年化收益率	6.99	8.90
Calmar 比率	1.28	1.93
2019 年	0.39	3.21
2020 年	1.07	6.85
2021 年	8.47	12.26
2022 年	15.66	11.05
2023 年 6 月 30 日	5.53	6.08

资料来源：作者整理

第五章
神经网络应用于保险资金量化投资的可能问题和未来展望

一、神经网络在量化投资领域面临的问题

（一）随机种子问题

在神经网络模型中，由于局部最优的问题，不同的初始值会产生不同的结果，算法工程师在建模时都会使用到随机种子。确定好随机种子后，后续用同一随机种子一般会产生相同的模型运算结果，这样在一定程度上保证模型可以复刻、复现，同时同一随机种子产生的序列、数据等可以保证不同参数下的实验结果可供比较。

随机种子的存在带来了三个问题：一是神经网络中的随机种子，其实是伪随机数，是通过一定算法模拟出来的，即本身是有规律的，因而产生随机种子本身就带有随机性；二是在一些神经网络中（特别是使用梯度下降法的神经网络中），模型的结果基本属于局部最优解，而局部最优解对初始位置点的选择特别敏感，即本身对随机种子就特别敏感，因而用随机性去验证模型的确定性似乎有些欠佳；三是鲁棒的神经网络理论不应该是对随机种子过于敏感，但是否敏感本身如不经过微调实验难以验证，甚至微调实验本身也不可靠性问题。

由于金融数据具有时变性和个体差异性，随机种子可能会带来神经网络模型各种拟合结果的不同，如何进入投资存在问题。

（二）过拟合问题

过拟合基本属于过度训练的结果，如果在一个特征空间中，通过在这个特征空间的子集中训练出的模型的错误率要小于在整个特征空间的错误率，一般认为模型过度拟合了这个特征空间。

在神经网络模型中，过拟合产生可能有以下几个原因：

（1）测试集代表性不足。由于神经网络属于监督学习，需要划分训练集和测试集，一般在建模中会测试集比例设定为10%或20%，这一方面可能存在测试集数据量过小不具有代表性的问题；另一方面测试集是随机选取还是按时间规则选取代表了不同的抽样方法，抽样不当很容易出现过拟合。

（2）模型复杂度过高。当神经网络的复杂度过高时，模型可以过度拟合训练集中的噪声和细节。在神经网络中，模型复杂度主要取决于网络的层数和神经元数量，理论上只要层数和神经元够大，则可以把全样本完美拟合，但金融数据有大量的噪音数据，不是所有的数据都是信号数据，复杂度过高的神经网络反而值得怀疑。

（3）噪声数据过多。神经网络最开始用于图像识别、语音识别、文本翻译等领域同，这些领域在特征与标签之间有良好的映射关系，大部分数据都是信号数据，而金融数据信噪比比较低，神经网络虽然可以拟合，但一定程度上缺乏逻辑，特别是看起来并不相关的特征和标签。

（三）市场总体特征变化问题

当前的神经网络（也包括其他机器学习）有一个非常重要的假设，那就是特征与标签在样本外和样本内有着同样的分布规律，也即是逻辑一直未发生变化。但在中国金融市场特别是中国股票市场，这种假设可能并不成立。比如股权分置改革前后的股票市场结构并不一致，这也是很多算法工程不再采用2005年前的数据的原因；再比如北向大幅放开前后的股票市场，由于投资者结构发生极大变化，资产的定价权在事件的前后有大不同，前期的规律可能不再适用。这种状态下，原有的神经网络模型可能业已失效。至此将面临新的问题，是追加数据重新训练还是将前期数据剔除再度训练，这个问题目前尚无绝对占优的方案。

二、神经网络在保险资金量化投资领域的未来展望

（一）拓展应用的广度

目前在保险投资领域，已与很多家公司引用神经网络（及其他机器学

习模型），但大部分的应用还主要局限于因子选股层面，在模式上主要为因子挖掘、因子合成（收益模型），进而在优化器的辅助下完成投资决策。需要关注的是，这种模型比较容易复制，并且这种模式在私募上的应用已远早于保险资金，策略已越来越倾向同质化，如果将同质化的策略大面积铺开，仅容易面临容量上限的困境，而且经规模稀释后的 ALPHA 可能会逊于预期。

保险资金需要拓展该类模型应用的广度，在非股票资产、风险模型、算法交易、BETA 择时、事件驱动、另类数据挖掘等多个方面进行覆盖。由于保险资金的绝对收益属性，其在个股选择外的应用相较于其他机构要紧迫得多，特别是在 A 股市场弱 BETA 的环境下，拓展机器学习至大类资产配置、衍生品等领域可能是未来比较好的突破口。

（二）拓展数据的宽度

在机器学习领域，有"数据和特征决定了机器学习的上限，而模型和算法只是逼近这个上限而已"的说法。神经网络（及其他机器学习模型）的优势是在海量样本中挖掘隐藏规律，大样本是非常重要的前提。2018 年 GPT–1 训练的数据量约 5GB，2019 年的 GPT–2 训练的数据量约 40GB，而 2023 年 GPT–4 训练的数据量已达到 45TB，庞大的数据量可以保证模型一步一步向真实值进化。

当前保险资金在股票投资上大部分还是倾向于基本面投资，方法上以追求清晰的投资逻辑为主要出发点，对于引用神经网络的数据沉淀介入较少。故在当前市场上，如何保持保险资金投资处于前沿是十分重要的。类似于 GPT 使用的语料，用于神经网络的基础、衍生数据的扩容已刻不容缓。比如分笔数据、盘口数据（包括 LEVEL 数据）已被私募使用多年，而大多数保险资管仅在使用分钟级别以上的数据；比如文本数据，当前互联网极为发达，由互联网衍生出大量的文本数据，许多私募已使用这种数据进行热点投资；再比如数据挖掘，一些机构利用遗传算法已可以快批量生成千万数量级的因子，在效率与效果上都要比人工挖掘要高、要快。

（三）黑箱与经验的结合

在投资领域，许多投资者对于神经网络（及其他机器学习模型）仍持怀疑态度，他们在投资决策中谨慎使用这类模型信号，在因子配权时给予较低权重。怀疑主要源于人工智能的"黑箱"问题，"黑箱"认知主要来源于透明度不高、缺乏可解释性，只能看到输入和输出，对于输入如何影响输出一无可知。对于投资者来说，本身积累了大量的领域背景知识，可以轻松滤掉一些相对无用或错误信息。

实际上，在人类的进化过程中，经验一直起重要的作用，它提供素材，不断迭代，是人类智慧的代表。而在投资领域，我们看到的是高频并不一定战胜低频，有些投资者换仓频率极低，但仍可称为市场的佼佼者。因此，保险资金投资中，可以将经验与机器学习结合起来，通过经验减少机器学习输入的噪音，化繁为简，同时机器学习发挥对大量繁杂数据的高速处理优势，两者互补，进而匹配更高的投资场景。

本专题参考文献

［1］ AI Studio，https：//aistudio.baidu.com/.

［2］ Vaswani A，Shazeer N，Parmar N，et al. Attention is all you need［J］. Advances in neural information processing systems，2017，30.

［3］ Yann LeCun，Léon Bottou，Yoshua Bengio and Patrick Haffner. Gradient – Based Learning Applied to Document Recognition. Proceedings of the IEEE，1998.

［4］ 邱锡鹏，A Tutorial of Transformers，2021.

［5］ Qianggang Ding，Sifan Wu，et al. Hierarchical Multi – Scale Gaussian Transformer for Stock Movement Prediction，2020.

［6］ Jaemin Yoo，Yejun Soun，et al. Accurate Multivariate Stock Movement Prediction via Data – Axis Transformer with Multi – Level Contexts，2021.

［7］ Divyanshu Daiya，Che Lin，Stock Movement Prediction and Portfolio Management via Multimodal Learning with Transformer，2021.

［8］《2022 年中国量化投资白皮书》.

［9］《2021 年中国量化投资白皮书》.

| 专题五 |

基于混频数据及共享信息挖掘的深度学习模型在量化中的应用*

本专题通过高低频股票数据混频结构调和不同长度的信息，解决了传统模型在处理高低频数据时的困难。同时，采用注意力机制结构对股票时序信息进行有效提取，提高了模型对时序数据的处理能力。通过构建股票与概念关联获取股票概念信息交叉作用机制，深化了模型对股票市场共享信息的理解和把握。进一步地，设计了一种混频 Attention–RNN–HIST 模型结构，集合了前述改进点的优势，为股票市场的价格预测提供了一个新的、更为有效的模型框架。最后，通过设计损失函数和调整学习速率保证了模型的拟合效果，为模型的实际应用提供了保障。实证结果章节通过具体的实证分析，验证了模型改进的有效性和实用性。本专题详细介绍了训练数据的选择、训练设计和结果分析，实验证明了改进后的模型在股票价格预测方面具有显著的优势。

---

* 本专题选自太平资产管理有限公司 2023IAMAC 年度课题《基于共享信息挖掘的 HIST 模型在 A 股趋势预测中的应用》；课题负责人：王振州；课题组成员：汪腾、左文婷、易超、胡强、余晖。

第一章 引 言

第一节 研究背景

深度学习已经在多个领域证明了其预测和决策能力，包括医学、天气预测、图像识别和自然语言处理等。近年来，深度学习技术也在金融领域，尤其是量化投资中表现出显著的潜力。量化投资是利用数学模型、计算机技术以及大量数据进行交易决策的投资方式。随着科技的发展，投资者们已经从简单的线性模型转向了更为复杂、表现更优秀的机器学习模型，其中深度学习就是重要的一种。

保险业作为金融行业的重要组成部分，其投资活动也同样复杂并且充满不确定性。因此，保险业亦可从深度学习的应用中受益。例如，保险公司可以利用深度学习模型预测投资市场的变化，以优化其资产配置策略；可以利用深度学习模型对保险产品的需求进行预测，以指导产品的设计和定价；还可以利用深度学习模型对保险风险进行预测和管理，以提高其风险控制的效率和效果。然而，尽管深度学习在保险业的应用潜力巨大，但目前的研究成果却相对较少。通过改进深度学习的模型和算法，我们可以逐步解决这些问题，将深度学习的优势充分发挥出来，为保险业带来更大的价值。

传统的股票市场预测方法主要依赖于统计模型和技术指标，这些模型通常假设市场参与者是理性的，而实际上，市场参与者的行为常常受到多种因素的影响，包括社会经济因素、心理因素、市场情绪等。这就使股票市场预测的准确性受到了限制。而深度学习的出现为解决这个问题提供了新的可能性。量化投资的基础是预测，预测的目标包括股价、指数、期货价格等。由于金融市场的复杂性和不确定性，预测的准确性对投资者的收益影响巨大。深度学习的优势在于其可以处理非线性、高维度、大规模的数据，而这些都是金融数据的特点。以往的量化投资模型往往只能处理线性关系，对于非线性的、复杂的市场变化就显得力不从心。而深度学习模型，如神经网络、卷积神经网络、循环神经网络、长短期记忆网络等，可以通过学习金融数据中的深层特征，挖掘出其内在的、复杂的规律，提高预测的准确性。

当前，深度学习在量化投资中的应用已经取得了一些突出成果。例如，利用深度学习模型处理和预测金融时间序列数据，如股票价格和交易量；利用深度学习模型处理和解析金融新闻，以预测市场反应；利用深度学习模型模拟投资者行为，以优化投资策略等。

选股技术的发展经历了从多因子到机器学习，再到使用深度学习端到端预测的发展过程。传统多因子选股主要是通过选取一些因子作为选股标准，满足这些因子的股票则被买入，不满足的则卖出。而机器学习模型则可以处理更多的信息，更好地指导人们在金融市场的投资决策，以获取收益。机器学习模型在多因子选股中发挥的作用主要是通过构建复杂的模型结构与机制，处理很多复杂的非线性关系，从而更加自动化地应对市场变化。深度学习已经在多个领域证明了其预测和决策能力，近年来深度学习技术也在金融领域，尤其是量化投资中表现出显著潜力。深度学习模型可以通过学习金融数据中的深层特征，挖掘出其内在的、复杂的规律，提高预测的准确性。而端到端的预测则是指通过深度学习模型直接预测股票价格或收益率等指标，而不需要人工提取特征。这种方法可以避免特征提取过程中可能存在的信息损失和噪声干扰等问题。另外，为了考虑股票和概念之间的动态关联，近期研究开始关注如何更好地挖掘这些共享信息，并结合深度学习模型进行分析。这些技术的发展都为股票选股提供了更加精准和高效的方法。

然而，在当前的研究中，一般假设股票和概念之间的联系是平稳的，这忽视了股票和概念之间的动态相关性，限制了预测结果。此外，现有的方法忽视了隐藏概念所携带的宝贵共享信息，这些信息超越了人工定义的股票概念来衡量股票的共性。为了克服这些不足，近期已有研究开始关注如何更好地挖掘这些共享信息，并结合深度学习模型进行分析。

共享信息挖掘是对各类金融数据中潜在、相关的信息进行提取和分析的过程。市场中的股票价格往往具有高度的相关性，这是因为它们在很大程度上受到共享信息的影响。这些信息来源包括技术、政策变动、经济指标、互联网零售等各种因素，这些因素对市场的影响不仅影响单一的股票，也影响整个股票市场的趋势。因此，有效挖掘和利用这些共享信息，可以提高我们对股票市场趋势的预测准确性。

最近有研究提出了一种新的股票趋势预测框架，该框架能够从预定义概念和隐藏概念中充分挖掘出面向概念的共享信息；同时，利用股票的共享信息和个体信息，有效地提高了股票趋势预测的效果。实证证明了这种框架在股票趋势预测上的有效性。

在当前的金融领域，尤其是在 A 股市场，信息挖掘和深度学习已经成为重要的研究方向，这对于保险业来说同样具有重要的意义，它可以帮助保险公司更好地理解并应对市场的变化，进一步优化投资组合，减少风险，提高投资回报。

第二节　文献综述

关于深度学习在量化中的应用，前人已有不少研究。Xu W 等人的研究提出了一个新的股票趋势预测框架，挖掘预定义和隐藏概念的共享信息，这为我们的研究提供了新的视角。接着，Ryo Akita 等人的研究利用深度学习模型，将新闻文章转化为分布式表示，模拟事件对多家公司开盘价格的时间效应。同时，Ariyo 等人的研究证明了自回归积分移动平均（ARIMA）模型在短期预测方面的强大潜力。此外，Wei Bao 等人提出的新颖深度学习框架结合了小波变换、堆叠自动编码器和长短期记忆，以预测股票价格。最后，Fuli Feng 等人的研究提出了利用对抗训练来改善神经网络预测模型的泛化能力。

在后续研究中，Raehyun Kim 等人提出了一种基于层次图注意力网络的股票趋势预测方法，该方法考虑了股票之间的关联关系。Lili Li 等人通过应用量子自回归模型研究了 G7 和中国的股票指数回报的非线性自回归动态。Hengxu Lin 等人提出了一种利用时间路由适配器和最优传输的多个股票交易模式学习方法。Boris N Oreshkin 等人研究了金融市场预测中的机器学习方法，尤其是将图神经网络与市场预测相结合的有效性。Wentao Xu 等人提出了一种新的机器学习解决方案，用于股票趋势预测。他们利用对抗训练改进神经网络预测模型的泛化能力。Steve Y Yang 等人研究了 Twitter 在金融市场中的影响力，他们构建的情绪指标与主要金融市场指数的回报显著相关。

从信息挖掘的角度，一些研究通过分析社交媒体情绪来预测金融市场走势。Steve Y Yang 等人通过构建金融社区并分析关键节点的影响力，发现其构建的情绪指标与主要金融市场指数的回报显著相关。

这些研究凸显了深度学习在量化领域的实用性和有效性。这些模型通过处理复杂的金融时间序列数据，能有效地提高预测准确性和降低计算开销。而这些研究的发展也为未来的投资策略提供了更多可能性。

第三节　研究意义

本研究围绕混频数据及共享信息挖掘的深度学习模型在量化中的应用展开，旨在探索深度学习技术如何提高市场预测的准确性和投资决策的效率。具体的研究意义主要体现在以下几个方面：

第一，提高预测准确性。传统的统计模型在处理高维、非线性和混频的金融数据时，往往会遭遇较大的困难，而深度学习模型则能够更好地捕捉市场数据的内在规律和非线性关系。通过挖掘和分析共享信息，构建的深度学习模型能够提供更为准确的市场预测，为投资者和金融机构作出更为明智的投资决策提供强有力的支持，从而可能显著提高投资收益。

第二，提高信息利用率。共享信息的挖掘不仅能够发现市场中的非线性关联关系，而且能够提供更为全面的市场洞察力。传统模型通常只能捕捉到有限的市场信息，而深度学习模型能够通过学习大量的混频数据，发掘出更多有价值的市场信息,从而提高信息的利用率,增强投资决策的科学性和准确性。

第三,强化风险管理。本研究提出的深度学习模型能够实时预测市场的变化和风险,为投资者和金融机构提供及时的风险警示。通过实时监控市场动态,投资者和金融机构能够及时调整投资策略,避免或减少投资风险,从而保障资金安全,增强市场的稳定性和健康发展。

第四,推动金融科技创新。本研究不仅是深度学习技术在金融领域应用的探索,也是金融科技创新的重要体现。通过深度学习模型,可以更好地解析大量复杂的金融数据,为金融市场的监管和服务提供新的技术支持,推动金融科技的创新和发展。

第五,优化资产配置。本研究中的深度学习模型可以为提供更为准确的市场预测和风险管理工具,有助于优化资产配置,同时也能更好地评估和管理保险风险,提高风险防控能力。

第四节 研究目的

本研究的主要目的是探索基于混频数据与共享信息挖掘的深度学习模型在量化投资领域的具体应用。我们希望通过分析混频数据和共享信息的特点和价值,理解其在量化分析中的重要性,尤其是在 A 股市场的背景下。在这个基础上,我们计划通过改进现有的 HIST 模型架构,以及设计新的混频 Attention – RNN – HIST 模型结构,以实现对股票时序信息和股票概念信息交叉作用机制的有效提取。为了保证模型的拟合效果,我们还将设计合适的损失函数和调整学习速率。通过这些技术的整合和优化,我们希望能够构建出一套具有高预测准确度和实用价值的量化投资模型。同时,我们将通过实证研究来验证所构建模型的有效性,包括数据准备、模型训练设计以及结果分析等环节,以确保模型能够在实际的股票市场中取得良好的表现。通过本研究,我们期望能为量化投资领域提供新的思路和方法,也为相关领域的研究者和实践者提供有益的参考。

第二章 基础介绍

第一节 A股市场、混频数据与共享信息

随着中国经济的持续增长和资本市场的逐步完善，A股市场已成为全球最具活力和潜力的股票市场之一。A股市场包括了众多不同行业和概念的上市公司，涵盖了从传统制造业到新兴技术产业的广泛领域。对于量化分析和投资策略的发展，A股市场提供了丰富的数据资源和研究对象。近年来，随着计算机技术和数据分析方法的进步，量化投资在A股市场中得到了广泛应用。

量化投资的核心是通过数学模型和算法来分析市场数据，从而在股票市场中寻求投资机会和优势。在这个过程中，共享信息的概念成为一个重要的研究方向。所谓的共享信息，指的是不同股票之间因共享某些概念或属性而产生的价格走势相关性。例如，同属于高科技概念的股票往往会随着信息技术的快速发展而呈现相似的上涨趋势。

在A股市场中，共享信息的概念为量化分析提供了一个独特而有价值的视角。通过对共享信息的研究，投资者和分析师能够更好地理解不同股票之间的相互关联和市场整体的运行机制。下面通过两个具体的示例来进一步阐释共享信息在A股市场中的应用。

[例1] 新能源汽车概念股

近年来，随着全球对绿色能源和环保的重视，新能源汽车成为市场的热门概念。在A股市场中，与新能源汽车相关的上市公司股票往往会受到市场的高度关注和追捧。例如，当国家出台了一系列支持新能源汽车产业发展的政策后，相关概念股的股价往往会呈现出上涨的趋势。在这种情况下，新能源汽车概念成为连接这些股票价格走势的共享信息。

[例2] 5G技术概念股

5G技术的推广和应用为整个通信和互联网行业带来了新的发展机遇。在A股市场中,与5G技术相关的公司股票往往会在相关技术突破或政策支持的情况下呈现出相似的价格走势。例如,当国家加大对5G基础设施建设的投入时,相关概念股的股价可能会受到提振。通过分析5G技术概念的共享信息,投资者可以更好地理解这些股票之间的相互影响和市场的反应。

[例3] 人工智能概念股

随着人工智能技术的快速发展,与之相关的A股市场概念股也得到了市场的广泛关注。例如,当国际上出现重大人工智能技术突破或国内发布支持人工智能产业发展的政策时,相关的人工智能概念股往往会呈现出积极的价格反应。通过分析人工智能概念的共享信息,投资者可以更好地把握这些股票的市场表现和未来发展趋势。

[例4] 生物技术概念股

生物技术是近年来全球科技发展的重要方向,A股市场中也汇聚了一批具有前景的生物技术公司。当全球或国内出现重大生物技术研究突破或新药上市时,相关的生物技术概念股往往会受到市场的热烈追捧。通过分析生物技术概念的共享信息,投资者可以更加明确市场的反应和这些股票的潜在价值。

通过以上例子,我们可以看到共享信息在量化分析中的重要作用。通过识别和分析共享概念,投资者不仅可以更好地理解市场的运行机制,还可以发现可能存在的投资机会。通过分析共享信息,量化模型可以更好地捕捉到市场的整体趋势和不同股票之间的相关性。在过去的研究中,许多模型通常假设不同股票的价格走势是相互独立的,而忽略了它们之间可能存在的联系。然而,实际上,股票价格的走势往往受到共享概念的影响,如行业、业务或其他市场因素。同时,共享信息的应用也为构建更为准确和有效的股票预测模型提供了有益的参考。在实际操作中,投资者可以结合市场的实时数据和历史数据,利用先进的数据分析方法,如机器学习和网络分析等,来挖掘和利用共享信息,从而为投资决策提供更为科学和有益的依据。

共享信息的发掘不仅限于明确的行业或技术概念，还包括了更为隐性的市场因素和投资者情绪等。例如，通过分析不同股票之间的投资者交流和市场传闻，可能会发现隐藏在市场表面下的共享信息。这些共享信息可能与市场的宏观经济条件、政策环境或国际国内的重大事件等多种因素相关联。而这些共享信息的识别和利用，对于构建更为全面和准确的量化分析模型具有重要意义。

量化分析的发展不仅需要对市场数据进行深度挖掘，还需要对市场的运行机制和投资者行为进行综合分析。共享信息的概念为这提供了一个新的视角和方法。通过对共享信息的深入研究，可以帮助投资者和研究者更好地理解 A 股市场的多层次结构和多维度关联，从而为量化投资决策提供更为科学和有力的支持。

在 A 股市场的实际操作中，共享信息的应用还需要结合市场的实时动态和历史经验。投资者可以通过构建包含共享信息的量化分析模型，来实时监测市场的变化和预测市场的走势。同时，通过对共享信息的长期跟踪和分析，投资者还可以发现市场的周期性规律和潜在的投资机会。

随着大数据时代的来临，获取大量的数据变得容易，但数据的频率不一致成为一个新的问题。传统的处理方式是将不同频率的数据转化为同一频率，但这种方法可能会造成信息的丢失。为解决这个问题，学者们提出了混频数据模型，不对数据进行任何预处理，直接利用这些不同频率的数据进行模型构建。

在量化分析领域，混频数据的应用显得尤为重要，它涵盖了从传统的宏观经济分析到现代金融学的多个方面。这种数据处理方式为解决数据频率不一致问题提供了一个独特的视角。与传统的数据同频化处理不同，混频数据模型能够保留原始数据的信息，避免了由于插值或汇总而可能导致的信息丢失。

混频数据模型在宏观经济变量预测、金融市场分析和保险业等领域得到了广泛应用。例如，利用混频数据模型可以更准确地预测 GDP 增长率，提高预测的精度和可靠性。同时，在金融领域，混频数据模型也被用于预测金融市场的动态，为投资者和政策制定者提供了有用的信息。

与混频数据模型的应用相结合，深度学习技术为处理和分析混频数据提供了新的可能。深度学习能够从大量的、结构复杂的混频数据中提取有用的特征，为预测模型提供支持。通过深度神经网络，可以更好地理解和利用混频数据中的信息，为量化分析提供强有力的支持。

A 股市场的量化分析、混频数据与共享信息的探讨为投资者和研究者提供了新的视角和方法。通过综合利用市场数据、共享信息和先进的量化技术，可以进一步提升股票市场分析的准确性和效率，为实现高效投资提供有力支持。在未来，随着 A 股市场的进一步发展和量化技术的不断创新，共享信息在股票趋势预测和量化投资中的应用将会得到更为广泛和深入的研究。

第二节　股票市场的价格预测

随着科技的快速发展和大数据的普及应用，股票市场的价格预测已经成为金融领域重要的研究方向。尤其是在人工智能和机器学习技术的支持下，股票市场价格预测的研究逐渐呈现出多元化和深度化的特点。

一、股价预测与股票走势预测

股价预测是量化投资的基石，它通过分析时间序列数据来预测未来的股票价格。这种预测不仅局限于历史股价数据的分析，还涵盖市场心理、投资者行为、政策影响、宏观经济环境等多方面因素的综合考量。股价预测的目的是帮助投资者在正确的时间点买入或卖出股票，从而实现投资利润的最大化。然而，股价预测并非易事，市场上充满了不确定性和随机性，这要求股价预测模型要具有良好的泛化能力和实时适应性。

与股价预测相比，股票走势预测更侧重于分析股票价格的长期或中期趋势。通常，股票走势被划分为上升趋势、下降趋势和横盘趋势三类。股票走势预测能帮助投资者理解市场的整体走向，从而制定相应的交易策略和投资决策。通过分析股票的调整收盘价在一定交易日周期内的变化，投资者可以较为准确地判断股票的走势类别。这对于投资者制定交易策略和管理投资组合具有重要意义。

在实际应用中，股价预测和股票走势预测通常会结合使用，以实现更为全面和准确的市场分析。例如，投资者可以先通过股票走势预测确定市场的整体走向，再通过股价预测找到具体的买入和卖出点。同时，随着大数据和人工智能技术的发展，现代的股价预测和股票走势预测模型也变得越来越复杂和精准，能够处理更多类型的数据，如新闻报道、社交媒体信息和宏观经济指标等，为投资者提供更为全面和准确的市场分析。

二、多因子选股

多因子选股方法是通过综合考虑多个与股票价格相关的因素来进行股票选择。这些因素通常包括但不限于股票的价值、成长性、质量和市场情况等。通过这种方法，投资者或分析师能够从多维度来评估股票的表现和潜在价值，从而作出更为理性和科学的投资决策。

在多因子选股模型中，通常会选择一系列具有逻辑背景的因子，并将这些因子相结合，形成一个综合的选股标准。在这个标准的指导下，投资者可以选取在多个因子上综合得分较高的股票，构建出一个更为均衡和稳健的投资组合。这种选股方法的优势在于，它能够综合很多信息，最终得出一个较为全面的选股结果。同时，由于不同市场情况下总有一些因子会发挥作用，多因子模型的表现也相对来说比较稳定。

举个简单的例子，多因子选股就像是在高考中，高校需要从高中生中挑选出学业优秀的学生，这个过程需要考察学生的综合成绩，包括语文、数学、外语、物理、地理、化学等各门课程的成绩，只有综合成绩高的学生，才能最终被录取。在这个过程中，每门课程都相当于一个影响股票价格的因子，每一个因子的表现——分数都十分重要，可以帮助投资者非常清晰地看清股票的实力和潜在价值。

多因子选股模型的应用可以帮助投资者在复杂多变的市场环境中寻找到具有投资价值的股票，从而提高投资的成功率和收益率。同时，随着大数据和人工智能技术的发展，多因子选股模型也得到了进一步的优化和完善，为投资者提供了更为准确和有效的选股工具和方法。在未来，多因子选股模型将会继续深化和拓展，成为股票市场价格预测和量化投资领域的重要研究方向。

三、投资组合管理

投资组合管理是一个涵盖了投资选择、资产配置和风险控制等多方面的综合性任务。它的目标是在满足投资者风险偏好的前提下，实现投资收益的最大化。通过对不同股票和资产的组合分析，投资者可以构建出符合自身需求的投资组合，从而在多样化的市场环境中实现稳定的投资回报。

在投资组合管理中，一个重要的任务是资产配置。资产配置是指在一个投资组合中，如何合理地分配各类资产，以实现投资组合的风险和收益的最优化。通常，资产配置会根据市场条件、投资者的风险偏好和投资期限等因素来进行。通过合理的资产配置，投资者可以在不同的市场环境中保持投资组合的稳定性和收益性。

此外，风险控制也是投资组合管理中的一个重要环节。通过对市场风险的分析和评估，投资者可以更好地理解投资组合的风险水平，并采取相应的措施来降低风险。例如，通过分散投资和使用衍生品来对冲风险等。同时，投资组合的持续监控和调整也是保证投资效果的重要手段，它可以帮助投资者及时发现和应对市场变化，从而保护投资利益。

四、交易策略设计

交易策略设计是股票市场价格预测的实际应用层面，它通过识别交易信号、选择交易时机和确定交易规模等环节，实现投资者的交易目标。交易策略的设计需要综合考虑多方面因素，包括但不限于市场的交易条件、股票的基本面和技术面分析、投资者的风险承受能力和投资目标等。

在交易策略设计中，交易信号的识别是一个核心任务。交易信号是指在市场中可能产生交易机会的信号或指标。例如，当股票价格突破某个重要的技术支撑或阻力位时,可能会产生买入或卖出的交易信号。通过分析和识别交易信号,投资者可以更好地把握交易时机,从而实现交易目标。

此外,交易时机的选择和交易规模的确定也是交易策略设计中的重要环节。合理的交易时机可以帮助投资者避免在市场的不利时段进行交易,而合理的交易规模可以帮助投资者控制交易风险,从而实现更为稳定和可持续的投资收益。同时,随着量化技术和机器学习模型的不断进步,交易策略设计也开始朝着更为智能化和自动化的方向发展。现代的交易策略不仅可以根据历史数据进行回测和优化,还能实时分析市场数据,动态调整交易策略,以适应市场的变化。

以上几个部分构成股票市场价格预测的基本框架,为深入理解股票市场的运行机制和投资者行为提供了重要的参考。在实际的研究和应用中,还需要根据市场的实时数据和投资者的具体需求,不断优化和完善预测模型和分析方法,以实现更为准确和有效的股票市场价格预测。

第三节 深度学习模型在量化市场的应用

深度学习模型在量化市场中的应用已成为近年来研究的热点。这些模型通过多层神经网络来自动提取和学习数据的特征,为量化投资和分析提供了强大的支持(见图 5-2-1)。下面将从不同的深度学习模型类别来探讨它们在量化市场中的应用。

一、循环神经网络

循环神经网络(Recurrent Neural Networks,RNN)是一种强大的深度学习模型,它在处理序列数据方面具有显著优势。RNN 的核心思想是利用循环连接来捕捉序列数据的时序信息。与传统的前馈神经网络不同,RNN 可以保留历史信息,并利用这些信息在处理序列数据时作出预测。RNN 的这种特性使其成为处理股票市场时间序列数据的理想选择。

专题五　基于混频数据及共享信息挖掘的深度学习模型在量化中的应用

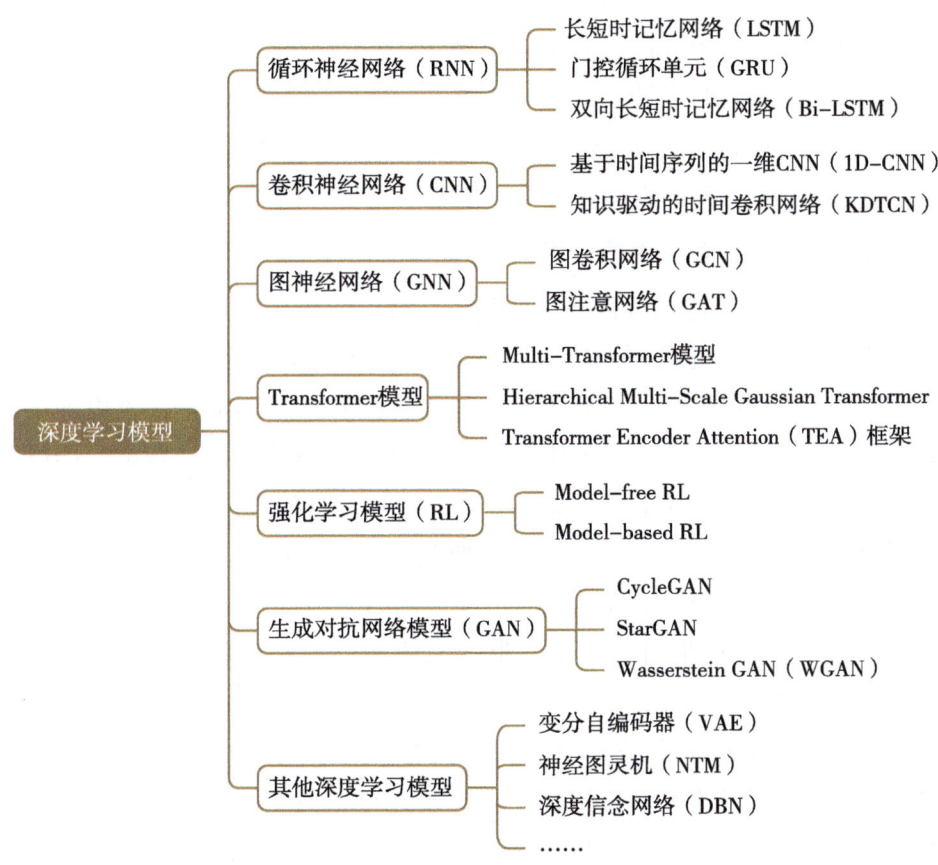

图 5-2-1　深度学习模型分类

资料来源：课题组整理

（一）RNN 基本结构

RNN 包括输入层、隐藏层和输出层。在 RNN 中，隐藏层的状态不仅依赖于当前的输入，还依赖于前一个时间点的隐藏层状态。这种循环连接结构使 RNN 能够捕捉到时间序列数据的动态特性。

（二）RNN 变体

1. 长短时记忆网络（LSTM）：为解决 RNN 长期依赖问题，LSTM 引入了三个门结构（输入门、遗忘门和输出门）来控制信息的流动，从而有效地保留了长期的信息。

235

2. 门控循环单元（GRU）：GRU 是 LSTM 的简化版本，它将输入门和遗忘门合并为一个更新门，并引入了重置门，以此来控制信息的流动，简化了网络结构，同时保持了良好的性能。

3. 双向长短时记忆网络（Bi - LSTM）：Bi - LSTM 能同时考虑序列的前向和后向信息，从而在某些任务上能够获得更好的表现。

（三）RNN 在量化中的应用

RNN 由于其对序列数据处理的能力，被广泛应用于股价预测和股票走势预测。它能够分析股票的历史价格数据，帮助投资者理解股票的走势，并作出相应的投资决策。不同于单纯的股价预测，股票走势预测更加关注股票价格的整体趋势和变化规律。RNN 通过分析股票的历史数据，能够预测股票的走势类别，如上升趋势、下降趋势和横盘趋势。

同时，RNN 不仅可以单独用于股票预测，还可以与其他机器学习模型组合，形成复合模型，以提高预测精度。例如，结合 RNN 和卷积神经网络（CNN）可以同时捕捉时间序列数据的时序特性和局部特征，为股票预测提供更丰富的信息。

RNN 也被应用于多任务学习和多模态学习中，例如，可以通过 RNN 同时处理股票市场的价格数据、交易量数据和相关的新闻文本数据，以综合多种信息作出更准确的股票市场预测。另外，注意力机制可以帮助 RNN 更好地关注于对预测重要的信息，而自适应学习可以帮助 RNN 在不同的任务和数据上获得更好的表现。

二、卷积神经网络

卷积神经网络（Convolutional Neural Networks，CNN）是一种专门处理具有网格结构数据（如图像）的深度学习模型。其核心是通过卷积操作能够自动并适应地学习多层次的抽象特征，从而在图像识别、自然语言处理等领域取得了显著的成功。近年来，CNN 也逐渐在量化金融领域得到应用，尤其在处理时间序列数据和预测股票市场变化方面展现出强大的潜力。

（一）CNN 基本结构

卷积层（Convolution Layer）：卷积层是 CNN 的核心组成部分，它通过卷积操作能够自动提取输入数据的局部特征。池化层（Pooling Layer）：池化层主要用于降低数据的维度和减少模型参数，从而减轻过拟合的风险。全连接层（Fully Connected Layer）：全连接层将卷积层和池化层提取的特征进行整合，并输出到最终的分类或者预测任务。

（二）不同的 CNN 模型及其混合模型

1. 基于时间序列的一维 CNN（1D-CNN）：传统的 CNN 主要用于处理二维图像数据，但在量化市场，我们通常处理的是时间序列数据。一维 CNN 通过调整卷积核的维度和步长，能够有效地处理一维时间序列数据，从而用于股票价格的预测和市场走势的分析。

2. 知识驱动的时间卷积网络（KDTCN）：KDTCN 模型通过整合知识图谱和 CNN，能够更好地解释股票价格的变化，并提高预测的准确性。

3. CNN 和 LSTM 的结合：CNN 和长短时记忆网络（LSTM）的结合能够同时捕捉时间序列数据的局部特征和时序依赖关系，从而进一步提高股票市场预测的准确性。

4. CNN 和 GRU 的结合：通过结合 CNN 和门控循环单元（GRU），可以在特征提取和时间序列处理上达到很好的效果，为股票市场预测提供了新的思路。

5. 图基的 CNN-LSTM 模型：该模型通过将股票价格和财务指标等多种信息整合为一个组合图像，并利用 CNN-LSTM 模型进行处理，以提高预测的准确性。

6. 技术指标与卷积神经网络的结合：通过将历史股票数据中的技术指标转换为图像，并使用 CNN 模型处理，能够有效地识别买点、卖点和持有点，为投资者提供了有价值的交易信号。

三、图神经网络

图神经网络（Graph Neural Network，GNN）是一种能够处理图形数据的人工神经网络，它能够在股票市场预测中发挥重要作用，因为它能够操作不规则结构的数据，与设计用于欧几里得结构数据的卷积神经网络（CNN）不同。GNN 的结构由节点和边组成，这使它能够模拟实体之间的关系。它的核心优势在于能够有效地处理和利用图结构中的节点和边的信息。在股票市场预测的背景下，节点通常代表公司或股票，边代表它们之间的关系。例如，当发布了一条好消息时，相关股票的股价通常会同时波动，这凸显了在进行预测时考虑关系的重要性。

（一）GNN 模型介绍

1. 基本结构：GNN 由节点和边组成，其中节点通常代表市场实体（如股票或公司），而边则代表这些实体之间的关系（如交易或投资关系）。

2. 信息传播：通过在图结构中传播信息，GNN 能够捕获和分析实体之间的交互和依赖关系，从而提取有用的特征和洞察。

（二）不同的 GNN 模型

1. 图卷积网络（GCN）：GCN 通过在图结构上应用卷积操作来提取特征，它可以处理不同大小和结构的图，从而适用于多种量化市场应用。

2. 图注意网络（GAT）：GAT 结合了图神经网络和注意机制，以在大规模图中提高性能，通过关注最关键的节点来减少复杂背景噪声的影响，并提高信号与噪声比。

（三）GNN 在量化市场应用中的延伸

在量化市场的应用中，GNN 和其不同变体已经展现了巨大的潜力。它们不仅能够处理传统神经网络难以处理的不规则结构数据，而且通过模拟实体之间的关系，为股票市场预测提供了新的视角和方法。以下几点是 GNN 在量化市场应用的延伸和拓展方面：

1. 多源异构图融合：通过融合多源异构子图，可以更全面地理解和表示股票市场的动态。例如，将股票市场指数、股市新闻和图形指标的关系融合到一个统一的图模型中，以提高预测的准确性和可靠性。

2. 时间序列和图结构的整合：结合时间序列和图结构，可以在同时考虑时间依赖性和实体关系的基础上进行更准确的股票市场预测。例如，通过将 GCN 和循环神经网络（RNN）结合起来，可以同时处理时间序列数据和图结构数据，以提高预测的准确性。

3. 知识图谱与图神经网络的整合：知识图谱提供了一种结构化和语义

化的信息表示方法。通过将知识图谱和图神经网络整合在一起，可以构建出能够理解和解释股票市场动态的预测模型。

4. 多模态信息的传播与融合：通过图编码模块，可以在公司间关系上传播多模态信息。例如，可以通过注意模块捕获公司间关系和不同模态之间的全局和局部信息，以提高预测的准确性和可靠性。

四、Transformer 模型

Transformer 模型是一种颠覆性的架构，它在处理序列数据，特别是自然语言处理（NLP）任务中表现出色。其主要的创新点是自注意力机制（Self – Attention Mechanism），它能够捕捉序列中的长期依赖关系，不受循环神经网络（RNN）模型中的长程依赖问题（Long – Term Dependency Problem）所困扰。以下是关于 Transformer 模型及其在量化市场应用的介绍：

Transformer 模型由编码器（Encoder）和解码器（Decoder）组成，每部分包含多个层。其中，自注意力机制使模型能够关注序列中的所有位置，并赋予不同的权重，以便从全局的角度理解序列的信息。

不同的 Transformer 模型。（1）Multi – Transformer 模型：它采用了随机选择不同训练数据子集的策略，并结合多注意力方法，以增加注意力过程的稳定性和准确性。（2）Hierarchical Multi – Scale Gaussian Transformer：它改进了传统的 Transformer 模型，通过结合多尺度高斯先验和正交正则化，来优化局部性并防止在多注意力下的冗余学习。（3）Transformer Encoder Attention（TEA）框架：它利用注意力机制处理金融数据中的时间依赖性问题，揭示股价与社交媒体文本相关的隐藏信息。

Transformer 模型在量化市场中的应用主要集中于股票预测和情感分析。通过分析金融新闻、社交媒体和市场数据，模型能够提取有用的特征，并构建出预测股票价格变动的模型。（1）情感分析：例如，通过使用 BERT 模型对金融新闻和社交媒体的文本进行情感分析，可以获取市场的情感倾向，进而预测股票市场的走势。（2）股票预测：例如，通过结合 Transformer 模型和长短时记忆网络（LSTM），可以构建出能够准确预测股票价格变动的模型。

Transformer 模型与其他技术的结合。(1) BERT – LSTM 模型：该模型结合了 BERT 和 LSTM，利用 BERT 从社交媒体新闻中提取股票价格的方向，而自回归的 LSTM 则整合信息特征作为协变量，利用历史价格趋势来预测未来的股票价格走势。(2) GT3（Gated Three – Tower Transformer）模型：该模型为了提取和整合多变量股票时间序列而设计，通过实现 Shifted Window Tower Encoder（SWTE）和 Cross – Tower Attention 方法，以有效捕获多尺度的时间信息和理解市场趋势。

随着预训练语言模型和 Transformer 架构的不断发展，未来将有可能构建出更为强大、适应性更强的模型，以处理量化市场中的复杂问题。例如，通过进一步的模型微调和多模态数据融合，可能会在股票预测、风险评估和其他金融任务中获得更高的准确性和效果。通过这些应用和模型，Transformer 在量化市场中的潜力逐渐得到释放，为金融领域的研究和应用提供了新的思路和可能。它通过强大的自注意力机制和多层的网络结构，提供了一种有效的方法来处理序列数据，捕捉长期依赖关系，以及理解和表示金融市场的复杂动态。

五、强化学习模型

强化学习（Reinforcement Learning，RL）是一种通过与环境交互来学习的框架，广泛应用于设计交易策略和管理投资组合。它的核心包括马尔可夫决策过程（Markov Decision Process，MDP）、智能体、环境和奖励信号。在股票市场中，通过优化策略来最大化预期回报是 RL 的主要目标。以下是针对 RL 模型及其在量化市场应用的介绍，包括不同的 RL 模型和在量化领域中的应用案例。

（一）RL 模型

1. 马尔可夫决策过程（MDP）：它是 RL 的基础，包括状态（S）、动作（A）、奖励（R）和状态转换函数（T）。智能体在每个时间步采取动作，与环境交互，获得奖励，并转移到新状态。

2. 智能体和策略：智能体根据当前的状态和策略采取动作，策略是智能体决定如何行动的规则。

（二）不同的 RL 模型

1. Model-free RL：包括策略梯度（Policy Gradient，PG）、Q-learning 和混合算法。例如，REINFORCE 算法是基本的策略梯度算法，而深度确定性策略梯度（DDPG）算法则结合了策略梯度和 Q-learning 的优点。

2. Model-based RL：利用参数化的近似器来模拟 MDP 的动态。这类算法通过结合本地规划和全局学习，以及利用动态模型在新任务中的应用来提高性能。

（三）RL 模型在量化市场的应用

1. 交易策略设计：例如，通过使用 RL 来设计和优化交易策略，如在高频交易和投资组合管理中应用 RL 来最大化预期回报。

2. 投资组合管理：如 AlphaStock 方法，它利用锐利率导向的策略梯度方法来解决投资组合管理中的挑战，如平衡利润和风险，避免极端损失。

六、生成对抗网络模型

在量化金融领域，生成对抗网络（Generative Adversarial Network，GAN）模型的应用已经逐渐显现出其潜力。

（一）GAN 模型的主要组成

GAN 模型包括两个主要的组成部分：生成器和判别器。生成器的任务是创建与真实数据类似的新数据，而判别器的任务是区分生成的数据和真实的数据。通过这种对抗过程，生成器学会生成越来越逼真的数据，而判别器努力区分生成的数据和真实数据。

（二）GAN 模型在量化金融中的应用

1. 股市预测：传统的预测方法可能会受到数据不足和噪音的影响，GAN 可以通过生成额外的数据来帮助解决这个问题。GAN 可以用于预测股票价格和市场走势，通过分析历史数据和市场指标，生成器可以创建可能的未来场景，而判别器可以评估这些场景的可信度。

2. 交易策略优化：GAN 可以帮助开发和优化交易策略。通过模拟不同的市场情况和交易策略，生成器和判别器可以相互学习并优化交易策略，以实现更高的预期收益和较低的风险。

3. 风险管理：GAN 可以用于风险管理和信贷评分。生成器可以创建可能的未来风险场景，而判别器可以评估这些场景的可能性和潜在影响，从而帮助量化分析师和交易员作出更好的决策。

4. 资产组合优化：通过模拟不同的投资组合和市场条件，GAN 可以帮助投资者找到最优的资产组合配置，以实现更高的收益和较低的风险。

5. 市场模拟：GAN 可以用于模拟金融市场的行为和交易。通过创建现实世界的市场模型，投资者和交易员可以更好地理解市场动态和潜在的交易策略。

（三）不同的 GAN 模型及常见变体

1. CycleGAN 和 StarGAN 是两种不同的 GAN 模型，它们可以转换不同域之间的特征，有助于理解和模拟不同市场条件下的金融数据。

2. Wasserstein GAN（WGAN）提供了一种改进的训练方法，以实现更稳定和有效的训练过程，有助于解决传统 GAN 训练中可能遇到的问题。

七、其他深度学习模型

在探索量化金融的深层次结构时，除了前文提到的模型外，还有几类深度学习模型也可以用于挖掘市场数据中的隐含信息。其中，变分自编码器（Variational Autoencoder，VAE）、神经图灵机（Neural Turing Machines，NTM）以及深度信念网络（Deep Belief Networks，DBN）这三种模型以其独特的优势和广泛的应用可能性，为我们提供了理解和解析复杂金融数据的新视角。VAE 以其生成模型的特点，为我们提供了一个强大的框架，以理解和模拟数据的潜在分布；NTM 则通过其外部记忆机制，为处理和储存长期依赖关系提供了有效的解决方案；而 DBN 通过层次化的特征学习和多层网络结构，为我们揭示数据中的深层次特征和结构提供了可能。

变分自编码器（VAE）是一类生成性模型，它能在无监督的情境下学习数据的隐含表征，并能生成与训练数据类似的新数据。VAE 的核心是通过变分推断来学习数据的隐含分布，并利用这个分布来生成新的数据样本。VAE 的基本结构由编码器和解码器两部分构成。编码器负责将输入数据映射到一个隐含空间的概率分布，而解码器则从隐含空间的概率分布中采样，生成新的数据。通过最小化重构误差和隐含空间分布与先验分布之间的 KL 散度，VAE 能够有效地学习数据的隐含表征。VAE 量化领域中的应用主要集中于特征学习和数据生成。例如，VAE 可以用于学习股票市场数据的低维表征，以发掘股票之间的潜在关系。同时，VAE 的生成能力使其能够用于模拟股票市场的变化，为投资策略的设计提供辅助。

神经图灵机（NTM）是一种尝试将神经网络与传统计算机的存储和读写能力结合的模型。通过引入可微分的外部记忆矩阵，NTM 能够在处理复杂、结构化的任务时展现出强大的性能。NTM 由一个神经网络控制器和一个外部记忆矩阵组成。神经网络控制器负责生成读写头的参数，以控制对外部记忆矩阵的读写操作。通过这种方式，NTM 能够学习并执行复杂的算法任务。NTM 的记忆机制使其在处理需要长期记忆和算法推理的量化任务中具有潜在的应用价值。例如，在复杂的交易策略设计和市场分析任务中，NTM 能够利用其外部记忆来存储和利用历史市场数据，帮助投资者作出更为明智的决策。

深度信念网络（DBN）是一种基于受限玻尔兹曼机（RBM）的生成模型，它能够在无监督的情境下学习数据的多层次表征。DBN 由多层受限玻尔兹曼机组成，每层 RBM 负责学习上一层的特征表征。通过贪心逐层训练，DBN 能够学习数据的深层次结构和表征。DBN 在量化领域中的应用主要集中于特征学习和预测。例如，DBN 可以用于学习股票市场数据的深层特征，以发掘股票之间的潜在关系和市场的变化规律。通过这种方式，DBN 能够为投资决策和市场分析提供有力的支持。

深度学习模型在量化市场中的应用，为投资者和分析师提供了强大的工具和方法。它们能够处理大量复杂的市场数据，自动识别市场中的模式和信号，从而帮助投资者作出更为准确和及时的投资决策。它们具有诸多难以替代的优势：（1）数据处理能力：深度学习模型能有效处理高维、非结构化和时间序列数据，使其能够从丰富多样的金融数据中抽取有用特征。（2）预测精度：通过深度网络结构，深度学习模型能捕捉更复杂的数据模式，通常能提供比传统机器学习模型更高的预测精度。（3）模型创新：深度学习领域的快速发展，包括新模型（如 Transformer、Graph Neural Networks 等）的出现，为量化领域提供了更多的解决方案。(4) 多模态信息融合：深度学习模型可以整合不同种类的数据（例如，价格数据、新闻文本和图形结构数据），以提供更全面的市场分析。(5) 自适应和自动特征提取：通过自适应的学习能力，深度学习模型能自动提取有用的特征，减轻了人工特征工程的负担。(6) 模型解释性的提高：通过结合知识图谱和注意力机制等技术，有助于提高深度学习模型在量化领域的解释性，使模型的预测结果更容易被理解。(7) 交易策略和投资组合优化：强化学习和生成对抗网络等深度学习模型在交易策略设计和投资组合管理等方面显示出其潜在的价值。(8) 模型的可拓展性和通用性：不同的深度学习模型可以通过模块化设计和集成学习等方式结合在一起，提供了更灵活、更通用的量化解决方案。(9) 技术的前沿性和研究的活跃度：深度学习在量化领域的应用仍处于快速发展阶段，研究活跃，不断有新的算法和应用方法出现，为量化研究提供了广泛的发展空间。

随着深度学习技术的不断进步，我们可以期待它在未来会在量化市场中发挥更为重要的作用，为投资者提供更为精准和高效的分析工具。

第四节　共享信息挖掘模型综述

一、端到端模型

端到端模型在量化市场的应用相对复杂且具有多样性。端到端模型是一种直接从输入数据生成输出结果的深度学习模型，它试图避免传统的、需要人工干预的特征工程步骤。通过利用大量数据，端到端模型可以自动发现和利用隐藏在数据中的特征和模式。

端到端模型可以应用于多种量化分析任务，包括股票预测、资产定价、风险管理和交易策略优化。通过分析大量的历史数据和市场指标，端到端模型可以帮助量化分析师更好地理解市场动态，并为未来的市场变化作出预测。例如，使用端到端模型可以帮助分析师直接从原始市场数据中提取有用的信息，而不需要额外的数据处理步骤。

端到端模型的优点：（1）自动特征提取：端到端模型可以自动从数据中提取有用的特征，降低了人工特征工程的需求和复杂性。（2）简化流程：由于端到端模型可以直接从输入到输出，它简化了模型设计和开发流程。

端到端模型的缺点：（1）数据需求高：端到端模型通常需要大量的数据来训练，这可能是一个限制，特别是在数据稀缺的领域。（2）解释性差：端到端模型的解释性可能不如传统的模型，这可能会影响模型的接受度和信任度。

端到端模型在量化应用中的主要限制可能包括数据的可用性和质量、模型的解释性和泛化能力。例如，如果可用数据量有限或数据质量较差，端到端模型的性能可能会受到影响。同时，由于端到端模型可能缺乏足够的解释性，使量化分析师可能会在使用这些模型时遇到困难，特别是在需要解释模型输出的情况下。

二、HIST 模型架构

在量化分析领域，预测股票市场的趋势是一项极具挑战性的任务。随着大数据和机器学习技术的快速发展，许多新型的模型和算法应运而生，尤其是图神经网络（GNN）为处理股票市场的复杂关系提供了新的视角。在这方面，HIST（股票—概念交互式模型）为我们提供了一个新颖且有效的框架来理解和预测股票市场的动态变化。

HIST 的核心思想是通过构建股票—概念关联来理解股票和概念之间的交互关系。在这个关联中，股票和概念被视为图的节点，通过边来表示它们之间的关系（见图 5-2-2）。此外，模型还引入了一个双重残差架构来发现和利用隐藏的概念，这些隐藏的概念可能未被预定义概念所涵盖但对于理解股票市场的动态变化具有重要意义。

（1）股票—概念关联构建：通过构建股票—概念关联，模型能够以结构化的方式理解股票和概念之间的关系。在关联中，每个股票节点都与多个概念节点相连接，反之亦然。通过这种方式，模型能够捕捉到股票和概念之间的交互关系，以及股票之间通过概念连接的关系。

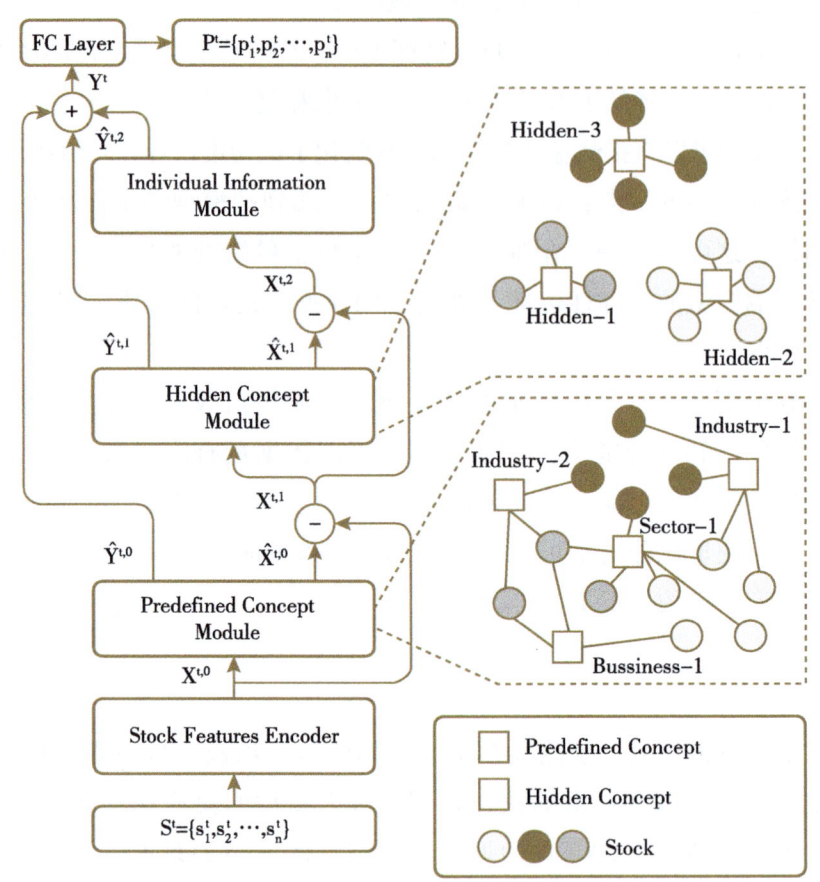

图 5-2-2　HIST 原理示意图

资料来源：课题组整理

（2）双重残差架构：双重残差架构是 HIST 的另一个核心组件，它允许模型发现并利用隐藏的概念。在双重残差架构中，每个股票的信息被分解为与预定义概念相关的共享信息和剩余信息两部分。共享信息被用于表示股票和预定义概念之间的关系，而剩余信息则被用于发现隐藏的概念。

HIST 模型的整体框架主要包括数据输入与特征编码、模块处理、预测、双重残差架构应用、股票趋势预测以及模块的连接等几个关键步骤。
（1）数据输入与特征编码：在此阶段，模型首先接收 n 只股票在日期 t 的原始特征作为输入，例如开盘价、收盘价和交易量。然后，通过一个股票特征编码器,特别是采用了 2 层的 GRU 网络来处理每个股票的特征,以获得股票在日期 t 的初始嵌入表示。(2)模块处理:在提取了股票的时序特征后,模型通过三个模块顺序处理步骤 1 中得到的特征和预定义概念。这三个模块分别是预定义概念模块、隐藏概念模块和个体信息模块。预定义概念模块负责处理与预定义概念相关的共享信息,隐藏概念模块负责挖掘隐藏的共享信息,而个体信息模块则负责处理个体股票的独特信息。(3)预测:在模块处理阶段完成后,模型将提取的三种信息(预定义概念的共享信息、隐藏概念的共享信息和个体信息)输入到前馈网络中进行预测。(4)双重残差架构应用:双重残差架构被应用于模块处理和预测两个阶段,为每个模块提供两个输出。一个是预测输出,用于最终预测;另一个是回溯输出,用于为下一个模块移除当前模块的效果。(5)股票趋势预测:在完成上述步骤后,模型将三个模块的预测输出进行元素级求和,然后输入到一个完全连接的层中,输出股票未来趋势的预测。(6)模块的连接:在 HIST 模型中,预定义概念模块、隐藏概念模块和个体信息模块以双重残差结构连接。通过这种连接方式,模型能够在处理每个模块的输出时,移除上一个模块的效果,从而简化了下游模块的预测任务,并促进了梯度反向传播的流畅。

HIST 模型的几个关键部分。(1)预定义概念和隐藏概念的处理:预定义概念和隐藏概念的处理是 HIST 模型的核心内容之一。通过处理预定义概念和隐藏概念,模型能够挖掘股票之间的共享信息,从而提高股票趋势预测的准确度。在处理预定义概念的过程中,模型采用了两个主要的步骤:初始化和修正。初始化阶段通过股票市值加权的方式获取预定义概念的初始表示,而修正阶段则基于所有股票和概念之间的相似度来进一步优化预定义概念的表示。隐藏概念的处理则稍有不同,它首先假设有 n 个隐藏概念,每个隐藏概念的初始表示由对应股票的嵌入表示初始化。然后,通过计算所有股票和所有隐藏概念之间的余弦相似度来连接股票和隐藏概念,最终得到隐藏概念的表示。(2)信息聚合:在处理完预定义概念和隐藏概念后,模型将概念的表示聚合到股票中,以获取与相同概念相关的股票的共享信息。这个过程采用了注意力机制来学习每个概念对股票的重要性,从而能够更好地捕获股票和概念之间的交互关系。(3) Backcast 和 Forecast 输出：随后，模型会生成每个模块的输出，包括 Backcast 和 Forecast 输出。Backcast 输出用于为下一个模块移除当前模块的效果，使每个模块能够专注于处理未被前面模块捕获的信息。而 Forecast 输出则用于最终的股票趋势预测，它包含了当前模块处理后的预测结果。(4) 个体信息模块：除了共享信息外，每个股票的个体信息也是预测股票趋势的重要依据。为此，模型设计了个体信息模块来挖掘股票的剩余个体信息。通过这种方式，模型能够同时利用共享信息和个体信息来提高预测的准确度。(5) 损失函数设计：模型的训练目标是最小化预测值与真实股票趋势之间的均方误差（MSE）损失。通过优化这个损失函数，模型能够在训练过程中不断提升股票趋势预测的准确度。

HIST 通过精心设计的工作流程和多个核心组件，能够在处理股票趋势预测任务时，充分挖掘和利用预定义和隐藏概念的共享信息，同时也能够处理个体股票的独特信息。这种多层次的信息处理和利用，使 HIST 在量化市场分析和预测中显示出了强大的能力。

HIST 不仅为我们提供了一个有效的股票趋势预测框架，同时也为处理其他复杂系统和网络提供了有益的参考。其独特的股票—概念关联构建和双重残差架构设计为我们理解复杂系统中的多层次交互关系提供了新的视角和工具。HIST 通过有效地处理预定义概念和隐藏概念，并应用注意力机制和个体信息模块，为股票趋势预测提供了一个创新且有效的解决方案。

第三章　深度学习模型改进

第一节　通过高低频股票数据混频结构调和不同长度信息

金融领域中的高频和低频股票数据是指在不同时间粒度下收集的股票交易数据。高频数据通常是以分钟、秒甚至更短的时间间隔记录的数据，而低频数据则是以天、周或月为单位记录的数据。在金融学和计量经济学领域，通过各种统计方法和模型来分析高频和低频股票数据可以探索股票市场的行为、价格波动性、交易策略等问题。

高频数据可以提供更详细和精确的股票价格和交易量信息，因为它们提供了更多的交易信号。这些数据对于短期交易者和算法交易员来说尤其有用，他们需要快速获取市场动态并作出相应决策。高频数据还可以用于研究市场微观结构、价格发现机制和交易策略等方面。低频数据则更适合长期投资者和基本面分析师，他们更关注公司的基本面指标、财务状况和长期趋势。低频数据可以提供更稳定和可靠的指标，帮助投资者作出长期投资决策。

在机器学习领域，融合高频和低频股票数据通常可以通过三种方法实现。

（1）特征工程：将高频和低频股票数据转换为有意义的特征，以供机器学习模型使用。例如，可以计算每分钟或每天的平均价格、最高价格、最低价格、多空力量等指标，并将其作为特征输入到模型中。

（2）多时间尺度建模：使用多个时间尺度的数据来训练模型。例如，可以同时使用分钟级别和日级别的数据来预测股票价格。这样可以捕捉到不同时间尺度上的市场趋势和波动，但是数据对齐上存在一定难度。

（3）模型融合：将不同频率的多个模型预测结果进行融合，以提高预测的准确性和稳定性。可以使用加权平均、投票法或堆叠法等技术来融合模型的预测结果。

深度学习框架下，多时间尺度建模可以通过网络结构设计来实现。将不同时间尺度的数据进行转换后进入相似的时间序列网络结构进行信息提取，然后再将提取的信息进行拼接，一并进行网络训练。通过这样的办法，网络在进行前向传播和反向梯度计算时既能够对高低频数据分别进行提取，又能够考虑到高低频信息之间的相互作用（见图5-3-1）。

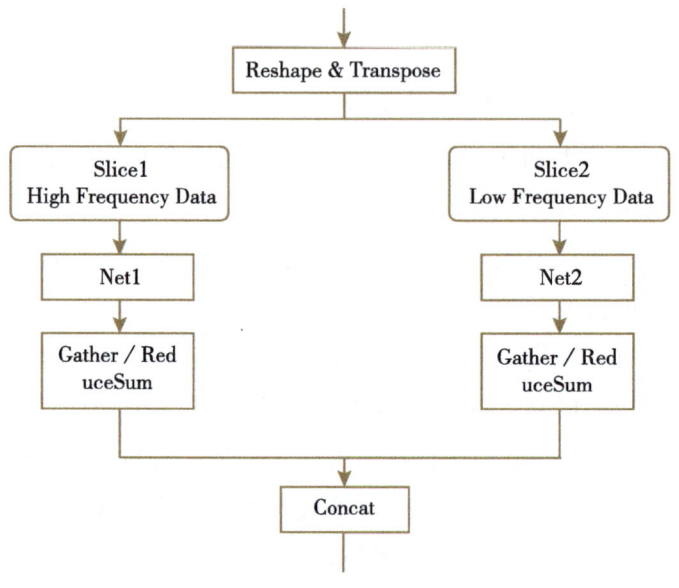

图5-3-1 深度学习的混频结构

资料来源：课题组整理

第二节 通过Attention-RNN结构对股票时序信息提取

在传统的RNN和CNN中，信息的传递是顺序进行的，因此在处理长序列数据时，会出现梯度消失和梯度爆炸的问题。而自注意力机制通过对序列中的所有位置进行关注，将每个位置与其他位置的关联性进行学习，通过计算元素之间的相对重要性来自适应地捕捉元素之间的关系，从而在计算时解决传统时间序列模型的遗忘问题，更好地捕捉序列中远距离的依赖关系。

对于不同频率的时间序列面板数据进行时序信息提取的方式很多，其中 Attention – LSTM 结构是一种基于 LSTM 的模型，它在时序数据处理中具有很好的性能。在 Attention – LSTM 中，每个时间步的输入都会被分别与一个权重向量相乘，从而得到一个加权后的输入向量（见图 5 – 3 – 2）。这个权重向量是通过 Attention 机制自动学习得到的，它可以帮助模型关注输入数据中最相关的信息。在 LSTM 中使用注意力机制可以提高模型的预测准确率，特别是在处理长序列数据时，效果更加显著。通过 Attention 机制，模型可以自动地学习到哪些时序信息对于预测结果更加重要，从而提高模型的预测准确率。同时，Attention 机制还可以帮助模型处理长序列数据，避免梯度消失或爆炸等问题。

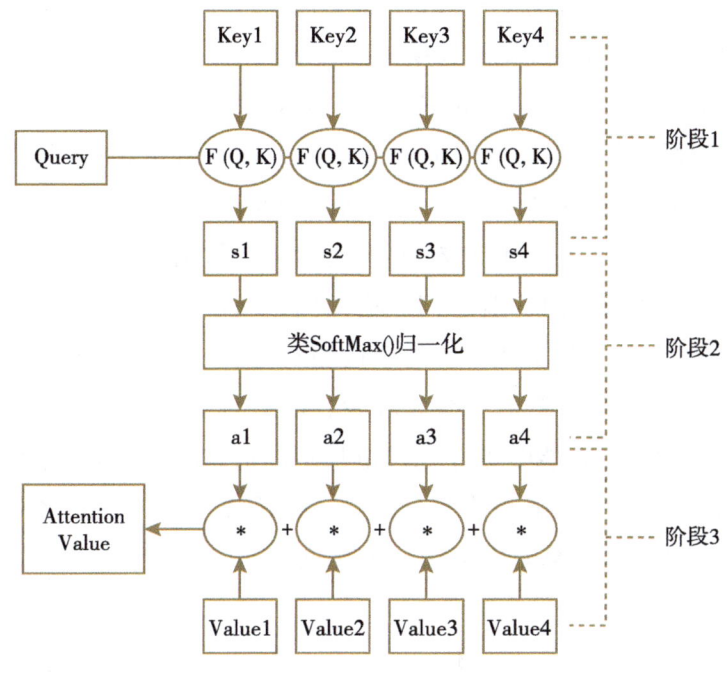

图 5 – 3 – 2　Attention 计算原理

资料来源：知乎，课题组整理

注意力机制的具体计算过程，可以将其归纳为两个过程：首先是根据 Query 和 Key 计算权重系数，其次是根据权重系数对 Value 进行加权求和。第一个过程又可以细分为两个阶段：第一个阶段根据 Query 和 Key 计算两者的相似性或者相关性；第二个阶段对第一阶段的原始分值进行归一化处理。作为注意力机制的一种形式，缩放点积形式的注意力机制（Scaled Dot-Product Attention）公式如下所示：

$$\text{Attention}(Q, K, V) = \text{Softmax}(\frac{QK^T}{\sqrt{d_k}})V$$

其中，Q 代表查询，K 代表键值，V 代表值。

采用缩放点积形式是因为点积通常有比较大的方差，从而导致 Softmax 函数的梯度较小。因此，缩放点积形式通过除以一个平方根项来平滑分数数值，也相当于平滑最终的注意力分布，缓解梯度消失的现象。与注意力机制相比，自注意力机制是用相同的 X 取代 Q、K、V，自注意力机制是注意力机制的变体，其减少了对外部信息的依赖，更擅长捕捉数据或特征的内部相关性，捕捉时序数据的长期依赖关系。

而在循环神经网络 RNN 的选择上，GRU 和 LSTM 是其两种重要变体。它们在处理序列数据时具有较强的记忆能力和长程依赖捕捉能力。LSTM 通过引入门控机制和细胞状态解决了传统 RNN 的长程依赖问题，而 GRU 则是 LSTM 的简化版本，具有较高的计算效率。从结构上来讲，LSTM 具有三个门控结构（输入门、遗忘门、输出门），而 GRU 只有两个门控结构（更新门、重置门），因此 LSTM 的结构相对复杂一些，参数数量也相对较多。而 GRU 由于结构简单、参数较少，因此计算效率相对较高。同时，LSTM 具有细胞状态，能够更好地保留长距离信息。而 GRU 将细胞状态与隐藏状态合并，可能在某些情况下损失一些长程信息。在量化模型实际运用中，采用 GRU 的计算效率更高一些（见图 5-3-3）。

第三节 通过 HIST 架构获取股票概念信息交叉作用机制

在对混频的股票时间序列信息分别进行 Atteniton-RNN 提取以后，将不同频率的数据进行融合。混频数据一般已经包含股票基本面、量价和财务数据等信息，但没有考虑到股票之间、行业之间的影响，因此，在将不

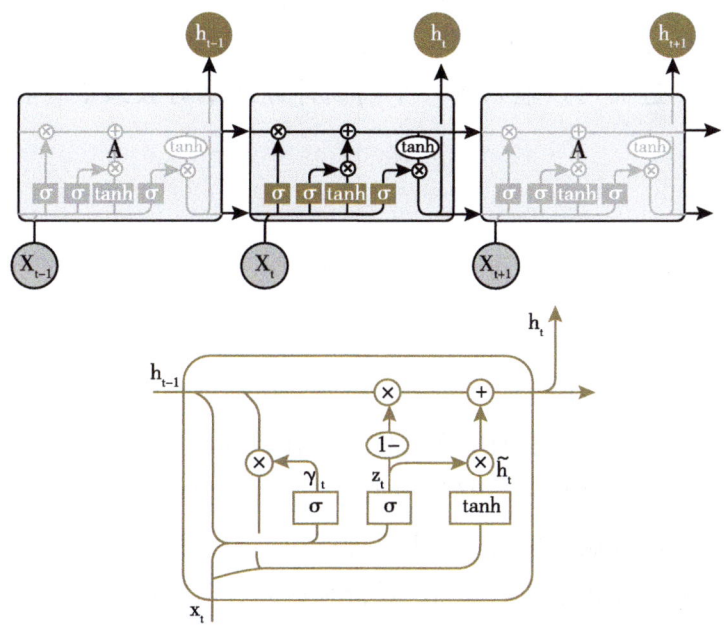

图 5-3-3 LSTM（上）与 GRU（下）原理示意图

资料来源：参考文献，课题组整理

同频率的数据进行融合以后，要考虑将行业、股票概念等数据加入其中，使模型能够充分考虑股票之间的影响。

关于如何加入股票之间、行业之间的影响，最早的方法是直接剔除行业或概念的影响，即采用中性化的方法。这种办法本质上使模型在行业或概念层面没有暴露，而纯粹在行业或概念内进行选股，但是却没有捕捉到行业或概念中所蕴含的信息。不少论文进而研究如何定义股票之间的关联度、加入图神经网络对图进行学习，从而提取行业概念信息。本文则采用 HIST，挖掘股票共享信息与股票基础数据之间的联系并做趋势预测。

HIST 能将得到的特征与概念矩阵通过三个模块进行连续处理，可以理解为将股票的所有信息提取并分解为三个部分：（1）通过图神经网络构建预定义概念模块，根据预定义概念模块提取股票共享信息；（2）隐藏的概念模块重点挖掘预定义概念所携带的共享信息之外的隐藏信息；（3）个体信息模块,处理上述两种模块无法捕获的其他个体信息。这三部分信息分别与股票基础特征进行运算,即可得到三个不同的、能够影响股票收益率的关键信息,进而可以输入到一个前馈神经网络对股票最终收益率进行预测。

第四节 混频 Attention – RNN – HIST 模型结构

结合混频数据、加入带 Attention 机制的循环神经网络,并使用 HIST 结构挖掘股票共享信息,模型层面的构建就比较完善了。其优势在于获取了混频数据的时间序列信息,并将该信息与股票共享的概念信息进行融合,最后得到股票的收益率预测。这也符合我们对股票的定价因素的认知,即:从股票本身的不同频率的基本面、量价和财务数据出发,考虑到股票之间、行业或者概念之间的关联度,得出最终的股票定价。

完整的神经网络结构如图 5 – 3 – 4 所示。其中混频模块将不同频率的股票基础数据信息进行提取,此处 Net1 采用上文所述的 Attention – GRU 结构;HIST 模块将概念矩阵及市值信息与基础信息进行融合,主要分为三块:预定义信息、隐藏信息和特有信息,最后汇总进行预测。

第五节 设计损失函数和学习速率保证模型的拟合效果

对于深度学习模型而言,损失函数的设计至关重要。它用于衡量模型预测结果与真实结果之间的差距。损失函数的设计应该考虑到模型的任务类型,数据集的特点,以及模型的优化目标。在深度学习中,常见的损失函数包括回归损失和分类损失。回归损失用于连续型变量,而分类损失用于离散型变量。常见的回归损失包括 L1 Loss 和 L2 Loss,而常见的分类损失包括交叉熵损失和 Hinge Loss 等。设计自己的损失函数,需要考虑以下四个方面:(1)可微分的,这样才能使用梯度下降等优化算法进行训练;

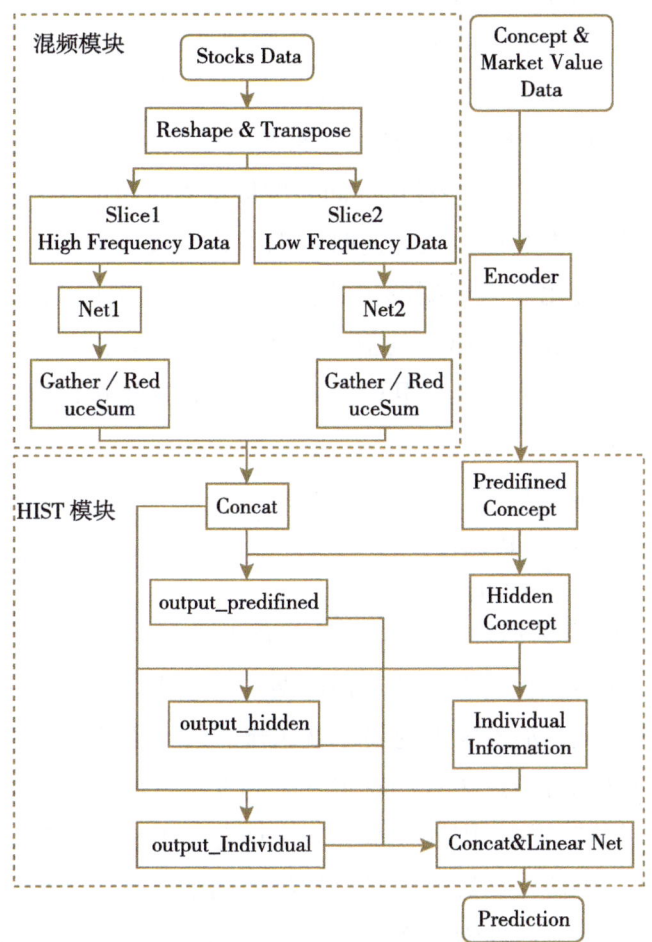

图 5-3-4　混频 Attention-RNN-HIST 网络结构

资料来源：课题组整理

（2）能够有效地衡量模型预测结果与真实结果之间的差距；（3）具有一定的鲁棒性，能够处理异常值等特殊情况；（4）能够满足模型的优化目标，如最小化误差、最大化准确率等。

在本文的股票预测场景中，预测目标为股票后推 10 日的收益率，且该收益率不做中性化处理。股票预测通常采用 IC 系数作为损失函数或者评价函数，即信息系数（Information Coefficient），这是评价因子在截面上选股效果的常用方法，定义为股票第 t 期的因子暴露与 t+1 期对应收益的相关系数。IC 系数能够很好地反映因子的预测能力。IC 系数的计算方法是：计算全部股票在调仓周期期初排名和调仓周期期末收益排名的线性相关度（Correlation）。但是 IC 只考虑了相关性，没有考虑到误差大小，因此实际应用中使用 IC 的改进版本一致性相关系数（Concordance Correlation Coefficient，CCC）。CCC 提供了一种可以同时度量相关性和绝对差值的指标，不仅考虑两组数据是否线性相关，同时考虑拟合直线与 45°参考线的位置关系，更适合考察对比两组数据的一致性。考虑到模型训练结果的稳定性，可以计算多期训练数据的 CCC 均值或波动率。当然，由于多期训练数据量较大，进行梯度下降优化时占用 GPU 显存较大，这里可以取一个合理的数值，如 days_num = 20。

$$\text{Normal IC} = \text{corr}(P_t, R_t)$$

$$\text{CCC} = \frac{2\text{Cov}(P_t, R_t)}{\sigma_{P_t}^2 + \sigma_{R_t}^2 + (\mu_{P_t} - \mu_{R_t})^2}$$

在进行梯度下降计算时，学习速率是深度学习中的一个重要的超参数，它控制了我们在多大程度上调整了神经网络的权重，并对损失梯度进行调整。学习速率越低，沿着向下的斜率就越慢。这可以确保不会错过任何局部极小值，但这也可能意味着要花很长时间才会收敛——尤其糟糕的是会陷入停滞不前的解空间。因此，本文采用动态学习率，在训练过程中逐渐减小学习速率，以便在接近收敛时更精细地调整权重。常用的学习速率设定包括静态学习率、线性学习率、cosine 学习率、cosine 加 warm 学习率等。为了提升收敛速率，学习速率采用热启动的余弦退火速率。热启动的余弦退火速率在训练开始时使用迅速升高的学习速率，然后逐渐降低学习速率。这种方法可以帮助模型更快地收敛，并且在训练过程中可以更好地探索权重空间，热启动的余弦退火速率通常用于训练大型深度神经网络（见图 5 - 3 - 5）。

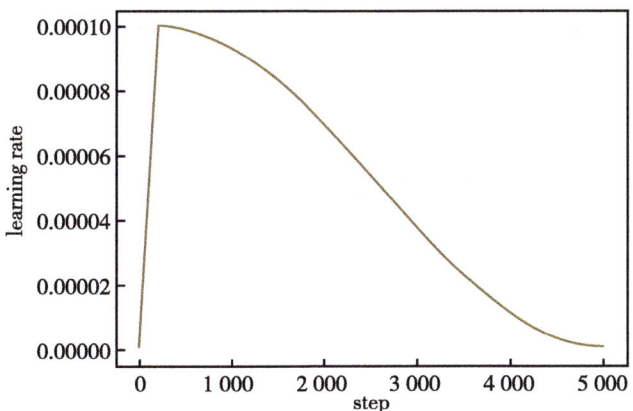

图 5-3-5 一种带热启动的余弦退火学习率

资料来源:课题组整理

第四章 实证结果

本文以 A 股相关数据对上述模型进行实证分析。

第一节 训练数据

以全部 A 股剔除 ST 股票作为训练时的股票池,考虑到使用高频数据量较大,本文使用从 2017 年开始的因子数据作为训练集。构造训练集时,以某一天 T 为例,对任意一只股票取该日往前 d_num 天的所有时间序列因子数据,因子数量为 f_num,构成 [d_num, f_num] 的面板数据。训练时若每天有 stocks_num 只股票,使用 train_days_num 天的数据集,则训练数据为 [train_days_num × stocks_num, d_num, f_num] 的三维数据集。预测的未来股票收益率取未来 label_days_num 天的收益率,进行排序和标准化处理(rank – norm)。在实际训练时,训练数据集按照每日数据作为一个 batch 进入 Attention – RNN – HIST 模型,从而便于计算前述定义的损失函数,多个 batch 叠加损失函数后进行一次梯度下降,以达到计算多期训练数据的损失函数均值的效果。样本内数据集按照 validate_split = 0.8 进行训练集、验证集的分割。

对于股票概念矩阵数据,以训练数据截止时间点作为取数时间点,使用的数据包括股票所属的中信一二三级行业、所属 Wind 概念、主营业务等三大类信息,共 concept_num 个概念,形成 [stocks_num, concept_num] 的截面信息矩阵。

考虑到数据集的公开可获取和说明模型的有效性,此处不使用独有因子数据,仅以基础的高频量价数据部分为例。取每日 15 分钟的高开低收、成交量及成交额 6 个基础数据,每日时间序列长度为 17,并做面板上的标准化转换,剔除量纲的影响、剔除缺失数据。取过去 10 天的数据,此时对于任意一只股票,其输入数据为[170,6]的面板数据。以 2021 年 12 月 29 日为模型训练时间,则可以取从 2017 年开始的过去 1 209 天的所有数据集作为样本数据,取 2021 年 12 月 29 日至 2022 年 12 月 26 日的数据为测试集。分割为训练集和验证集以后,训练集样本量为 967 天的数据,包含样本 3 280 384 个;验证集为 242 天的数据,包含样本 820 655 个;测试集为 231 天的数据,包含样本 1 009 354 个。2021 年 12 月 29 日的股票概念矩阵包含的概念包括:['非利息收入:手续费及佣金收入:承销与咨询业务(产品)', '-3mm 矿', '0#柴油', '0 级轨检仪', '1.56 系列', '1.5MW', '1.5MW-2MW', '1.6 系列', '1.71 系列', '1.71 系列(镜片)', …'齿轮箱', '齿轮箱(行业)', '龙大高速', '龙头及配件', '龙岩市国资', '龙武', '龙虎榜', '龙门式电镀设备', '龟苓宝饮料系列', '龟苓膏系列']等,数据维度为[4 545,24 768]。

第二节 训练设计

Attention-RNN-HIST 模型按照前述的架构,Attention-GRU 模块的网络隐藏层个数为 2 层,隐藏层节点数设置为 64,并添加 dropout=0.1 让某个神经元的激活值以一定的概率停止工作,这样可以使模型泛化性更强,有效缓解过拟合的发生。在激活函数的设计上,由于预测目标为未来 10 天收益率的排序标准化(rank-norm),因此激活层使用 tanh(x)的基础上,乘以所有股票数量进行 rank-norm 后的最大值 activate_cof。当股票数量上限为 5 000 时,activate_cof 取值为 1.731704。一个 batch 的数据量设定为 1 天时,损失函数采用 30 个 batch 进行梯度下降的方式,也即是当 CCC 累计计算了 30 天的训练数据后,就按照该梯度更新网络权重,这也就是一个步长 step。这里设定为 30 天主要是考虑到显卡显存的容量问题。若容量不足,在采用多 GPU 计算时,可先将全部数据加载进内存,再按需依次加载进第一张 GPU,再使用多 GPU 进行梯度计算。

为了兼具模型的收敛速度和防止过拟合，学习速率采用前述热启动的余弦退火速率，最高学习速率为 4e-4，其学习速率变化如图 5-4-1 所示，横轴为步数 step。

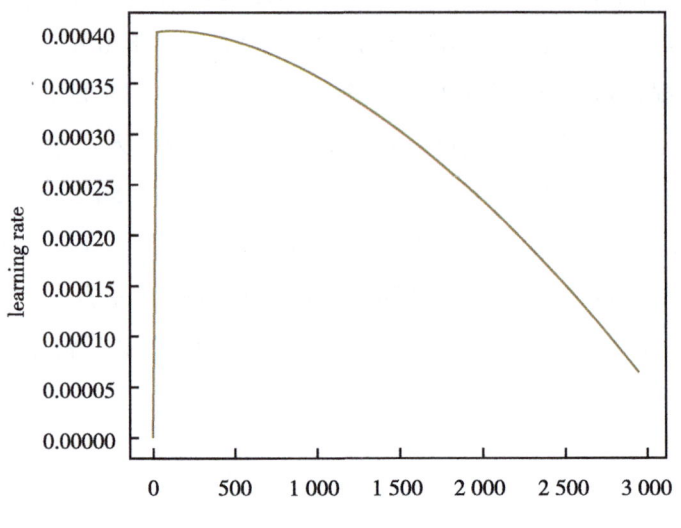

图 5-4-1　模型的学习速率设定

资料来源：课题组整理

对于模型的迭代次数，上限设定为 100 次。同样地，为了防止过拟合，需要设定早停（early-stop）机制。整个训练集共 967 天，也即是 967 个 batch，每 30 个 batch 更新一次权重；一次迭代 epoch 有 33 个 step。模型在每次 epoch 后，通过评价函数对模型在训练集、验证集和测试集上的表现进行评价，评价指标包括损失函数 CCC 和其他评价指标 IC、RANK_IC、IC_IR、RANK_IC_IR 等。当每次迭代计算后，考察验证集的损失与过去迭代中最优损失的差值，当连续 5 次出现差值大于容忍精度 tol = -1e-3 时，模型停止迭代。

最终的 Attention-RNN-HIST 模型的参数量为 40 196 个，结构打印如图 5-4-2 所示。

Layer (type)	Output Shape	Param #
Linear-1	[2500, 170, 64]	448
MyActivate-2	[2500, 170, 64]	0
MyActivate-3	[2500, 170, 64]	0
MyActivate-4	[2500, 170, 64]	0
MyActivate-5	[2500, 170, 64]	0
MyActivate-6	[2500, 170, 64]	0
MyActivate-7	[2500, 170, 64]	0
GRU-8	[[-1, 170, 64], [-1, 2, 64]]	0
Linear-9	[2500, 170, 32]	2,080
Dropout-10	[2500, 170, 32]	0
MyActivate-11	[2500, 170, 32]	0
MyActivate-12	[2500, 170, 32]	0
MyActivate-13	[2500, 170, 32]	0
MyActivate-14	[2500, 170, 32]	0
MyActivate-15	[2500, 170, 32]	0
MyActivate-16	[2500, 170, 32]	0
Linear-17	[2500, 170, 1]	32
Softmax-18	[2500, 170, 1]	0
Linear-19	[2500, 64]	8,256
MyActivate-20	[2500, 64]	0
MyActivate-21	[2500, 64]	0
MyActivate-22	[2500, 64]	0
MyActivate-23	[2500, 64]	0
MyActivate-24	[2500, 64]	0
MyActivate-25	[2500, 64]	0
Softmax-26	[2500, 10000]	0
Softmax-27	[2500, 10000]	0
Linear-28	[2500, 64]	4,160
Linear-29	[2500, 64]	4,160
Linear-30	[2500, 64]	4,160
LeakyReLU-31	[2500, 64]	0
Linear-32	[2500, 1]	65
Softmax-33	[2500, 2]	0
Linear-34	[2500, 64]	4,160
Linear-35	[2500, 64]	4,160
Linear-36	[2500, 64]	4,160
LeakyReLU-37	[2500, 64]	0
Linear-38	[2500, 1]	65
Linear-39	[2500, 64]	4,160
LeakyReLU-40	[2500, 64]	0
Linear-41	[2500, 1]	65
Linear-42	[2500, 1]	65

图 5-4-2　Attention-RNN-HIST 模型中的网络结构

资料来源：课题组整理

第三节　结果分析

采用上述设计对数据进行训练，其损失函数变化如图 5-4-3 所示。对于训练集和验证集，其数据规律类似，因此其损失函数也能一直稳定地下降；由于早停判断是根据验证集来设计，测试集的表现即是样本外的表现，其损失函数呈现先迅速下降，随后变化不大，并在即将多拟合时上升，过程中也有出现局部最优解的波动。整体来看，模型的学习主要体现在前半段，且前几次迭代的便迅速使损失函数达到 0.09 附近。最终，训练集 CCC 达到 0.17 左右，验证集达到 0.15 左右，而测试集在 0.11 左右，在使用分钟量价数据的情况下是一个比较合理的效果。

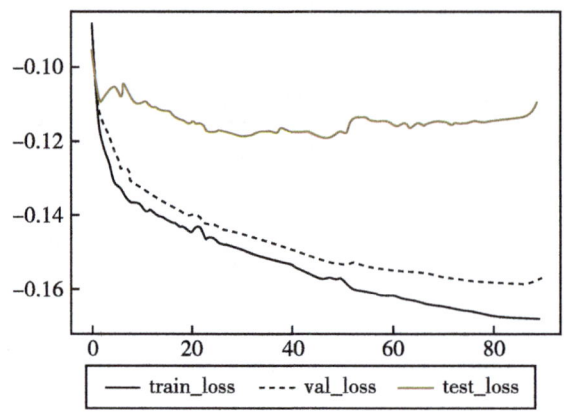

图 5-4-3　模型训练的损失函数

资料来源：课题组整理

　　由于损失函数为 30 期的累计 CCC，因此还需要使用常用的评价函数看看训练表现，训练的 IC、ICIR 表现如图 5-4-4、图 5-4-5 所示。同样地，训练集和验证集的 IC 在迭代过程中上升较为稳定，而测试集在某个迭代后变化很小，达到信息极限。而对于 ICIR，由于考虑了信息比率的波动，可以看到无论是训练集、验证集还是测试集，30 天的 ICIR 都能较稳定地上升，这与损失函数设计为多期 CCC 有很大关系。总体而言，训练集 IC 达到 0.18 左右，验证集 IC 达到 0.16 左右，测试集 IC 达到 0.11 左右；三者的 30 天 ICIR 均达到 0.17 左右，是一个很理想的结果。

　　对于模型在时序和股票池上的收益预测结果，可以进行因子测试。由于模型预测的 Y 为未来 10 日收益率，预测频率为日频。因此，按照日频预测结果与未来 10 日的收益率做 IC 因子测试时，结果如图 5-4-6、图 5-4-7 所示。平均 IC 达到 0.086，大于 0.02 的比例为 0.801，ICIR 为 1.061；平均 RANKIC 达到 0.12，大于 0.02 的比例为 0.879，ICIR 为 1.417，是一个比较不错的因子。

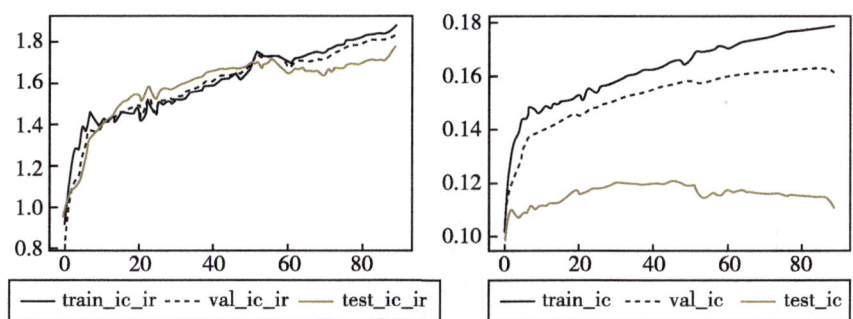

图 5-4-4　模型训练的 ICIR 和 IC

资料来源：课题组整理

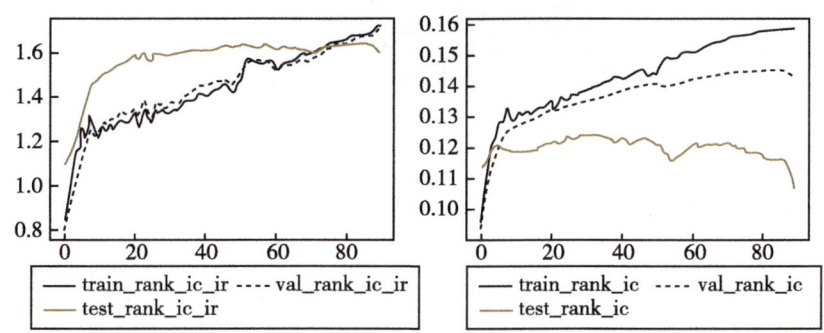

图 5-4-5　模型训练的 RANK_ICIR 和 RANK_IC

资料来源：课题组整理

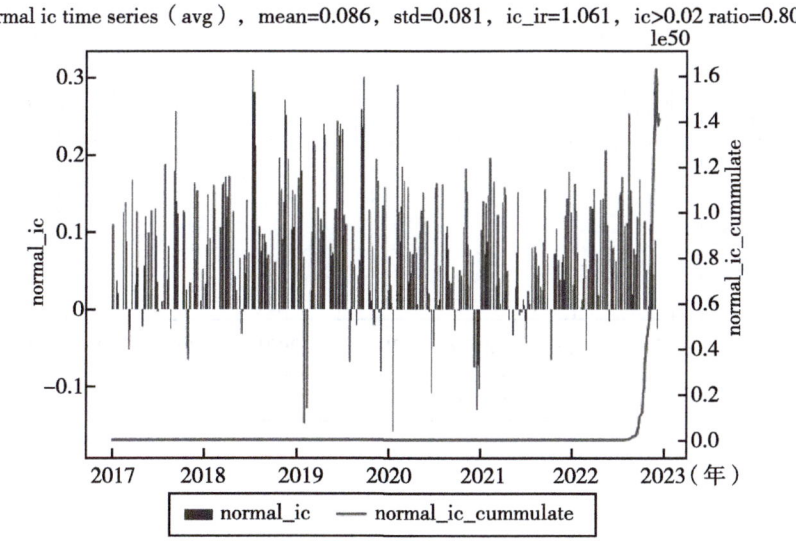

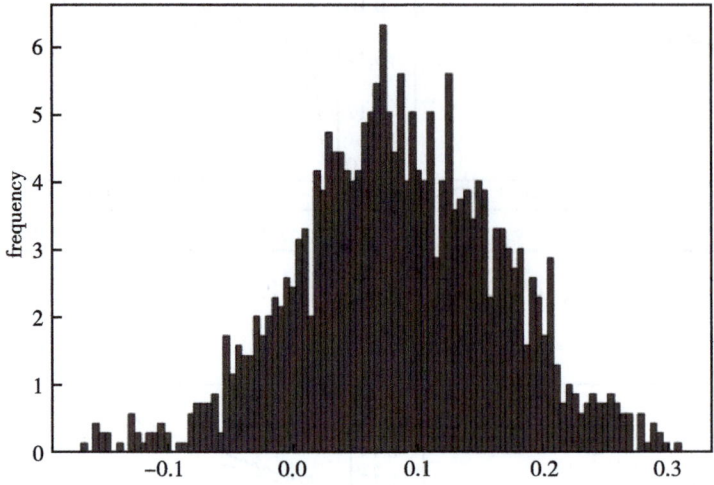

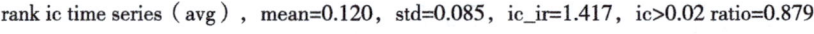

图 5-4-6　模型做时序预测的 IC 分布与累计分布

资料来源：课题组整理。

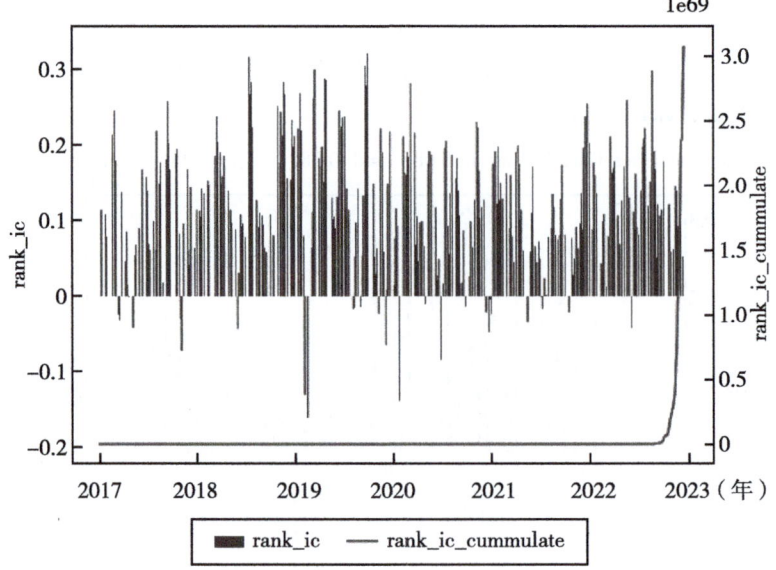

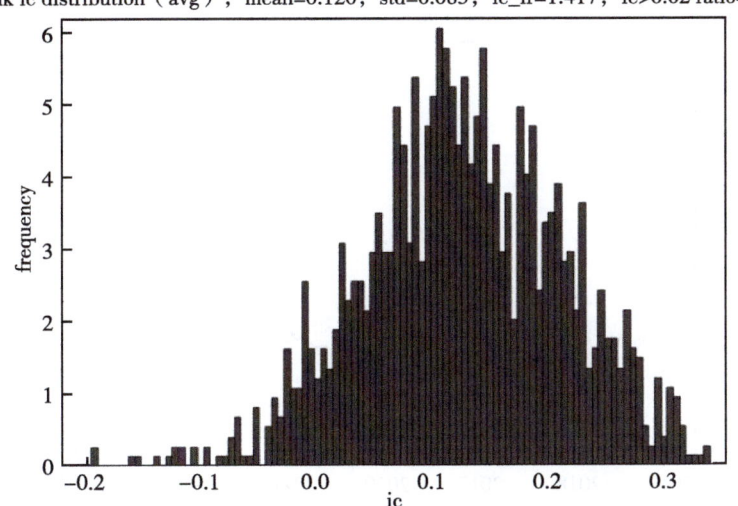

图 5-4-7　模型做时序预测的 RANKIC 分布与累计分布

资料来源：课题组整理

考虑到因子的可投资性，取每 10 个交易日的预测结果与未来 10 日的收益率做 IC 因子测试，并进行组合分层测试。此时相当于对上述结果做了抽样，因子的分布与前述相似，此处不赘述。因子在全股票池的分层如图 5-4-8 所示，分层效果明显，多头相对等权的超额收益稳定，多空累计收益表现突出。

分析模型预测因子在不同股票池上的表现，同样采用每 10 个交易日的预测结果与未来 10 日的收益率做 IC 因子测试，分别在沪深 300、中证 500、中证 1000 和国证 2000 的股票池进行测试（见图 5-4-9、图 5-4-10）。测试结果表明，因子在大市值上、小股票池的表现较差，而在小市值、大股票池上的表现较好。换句话说，因子选股的市值分布偏小。一方面，尽管前期在考虑概念信息时加入了市值的影响，但由于大小市值的股票样本量不平衡、模型训练的标签数据是在大股票池上做的 rank-norm 处理，使选出的股票更偏向于小市值；另一方面，模型训练使用的是采样的分钟级别的量价数据，这类数据的信息量在小市值上更为有效。

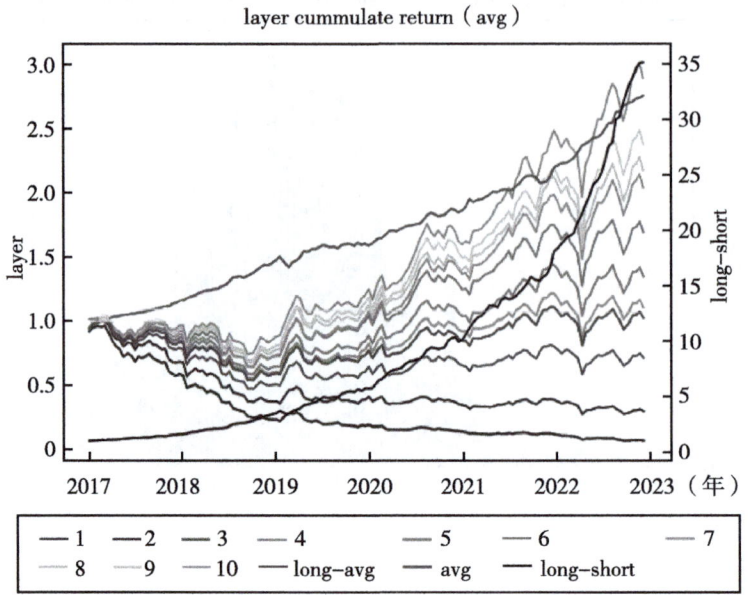

图 5-4-8　因子在全股票池的分层效果及超额收益

资料来源：课题组整理

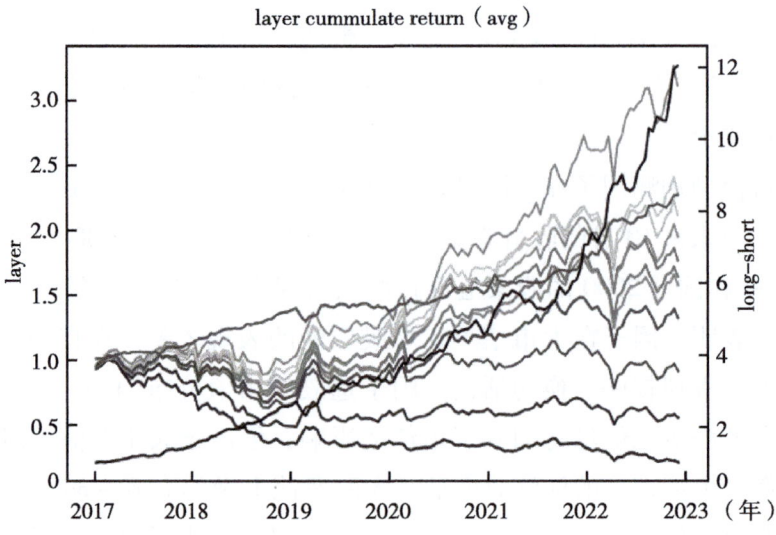

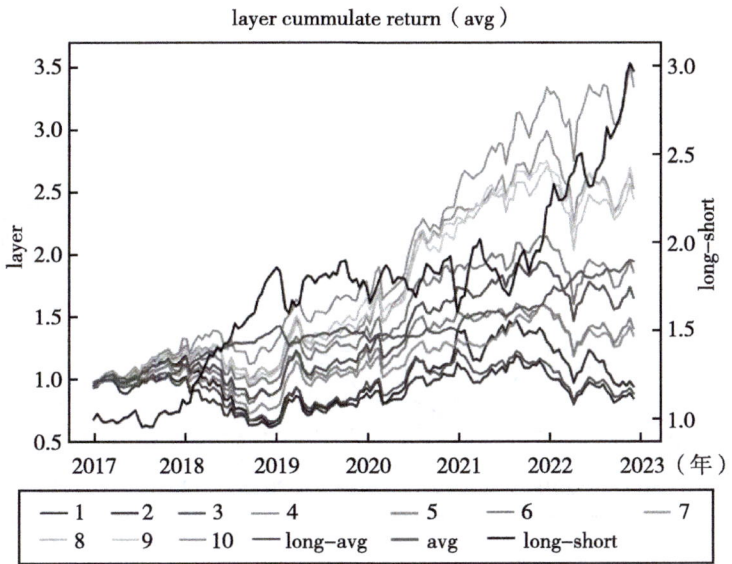

图 5-4-9　因子在中证 500 和沪深 300 股票池的
分层效果及超额收益

资料来源：课题组整理

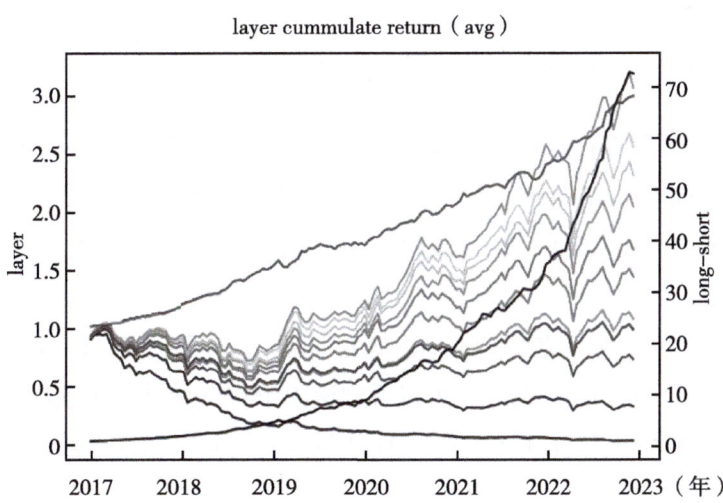

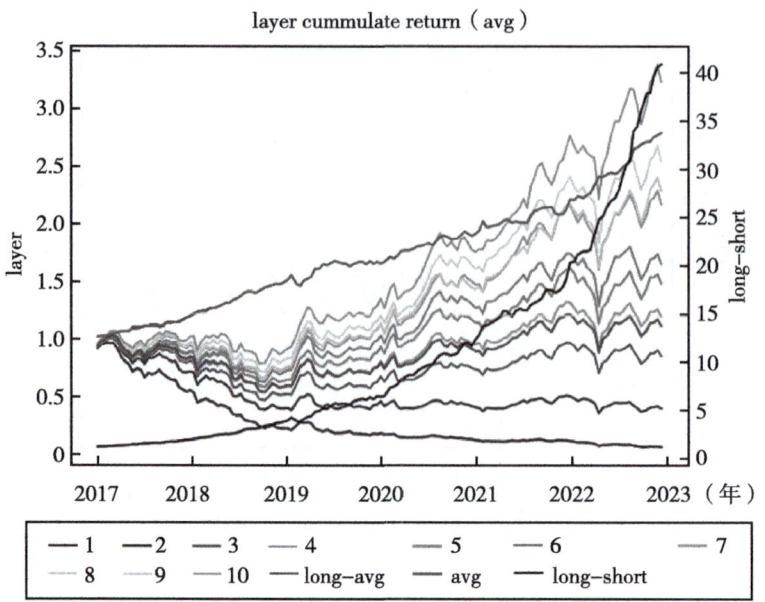

图 5-4-10 因子在国证 2000 和中证 1000 股票池的
分层效果及超额收益

资料来源：课题组整理

$$\text{Concept\_Information}(c) = \frac{\sum (\text{Factor} \cdot \text{ConceptMatrix}_c)}{\sum (\text{ConceptMatrix}_c)}$$

对于该因子结果，可以从概念矩阵的角度进行分析，增强模型的可解释性。将不同时间点的所有股票的因子值与概念矩阵相乘，除以概念矩阵的概念之和进行标准化，得到该时间点的任一概念 c 的概念强度 Concept_Information。

以每年年初的时间点为例，概念强度词云图如图 5-4-11 至图 5-4-13 所示。对比同时期的热门概念，可以看到该因子在概念捕捉方面的能力较为突出。模型预测结果不仅在量价因子层面能够进行分析，也能够在概念矩阵层面进行解释。

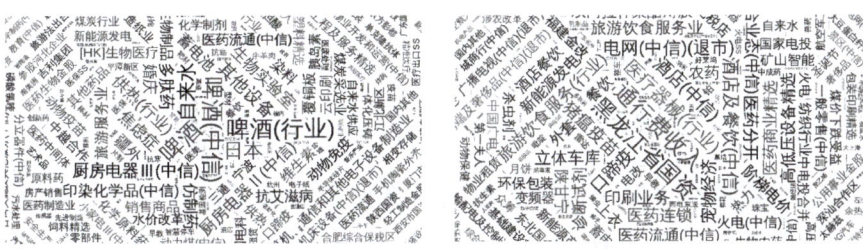

图 5-4-11　20170103 及 20180110 概念强度词云图

资料来源：课题组整理

图 5-4-12　20190107 及 20200115 概念强度词云图

资料来源：课题组整理

图 5-4-13　20210112 及 20220107 概念强度词云图

资料来源：课题组整理

第五章 总结与展望

本文主要探讨了基于混频数据及共享信息挖掘的深度学习在量化领域的应用，特别是集中在 HIST 在量化市场的运用及其改进。首章引言部分概述了研究的背景、现有文献的综述、研究的意义及目的。研究背景突出了 A 股市场与共享信息的关系，文献综述部分则回顾了深度学习模型在量化市场的应用及其发展状况。

在第二章的基础介绍中，本文详细讨论了股票市场价格预测的多种方法和策略，包括多因子选股、投资组合管理和交易策略设计。接着，文中介绍了深度学习模型在量化市场的应用，包括循环神经网络、卷积神经网络、图神经网络、Transformer 模型、强化学习模型和生成对抗网络模型。特别是在共享信息挖掘模型综述部分，着重介绍了 HIST 架构的基础知识和重要性。

在第三章的模型改进部分，本文提出了通过高低频股票数据混频结构调和不同长度信息，通过 Attention – RNN 结构对股票时序信息进行提取，并通过 HIST 架构获取股票概念信息交叉作用机制。此外，还设计了一种混频 Attention – RNN – HIST 模型结构，以及相应的损失函数和学习速率保证模型的拟合效果，为 HIST 的优化提供了新的思路和方案。

第四章的实证结果部分详细展示了模型改进的实证效果。首先，介绍了训练数据的选择和处理，随后阐述了训练设计的具体方案，最后对结果进行了详尽的分析，验证了模型改进的有效性和可行性。

总的来说，本文通过深入分析和实证研究，探讨了基于混频数据及共享信息挖掘的深度学习在量化市场的应用及其优化方案，为深度学习技术在量化领域的应用提供了有价值的参考。同时，通过对 HIST 的改进，展示了深度学习模型在处理复杂的量化问题时的强大能力和广阔的应用前景。

本专题参考文献

[1] Adam Atkins, Mahesan Niranjan and Enrico Gerding. Financial news predicts stock market volatility better than close price. The Journal of Finance and Data Science, 2018, 4 (2): 120 – 137.

[2] Adebiyi A Ariyo, Adewumi O Adewumi and Charles K Ayo. Stock price prediction using the ARIMA model. In 2014 UKSim – AMSS 16th International Conference on Computer Modelling and Simulation. IEEE, 2014: 106 – 112.

[3] Adebiyi, A. A., Adewumi, A. O., Ayo, C. K. Comparison of arima and artificial neural networks models for stock price prediction. Journal of Applied Mathematics, 2014.

[4] Agrawal, J., Chourasia, V., Mittra, A. State – of – the – art in stock prediction techniques. International Journal of Advanced Research in Electrical, Electronics and Instrumentation Engineering, 2013 (2): 1360 – 1366.

[5] Bao, W., Yue, J., Rao, Y. A deep learning framework for financial time series using stacked autoencoders and long – short term memory. PloS one 12, 2017.

[6] Bhuwan Dhingra, Hanxiao Liu, Zhilin Yang, William Cohen and Ruslan Salakhutdinov. Gated – attention readers for text comprehension. In Proceedings of the 55th Annual Meeting of the Association for Computational Linguistics (Volume 1: Long Papers), 2017: 1832 – 1846.

[7] Bollen, J., Mao, H., Zeng, X. Twitter mood predicts the stock market. Journal of Computational Science, 2011 (2): 1 – 8.

[8] Bollerslev, T., Marrone, J., Xu, L., Zhou, H. Stock return predictability and variance risk premia: statistical inference and international evidence. Journal of Financial and Quantitative Analysis, 2014 (49): 633 – 661.

[9] Boris N Oreshkin, Dmitri Carpov, Nicolas Chapados and Yoshua Bengio. NBEATS: Neural basis expansion analysis for interpretable time series forecasting. arXiv preprint arXiv: 1905.10437, 2019.

[10] Chen, J., Ma, T., Xiao, C. FastGCN: Fast learning with graph convolutional networks via importance sampling, in: International Conference on Learning Representations, 2018.

[11] Chen, Y., Wei, Z., Huang, X. Incorporating corporation relationship via graph con-

volutional neural networks for stock price prediction, in: Proceedings of the 27th ACM International Conference on Information and Knowledge Management, ACM., 2018: 1655 – 1658.

[12] Daiki Matsunaga, Toyotaro Suzumura and Toshihiro Takahashi. Exploring Graph Neural Networks for Stock Market Predictions with Rolling Window Analysis. arXiv preprint arXiv: 1909.10660, 2019.

[13] Daizong Ding, Mi Zhang, Xudong Pan, Min Yang and Xiangnan He. Modeling extreme events in time series prediction. In Proceedings of the 25th ACM SIGKDD International Conference on Knowledge Discovery & Data Mining, 2019: 1114 – 1122.

[14] David C Broadstock, Ying Fan, Qiang Ji and Dayong Zhang. Shocks and stocks: A bottom – up assessment of the relationship between oil prices, gasoline prices and the returns of chinese firms. The Energy Journal, 2016: 37.

[15] Dechow, P. M., Hutton, A. P., Meulbroek, L., Sloan, R. G. Shortsellers, fundamental analysis, and stock returns. Journal of Financial Economics, 2001 (61): 77 – 106.

[16] Dempster, M. A., Payne, T. W., Romahi, Y., Thompson, G. W. Computational learning techniques for intraday fx trading using popular technical indicators. IEEE Transactions on neural networks, 2001 (12): 744 – 754.

[17] Dev Shah, Haruna Isah, and Farhana Zulkernine. Stock Market Analysis: A Review and Taxonomy of Prediction Techniques. International Journal of Financial Studies, 2019, 7 (2): 1 – 22.

[18] Diederik P Kingma and Jimmy Ba. Adam: A method for stochastic optimization. In Proceedings of International Conference on Learning Representations (ICLR), 2015.

[19] Ding, X., Zhang, Y., Liu, T., Duan, J. Deep learning for eventdriven stock prediction, in: Twenty – Fourth International Joint Conference on Artificial Intelligence, 2015.

[20] Ding, X., Zhang, Y., Liu, T., Duan, J. Knowledge – driven event embedding for stock prediction, in: Proceedings of COLING 2016, the 26th International Conference on Computational Linguistics: Technical Papers, 2016: 2133 – 2142.

[21] Dinh Hoang Bach Phan, Susan Sunila Sharma and Paresh Kumar Narayan. Stock return forecasting: some new evidence. International Review of Financial Analysis, 2015 (40): 38 – 51.

[22] Dong Li, Ruoming Jin, Jing Gao and Zhi Liu. On sampling topk recommendation evaluation. In Proceedings of the 26th ACM SIGKDD International Conference on Knowledge Discovery & Data Mining, KDD'20, 2020: 2114 – 2124.

[23] Dong, Y., Chawla, N. V., Swami, A. Metapath2vec: Scalable representation learn-

ing for heterogeneous networks, in: Proceedings of the 23rd ACM SIGKDD international conference on knowledge discovery and data mining, ACM. , 2017: 135 – 144.

[24] E. Beyaz, F. Tekiner, X. Zeng and J. Keane. Comparing technical and fundamental indicators in stock price forecasting. In 2018 IEEE 20th International Conference on High Performance Computing and Communications; IEEE 16th International Conference on Smart City; IEEE 4th International Conference on Data Science and Systems (HPCC/SmartCity/DSS), 2018: 1607 – 1613.

[25] Edward Hearnshaw and Mark Wilson. A complex network approach to supply chain network theory. International Journal of Operations & Production Management, 2013 (33).

[26] Eric Zivot and Jiahui Wang. Rolling analysis of time series. Modeling Financial Time Series with S – PLUSR, 2006: 313 – 360.

[27] Feng, F. , He, X. , Wang, X. , Luo, C. , Liu, Y. , Chua, T. S. Temporal relational ranking for stock prediction. ACM Transactions on Information Systems (TOIS), 2019 (37): 27.

[28] Fischer, T. , Krauss, C. Deep learning with long short – term memory networks for financial market predictions. European Journal of Operational Research, 2018 (270): 654 – 669.

[29] Fuli Feng, Huimin Chen, Xiangnan He, Ji Ding, Maosong Sun, and Tat – Seng Chua. Enhancing Stock Movement Prediction with Adversarial Training. IJCAI, 2019.

[30] Fuli Feng, Xiangnan He, Xiang Wang, Cheng Luo, Yiqun Liu and Tat – Seng Chua. Temporal relational ranking for stock prediction. ACM Transactions on Information Systems (TOIS), 2019, 37 (2): 1 – 30.

[31] George EP Box, Gwilym M Jenkins, Gregory C Reinsel, and Greta M Ljung. Time series analysis: forecasting and control, 2015.

[32] Gilmer, J. , Schoenholz, S. S. , Riley, P. F. , Vinyals, O. , Dahl, G. E. Neural message passing for quantum chemistry, in: Proceedings of the 34th International Conference on Machine LearningVolume 70, JMLR. org, 2017: 1263 – 1272.

[33] Hamilton, W. , Ying, Z. , Leskovec, J. Inductive representation learning on large graphs, in: Advances in Neural Information Processing Systems, 2017: 1024 – 1034.

[34] Hao Li, Yanyan Shen and Yanmin Zhu. Stock price prediction using attention – based multi – input lstm. In Asian Conference on Machine Learning, 2018: 454 – 469.

[35] Hartmut Stadtler and Christoph Kilger. Supply chain management and advanced planning, volume 4. Springer, 2002.

[36] Heeyoung Lee, Mihai Surdeanu, Bill MacCartney and Dan Jurafsky. On the importance

of text analysis for stock price prediction. In Proceedings of the Ninth International Conference on Language Resources and Evaluation (LREC-2014), pages 1170-1175, Reykjavik, Iceland, European Languages Resources Association (ELRA), 2014.

[37] Hengxu Lin, Dong Zhou, Weiqing Liu and Jiang Bian. Learning Multiple Stock Trading Patterns with Temporal Routing Adaptor and Optimal Transport. In Proceedings of the 27th ACM SIGKDD Conference on Knowledge Discovery & Data Mining, 2021: 1017-1026.

[38] Hugh Grove and Mac Clouse. Forensic accounting procedures applied to valeant: Where were the gatekeepers? Journal of Forensic and Investigative Accounting, 2017, 9 (2): 836-848.

[39] Jie Feng, Yong Li, Chao Zhang, Funing Sun, Fanchao Meng, Ang Guo and Depeng Jin. Deepmove: Predicting human mobility with attentional recurrent networks. In Proceedings of the 2018 world wide web conference, 2018: 1459-1468.

[40] Jiexiong Tang, Chenwei Deng and Guang-Bin Huang. Extreme learning machine for multilayer perceptron. IEEE transactions on neural networks and learning systems, 2015, 27 (4): 809-821.

[41] Junhyun Lee, Inyeop Lee and Jaewoo Kang. Self-attention graph pooling. In Proceedings of the 36th International Conference on Machine Learning, 2019: 3734-3743.

[42] Junyoung Chung, Caglar Gulcehre, KyungHyun Cho and Yoshua Bengio. Empirical evaluation of gated recurrent neural networks on sequence modeling. arXiv preprint arXiv: 1412.3555, 2014.

[43] Kai Chen, Yi Zhou and Fangyan Dai. A lstm-based method for stock returns prediction: A case study of china stock market. In 2015 IEEE international conference on big data (big data), 2015: 2823-2824.

[44] Kipf, T. N., Welling, M. Semi-supervised classification with graph convolutional networks. arXiv preprint arXiv: 1609.02907, 2016.

[45] Krizhevsky, A., Sutskever, I., Hinton, G. E. Imagenet classification with deep convolutional neural networks, in: Advances in neural information processing systems, 2012: 1097-1105.

[46] Kyunghyun Cho, Bart van Merrienboer, Caglar Gulcehre, Dzmitry Bahdanau, Fethi Bougares, Holger Schwenk and Yoshua Bengio. Learning phrase representations using RNN encoder-decoder for statistical machine translation. In Proceedings of the 2014 Conference on Empirical Methods in Natural Language Processing (EMNLP), 2014: 1724-1734.

[47] Li, X., Xie, H., Chen, L., Wang, J., Deng, X. News impact on stock price re-

turn via sentiment analysis. Knowledge – Based Systems, 2014 (69): 14 – 23.

[48] Li – Juan Cao and Francis Eng Hock Tay. Support vector machine with adaptive parameters in financial time series forecasting. IEEE Transactions on neural networks, 2003, 14 (6): 1506 – 1518.

[49] Raehyun Kim, Chan Ho So, Minbyul Jeong, Sanghoon Lee, Jinkyu Kim and Jaewoo Kang. Hats: A hierarchical graph Attention network for stock movement prediction. arXiv preprint arXiv: 1908.07999, 2019.

[50] Rather, A. M., Agarwal, A., Sastry, V. Recurrent neural network and a hybrid model for prediction of stock returns. Expert Systems with Applications, 2015 (42): 3234 – 3241.

[51] Ryo Akita, Akira Yoshihara, Takashi Matsubara and Kuniaki Uehara. Deep learning for stock prediction using numerical and textual information. In 2016 IEEE/ACIS 15th International Conference on Computer and Information Science (ICIS). IEEE, 2016: 1 – 6.

[52] S. Wu, C. Tsao, P. Chang, C. Fan, M. Chen and X. Zhang. A study of patent analysis for stock price prediction. In 2017 4th International Conference on Information Science and ControlEngineering (ICISCE), 2017: 115 – 119.

[53] Shuai Zhang, Lina Yao, Aixin Sun and Yi Tay. Deep learning based recommender system: A survey and new perspectives. ACM Comput. Surv., 2019, 52 (1).

[54] Steve Y Yang, Sheung Yin Kevin Mo and Anqi Liu. Twitter financial community sentiment and its predictive relationship to stock market movement. Quantitative Finance15, 2015, 10: 1637 – 1656.

[55] Wei Bao, Jun Yue and Yulei Rao. A deep learning framework for financial timeseries using stacked autoencoders and long – short term memory. PloS one 12, 7 (2017), e0180944, 2017.

[56] Wesley D Sine and Brandon H Lee. Tilting at windmills? the environmental movement and the emergence of the us wind energy sector. Administrative Science Quarterly, 2009, 54 (1): 123 – 155.

[57] William L. Hamilton, Rex Ying and Jure Leskovec. Representation learning on graphs: Methods and applications. IEEE Data Eng. Bull., 2017 (40): 52 – 74.

[58] Xu W, Liu W, Wang L, et al. HIST: A Graph – based Framework for Stock Trend Forecasting via Mining Concept – Oriented Shared Information [J]. Papers, 2021.

[59] Ying, R., He, R., Chen, K., Eksombatchai, P., Hamilton, W. L., Leskovec, J. Graph convolutional neural networks for webscale recommender systems, in: Proceed-

ings of the 24th ACM SIGKDD International Conference on Knowledge Discovery & Data Mining, 2018: 974-983.

[60] Yingmei Chen, Zhongyu Wei and Xuanjing Huang. Incorporating corporation relationship via graph convolutional neural networks for stock price prediction. In Proceedings of the 27th ACM International Conference on Information and Knowledge Management, 2018: 1655-1658.

[61] Yue-Jun Zhang, Yi-Ming Wei. The crude oil market and the gold market: Evidence for cointegration, causality and price discovery. Resources Policy, 2010, 35 (3): 168-177.

[62] Zhang, M., Chen, Y. Link prediction based on graph neural networks, in: Advances in Neural Information Processing Systems, 2018: 5165-5175.

专题六

大规模预训练模型在量化投资中的应用*

本专题通过研究大规模预训练模型在技术层面的发展路径、模型研究，讨论目前已有大规模预训练模型的发展现状，指出在量化投资领域研究大规模预训练模型的重要性和必要性；针对大语言模型在量化投资中应用的模型、技术和应用场景等难点，本专题进一步结合量化投资领域的实际需求，探讨大规模预训练模型在量化投资中的应用场景和案例，揭示大规模预训练模型赋能量化投资的模式。结合具体的业务内容，本专题还提出了几种使用大规模预训练模型对量化投资进行提升的应用场景和技术实现，力图使用大规模预训练模型来提高量化投资中的预测准确性、发现非线性关联、处理复杂数据、减少人为偏见以及快速适应市场变化。

---

* 本专题选自太平资产管理有限公司2023IAMAC年度课题《大规模预训练模型在量化投资中的应用》，本课题获评优秀课题；课题负责人：王振州；课题组成员：汪腾、易超、左文婷、胡强、余晖。

第一章 引　言

第一节　研究背景

近年来，自然语言处理（Natural Language Processing，NLP）成为计算机科学领域与人工智能领域的一个热门分支，旨在让机器能够理解人类的语言。2022年11月30日，美国OpenAI公司研发的聊天机器人程序ChatGPT发布。在推出约两个月后，其活跃用户量已达到1亿。显然，ChatGPT成为新一代聊天机器人的代表，将给信息产业带来巨大变革。ChatGPT除了展示基本的聊天、写诗、翻译、创作等能力以外，还在代码编写、指令理解、多轮对话、通用能力等方面有着惊人的表现，甚至通过了一些较高难度的专业测试。作为大规模预训练模型的成果，ChatGPT有着更加接近人类大脑的思考模式，能够在多领域展示出解决多种通用问题的能力，让AI+产业有了更大的想象空间。

量化投资是利用数学和统计方法对金融市场进行系统建模和分析，并基于模型生成交易策略的投资方法。大规模预训练模型作为一种通过海量数据预训练后具备强大语义理解能力的模型，如GPT、BERT等，能够从非结构化数据中学习出丰富的特征表示，为量化投资提供了新的可能性。在量化投资领域，大规模预训练模型的引入为投资决策提供了新的思路和方法。国内外学者针对大规模预训练模型在量化投资中的应用方面进行了广泛研究，提出了多种基于预训练模型的量化投资策略，并在实证研究中取得了不错的效果。

关于大规模预训练模型的发展路径方面，现有研究从自然语言处理的技术开始分析，并讨论了不同发展路径的特征和优劣。关于大规模预训练模型的模型研究方面，不同类型的模型有着诸多研究方向，针对中文的大规模预训练模型也蓬勃发展。关于大规模预训练模型在量化投资中的应用方面相关研究较少，主要包括：Muhammad T、Aftab A B、Ahsan M 等（2022）引入 Transformer 模型以预测孟加拉国主要证券交易所达卡证券交易所（DSE）股票的未来价格；Boyle D、Kalita J 等（2023）使用一种时空 Transformer-LSTM 模型进行股票走势预测的新方法 STST，将影响公司股票价格的因素包括但不限于财务报表、社会和新闻情绪、整体市场情绪、政治事件和交易心理等纳入量化范围；张皓如（2021）将自然语言处理技术与 ESG 绩效评价相结合，在香港联合交易所 ESG 指引的基础上，扩大了考查范围并构建了 ESG 绩效评估系统；孙夫雄等（2022）通过预训练模型学习 A 股上市公司股票停牌的共性特征，然后通过预训练模型参数的迁移学习获得个股停牌的特征，进而构建特定个股的停牌预测模型；陈天增等（2021）通过两种策略有效弥补输入文本信息不足的问题，并针对长文本生成的难点进一步引入预训练模型 BERT 和 GPT-2，解决金融领域中撰写宏观研究报告、事件点评报告等长文本生成问题。

针对大语言模型在量化投资中应用的模型、技术和应用场景等难点，本专题首先对大规模预训练模型的发展路径进行梳理，讨论目前已有大规模预训练模型的发展现状，指出在量化投资领域研究大规模预训练模型的重要性和必要性；然后从模型层面出发，对大规模预训练模型涉及的相关算法技术的研究内容进行分析，研究大规模预训练模型的技术难点；再根据大规模预训练模型已有应用的启发，分析量化投资领域的案例实现和未来应用场景；最后结合具体的业务内容，提出几种使用大规模预训练模型对量化投资进行提升的应用场景和技术实现，包括：

（1）因子生成与文本处理：使用大规模预训练模型进行个股情绪分析；

（2）微调 NLP 任务：通过 p-tuning 微调模型后进行文本提取和图谱构建；

（3）金融时事跟踪：结合 Langchain 进行实时金融分析和跟踪；

（4）底层模型应用：采用 Transformer 底层网络进行股票时间序列预测；

（5）量化代码生成：利用大语言模型进行代码编写等应用案例。

第二节 研究意义

研究大规模预训练模型在量化投资中的应用具有多重意义,具体包括:

(1) 有助于提供更准确的预测:大规模预训练模型具备处理大量数据和学习复杂模式的能力。通过将这些模型应用于量化投资中,可以获得更准确的市场预测和价格趋势分析。这有助于投资者制定更明智的投资决策,提高投资回报率。

(2) 发现非线性关联:传统的量化投资模型通常基于线性关联假设进行建模。然而,市场中存在大量的非线性关联关系。大规模预训练模型通过学习和挖掘庞大的数据集,能够发现这些非线性关联,提供更全面的市场洞察力。

(3) 处理复杂数据:金融市场的数据种类繁多,包括结构化数据(如价格、交易量)和非结构化数据(如新闻报道、社交媒体情感)。大规模预训练模型可以有效地处理这些复杂数据,并从中提取有价值的信息。通过综合考虑多种数据来源,可以更全面地评估市场风险和机会。

(4) 降低人为偏见:人类投资者在作出决策时可能受到情绪、个人偏好和认知限制的影响。大规模预训练模型在分析市场数据时不会受到这些偏见的影响,能够提供客观的市场分析和预测。这有助于减少投资决策中的主观性,并提高投资组合的整体效果。

(5) 快速适应市场变化:金融市场具有高度动态性和不确定性。大规模预训练模型可以通过快速学习和适应新数据,更好地捕捉市场的变化和趋势。这使投资者能够更及时地调整其投资策略,更好地适应市场环境的变化。

综上所述,研究大规模预训练模型在量化投资中的应用对于提高预测准确性、发现非线性关联、处理复杂数据、减少人为偏见以及快速适应市场变化具有重要的意义。这将为投资者提供更好的决策支持,提高投资回报率,并在不确定的金融市场中获得竞争优势。

第三节　研究目的

本文通过研究大规模预训练模型在技术层面的发展路径、模型研究，进一步结合量化投资领域的实际需求，探讨大规模预训练模型在量化投资中的应用场景和案例，揭示大规模预训练模型赋能量化投资的模式，力图使用大规模预训练模型来提高量化投资中的预测准确性、发现非线性关联、处理复杂数据、减少人为偏见以及快速适应市场变化。

第二章
自然语言处理及大语言模型介绍

第一节　自然语言处理研究综述

自然语言处理预训练技术是自然语言处理的第一个部分。它将人类识别的语言转化为机器识别的语言，从而提高模型的性能。基于是否使用神经网络进行预训练，将预先训练技术分为传统预训练技术、神经网络预训练技术。具体来说，预处理就是将原始语料进行清洗（包括去除空白、去除无效标签、去除符号以及停顿词、文档切分、基本纠错、编码转化等操作）、分词（对于中文类似的独立语才有）和标准化等操作，从而将语料转化为机器可识别的语言的过程。

一、传统预训练技术

传统预训练技术包括：N-gram 技术、向量空间模型技术、Textrank 技术、语义分析及其他预训练技术。

N-gram 是自然语言处理（NLP）和文本挖掘中常用的一种技术，用于表示文本或语音数据的连续词序列。具体来说，一个 N-gram 是由 N 个连续的词或字符组成的序列，在多种 NLP 任务中都有广泛应用。其中最常见的用途是在统计语言模型中，用于预测下一个词的概率。通过统计大量文本数据中各种 N-gram 的出现频率，可以估计一个词在给定前 N-1 个词的情境下出现的概率。此外，N-gram 也常被用于文本相似性计算、文本分类、拼写检查等任务。尽管 N-gram 是一种相对简单的技术，但它有一些局限性。首先，它不能很好地捕捉句子中的长距离依赖关系，因为它只考虑固定大小的窗口。其次，随着 N 的增加，可能的 N-gram 组合数量会呈指数级增长，导致数据稀疏问题。

向量空间模型（VSM）是信息检索和自然语言处理中常用的一种技术，用于将文本数据表示为高维空间中的向量。在 VSM 中，文本（如文档或查询）被表示为一个向量，其维度对应于语料库中的唯一词汇，而每个维度的权重通常表示该词在文本中的重要性或频率。VSM 的一个核心思想是：语义上相似的文本在向量空间中的距离应该是相近的。基于这一假设，VSM 被广泛应用于文档的相似性计算和相关性排序，特别是在传统的信息检索系统中。常用的相似性度量包括余弦相似性，它计算两个向量之间的夹角的余弦值。为了增强模型的表示能力并解决词频偏斜问题，TF-IDF（Term Frequency-Inverse Document Frequency）加权方法被引入 VSM 中。TF-IDF 考虑了词在文档中的频率（TF）和在整个语料库中的逆文档频率（IDF）。通过这种方式，那些在特定文档中频繁出现但在整个语料库中稀少的词会得到更高的权重。尽管 VSM 在众多应用中取得了成功，它也有明显的局限性，如无法捕获词序和语义关系。

TextRank 是一种基于图的排序算法，用于自然语言处理和文本处理任务，尤其适用于关键词提取和文档摘要。这种方法最初是受到 Google 的 PageRank 算法启发而开发的。在 TextRank 模型中，文本中的单元（如句子或单词）被视为图中的顶点，而它们之间的相似性或关联性建立了边缘连接。具体操作时，首先根据某些准则（如词共现或语义相似性）构建一个图，其中节点可以是句子或词汇，边表示它们之间的关系或相似性。然后，该算法在此图上迭代运行，直到达到稳定的分数分布，这些分数用于对节点进行排序。在关键词提取中，单词或短语作为图的节点，而它们在文本中的共现关系形成边。对于文档摘要，每个句子被视为一个节点，而句子之间的相似性为它们之间建立边。值得注意的是，TextRank 是无监督的，这意味着它不需要预先标注的训练数据。这在很大程度上增加了其在不同领域和语言中的适用性。尽管 TextRank 提供了一种简洁且在许多任务中表现良好的方法，但复杂的文档结构和内容仍然可能需要结合其他技术或算法以达到更优的结果。

语义分析,经常被称为语义理解,是自然语言处理(NLP)中的一个核心任务,目的在于理解和提取文本中的意义。不同于词法分析和句法分析,它们分别关注单词的识别及其在句子中的结构,语义分析致力于揭示文本背后的深层含义。其主要挑战在于语言的多义性和歧义性,以及复杂的语境关系。语义分析的应用领域广泛,包括但不限于情感分析、机器翻译、问答系统和知识图谱构建。为了完成这些任务,研究者采用了一系列技术,从传统的基于规则和模板的方法到近年来的基于深度学习的模型。特别地,随着词嵌入和Transformer架构的普及,语义表示的学习和理解已经取得了显著的进展。然而,尽管取得了许多突破,完全理解自然语言的复杂性和丰富性仍是NLP领域的长期追求,并持续激发新的研究方向和技术创新。

以上四种传统预训练技术与模型的耦合性较低,还有一些与模型耦合性较高的传统预训练技术。比如,根据先验概率求后验概率的贝叶斯分类技术(Bayesian Classification,BC)、具有多重降级状态的马尔可夫(Markov Model,MM)与隐马尔可夫模型(Hidden Markov Model,HMM)、判别式概率的无向图随机场(Random Field,RF)等。

综上所述,对传统的预训练技术进行了总结、梳理。传统预训练技术总结见表6-2-1。但传统的预训练技术在很多问题上难以解决,基于此,引入神经网络预训练技术解决。

表6-2-1 传统预训练技术汇总

模型大类	具体模型	技术特点	优点	缺点	适用条件与范围
N-gram	N-gram	依据滑动窗口表示为gram列表	理论完善、原理简单、容易操作	词表有限、语义鸿沟、数据稀疏等问题	适用词级和句子级自然语言处理领域,例如拼写检查、自动索引等
向量空间模型	独热码	将文本表示扩展到欧式空间,便于计算与比较	扩充特性、简单有效、便于理解	维度过高、语义鸿沟且无法体现单词间远近程度	适合于基于参数与距离的模型,例如SVM、NN、KNN等

续表 1

模型大类	具体模型	技术特点	优点	缺点	适用条件与范围
向量空间模型	TF – IDF	根据词频以及逆文档频率计算词的重要程度	无监督学习,能过滤一些常见词和保留重要词的信息	无法体现位置关系且严重依赖分词	适用于问答检索领域,例如搜索引擎、查询系统等
向量空间模型	信息增益	特征信息在出现前后的信息熵之差	理论上来说应该是最好的特征选取方法,理论完善	信息增益较高的词频较少,因而产生数据稀疏	适合于分类领域,例如垃圾邮件过滤、情感分类等
向量空间模型	卡方分布	衡量特征项与类别之间的关联程度	理论完善	数学公式复杂,较难理解	适合于分类领域,例如垃圾邮件过滤、意图识别等
Textrank 技术	Textrank	借鉴 PageRank 算法,将语料分割成组成单元并建立图模型	使用者不需要有深入的语言学或专业领域知识	严重依赖分词、提取速度较慢	适合于生成式自然语言处理与词级自然语言处理领域,例如文章摘要
语义分析	隐含语义分析	采用低维词条、文本向量代替原始空间向量	快速高效且模型容易理解	忽略词语的语法信息,不能通过计算得到词语的暗喻含义及类比推论含义,需要大量的文件获得准确的结果且表征效率较低	适用于生成式自然语言处理领域,例如信息过滤、文本摘要以及机器翻译等跨语言信息检索
语义分析	概率隐含语义分析	采用 EM 方法代替奇异值分解 SVD			
其他技术	贝叶斯	根据先验概率求后验概率的一种有向无环图	简短、快速且复杂度不高	物理含义不足且与现实情况不符	适用于词级自然语言处理领域,例如命名实体识别、关键词提取等
其他技术	马尔可夫与隐马尔可夫模型	马尔可夫:未来状态只与当前状态有关隐马尔可夫:由输出序列求隐藏序列	预测多重降级状态的系统概率	模型只依赖每个状态及观察对象且目标函数与预测函数不匹配	适用于句子级自然语言处理,例如语义消歧

续表2

模型大类	具体模型	技术特点	优点	缺点	适用条件与范围
其他技术	条件随机场	是一种判别式概率无向图学习模型	CRF使用场景宽泛,不存在局部最优值问题	复杂度较高、训练代价较大	适用于句子级自然语言处理,例如语义分析

资料来源:陈德光,马金林,马自萍,等.自然语言处理预训练技术综述

二、网络预训练技术

针对传统自然语言预训练技术的不足,神经网络自然语言预训练技术采取了改进措施,主要是将词序间上下文关系考虑到实际语料中。虽然,国内外这个方面已经有不少综述。但是,多聚焦于神经网络,而且内容过于浅显。本文基于此,以"词向量固定表征"和"词向量动态表征"两种方式为脉络,对神经网络预训练技术进行展现。

词向量固定表征是将目标词的上下文相关词考虑进去,能够较好地解决词性孤立不连贯问题。常见的词向量固定表征有神经语言模型技术(Neural Network Language Model,NNLM)、C&W(Collobert and Weston)、Word2vec(Word to Vector)、FastText、Glove(Global Vectors for Word Representation)等。

神经语言模型(Neural Language Model,NLM)在自然语言处理(NLP)领域已成为一种主流技术,尤其是在大量文本数据可用以及计算能力显著增强的背景下。与传统的基于n-gram的统计语言模型相比,神经语言模型使用了分布式的词嵌入来表示词汇,并利用深度神经网络捕捉词序列中的长距离依赖关系。NLM的核心贡献在于其能够学习到一个连续的词向量空间,其中语义上相近的词在该空间中彼此接近。这些词向量可以为多种NLP任务提供丰富的特征。此外,基于Transformer结构的NLM,如BERT、GPT等,已证明可以捕获文本中的复杂模式,为许多NLP任务(如机器翻译、问答系统和文本分类)设定了新的性能基准。此外,预训练与微调的策略进一步推动了NLM在NLP应用中的广泛使用。首先,模型在大规模无标注文本上进行预训练,以学习语言的通用模式;其次,该模型可以在特定任务的有标签数据上进行微调,从而针对特定应用进行优

化。尽管 NLM 已经取得了巨大的成功,但其计算需求、可解释性问题和在低资源语言上的应用仍是研究的热点话题。

Collobert 和 Weston 于 2008 年提出了一种前沿的神经网络模型,简称 C&W 模型,专为自然语言处理(NLP)中的词表示学习而设计。与当时的主流方法不同,C&W 技术不再依赖于复杂的特征工程,而是采用简单的神经网络结构直接从大规模的未标注文本中学习词的分布式表示。C&W 模型采用了一种窗口式架构,其中中心词通过其上下文(窗口内的其他词)来预测。此方法的关键创新在于使用神经网络来最小化预测误差,并以此来学习词向量。这些词向量旨在捕获语义和句法信息,使语义上相近的词在向量空间中彼此接近。该模型的提出标志着从传统的稀疏、高维、基于手工特征的 NLP 方法向分布式、低维、自动学习的词向量表示的转变。此后,此方法为其他关键技术如 Word2Vec 和 GloVe 等铺设了基础,它们进一步推动了词嵌入技术的发展和普及。

Word2Vec 是一种在自然语言处理(NLP)领域被广泛应用的词嵌入方法,由 Mikolov 等人于 2013 年提出。它使用浅层神经网络模型从大规模的文本数据中学习单词的向量表示。这些分布式向量表示旨在捕获词汇的语义和句法信息,使语义上相近的单词在向量空间中具有相近的向量。Word2Vec 主要提供了两种模型架构:连续词袋模型(CBOW)和 Skip - Gram 模型。在 CBOW 中,模型尝试使用上下文(或窗口中的单词)来预测中心单词。相反,Skip - Gram 模型则使用中心单词来预测其上下文。实践中已证明,对于较小的数据集,Skip - Gram 往往优于 CBOW,而在大型数据集中,两者的效果相差无几。值得注意的是,Word2Vec 的成功不仅在于生成的向量能够捕捉单词之间的相似性,还在于其能够识别语义关系,如"国王"减去"男人"加上"女人"近似于"女王"。自从 Word2Vec 被引入以来,其概念已广泛地影响了自然语言处理的各个方面,并催生了一系列后续的词嵌入技术,如 FastText、GloVe 以及基于 Transformer 的 BERT 等模型。这些方法继续扩展和完善了从文本数据中自动学习有意义的词向量表示的能力。

FastText 是由 Facebook 的 AI 研究团队于 2016 年提出的一种词嵌入和文本分类方法。与前辈 Word2Vec 等模型不同,FastText 的核心创新在于处理文本时不仅考虑单词，还考虑了其子词信息。这使模型能够捕获到单词内部的结构信息，从而更好地处理形态丰富的语言以及词汇表外的单词。FastText 模型表示每个单词为其子词的向量的和。子词通常是单词的字符 n – grams，例如，"apple"的 3 – grams 子词有"app""ppl""ple"等。通过这种方式，形态上相似的单词，即使它们在训练数据中从未出现过，也可能会有相似的向量表示。此外，FastText 也被设计为高效的文本分类工具。通过对文本中的所有单词向量进行平均并直接在此基础上应用线性分类器，FastText 实现了迅速而有效的文本分类。FastText 的这种子词方法对于许多非英语语言特别有价值，尤其是那些形态变化较多、合成词较多的语言。由于其高效和强大的特性，FastText 被广泛应用于多种 NLP 任务中，包括语义相似性计算、情感分析和文本分类等。此技术的推出不仅丰富了词嵌入技术的研究领域，还为处理形态复杂性提供了新的思路和工具。

GloVe（Global Vectors for Word Representation）是一种为词汇生成向量表示的方法，由 Pennington、Socher 和 Manning 于 2014 年提出。不同于传统的局部上下文窗口方法，GloVe 基于全局统计信息，特别是单词共现统计，在大型语料库中学习词向量。其核心思想在于，词汇的语义信息可以从整个语料库的共现统计中抽取。GloVe 的目标是学习词向量，使两个单词向量的点积与它们在语料库中的共现概率之比有关。为了实现这一目标，模型首先构建一个共现矩阵，其中每个元素表示两个单词在特定上下文窗口中的共现次数。然后，GloVe 采用了一种特殊的损失函数，对此共现矩阵进行分解，以得到紧凑的向量表示。GloVe 模型在多个评估任务中都已展现出与其他当时先进的词向量方法相当或更优的性能，特别是在词相似性和类比任务上。值得注意的是，GloVe 模型不仅捕获了词之间的线性语义关系，而且可以较好地处理大型语料库，快速生成高质量的词嵌入。总体来说，GloVe 为捕捉词汇的丰富语义关系提供了一种有效且可扩展的框架，并在自然语言处理领域得到了广泛应用。

词向量动态表征是在预训练阶段将目标词的上下文相关词考虑进去，同时，在涉及具体语句时会将目标词的上下文考虑进去，能够较好地解决词性孤立不连贯及一词多义问题。常见的有 Elmo（Embeddings from Language

Models)、GPT（Generative Pre‐training Transformer）以及 BERT 模型等。

ELMo（Embeddings from Language Models）是一种深度上下文化词嵌入方法，由 Allen Institute for Artificial Intelligence 的 Peters 等人在 2018 年提出。区别于传统的词嵌入方法，如 Word2Vec 或 GloVe，它们为词汇生成静态的向量表示，ELMo 提供了根据上下文动态生成的词嵌入。ELMo 模型基于双向长短时记忆网络（BiLSTM）的语言模型进行训练，生成每个词的表示时，考虑了该词在特定句子中的前后上下文信息。这种深度上下文化的嵌入方法允许模型为同一词汇在不同上下文中生成不同的向量表示，从而捕获其多种语义。该方法的一个核心特点是，通过线性组合不同层次的 BiLSTM 隐藏状态，ELMo 为下游任务提供了一个特定的表示。这种组合方法使 ELMo 可以为不同的 NLP 任务（如问答、命名实体识别和情感分析）定制词嵌入。ELMo 的引入标志着 NLP 领域向上下文化词表示的转变，为后续的模型，如 BERT 和 Transformer 等，铺平了道路。实验证明，将 ELMo 嵌入整合到各种 NLP 任务中可以显著提高模型性能，这突显了深度上下文化词嵌入在捕捉词语的复杂语义方面的潜力。

GPT（Generative Pre‐trained Transformer）模型由 OpenAI 首次于 2018 年提出，标志着自然语言处理领域向大型、深度 Transformer 架构的迁移。GPT 建立在 Transformer 架构之上，该架构最初由 Vaswani 等人在 2017 年介绍，并已证明其在处理序列数据时的优越性。GPT 的训练过程分为两个阶段：预训练和微调。在预训练阶段，模型在大规模的未标注文本上进行自监督学习，目标是预测给定上下文后的下一个词。这使模型学习到了丰富的语言表示，包括句法、语义和常识知识。在微调阶段，模型在具体的 NLP 任务数据上进行有监督的训练，如文本分类、问答或文本生成等。GPT 的出现和其后续版本（如 GPT‐2 和 GPT‐3）突破了多个自然语言处理任务的性能记录。其独特之处在于，相较于传统的任务特定模型，GPT 通过预训练和微调的策略为多种任务提供了一个统一的、高度泛化的模型。此外，GPT 模型尤其以其文本生成能力著称，能够生成连贯、自然和高质量的文本，这在一定程度上彰显了模型对语言的深度理解。总的来说，GPT 及其后续版本为 NLP 的研究和应用提供了新的思路和方法，引领了一波基于 Transformer 的大型模型的研究潮流。

BERT（Bidirectional Encoder Representations from Transformers）是由 Google AI 团队在 2018 年提出的预训练深度学习模型。其核心创新在于利用 Transformer 架构进行双向（bidirectional）上下文化的词表示学习。与以往的单向或浅层双向模型相比，BERT 能更深入地捕捉文本中的上下文信息。BERT 模型的训练过程包括两个主要任务：掩码语言模型（Masked Language Model）和下一个句子预测（Next Sentence Prediction）。在掩码语言模型任务中，BERT 随机遮蔽语料中的部分单词，并尝试准确地预测这些被遮蔽的单词，从而学习句中单词的上下文表示。而下一个句子预测任务则使模型学习如何理解句间关系。经过预训练后，BERT 可以通过在特定任务的标注数据上进行微调，从而迅速适应各种 NLP 任务，如文本分类、命名实体识别、问答和语义相似度判断等。重要的是，BERT 模型在多个主流 NLP 基准测试中均实现了当时的最佳性能。BERT 的出现标志着 NLP 领域的一个重要转折点，为后续的双向预训练模型如 RoBERTa、AL-BERT 等模型的出现提供了基础。其深度、双向的特性和预训练—微调的策略为理解复杂的语言结构和捕捉上下文语义信息提供了新的方向。

自然语言处理在应用领域的进展，可以从词汇、句子和篇章三个层级进行展示。具体的应用领域包括命名实体识别、智能问答、机器翻译、文本生成、多模态领域。

其中，命名实体识别（Named Entity Recognition，NER）于 1996 年在 MUC-6 会议上首次被提出。它是自然语言处理领域的基石。智能问答（intelligent question and answering，QA）是信息检索的一种高级形式，它可以通过对话的方式完成用户的信息检索需求。目前，如火如荼地 ChatGPT 便是其典型代表。机器翻译（Machine Translation，MT），又称自动翻译。它的发展与自然语言处理同步，正是人类对不同语言的转换需求，推动着自然语言处理的发展。文本分类（Text Classification，TC）是依靠自然语言处理、数据挖掘和模式识别等技术，对不同的文本进行分类处理。它的应用场景非常广泛，比如垃圾邮件甄别等。文本生成（Text Generation，TG）主要包括自动摘要、信息抽取和机器翻译。同样，ChatGPT 也是文本生成的典型代表。除了以上领域的应用，多模态领域也是自然语言处理的一大应用领域。人类日常生活产生的数据类型，包括视频、图片等。因而，自然引出了多模态数据（见图6-2-1）。

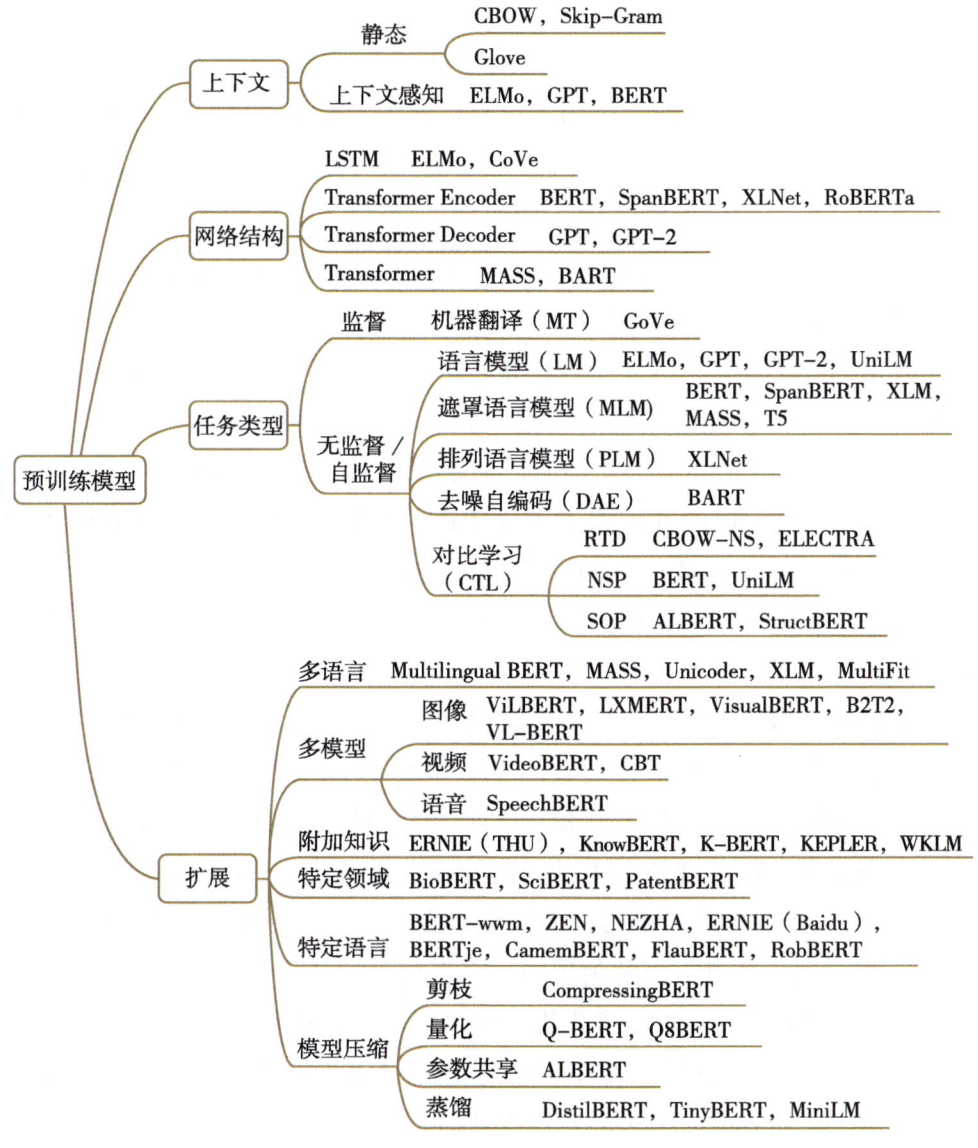

图6-2-1 预训练模型的不同分类

资料来源：https：//leovan.me/cn/2020/03/pre-trained-model-for-nlp/

第二节 大规模预训练模型综述

一、大模型发展现状

近年来,海内外大语言模型(LLM)在人工智能领域取得了突破性进展,引领着技术和应用的飞速发展。在2022年11月30日,美国开放人工智能公司(OpenAI)发布了ChatGPT——一款引人注目的通用对话式人工智能工具。其强大的语言处理能力使其在短短两个月内就吸引了超过1亿的活跃用户,成为史上增长最快的消费者应用程序之一。

随着时间的推移,LLM持续创新,2023年3月15日,OpenAI推出了GPT-4——一个多模态预训练大语言模型,能够同时处理图像和文本输入,表现出多个方面的提升。随后,企业级的Azure OpenAI GPT-4服务也面世。同时,Google的Bard项目基于PaLM 2模型,着力于人机协同合作领域,展示出其对LLM技术的发展追求。Meta发布了Llama 2,通过三种参数规模的变体为开源大模型领域带来了重大影响,为模型在多项外部基准测试中展现出优异的性能。

在金融领域,大模型的应用也取得了重要突破。BloombergGPT成为金融领域首个公开的大型语言模型,基于BLOOM模型构建,并结合通用能力和特定领域的方法,利用了Bloomberg 40年的数据积累,为金融自然语言处理技术带来新的视角和方法。度小满推出千亿级中文金融大模"轩辕",在金融任务中表现出明显的优势,为金融领域带来了新的突破。Liu Xiao-Yang团队开源了金融领域的大语言模型"FinGPT",实现了全流程自动化投研决策,为金融业务提供了更高效、智能的解决方案。

这些海内外大模型的发展,为金融、自然语言处理和人工智能领域带来了巨大的创新和潜力。从量化投资到情绪分析,从预测股票走势到创造新的交易信号,大模型正在推动金融行业迈向智能化的未来。

二、海内外大模型

2022 年 11 月 30 日，OpenAI 推出了一款对话式的通用人工智能工具，名为 ChatGPT。由于其卓越的语言处理能力，ChatGPT 在发布后迅速受到了广大用户的喜爱。仅在发布后的两个月内，其活跃用户数量就突破了 1 亿，这使其成为历史上增长速度最快的消费者应用程序，引起了业界的广泛关注。到了 2023 年 3 月 15 日，OpenAI 进一步发布了多模态预训练大语言模型 GPT-4，这款模型可以同时处理图像和文本输入，性能在多个方面都得到了提升。仅一周后，即 3 月 22 日，企业级的 Azure OpenAI GPT-4（国际预览版）服务也随之发布。ChatGPT 是一种大参数的预训练自然语言生成模型，其中 GPT 代表"生成式预训练转换器"（Generative Pre-trained Transformer）。经过大量的互联网语料库训练后，GPT 模型可以根据用户的文字输入生成相应的文字回答，从而实现了常见的聊天问答模式。ChatGPT 是在 GPT 模型经过多次迭代和改进后产生的。它是基于 GPT-3.5 系列模型进行微调而来的。从 GPT 的初代模型到 GPT-3，模型的参数量从 1.17 亿增长到了 1 750 亿，而训练数据量也从 5GB 增加到了 45TB。ChatGPT 的强大功能得益于多种技术模型的积累，包括机器学习、神经网络模型和 Transformer 架构等。ChatGPT 在以往模型的基础上，拥有更大的语料库、更强的计算能力、更通用的预训练和更强的自我学习能力。它还具有"敢于质疑""承认无知""支持连续多轮对话"和"主动承认错误"等独特的特点。

Bard 是由 Google 推出的实验项目，其核心支持来自 Google 的 PaLM 2 模型。该项目旨在让用户与生成式 AI 进行协同合作。自从 OpenAI 在 2022 年 11 月发布 ChatGPT 之后，Google 一直在努力追赶其 AI 技术的发展脚步。在 2023 年 5 月的 Google I/O 年度大会上，谷歌进行了实质性的展示。在这场长达两小时的主题演讲中，谷歌 CEO Sundar Pichai 和其他高管多次提及"生成式 AI"。尽管 Bard 的用户数量尚未达到 ChatGPT 的规模，但其近期的增长势头明显。谷歌希望通过持续的更新进一步推动 Bard 的增长。

Meta 在 2023 年 7 月 19 日发布了 Llama 2，这是一个免费且可商用的版本，其发布对开源大模型领域产生了重大影响。Llama 2 模型系列提供了三种参数规模的变体，分别为 70 亿、130 亿和 700 亿。与上一代相比，Llama 2 的训练数据增加了 40%。在多种外部基准测试中，如推理、编码、精通性和知识测试等，Llama 2 都展现出了卓越的性能。尽管 Llama 2 支持多种语言，但其语料库主要是英文，占据了 89.7%，而中文的占比仅为 0.13%。这一局限性导致 Llama 2 在进行中文对话时可能难以达到流畅和深度的效果。值得注意的是，Meta 开源 Llama 2 模型后的次日，开源社区便推出了首个可下载、可运行的开源中文 LLaMA2 模型。这个模型被命名为"Chinese Llama 2 7B"，由国内的 AI 初创公司 LinkSoul.Al 推出。

清华发布的 ChatGLM－6B 及其升级版 ChatGLM2－6B 受到广泛关注，自 2023 年 3 月 14 日发布以来量超过 300 万。与初代模型相比，ChatGLM2－6B 在多个维度上的能力都有所提升，包括数理逻辑、知识推理和长文档理解等。同时，引入了如下新特性：更强大的性能，更长的上下文，更高效的推理，更开放的协议。作为新参与者，Falcon 模型已在 Hugging Face 生态中崭露头角。Falcon 包括 alcon－40B 和 Falcon－7B 两个基础模型，具有出色的性能和推理技术。Falcon－40B 在 Open LLM 排行榜中表现突出，Falcon－7B 显存需求减少，支持高效文本生成。同时，Falcon－7B 还在 M1 MacBook Pro 上具备 Core ML 版本，提供更多灵活性。

三、大模型在量化投资中的应用

大语言模型（LLM）在金融领域正迎来前所未有的发展。BloombergGPT 是 Bloomberg 于 2023 年 3 月 30 日在 arXiv 公开的一篇文章中提到的金融领域大型语言模型。这是金融领域首个公开发表的大型语言模型（LLM）。BloombergGPT 是一个具有 500 亿参数的大型语言模型，基于 BLOOM 模型构建，并采用了一种结合通用能力和特定领域的方法。为了实现这种方法，BloombergGPT 利用了 Bloomberg 40 年的数据积累，构建了目前最大的金融领域数据集。BloombergGPT 的研究为金融领域的自然语言处理技术提供了新的视角和方法，有望进一步推动该领域的发展。度小满发布首个国内千亿级中文金融大模型"轩辕"，基于 1 760 亿参数 BLOOM 模型微调。轩辕专注于金融任务，如金融名词理解、市场评论、数据分析和新闻理解。轩辕在金融场景中表现出色，超越市场上主流开源模型，具有强大的金融领域优势。通过积累的千亿级金融领域数据集和微调技术，轩辕不仅在通用性方面表现出色，还在金融垂直领域性能方面有明显提升。Liu Xiao-Yang 等于2023年7月19日在arxiv上发布"FinGPT：Democratizing Internet-scale Data for Financial Large Language Models"，并在Github开源（见图6-2-2）。金融领域首个开源大语言模型，实现信息到投资端全自动化决策，助力机器投顾、情绪分析、低代码开发等。基于预训练的Transformer技术，透过微调学习金融领域任务，已实现自动投资框架、量化交易等应用。这些大型语言模型在金融领域的应用，为自动化投研、情感分析、全流程投资决策等提供了新的可能性，也为金融领域的发展注入了新的活力。通过融合大规模金融数据和先进的自然语言处理技术，这些模型不仅在提升通用性能的同时，也在专业领域任务中表现出色，有望推动金融行业向更加智能化和高效化的方向发展。

  随着大语言模型（LLM）在自然语言处理领域的突破性进展，其在量化投资领域的应用也日益受到关注。Zihan Chen 等（2023）展示了ChatGPT在自然语言处理任务中的卓越能力，特别是其在从时间序列文本数据（如财经新闻）中推断动态网络结构方面的潜力。研究引入了一种新颖的框架，将ChatGPT的图推断能力与图神经网络（GNN）相结合，从文本数据中提取出演变的网络结构，优于传统深度学习方法，在股票运动预测和投资组合构建上表现出色。Xinli Yu 等（2023）讨论了LLM在可解释金融时间序列预测中的应用。该研究关注纳斯达克100指数的股票，利用历史股价、公司元数据和经济/金融新闻数据，展示了LLM在解决跨序列推理、多模态信号融合、结果解释等方面的潜力。实验结果显示，基于LLM的方法在多个任务上优于传统方法，为量化决策提供了有洞察力的支持。Saizhuo Wang 等（2023）提出了一种新的人机交互式alpha挖掘范例。传统alpha挖掘方法受限于固有局限，该研究通过引入人机交互，结合大型语言模型的能力，创新性地挖掘交易信号（alpha）。Alpha-GPT系统框架通过理解量化研究员的想法，输出创意、有洞察力和有效的alpha，证明其在提

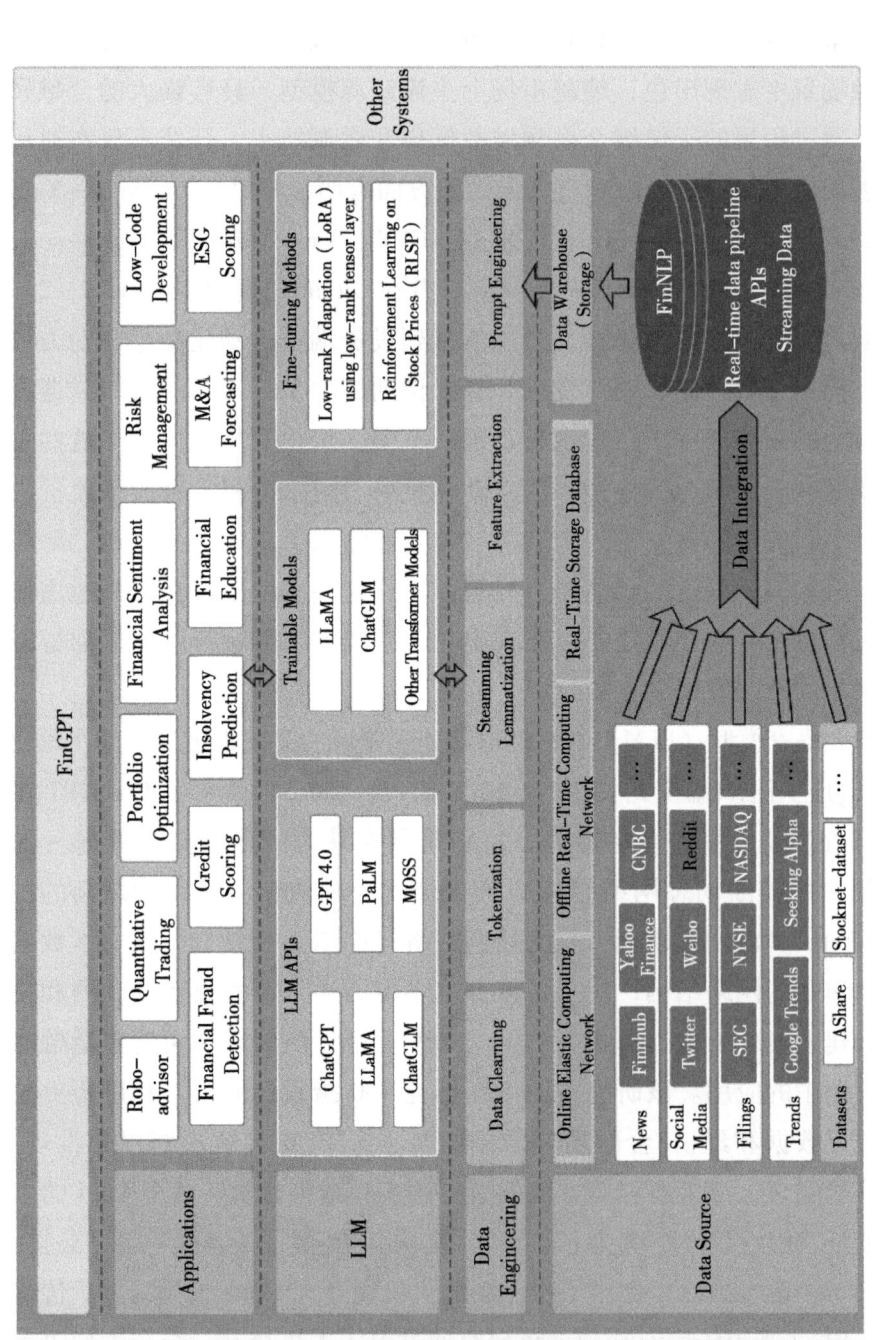

图 6-2-2 FinGPT 架构图

资料来源：Github

高 alpha 挖掘效率方面的优势。Haohan Zhang 等（2023）探讨了 LLM 在预测中国股票价格走势中的潜力，尤其是从新闻文本中提取情绪因素。通过基准测试，研究比较了多种 LLM 类型在情绪因素提取和量化交易策略构建中的表现，为揭示 LLM 在情绪因素影响上的关键因素提供了洞察。这些研究丰富了我们对 LLM 在量化金融领域应用的认识，展示了它们在预测、决策和创新方面的潜力。随着技术的不断进步，LLM 有望为量化投资领域带来更多机会和突破。

第三章
大模型在量化投资中的应用场景分析

第一节 通过 API 调用进行文本分析与提取

一、GPT – API

在金融市场的快速变化中,信息分析与应用对于量化投资至关重要。随着人工智能的进步,大型语言模型引发了量化投资领域的兴趣。GPT – API 作为关键工具,在量化投资中有广泛应用。GPT – API 基于大型语言模型,允许用户提交文本数据以获取连贯的生成文本。在文本生成、问答、情感分析等任务上表现出色,尤其在量化投资中应用潜力大。同时,GPT – API 在情感分析方面独具优势。在金融投资中,情感分析关乎市场情绪。通过分析新闻、社交媒体等文本,GPT – API 可揭示市场情感和趋势。投资者情感常在市场波动前显现,通过实时监测市场舆情,投资者可更早捕捉信号,优化投资策略。相应地,GPT – API 在量化投资有重要价值。充分利用文本分析,投资者可更准预测市场、优化策略,有效管理风险。尽管挑战存在,随技术进步,GPT – API 将助量化投资发掘更多机遇。

二、API 的模型对比与参数选择

目前,OpenAI API 提供了多样化的模型选择,具有不同的功能和价格点,满足各种需求。其中,GPT – 4 和 GPT – 3.5 在理解和生成自然语言及代码方面表现出色。DALL·E 创新地根据文本提示生成和编辑图像,Whisper 能将音频转换为文本。Embeddings 模型将文本转化为数字形式,有助于定量分析。

GPT-4是一种大型多模态模型，能够接受文本输入并生成文本输出，未来将支持图像输入。通过广泛的通用知识和先进的推理能力，GPT-4相对于之前的模型能够更准确地解决困难问题。与之类似，GPT-3.5-turbo在聊天方面表现出色，但也适用于使用Chat Completions API的传统补全任务。在GPT-3.5家族中，gpt-3.5-turbo被认为是最具能力和性价比的模型，它可以理解和生成自然语言或代码。这些模型在量化投资中具有广泛的应用前景，可以用于情感分析、市场走势预测以及信息提取等任务。通过使用GPT-4和GPT-3.5模型，投资决策者可以更好地理解金融市场并作出更有根据的决策。下文的实证部分采用的是GPT-3.5-turbo模型。

参数方面，GPT-API的参数提供了丰富的配置选项，可以根据不同的情境和任务进行定制。在量化投资中，可以利用这些参数实现更精准的文本生成和情感分析，帮助量化投资者更好地理解市场动态、预测走势以及制定投资策略。通过合理调整参数，将GPT-API应用于量化投资领域，可以为决策者提供更多有价值的信息和见解。

以下是GPT-API的部分常用参数：

（1）model（模型），必填字段：用于指定要使用的模型的ID。根据模型的兼容性表格，选择适用于Chat API的模型。

（2）messages（消息），必填字段：以数组形式提供构成当前会话的消息列表。role：定义消息的作者角色，可以是system、user、assistant或function。content：消息的内容，包含实际的文本信息。对于包含函数调用的助手消息，此项可能为空。

（3）temperature（温度），可选字段，默认为1，用于控制采样温度，介于0~2之间。较高的值如0.8会使输出更随机，较低的值如0.2会使其更集中和确定性。

（4）top_p（顶部概率），可选字段，默认为1，用于nucleus采样。根据top_p概率分布，模型考虑前top_p的概率质量的token。

（5）max_tokens（最大token数），可选字段，默认为inf，用于限制生成的token数。

三、Prompt 技巧

Prompt 是与模型进行交互的起点，它的设计直接影响模型的输出。在量化投资中，我们可以利用 Prompt 来指导模型生成与金融市场相关的预测、分析和见解。一个恰当的 Prompt 不仅可以引导模型生成有用的信息，还可以提高输出的准确性和可解释性。

在构建 Prompt 时，首要考虑任务与背景。量化投资领域涵盖市场预测、情感分析等多个领域，因此 Prompt 需明确指定任务，同时提供背景信息以助模型理解上下文。明确的问题陈述也至关重要，以确保模型输出准确。避免模糊问题，同时不过度限制，以维持模型创造性。Prompt 构建中需控制输出风险。模型可能受偏见、错误信息影响，Prompt 中应提醒模型避免主观判断，并通过设置温度和 top-p 值来控制随机性，确保可控输出。最终，Prompt 的优化需要不断实验和调整。通过尝试不同表述与问题，评估模型输出，学习并确定最佳的 Prompt 设计，为大型模型在量化投资中的应用提供有效指导。

四、文本分析与信息提取

本节将通过一则新闻文本展示 GPT-API 的文本分析与信息提取效果。下面是新闻文本范例：

在 7 月美国零售销售强劲超过市场预期后，黄金价格相对稳定。

根据美国商务部最新数据，上个月美国零售销售增长了 0.7%，而 6 月的增幅也经过修正，为 0.3%。经济学家的共识预测表明，7 月的主要数据将增长 0.4%。

核心销售，即排除汽车销售的数据，在上个月增长了整整 1%，远超市场对 0.4% 的预期。该报告的控制组数据，排除了汽车、燃料、建筑材料和食品服务，同样超过了市场预期，增长了 1%，而预期仅为 0.2%。

Capital Economics 的经济学家表示，美国消费者支出的韧性对美联储来说不是问题，只要通胀继续下降。

通过调用 API 返回的文本分析如下：

这则新闻指出，尽管 7 月美国零售销售超过市场预期，黄金价格相对稳定。美国零售销售的强劲表现显示出消费者支出的强大韧性。然而，这并未对黄金市场造成明显影响，黄金价格相对稳定。这可能是因为市场仍然关注美联储货币政策的收紧以及通胀走势。

报告中还提到核心销售数据以及控制组数据的增长都超过了市场预期。核心销售在上个月增长了 1%，远远超过预期的 0.4%，显示出消费者在更广泛的领域保持了强劲的支出。同样，控制组数据的增长也显示出美国消费者的韧性，尽管排除了汽车、燃料、建材和食品服务等因素。

分析师指出，美国消费者支出的韧性对美联储来说不构成问题，只要通胀继续下降。尽管美国经济在消费支出方面表现强劲，但通胀率的下降趋势可能会影响美联储未来的货币政策决策。总的来说，这则新闻反映了美国经济的某些方面表现强劲，但在通胀方面仍存在一些不确定性，这或许也是黄金市场表现相对稳定的原因之一。

进一步地，通过调用 API 对新闻文本中提到的黄金价格进行预测分析：

【短期走势预测与分析】

从新闻中可以看出，7 月美国零售销售表现强劲，超过市场预期。这一数据可能会在短期内对黄金价格产生一定影响。零售销售的增长意味着美国经济中的消费支出有所增加，这可能被视为经济活动的积极信号，从而导致市场风险情绪降低。由于黄金在市场风险情绪高涨时通常被视为避险资产，消费支出的增加可能导致投资者减少对黄金等避险资产的需求，从而对黄金价格产生一定的压制。因此，短期内黄金价格可能受到零售销售数据的影响而表现相对稳定或略有下跌。

【长期走势预测与分析】

尽管零售销售强劲，分析师指出美国消费者支出的韧性对美联储来说并不构成问题，只要通胀继续下降。这可能意味着虽然消费支出表现强劲，但通胀水平的下降可能限制了美联储未来收紧货币政策的可能性。通胀下降可能意味着美联储不会过于急于提高利率，以避免对经济产生负面影响。

从长期来看，通胀趋势可能对黄金价格产生一定影响。通常情况下，黄金被视为通胀避险资产，如果通胀水平持续下降，投资者可能会寻求其他投资选择，从而可能影响到黄金的需求和价格。

综合考虑，短期内零售销售数据可能对黄金价格产生一定影响，但通胀趋势对黄金的长期走势也可能产生影响。需要注意的是，市场会受到各种因素的影响，投资者在进行决策时应综合考虑多个因素，以更准确地评估黄金价格的未来走势。

GPT-API 在对新闻的分析提取中，它能够明确指出了新闻中的关键要点，包括美国零售销售超出预期、黄金价格相对稳定以及核心销售数据增长等。还能对合理地分析零售销售数据对黄金价格的可能影响，以及通胀趋势对长期黄金价格走势的潜在影响。这展示了 GPT-API 在文本分析与金融信息提取方面的强大能力，为投资决策提供了有益的见解。

第二节　通过微调实现特定任务

模型微调是指利用新的数据，对已有模型进行训练。它能够增强大模型和人类对话的能力，使大模型更加适应专业化领域场景，比如金融领域。

一、监督式微调

监督式微调（Supervised Fine-Tuning，SFT）是指在源数据集上预训练一个神经网络模型，即源模型（见图6-3-1）。然后创建一个新的神经网络模型，即目标模型。目标模型复制了源模型上除了输出层外的所有模型设计及其参数。这些模型参数包含了源数据集上学习到的知识，且这些知识同样适用于目标数据集。源模型的输出层与源数据集的标签紧密相关，因此在目标模型中不予采用。微调时，为目标模型添加一个输出大小为目标数据集类别个数的输出层，并随机初始化该层的模型参数。在目标数据集上训练目标模型时，将从头训练到输出层，其余层的参数都基于源模型的参数微调得到。

专题六 大规模预训练模型在量化投资中的应用

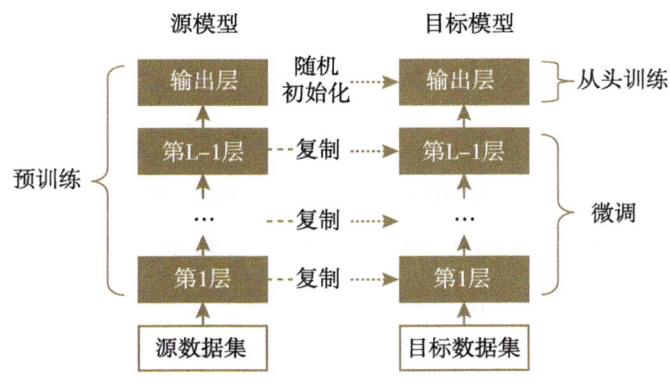

图 6-3-1 监督式微调

资料来源：公开资料，课题组整理

具体来说，监督式微调包括以下几个步骤：

（1）预训练：首先在一个大规模的数据集上训练一个深度学习模型，如使用自监督学习或者无监督学习算法进行预训练。

（2）微调：使用目标任务的训练集对预训练模型进行微调。通常，只有预训练模型中的一部分层被微调，如只微调模型的最后几层或者某些中间层。在微调过程中，通过反向传播算法对模型进行优化，使模型在目标任务上表现更好。

（3）评估：使用目标任务的测试集对微调后的模型进行评估，得到模型在目标任务上的性能指标。

监督式微调能够利用预训练模型的参数和结构，避免从头开始训练模型，从而加速模型的训练过程，并且能够提高模型在目标任务上的表现。监督式微调在计算机视觉、自然语言处理等领域中得到了广泛应用。然而监督也存在一些缺点。首先，需要大量的标注数据用于目标任务的微调，如果标注数据不足，可能会导致微调后的模型表现不佳。其次，由于预训练模型的参数和结构对微调后的模型性能有很大影响，因此选择合适的预训练模型也很重要。

将预训练模型的前 $L-1$ 层的参数复制到微调模型，而微调模型的输出层参数随机初始化。在训练过程中，通过设置很小的学习率，从而达到

303

微调的目的。

二、参数高效微调

随着技术的发展，涌现出越来越多的大语言模型，且模型参数越来越多，比如 GPT3 已经达到 1 750 亿的参数量，传统的监督微调方法已经不再能适用现阶段的大语言模型。为了解决微调参数量太多的问题，同时也要保证微调效果，急需研发出参数高效的微调方法（Parameter Efficient Fine Tuning，PEFT）。目前，已经涌现出不少参数高效的微调方法，其中主流的方法包括：P – tuning v2、LoRA、Freeze。

（一）P – tuning v2

理解 P – tuning v2 微调方法，首先需要了解 Prefix – tuning 微调方法和 P – tuning v1 微调方法。

1. Prefix – tuning

Prefix – tuning 微调方法在模型中加入 prefix，即连续的特定任务向量，微调时只优化这一小段参数。对于条件生成任务，如图 6 – 3 – 2 所示，其输入是文本 x，输出是序列 y。

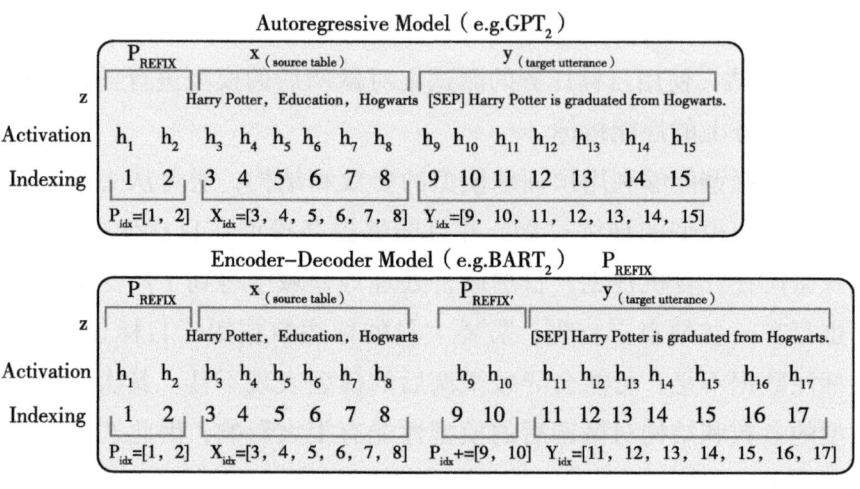

图 6 – 3 – 2 Prefix – tuning 微调

资料来源：公开资料，课题组整理

图中，$z=[x:y]$ 是 x 和 y 的拼接，X_{idx} 和 Y_{idx} 表示序列的索引，$h_i \in \mathbb{R}_d$ 表示每个时刻 i 下的激活值，$h_i=[h_i(1);\cdots;h_i(n)]$ 表示当前时刻所有层输出向量的拼接，$h_i(j)$ 是时刻 i 的第 j 层 Transformer 的输出，于是自回归语言模型计算每一时刻的输出 h_i，即：

$$h_i = LM\phi(z_i, h<i)$$

h_i 的最后一层用来计算下一个词的分布：

$$p\phi(z_i+1/h \leq i) = softmax[W\phi h_i(n)]$$

其中，ϕ 是语言模型的参数。在自回归语言模型前添加 prefix 后，$z=[PREFIX;x;y]$ 或者 $z=[PREFIX;x;PREFIX;y]$，P_{idx} 表示 prefix 的索引，$|Pidx|$ 表示 prefix 的长度。Prefix - tuning 通过初始化可训练矩阵 P_θ（维度为 $|P_{idx} \times dim(hi)|$）来存储 prefix 参数：

$$h_i = P_{\theta[i,:]}, if_i \in P_{idex} LM\phi(z_i, h<i), otherwize$$

训练对象与 Fine - tuning 相同，但语言模型的参数 ϕ 股东，仅 prefix 参数 θ 是可训练的参数，因此 hi 是可训练的 P_θ 的函数。

2. P - tuning v1

P - tuning v1 微调方法是将 Prompt 加入到微调过程中，只对 Prompt 部分的参数进行训练，而语言模型的参数固定不变（见图 6 - 3 - 3）。

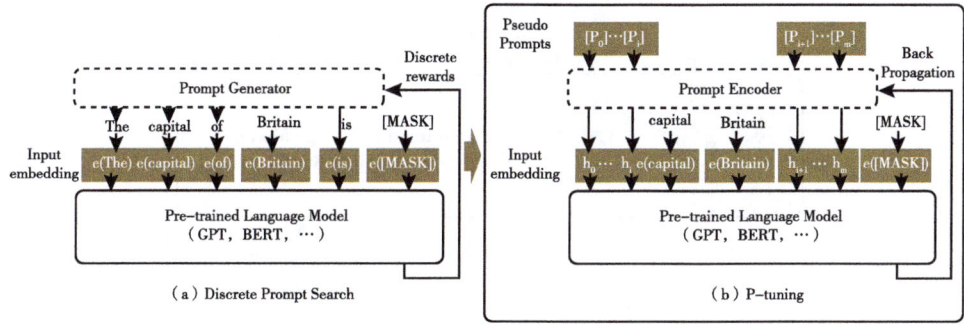

图 6 - 3 - 3　P - tuning v1

资料来源：公开资料，课题组整理

P - tuning v1 设计一个自动的生成连续 Prompt 的方法来提升模型的微调效果。由图 6 - 3 - 3，P - tuning v1 的模版可以用下面公式表示：

$\{h_0,\cdots,h_i,e(x),h_{i+1},\cdots,h_m,e(y)\}$

其中，h 表示 P – tuning v1 的连续 Prompt 表征，e 代表一个预训练的语言模型，x 代表数据的原始输入，y 表示数据的标签。在面对下游任务微调时，通过优化 h 的参数来进行模型微调：

$h^0:m = arg_h minL[M(x,y)]$

但是，P – tuning v1 微调方法缺少普遍性。实验表明，当模型规模超过 100 亿个参数时，P – tuning v1 可以与全参数微调方法相媲美，但对于那些较小的模型，P – tuning v1 方法和全参数微调方法的表现有很大差异，效果很差。同时，P – tuning v1 缺少跨任务的通用性，在序列标注任务中的有效性没有得到验证。序列标注需要预测一连串的标签，而且大都是无实际意义的标签，对于 P – tuning v1 微调方法极具挑战。此外，当模型层数很深时，微调时模型的稳定性难以保证。模型层数越深，第一层输入的 Prompt 对后面的影响越难以预估。

3. P – tuning v2

P – tuning v2 微调方法是 P – tuning v1 微调方法的改进版，同时借鉴了 prefix – tuning 微调的方法（见图 6 – 3 – 4）。

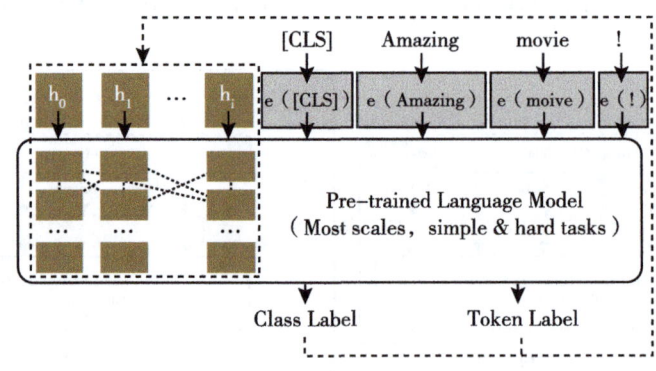

图 6 – 3 – 4　P – tuning v2

资料来源：公开资料，课题组整理

与 P – tuning v1 微调方法相比，P – tuning v2 微调方法采用了 prefix – tuning 的做法，在输入前面的每一层都加入可微调的参数。在 prefix 部分，每一层的 transformer 的 embedding 输入都需要被微调,而 P-tuning v1 只在第一层进行微调。同时,对于 prefix 部分,每一层 transformer 的输入不是从上一层输出,而是随机初始化的 embedding 作为输入。

此外,P-Tuning v2 还包括以下改进:(1)移除 Reparamerization 加速训练方式;(2)采用多任务学习优化:基于多任务数据集的 Prompt 进行预训练,然后再适配的下游任务;(3)舍弃词汇 Mapping 的 Verbalizer 的使用,重新利用[CLS]和字符标签,跟传统微调方法一样利用 cls 或者 token 的输出做自然语言理解,以增强通用性,可以适配到序列标注任务。

P-tuning v2 微调方法解决了 P-tuning v1 方法的缺陷,是一种参数高效的大语言模型微调方法。P-tuning v2 微调方法仅精调 0.1% 参数量(固定 LM 参数),在各个参数规模语言模型上,均取得和 Fine-tuning 相比肩的性能,解决了 P-tuning v1 在参数量不够多的模型中微调效果很差的问题。将 Prompt tuning 技术首次拓展至序列标注等复杂的 NLU 任务上,而 P-tuning v1 在此任务上无法运作。

(二)LoRA

神经网络的每一层都包含矩阵的乘法。这些层中的权重矩阵通常具有满秩。当适应特定任务时,预训练语言模型具有低的"内在维度",将它们随机投影到更小的子空间时,它们仍然可以有效学习(见图 6-3-5)。

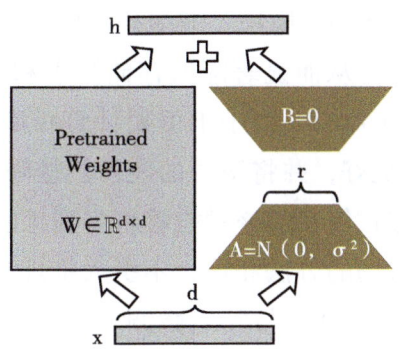

图 6-3-5 LoRA 原理

资料来源:公开资料,课题组整理

在大语言模型微调的过程中，LoRA 冻结了预先训练好的模型权重，并将可训练的秩的分解矩阵注入到 Transformer 体系结构的每一层。例如，对于预训练的权重矩阵 W_0，可以让其更新受到用低秩分解表示后者的约束：

$$W_0 + \Delta W = W_0 + BA$$

其中，$W_0 \in \mathbb{R}_{d \times k}$，$B \in \mathbb{R}_{d \times r}$，$A \in \mathbb{R}_{r \times k}$，并且秩 $r \ll \min(d, k)$。在模型微调时，W_0 被冻结，不接受梯度更新，只微调参数 A 和 B。与所有参数参与模型微调相比，此时该步骤模型微调的参数量由 $d \times k$ 变成 $d \times r + r \times k$，而 $r \ll \min(d, k)$，因此微调参数量大大减少了。

LoRA 微调时，对 A 使用随机 Gauss 初始化，对 B 使用零初始化，因此 $\Delta W = BA$ 在训练开始时为零。

对 Transformer 的每一层结构都采用 LoRA 微调的方式，最终可以使模型微调参数量大大减少。当部署到生产环境中时，只需要计算和存储 $W = W_0 + BA$，并像往常一样执行推理。与其他方法相比，没有额外的延迟，因为不需要附加更多的层。

在 Transformer 体系结构中，自注意力机制模块中有四个权重矩阵（W_q、W_k、W_v、W_0），MLP 模块中有两个权重矩阵。LoRA 在下游任务微调时，只调整自注意力机制模块的权重，并冻结 MLP 模块。所以对于大型 Transformer，使用 LoRA 可减少高达 2/3 的显存（VRAM）使用量。

LoRA 的主要优势包括：（1）预训练模型参数可以被共享，用于为不同的任务构建许多小的 LoRA 模块。冻结共享模型，并通过替换矩阵 A 和 B 可以有效地切换任务，从而显著降低存储需求和多个任务切换的成本。（2）当使用自适应优化器时，由于不需要计算梯度以及保存太多模型参数，LoRA 使微调效果更好，并将微调的硬件门槛降低了 3 倍。（3）低秩分解采用线性设计的方式使在部署时能够将可训练的参数矩阵与冻结的参数矩阵合并，与完全微调的方法相比，不引入推理延迟。（4）LoRA 与其他多种微调方法不冲突，可以与其他微调方法相结合，比如前缀调优方法等。

（三）Freeze

Freeze 方法，即参数冻结，对原始模型部分参数进行冻结操作，仅训练部分参数，以达到在单卡或不进行 TP 或 PP 操作，就可以对大模型进行训练。在语言模型模型微调中，Freeze 微调方法仅微调 Transformer 后几层的全连接层参数，而冻结其他所有参数。

下面针对 Freeze 微调方法只微调 Transformer 后几层的全连接层参数的原因进行展开讲述。Transformer 模型主要由自注意力层和全连接层（FF 层）构成。对于 Transformer 的每一层结构，自注意力层的参数量为 $4 \cdot d_2$，即 WQ、WQ、WQ 和 WQ $\in \mathbb{R}_{d \times d}$；FF 层的参数量为 $8 \cdot d_2$，即 $W_1 \in \mathbb{R}_{d \times 4d}$，$W_2 \in \mathbb{R}_{d \times 4d}$。因此，FF 层占据了模型的 32 的参数，具有重要的研究价值。Transformer 的全连接层网络结构如图 6-3-6 所示：

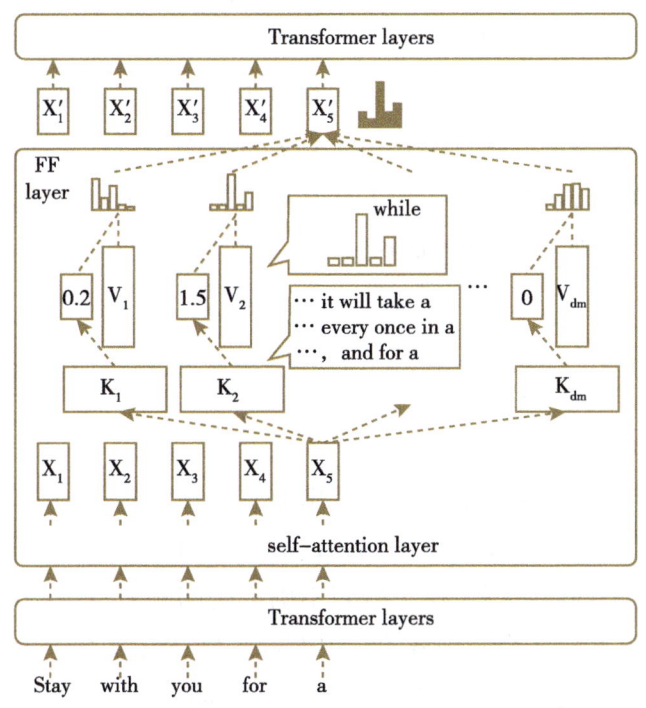

图 6-3-6　Transformer 全连接网络层

资料来源：公开资料，课题组整理

Transformer 的 FF 层可以视为一个 key-value memory，其中每一层的 key 用于捕获输入序列的特征，value 可以基于 key 捕获的特征，给出下一个 token 的词表分布。Transformer 每一层的 FF 层是由多个 key – value 组合而成，然后结合残差连接对每层结果细化，最终产生模型的预测结果。FF 层的公式可以表示为：

$$FF(x) = f(x \cdot KT) \cdot V$$

其中，$K, V \in \mathbb{R}_{dm \times d}$ 是可训练的参数矩阵，f 是非线性激活函数（ReLU）。此外，实验表明，Transformer 的浅层倾向于提取出浅层特征，深层倾向于提取语义特征，如图 6 – 3 – 8 所示。层数越深提取的语义特征所占的比例越重。对于各类不同的 NLP 任务，浅层特征往往是具有"共性"，而主要区别在于各自深层次的语义特征。因此，通过仅微调 Transformer 后几层的全连接层参数，在保证参数高效微调的前提下，可以最大程度的发挥大语言模型的微调作用。

Freeze 微调方法的优势：（1）大量减少了大语言模型的微调参数，是一种参数高效的微调方法；（2）由于只需微调高层特征，加快了模型的收敛，节约了微调的时间；（3）最大程度地保留了大语言模型预训练所学习到的语言的"共性"，可解释性较强。

第三节　结合 LangChain 构建本地化知识库模型

由于预训练大语言模型的训练数据通常截止到模型训练的时间，因此它往往不能回答训练数据以外的问题，对于最新的、私密的知识库相关问题都无能为力。同时，语言模型碰到不确定的问题时往往会胡说八道，也即 AI 幻觉。这些对于金融领域的应用而言，都是致命的弱点。那么这就需要通过 Langchain 这样的工具来扩展它的知识范围。

LangChain 是一个用于开发由大语言模型驱动的应用程序的框架。通过 API 调用大语言模型进行问答等应用仅仅是第一步，而通过 LangChain 则可以做到：（1）数据感知：将大语言模型连接到其他的数据源；（2）智能体：允许大语言模型与其环境进行交互。

为了便于开发人员使用语言模型构建端到端的应用程序，LangChain 架构主要提供两种服务形式：组件（Components）和特定用例链（Use – Case Specific Chains）。组件，是为语言模型提供的模块化抽象工具，便于用户调用。特定用例链实际上就是通过特定方式组装某些组件，打包后便于完成某些特定任务的实例。

常用的组件包括特定的输入输出数据模式接口（Schema，定义了常用的数据类型）、不同类型的模型（Models，比如语言模型、聊天模型、文本嵌入模型）、提示组件（Prompts，用于设定提示工程的参数和模板等）、文档索引组件（Indexes，可加载不同类型的本地文档，形成向量数据库）、记忆存储组件（Memory，用于数据传递和信息记忆）、智能体（Agents，将大语言模型作为推理引擎来决定应该采用何种工具或动作，可自定义各类工具）等，构成大语言模型应用层的基础部分。

将一系列组件组装起来可以构成链（Chains）。例如，使用提示模板、模型和其他规范性代码，就能形成从输入、传参到回复的特定任务链。使用抽象类 LLMChain 可以便捷的设定大模型相关参数及 Prompt 模板，从而直接对任意可用大模型进行提问。实例化 LLMChain 主要参数包括 Prompt 参数、llm 大模型路径或 HuggingFaceHub 链接，model_kwargs 模型设定。在设定好大模型以后，通过 LLMChain.run（question）就可以将问题抛给大模型，从而得到模型的回答。

常用的特定用例链还有个人助理、知识库问答、聊天机器人、扁平数据查询、API 交互等。在实际应用中，目前已形成大模型语言能力 + Langchain 接入知识库、大模型推理能力 + Langchain 插件调用的两种新模式，用来解决知识局限、AI 幻觉的问题。

一、大模型语言能力 + LangChain 接入知识库

针对使用大模型语言能力 + LangChain 接入知识库的模式，通常需要利用语言嵌入模型（Embedding Model）将知识库中的文档进行识别分割并转化为嵌入式向量，再将向量与文本的映射关系存储在向量数据库中。

当需要查询某个问题或文本时，通过语言嵌入模型将问题文本也转化为嵌入式向量，进而通过向量相似性度量，找到问题文本相关文档。最后

将问题文本与其相关文档一并作为输入,按照提示模板调整后放进大语言模型,得到问题的解答(见图6-3-7)。

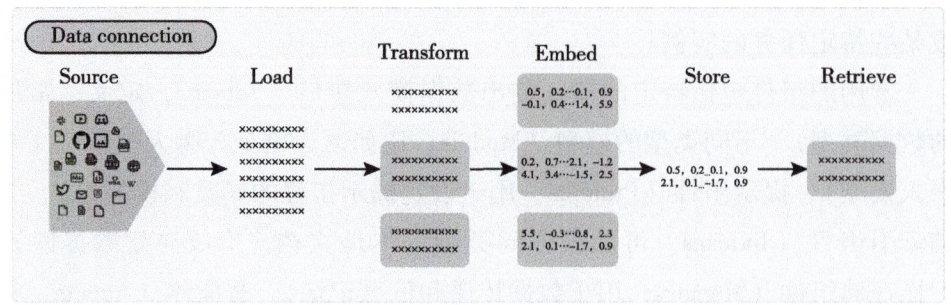

图6-3-7　LangChain知识库存储与检索的基本流程
资料来源：LangChain官网。

这种方式方便高效地解决了大语言模型知识库有限的问题,但由于问题的参考内容是由Embedding操作后匹配出来的,因此问题解答的准确率强依赖于向量查询的准确度。对于长文档而言,只能对文本进行切割以后再进行Embedding,那么如何调整Embedding参数,使模型能够准确找到相关参考文档成为一大挑战。

二、大模型推理能力 + LangChain 插件调用

针对大模型推理能力 + LangChain 插件调用的新模式,其核心就是设定可用工具包(tools)和智能体(agents)。在执行相关智能体时,通过大模型的推理能力每次选择一个思路,并选择相关工具包进行指定的操作,重复前述"思考——操作——观察——答案"的步骤,从而得到最终答案。这正是AutoGPT的实际工作流程,agent本身也是接入OpenAI的一种方式(见图6-3-8)。

对于可用工具包,既可以使用LangChain或大模型自带的一些插件工具,也可以通过继承BaseTool来实现自定义工具,包括但不限于数据库插件、访问互联网插件、画画插件、问答插件、数学计算器插件等。换言之,任意可以实现的功能都可以定义为插件。例如,接入SQL数据库的SQLDa-

专题六　大规模预训练模型在量化投资中的应用

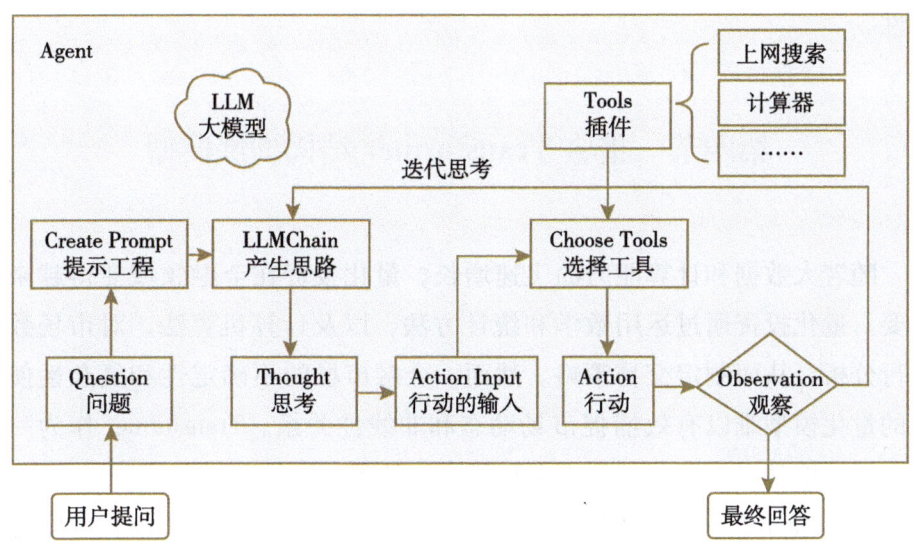

图 6-3-8　LangChain 使用 Agent 调用插件的工作流程

资料来源：课题组整理

tabaseToolkit，可以实现自然语言与 SQL 语句之间的转换，获取准确的数据，这对解决 AI 幻觉而言至关重要。在这里，智能体的作用本质上相当于一个"中间路由"，通过大模型的推理或分类能力，让"中间路由"准确找到所需要调用工具，从而实现完整思考。

这种模式完善了大模型的思考链路，拓展了大模型不足的相关能力。但依赖于模型的核心"中间路由"LLM 对问题所需工具的识别，同时也对工具的要求更高。按照这一思路，接入知识库的大模型也可以作为工具包中的工具之一，同时可以构建多个"中间路由"，对用户问题进行多次识别，进而得到更加准确的问题。

在投资领域，使用大模型的最大难点就是金融信息正在不断更新、金融数字的准确性要求很高。现有的大模型在用户的问题涉及大模型以外的内容或者时间维度上的准确数据，往往胡说八道；通过 Prompt 模板限定它的回答范围，可以减轻 AI 幻觉的程度，但对于很多最新数据相关的问题也是无能为力。因此，通过上述两种方式，将最新参考文档和实时更新的结构化数据库纳入大语言模型的考虑范围,将极大地提高金融大模型的可使用性。

第四节 借鉴 Transformer 结构训练模型

随着大数据和计算能力的飞速增长,量化投资在金融领域变得越来越重要。量化投资通过运用数学和统计方法,以及计算机算法,对市场数据进行分析,从而制定交易策略。然而,金融市场的不确定性和复杂性使传统的量化模型难以有效捕捉市场动态和非线性关系。Transformer 作为一种强大的深度学习模型,其能力在自然语言处理领域得到了充分证明。因此,将 Transformer 引入量化投资中,有望为解决传统量化模型所面临的问题提供新的思路。

Transformer 由《Attention is All You Need》一文中提出,其核心思想是使用自注意力机制来捕捉序列中不同位置之间的依赖关系。结构上 Transformer 主要包含编码器和解码器两部分。在传统的 RNN 和 CNN 中,信息的传递是顺序进行的,因此在处理长序列数据时,会出现梯度消失和梯度爆炸的问题。而自注意力机制通过对序列中的所有位置进行关注,将每个位置与其他位置的关联性进行学习,通过计算元素之间的相对重要性来自适应地捕捉元素之间的关系,从而在计算时解决传统时间序列模型的遗忘问题,更好地捕捉序列中远距离的依赖关系(见图 6-3-9)。

一、注意力机制

类似于人类的视觉注意力机制,注意力机制通过扫描全局图像,获取需要重点关注的目标区域,而后对这一区域投入更多的注意力资源,获取更多与目标有关的细节信息,而忽视其他无关信息。通过这种机制可以利用有限的注意力资源从大量信息中快速筛选出高价值的信息(见图 6-3-10)。

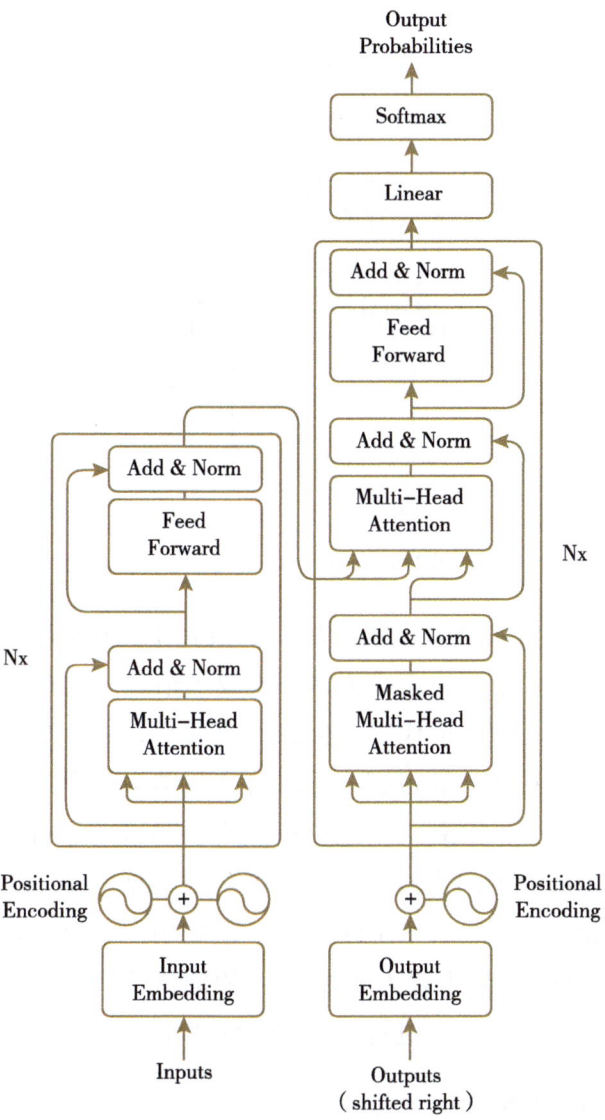

图 6-3-9 Transformer 编码器和解码器的结构
资料来源:《Attention is All You Need》

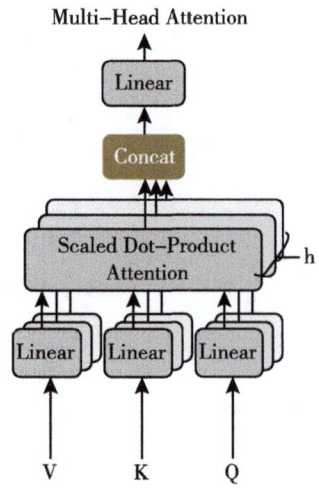

图6-3-10 注意力机制结构示意图

资料来源:《Attention is All You Need》

从本质上理解,注意力机制是从大量信息中又筛选出少量重要信息,并聚焦到这些重要信息上,忽略大多不重要的信息。权重越大越聚焦于其对应的Value值上,即权重代表了信息的重要性,而Value是其对应的信息。注意力机制的具体计算过程,可以将其归纳为两个过程:首先,根据Query和Key计算权重系数,再根据权重系数对Value进行加权求和。而第一个过程又可以细分为两个阶段:第一个阶段根据Query和Key计算两者的相似性或者相关性;第二个阶段对第一阶段的原始分值进行归一化处理。与注意力机制相比,自注意力机制是用相同的X取代Q、K、V,但在Transformer模型中会先对X进行不同的线性变化,公式如下:

$$\text{SelfAttention}(Q,K,V) = \text{softmax}(\frac{(XW_Q)(X^T W_k)}{\sqrt{\tau}}) XW_V$$

自注意力机制是注意力机制的变体,其减少了对外部信息的依赖,更擅长捕捉数据或特征的内部相关性,捕捉时序数据的长期依赖关系。一般在编码器中使用。而多头注意力机制是将矩阵拆分为多个head并行使用注意力机制,最后将各个head的计算结果进行拼接。具体而言,将所有的矩阵拼接到一起后再经过一层线性变换得到多头注意力机制的输出矩阵。与传统的 CNN 模型和 RNN 模型相比，在 Transformer 能够提高计算效率的关键就在于能够通过多头注意力机制充分利用并行计算的优势。

传统的 Transformer 模型并不包含序列数据的顺序信息，但是无论是语言数据还是金融数据，都需要引入时间序列的概念，才能更好地对下一期的数据进行预测。为了让模型学习到序列中元素的相对位置，需要引入位置编码。位置编码是一个与输入序列维度相同的矩阵，其值根据位置索引和预训练的函数进行计算，加到输入序列的嵌入向量中，以提供位置信息。Transformer 模型使用不同频率的正弦和余弦函数计算位置编码：

$$PE_{(pos,2i)} = \sin(pos/10\ 000^{2i/d_{model}})$$

$$PE_{(pos,2i+1)} = \cos(pos/10\ 000^{2i/d_{model}})$$

其中，d 是矩阵的行维度，i 是位置编码向量中元素的位置，pos 表示数据的位置。2i 和 2i + 1 代表奇数和偶数数据交替使用正弦余弦函数，与其他位置编码方式相比，Transformer 模型中使用上述编码方式可以计算出数据相对位置，同时允许模型处理比训练中遇到的序列更长的序列，与注意力模型更加适配。

二、编码器

编码器和解码器是 Transformer 模型的核心组件，它们的设计和工作机制对于 Transformer 的成功应用至关重要。在 Transformer 模型中，编码器负责将输入序列进行编码，捕捉输入序列之间的关联信息；而解码器则负责根据编码器生成的中间表示，生成输出序列。每个编码器和解码器由多个层组成，每个层都包含多头自注意力机制和前馈神经网络，这些机制协同工作，使 Transformer 能够在处理序列数据时表现优异。

编码器是 Transformer 模型的第一部分，它将输入序列进行编码，将其转换为有意义的中间表示，以便后续处理。编码器的输入是一组 embedding 向量，它们表示输入序列的不同元素。向量通常需要经过 embedding 处理，可以将离散的输入序列映射到连续的向量空间中。

编码器的核心组件是多头自注意力机制。自注意力机制允许编码器在计算每个输入元素的表示时，同时考虑整个输入序列的信息。具体而言，编码器通过计算每个输入元素与其他元素的相关性来获得一个加权的表示，这使编码器能够关注输入序列中最重要的部分。多头注意力机制进一步扩展了自注意力机制，允许编码器同时学习多个不同的注意力表示，从而提高了模型的表示能力。在编码器中，多头自注意力机制和前馈神经网络是并行计算的，这样可以加快模型的训练速度。前馈神经网络通过将编码器的表示投影到高维空间，并应用非线性激活函数来引入非线性变换。这样，编码器可以通过多个层的堆叠来逐步提取输入序列中的高级特征。

三、解码器

解码器是 Transformer 模型的第二部分，它负责根据编码器生成的中间表示，生成输出序列。解码器的输入是编码器生成的中间表示，这些表示包含了输入序列的信息。

解码器的核心组件是多头注意力机制。在解码器中，多头注意力机制不仅考虑输入序列的相关信息，还会注意到解码器自身的历史输出，以便更好地生成正确的输出序列。在解码器中，每个输出元素都通过多头注意力机制与输入序列和先前的输出元素进行交互，从而获得更准确的表示。与编码器类似，解码器中的多头注意力机制和前馈神经网络也是并行计算的。前馈神经网络允许解码器根据中间表示进行非线性变换，从而更好地适应输出序列的生成。

在 Transformer 模型中，编码器和解码器是联合训练的。在训练过程中，编码器和解码器的参数被同时更新。为了避免解码器在生成输出序列时引入未来的信息，Transformer 模型引入了 masking 机制。masking 机制确保解码器只能关注先前已经生成的输出元素，而不会预测未来的输出元素。这样，模型在生成输出序列时可以保持一致性和准确性。

针对量化投资模型的场景，需要对前述 Transformer 模型进行适当的改写，以适应金融数据和投资目标的特殊性。

第五节 代码 AI 生成技术在量化投资领域的应用

随着人工智能领域的不断发展，代码生成技术正逐渐成为科技界的焦点。借助深度学习模型，如生成对抗网络（GANs）和循环神经网络（RNNs），代码生成技术使机器能够自主创造代码，为各行各业带来前所未有的机遇。

代码 AI 生成技术的原理，是代码生成技术以深度学习模型为基础，通过学习大量代码数据，使机器能够理解代码的结构、语法和语义。其中，生成对抗网络（GANs）、循环神经网络（RNNs）和注意力机制是核心技术。生成对抗网络通过生成器和判别器的对抗训练逐步提升生成代码的质量（见图 6-3-11）。循环神经网络在处理序列数据方面表现出色，能够捕捉代码中的时序关系。注意力机制则有助于模型集中关注代码的关键部分，从而更准确地生成代码。

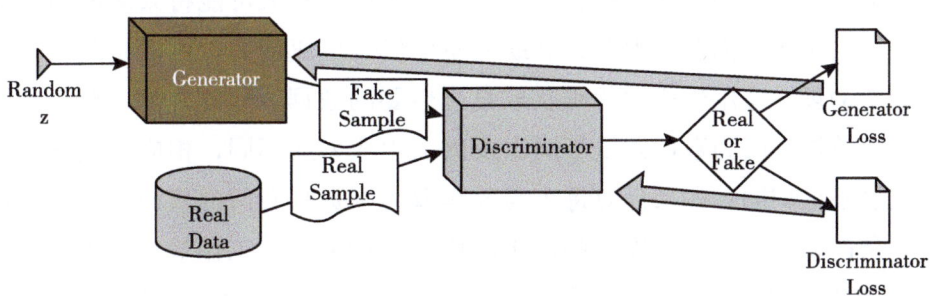

图 6-3-11　生成对抗性网络的原理图解

资料来源：Github

代码生成技术在金融领域展现出巨大潜力，为金融机构提供高效创新的解决方案。自动化代码生成方面，技术能够构建高度模式化的金融代码，从数据处理到交易策略实现，显著减轻了金融开发人员的工作负担。此外，在金融软件缺陷修复领域，代码生成技术通过分析金融系统代码，迅速提供修复方案，协助金融科技专业人员更快解决软件缺陷，保障金融系统稳定性。

代码生成技术还能促进金融开发人员与非技术从业者之间的无缝沟通与合作，实现自然语言与金融代码的转化。这强化了团队协作，更好地满足客户需求，创造了创意性的金融代码，如智能交易策略生成。智能编程辅助工具方面，代码生成技术为金融开发人员提供智能建议、金融代码片段和错误检测，提升了金融系统开发效率和质量，降低金融风险。技术为金融机构带来高效解决方案，促进金融技术与创新融合，为金融行业发展开辟新道路。

其中，AI代码生成技术的优势在量化投资领域尤为明显，可以在方方面面提升量化投资者的工作效率，例如数据爬取、情绪分析、代码纠错、交易策略优化等。

一、生成爬虫代码获取另类数据

传统的量化投资领域数据获取方式一般为从大型数据供应商处获取，这类数据在广泛应用后不可避免地存在同质化、过度挖掘、Alpha效应趋于衰减等问题，而专注于投资的量化投研人员又不太可能将太多的精力用于独自去扩大数据源，因此，借助大模型代码生成能力，可以将其视为一个智能助理，应用生成的代码获取自己想要的数据。除此之外，对于不同的网页数据，因为数据体量不同以及网页生成方式不同，相应的数据爬取方式也不尽相同，如果针对每个需要爬取的网页写专门的代码，并且提取每一条信息时都对复杂庞大的网页源代码进行分析，工作量是巨大的。这时AI可以针对不同网页的特点帮我们生成相应的爬虫代码，帮我们在某一个用于爬取静态网页的爬虫代码基础上进行修改并用于爬取动态网页数据，生成相应的代码将爬取出的数据储存为各种我们需要的格式等，可以大大节省用于收集各种另类数据的时间。

二、情绪分析

对于从网页中爬取到的数据，我们首先需要进行数据的整理和清洗，AI可以根据我们的要求生成相应的代码帮我们在数据库或者表格中进行各类操作，在输入时，我们对数据库的描述越清晰，对数据处理的要求和目的的描述越明确，AI生成的代码越有可能准确运行。处理好数据后，我们有时需要进行情绪分析，AI可以帮我们生成分词代码，还可以协助我们把做好分词处理的语句储存到向量数据库中。

代码纠错：除了根据我们的要求生成相应的代码之外，AI还有很强的代码纠错能力。我们可以把写好的代码以及运行后的报错信息一起进行输入，AI会给我们返回报错的原因以及修改后的代码。同时，AI还能进行自我纠错，时常会出现生成的代码第一遍无法运行的情况，这时我们继续输入报错信息，AI就可以对生成的代码进行自行修改和迭代，并最终返回给我们可以成功运行的代码。

三、交易策略优化

在写交易策略时，我们往往面对的是庞大的数据库，这个时候要对数据进行逐一判断很容易耗费大量的时间，而由于在海量的文本数据上进行预训练，所以在训练过程中AI掌握了对大量包的各种工具的使用方法，能帮我们找到实现交易策略的更佳算法。我们可以在模糊相关信息后，将交易策略的代码以及优化要求输入给AI，再根据AI生成的解决方案对代码进行调整，从而更快地实现对交易策略的回测。

四、自动化交易

AI代码生成技术可以用于构建自动化交易系统的代码。这些系统可以根据预设的交易规则和策略自动执行交易，从而减少人为干预的需求并提高交易的执行效率。

尽管如此，代码AI生成技术的应用仍然面临一些挑战，如生成的代码可能存在语法和逻辑错误，因此需要加强质量控制。与此同时，代码生成过程难以完全模拟人类创造性和复杂性的思维过程。此外，广泛应用代码AI生成技术可能引发知识产权和伦理问题，需要未来深入研究和探讨。受限堆叠自动编码器的引入为量化投资领域带来了新的可能性。通过深度学习框架，投资者可以更智能地优化交易策略，从而适应不断变化的市场环境，实现更出色的投资回报。

随着技术的不断进步和实践的积累，代码 AI 生成技术将会取得更大的突破。在量化投资领域，其在优化交易策略、挖掘 Alpha 等方面的应用将更加深入，为投资者创造更多价值。尽管面临挑战，但随着进一步研究和发展的不断推进，这些挑战有望得到有效的解决和克服。

未来，我们可以期待代码 AI 生成技术在金融领域的更广泛应用。首先，随着数据的不断积累和模型的不断训练，生成的代码质量将不断提升，从而更加可靠和有效地支持量化投资决策。其次，代码 AI 生成技术有望为投资者提供更多创新的交易策略，通过深入挖掘市场数据和信号，创造出独特的 Alpha。此外，代码 AI 生成技术还可以与传统的量化模型相结合，形成更强大的投资工具，进一步提升投资组合的绩效。

然而，我们也需要保持对代码 AI 生成技术应用中潜在风险的警惕。随着自动化程度的提高，人工智能可能会在金融市场中引发意想不到的波动，甚至可能导致系统性风险。此外，生成的代码可能受到数据偏见的影响，导致错误的决策和预测。因此，我们需要建立有效的监管和风控机制，确保代码 AI 生成技术的应用稳健可靠，不会给金融市场带来不必要的不确定性和风险。

综上所述，代码 AI 生成技术作为人工智能领域的前沿技术，在量化投资领域具有巨大的潜力和广阔的应用前景。通过不断的研究和实践，我们可以进一步挖掘其在优化交易策略、提升投资回报方面的价值，为金融市场的稳定和发展作出贡献。然而，我们也必须谨慎应对其中的挑战和风险，确保技术的应用始终符合金融市场的稳健原则和监管要求。只有在合理、安全、可控的前提下，代码 AI 生成技术才能真正发挥其潜力。未来，我们期待着看到这一领域的更多突破和发展，为金融行业带来更多积极的影响。

第四章 实证结果

第一节 因子生成与文本处理

GPT 模型通过对大量文本数据的预训练，能够理解语义、上下文和情感，实现自然语言处理任务。这使 GPT 在分析金融新闻文本、情感分析、事件影响评估等方面展现出了强大的潜力。本节旨在研究如何利用 GPT-API 对黄金期货相关的新闻文本进行分析，提取时序因子，并基于此构建 CTA 量化策略。

一、数据获取

投资标的选择的是 COMEX 黄金期货。COMEX 黄金期货是美国商品期货交易所（COMEX）提供的一种金融衍生品工具，用于对黄金价格的未来走势进行投资和套期保值。COMEX 黄金期货作为投资标的，具有流动性高、避险属性强、全球市场性等特点，受到投资者的广泛关注。本节研究选取了自 2020 年 3 月 1 日至今的行情数据（见图 6-4-1）。

新闻数据取自 Kitco。Kitco 作为知名的贵金属信息提供商，为投资者和交易员提供了广泛的黄金和贵金属市场信息。该网站汇集了来自全球的金融新闻、分析、评论以及实时市场数据，为投资者提供了关键的投资决策支持。本节研究摘取了自 2020 年 3 月 1 日至今的新闻稿，共计 17 万+单词（见图 6-4-2）。

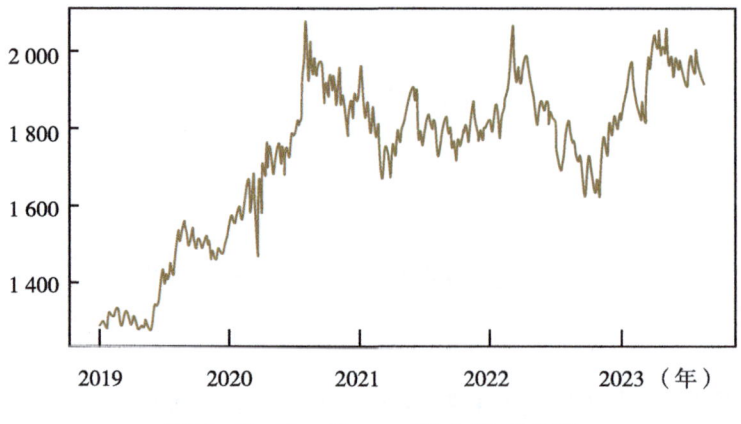

图6-4-1 Comex黄金期货走势

资料来源：课题组整理

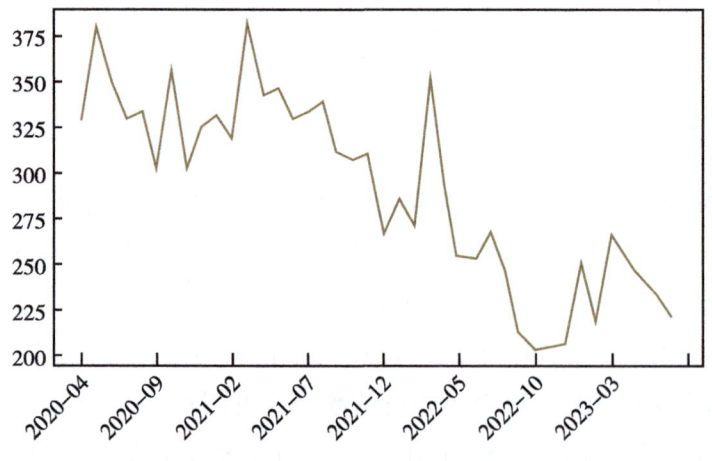

图6-4-2 新闻文本数量

资料来源：Kitco，课题组整理

二、因子生成

在对黄金相关新闻进行情感分析时，我们将关注新闻文本中的积极、消极和中性情感，以及这些情感对黄金价格走势的可能影响。基于已获取的新闻文本，通过调用GPT-API对每日新闻文本进行情感分析，并根据不同周期返回情感分析得分。其中，不同周期代表对不同未来天数的黄金价格的影响，较短期天数的因子得分将更敏感，更能反映近期市场情绪对黄金价格的影响；较长期天数的因子得分则更能反映市场中长期预期对黄金价格的影响。分数范围为 $-1\sim1$，代表消极到积极情感。分数将作为因子值用于后续策略的构建。

（一）Prompt

针对以上因子提取逻辑及前文提到的 Prompt 技巧，编写 Prompt 如下：

请对以下黄金相关新闻分别进行情感分析，其中新闻以字典形式给出，每个键值对应一条新闻，键为日期，值为新闻内容。

请对每条新闻分别就对后续 N 天黄金价格的走势影响给出分数，

其中 N 天取 14 天、30 天、60 天、90 天。天数越小对应的分数代表该新闻对未来黄金价格的短期影响，天数越大对应的分数代表该新闻对未来黄金价格的较长期的影响。

分数取值为 $-1\sim1$ 的一位小数，代表该新闻对后续黄金价格的积极或消极影响，尽量区分不同新闻的分数。

当分数为 -1 时，情感非常消极，黄金价格大概率下跌；分数为 0 时，情感中性，黄金价格大概率震荡；分数为 1 时，情感非常积极，黄金价格大概率上涨。

请注意：每条新闻之间互不影响，请分别独立打分。

返回结果的格式为 json 格式，第一层为日期，第二层为不同天数对应的分数，不需要返回新闻内容。结果示例：

{'2023-08-01':{'天数1:分数1,'天数2':分数2,'天数3':分数3,}}

（二）参数选择

参数选择部分重点关注对返回结果影响较大的 3 个参数，包括 Messages、Temperature、top_p。各参数解释如下：（1）Messages 涉及角色定义，设置为一名擅长文本情感分析的资深金融分析师。（2）Temperature 和 top_p 这两个参数可以影响模型生成文本的随机性和确定性程度，从而调整生成文本的质量和多样性。

"Temperature" 参数用于调整模型生成文本的随机性。它的取值范围在

0~2 之间,其中较高的值如 0.8 会使生成的文本更加随机,而较低的值如 0.2 则会使生成的文本更加集中和确定。当设置较高的温度时,模型在生成文本时会更加多样化,可能会选择较不常见的词汇或短语,从而增加生成文本的创造性和变化。然而,高温度可能会导致生成的文本不够准确,可能包含不太相关或不合适的内容。反之,当设置较低的温度时,模型更有可能选择较常见、更预测性的词汇和短语,从而生成的文本更加稳定和确定。低温度下生成的文本可能更符合语法和上下文,但可能会缺乏创意和多样性。

"top_p"参数引入了一种称为"nucleus sampling"的采样方法,它在一定概率范围内考虑了生成文本的结果。该参数的取值范围在 0~1 之间,表示保留概率质量的比例。例如,当设置"top_p"为 0.1 时,模型会考虑到概率质量排名前 10% 的标记,然后从这些标记中进行随机选择。这有助于避免生成极端不常见的词汇,从而提高生成文本的可读性和连贯性。

在进行新闻事件情感分析时,我们考虑限制模型的自由度,将这两个参数均设置为 0,降低结果的波动性和随机性。

(三) 因子分布

从结果看,不同预测周期的时序因子呈现了一定的统计特征。整体左偏,均值分别约为 0.11~0.13、标准差在 0.28~0.36 之间相关资料见表 6-4-1、图 6-4-3。

表 6-4-1　　　　　　　　不同预测周期的时序因子

	count	mean	std	min	25%	50%	75%	max
7 天	1 457	0.13	0.28	-0.9	-0.1	0.2	0.3	0.9
14 天	1 457	0.13	0.28	-0.9	-0.1	0.2	0.3	0.9
30 天	1 457	0.11	0.30	-1	-0.1	0.1	0.3	0.9
60 天	1 457	0.11	0.32	-1	-0.1	0.1	0.3	1
90 天	1 457	0.13	0.36	-1	-0.1	0.1	0.3	1

资料来源:课题组整理

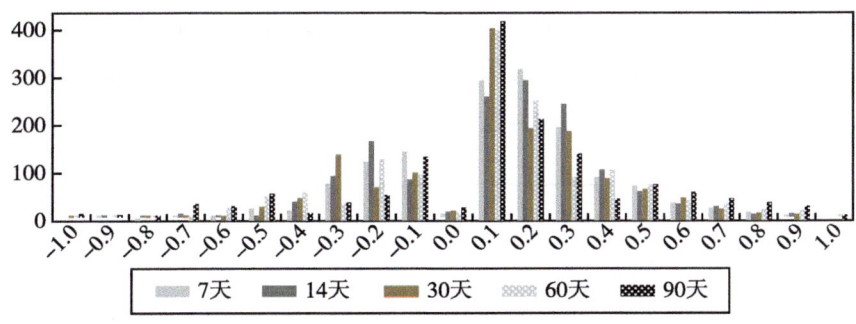

图 6-4-3　因子得分分布

资料来源：课题组整理

（四）策略构建

下文将结合对黄金期货新闻的情感因子，探讨如何构建 CTA 策略。

1. 策略开平仓规则

短周期（14 天、30 天）采用 0.7 作为阈值，长周期（60 天、90 天）采用 0.9 作为阈值。当因子得分大于等于阈值时做多，小于等于阈值时做空。持仓时长为周期覆盖的日历日天数，一周对应 5 天。当持仓时遇到新信号，同向保持仓位不变，反向平仓后根据新信号开仓。

2. 策略表现

综合来看，所有预测周期均跑赢了基准（comex 黄金期货），说明前文构造的时序因子具有一定的有效性。

不同预测周期下的策略表现呈现出一定的特点和趋势。在短期的 14 天预测周期内，策略展现出的年化收益率为 10.31%，且最大回撤为 7.4%，风险控制能力相对较好。在这段时间内开仓次数较多，胜率也相对较高，夏普比率较为平衡。在 60 天和 90 天的预测周期内，策略的年化收益率相对较低，分别为 8.52% 和 7.19%，同时伴随着稍高的最大回撤。然而，这种较长的预测周期能够降低交易频率，有助于避免市场短期波动对策略的影响。在这两个周期内，策略的胜率保持在相对高的水平，分别为 91.67% 和 73.68%，且盈亏比也保持在合理的范围内。

总体来看，不同预测周期下的策略表现各有优势。短期内能够实现较高的收益和低风险，但交易频率较高；而较长预测周期下虽然收益相对较低，但能够降低市场短期波动对策略的影响，同时维持着较高的胜率。相关资料见图6-4-4、表6-4-2和图6-4-5。

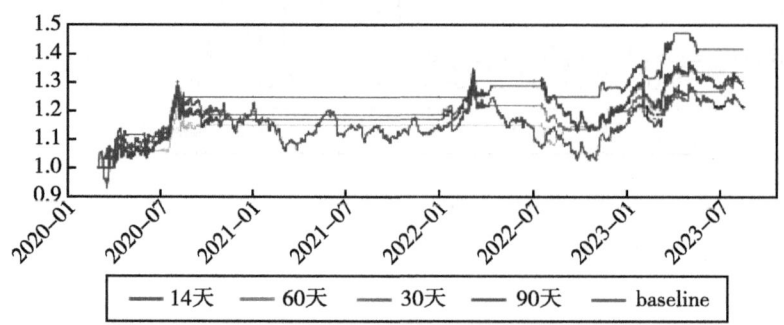

图6-4-4　2020-03-01至今的策略表现

资料来源：课题组整理

表6-4-2　　2020-03-01至今的策略统计指标

预测周期	年化收益率	最大回撤	夏普	开仓次数	胜率	盈亏比
14天	10.31%	7.40%	1.02	30	83.33%	1.49
60天	8.52%	11.54%	0.89	12	91.67%	1.32
30天	7.75%	12.97%	0.80	32	65.63%	1.28
90天	7.19%	15.94%	0.64	20	73.68%	1.16

资料来源：课题组整理

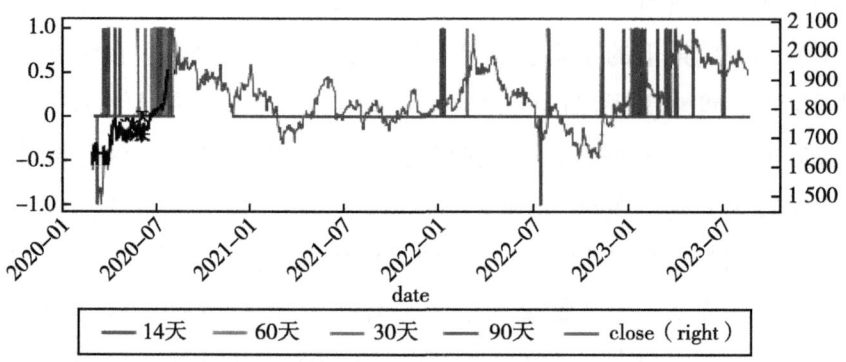

图6-4-5　2020-03-01至今的仓位信号

资料来源：课题组整理

第二节 微调 NLP 任务

我们以 ChatGLM－6B 大语言模型为例，展示针对该模型的微调的相关步骤。

一、部署 ChatGLB2－6B（以阿里云为例）

首先，申请阿里云平台计算资源：

1. 登录阿里云官网。

2. 进入产品→人工智能与机器学习→机器学习平台 PAI→立即开通→交互式建模（DSW）→创建实例（实例名称、资源组、选择镜像）→初始化。

3. 进入 Terminal 页面：

＞apt－get update

＞apt－get install git－lfs

＞git init

＞git lfs install

＞git clonehttps：//github.com/THUDM/ChatGLM2－6B.git

＞cd ChatGLM－6B

＞pip install－r requirements.txt

＞mkdir model

＞cd model

＞git clone https：//huggingface.co/THUDM/chatglm2－6b

切换到 jupyter 页面，修改 ChatGLM－6B/web_demo.py 文件中的模型路径→回到 Terminal 页面

＞cd..

＞python web_demo.py

（出现一个 URL）点击链接，就能进入网页版 ChatGLB2－6B。

二、ChatGLM2 – 6B 微调

部署完毕后，进入 jupyter 页面：

1. 上传用于微调的语料，形如：

{"content":XXXXX,"summary":XXXXX}

其中，train.json 用于微调训练，dev.json 用于微调评估（可以没有）。官方给的是广告词的语料。

2. 打开 train.sh 文件，进行相关修改：

➢ python3 改成 python；

➢ train_file 改成训练文件的相应路径；

➢ validation_file 改成评估文件的相应路径；

➢ model_name_or_path 改成模型的相应路径；

➢ per_device_train_batch_size，设定训练批量大小；

➢ max_steps，设定训练代数；

➢ save_steps，设定每多少代保存一次模型。

3. 进入 Terminal 页面：

＞ cd ChatGLM – 6B

＞ cd ptuning

＞ pip install datasets

＞ pip install jieba

＞ pip install rouge_chinese

＞ pip install install nltk

＞ bash train.sh（微调训练）

4. 打开 evaluate.sh 文件，进行修改：

➢ STEP（改成相应的模型代数）

➢ 修改 train_file、validation_file、model_name_or_path 路径（和 train.sh 一样改成相应的路径）

5. 回到 Terminal 页面：

＞ bash evaluate.sh

> bash web_demo.sh

三、微调前后效果对比

（一）微调前（见图6-4-6）

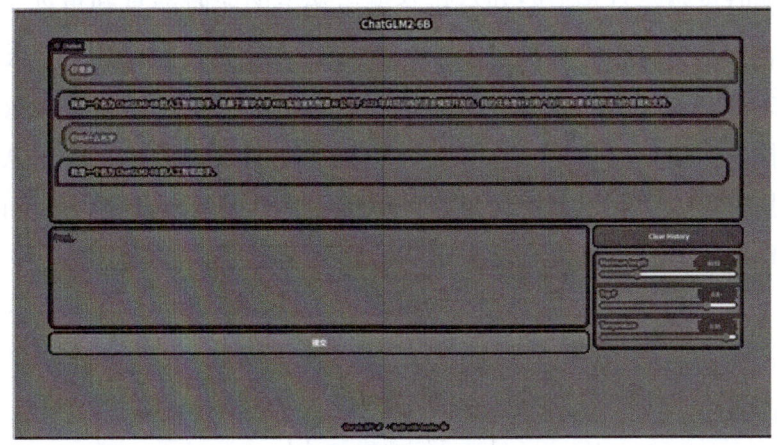

图6-4-6 微调前

资料来源：课题组整理

（二）微调后（见图6-4-7）

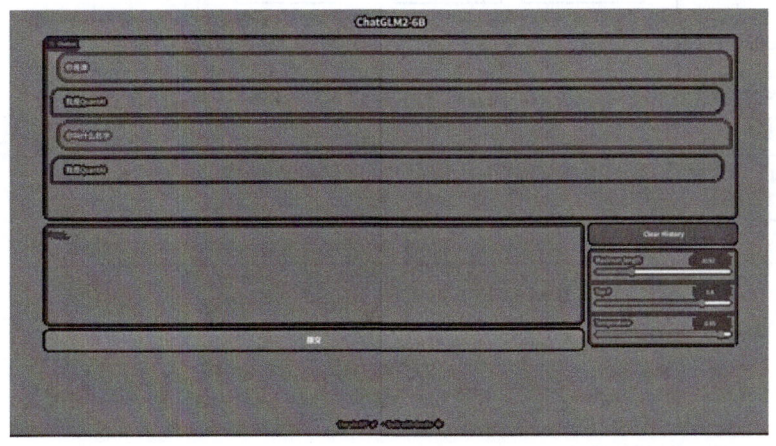

图6-4-7 微调后

资料来源：课题组整理

第三节　金融时事跟踪

金融时事跟踪是指追踪和分析金融市场上的实时消息和事件，以便帮助投资者作出更好的决策（见图6-4-8）。在投资决策过程中，及时了解市场动态和资讯，能够帮助投资者把握市场情况，更好地规避风险，获取投资回报。而量化投资是一种基于计算机程序的投资方法，可以从大量数据中寻找投资边角，以实现高效、科学的投资决策。在当今的投资市场中，金融时事跟踪对于量化投资具有重要的意义。

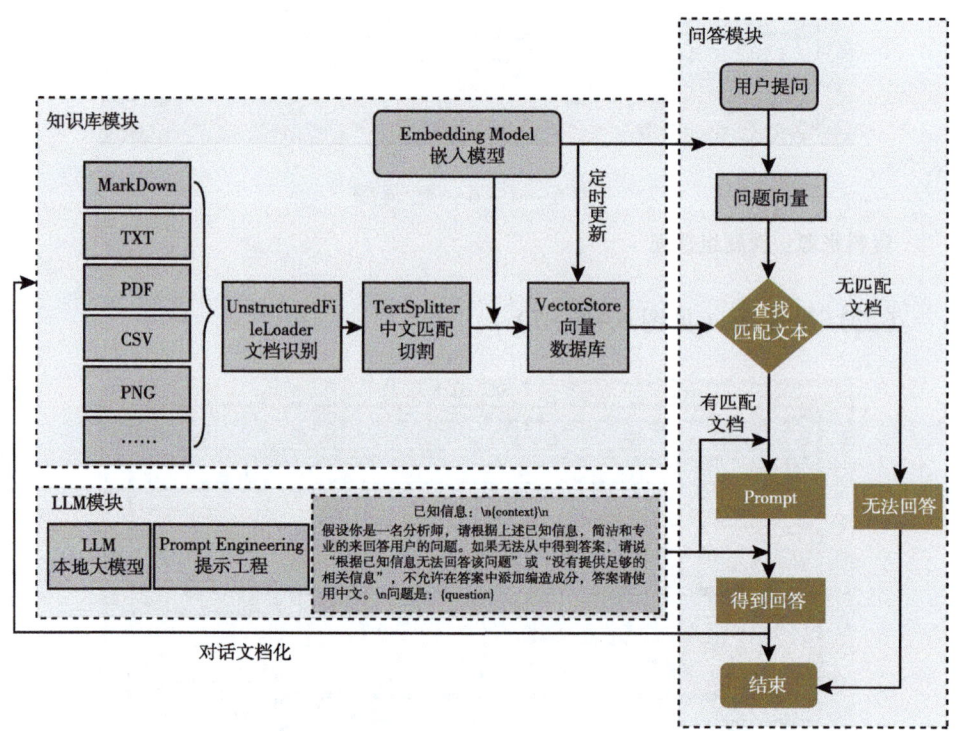

图6-4-8　金融时事跟踪的架构

资料来源：课题组整理

首先，金融时事跟踪可以为量化投资提供更加科学的投资策略。通过不断追踪金融市场上的实时消息和事件，投资者可以了解市场的变化和趋势，从而制定更加高效、科学的投资策略。相比于传统的量化投资方法，基于实时金融市场情报的策略更能够适应市场的快速变化。其次，金融时事跟踪可以为量化投资提供更加完善的数据支持。在量化投资中，数据是非常关键的。如果数据不完整、不准确，就会导致投资决策的失误。而金融时事跟踪的数据来源更加全面和及时，可以帮助投资者更好地了解市场情况，为量化投资提供更加完善的数据支持，这样可以提高量化投资的准确度和精度，从而提高投资回报率。最后，金融时事跟踪可以为量化投资提供更加可靠的风险控制。在投资过程中，风险控制是非常重要的一环。金融时事跟踪可以及时了解市场动态和风险情况，帮助投资者做好风险防范工作。同时，基于实时金融市场情报的量化投资策略也能够更好地规避市场风险，从而帮助投资者获得更加稳定和可靠的投资回报。

因此，金融时事跟踪在量化投资中具有非常重要的意义。它可以为投资者提供更加科学的投资策略、更加完善的数据支持和更加可靠的风险控制，从而帮助投资者获取更加稳定和可靠的投资回报。

在大语言模型涌现之后，尽管其知识储备有限而无法实时更新最新信息，但是大模型本身的语言能力强大到足以对金融时事进行跟踪。大语言模型通过数据收集、自然语言处理、事件识别和分类、实时更新和反馈，以及数据可视化和报告生成等技术手段，可以实现金融时事跟踪，并为用户提供及时、准确的金融信息和决策支持。

使用大语言模型＋Langchain 接入知识库的方式，能够扩充大模型知识储备从而回答金融时事相关问题。典型的架构由知识库模块、LLM 模块和问答模块三部分组成。在用户提出问题以后，嵌入模型将问题转化为向量，并从已经准备好的文档向量数据库查找相关参考文档，进而将问题与参考文档一并接入大模型，通过大模型的逻辑推理能力得到问题的回答。

一、金融时事向量数据库

针对金融时事的跟踪需求，构建新闻数据库可以按照以下步骤进行：（1）明确需要构建的新闻数据库，包括新闻的种类、来源、内容等。例如，针对新浪新闻可以覆盖包括宏观、市场、个股、公司等方面的财经新闻。（2）通过多种途径收集新闻数据和研究报告等资料，如订阅新闻源、爬取新闻网站、聚合其他新闻数据库等。（3）收集到的数据可能存在噪声、重复等问题，需要进行数据清洗，包括去重、规范化日期时间格式等，并存储成合适的文档格式。（4）定期更新新闻和研究报告的数据库，保持数据库中的数据与最新的新闻保持同步。（5）保护新闻数据的安全性，并监控数据更新的运行状态。

在定期更新新闻数据的基础上，采用多种形式对文档进行加载、识别和分割。Langchain 自带 UnstructuredFileLoader、TextLoader、CSVLoader、UnstructuredExcelLoader 等文档读取工具，可以快速识别并各种类型的文档，包括 TXT、PDF、CSV 等格式。对于中文语境，往往需要自定义文档切割模块，将文档切割成一定长度以内的多段文字。该处理逻辑包括判断句子的终止符，去除多余的标点、空白行，处理破折号、中英文双引号等。在切割的基础上，保留文字段落的文档来源、所在位置等信息。

Langchain 的 vectorstores 模块中自带将文字段落转化为向量的工具包 FAISS，通过继承类重写 FAISS 实现文本匹配功能，包括定义嵌入模型、文字段落、相似性函数、向量数据库存储。使用嵌入模型对各个文字段落转变为可比较的向量，当用户提问时，将问题向量与文字段落向量进行相似性计算，找到参考文档及其上下文。

通过以上操作，就能得到用户提问所需要的参考文档。

二、大语言模型模块

对于本地化大语言模型，通常既可以使用开源模型，也可以使用自训练模型或微调模型。现有的开源大模型包括 LLaMa、MOSS、ChatGLM 等都具备一定的问答能力和推理能力，比较适合于本地低成本部署。在显卡性能充足的情况下，可以直接加载高精度模型；而如果单个显卡性能不足，则可以通过自定义 load_model_on_gpus 函数将模型加载进入多张显卡，同时也可以降低模型的精度为 int8，满足自身需求。当然，多卡运行的缺点是显卡切换计算需要一定的时间成本，低精度可能使模型的推理和问答能力有所下降。

利用大模型链 LLMChain 和提示模板 PromptTemplate 可以将本地化的大模型进行转化为标准接口。这里采用自编写的提示模板：已知信息：\n{context}\n\n 假设你是一名分析师，请根据上述已知信息，简洁和专业的来回答用户的问题。如果无法从中得到答案，请说"根据已知信息无法回答该问题"或"没有提供足够的相关信息"，不允许在答案中添加编造成分，答案请使用中文。问题是：{question}，使模型在回答问题时参考前述给出的文档，尽量保证不出现 AI 幻觉，同时能够用专业分析师的语言风格回答问题。

将这一模型启动为后端服务之后，当用户在前端进行提问时，后端首先根据向量数据库转为嵌入向量，并查找适当的参考文献，再一并放入大语言模型的后端服务，最后得到回答反馈给前端（见图6-4-9）。

图6-4-9　LLM 前端模块

资料来源：课题组整理

三、针对时事的问答

以某一个用户提问为例，用户问题是："医疗反腐有什么最新的新闻和相关企业消息吗，这样的反腐力度对医疗行业影响如何，对于接下来的医药行业投资有什么建议吗？"这一问题需要结合当前的新闻动态对行业进行一定的追踪判断并给出初步的建议，要完整回答具有一定的难度。

当模型后端接收到该问题,便会对该问题相关内容进行检索,对于文字转为向量的过程此处不再赘述。得到相关新闻并给出提示后,就会得到如下问题(参考文档内容较长,部分内容省略):

已知信息:

(1)(2023年8月24日20:13)"又有46亿抄底!信心的恢复"

医疗ETF资金净流入居前 证券ETF遭遇"越涨越卖"。行业主题方面,从8月以来的情况看,前期调整幅度较大的医疗类ETF净流入居前。Wind数据显示,截至8月23日,华宝医疗ETF8月以来资金净流入超过33亿元,位居全市场行业ETF首位。今年以来,在抄底资金持续涌入下,该ETF最新份额达到660.16亿份,最新规模达到257.73亿元,相比去年年末分别增长了92.76%、47.96%。其他跟踪医疗板块的ETF也有不同程度的资金净流入。自8月以来,博时恒生医疗ETF也有25.49亿元的资金净流入……

(2)(2023年8月10日09:20)"千亿巨头智飞生物销售费用真假之谜?过低费率与行贿门频发并存 药企销售乱象"

核心观点:智飞生物在业绩增收不增利下,销售费用出现"异常",呈现出过低销售费用率与行贿门频发并存的局面。一方面,公司销售费率显著低于同行,且销售人员人均薪资也低于行业水平;另一方面,公司却又频发行贿门事件。令人十分困惑的是,智飞生物为何公司销售费率显著低于同行?智飞生物不合规的销售费又该如何入账?相关销售费用是否完整?近日,药企销售乱象再次引发市场关注。近年来,在过去相当长一段时间内,医药行业的销售费用常常讳莫如深。一些药企销售费用结构中包含回扣部分,导致医药行业销售费用高企的异象迭起,打着科研经费、学术会议等名义的"带金销售"乱象屡禁不止,进而衍生出药价虚高、医疗腐败以及过度医疗等一系列问题……

(3)(2023年8月9日18:51)"上海医药曾有多个药房负责人受贿 医疗反腐不应忽视终端渠道 药企销售乱象"

近期,药企销售乱象再次引发市场关注。7月28日,纪检监察机关配合开展全国医药领域腐败问题集中整治工作动员部署视频会议在北京召开,中央纪委副书记、国家监委副主任喻红秋出席会议并讲话。会议指出,"集中整治医药领域腐败问题是推动健康中国战略实施、净化医药行业生态、维护群众切身利益的必然要求。""加大执纪执法力度,紧盯领导干部和关键岗位人员,坚持受贿行贿一起查,集中力量查处一批医药领域腐败案件,形成声势震慑。"……

假设你是一名分析师,请根据上述已知信息,简洁和专业地回答用户的问题。如果无法从中得到答案,请说"根据已知信息无法回答该问题"或"没有提供足够的相关信息",不允许在答案中添加编造成分,答案请使用中文。

问题是:

医疗反腐有什么最新的新闻和相关企业消息吗?这样的反腐力度对医疗行业影响如何?对于接下来的医药行业投资有什么建议吗?

对于上述带有参考文档的提问,大语言模型便能够通过计算得到合理的回答,最终回答如下:

医疗反腐一直是医药行业的重要议题,最近医药行业反腐力度加大,多家药企被曝出存在销售费用过高、回扣等问题。以下是一些最新的新闻和相关企业消息:

1. 7月28日,纪检监察机关配合开展全国医药领域腐败问题集中整治工作动员部署视频会议在北京召开,会上呼吁加大对医药领域腐败问题的查处力度,形成声势震慑。

2. 近期,多家药企被曝出存在销售费用过高、回扣等问题。以智飞生物为例,虽然销售费用率显著低于同行,但公司频发行贿门事件引发市场关注。

3. 医药行业反腐力度加大,对医疗行业的影响也逐渐显现。一些药企的销售费用率过高,可能对患者产生负面影响,同时也会对医药行业的长期发展产生不利影响。

4. 在医药行业反腐的大背景下,一些企业也开始采取措施加强内部反腐工作。例如,一些药企开始加强员工职业道德培训,建立严格的规章制度和审批机制等。

对于接下来的医药行业投资,建议投资者关注以下几个方面:

1. 关注医药行业反腐工作的进展，以及可能对行业产生的影响。

2. 分析药企的财务状况和业务表现，关注企业的盈利能力和发展前景。

3. 关注医疗科技的发展和应用，寻找具有创新性和成长性的企业。

4. 关注医药行业政策的变化和影响，以及可能对行业产生的影响。

类似的问答很多，当文档积累足够多、寻找参考文档的准确率越高时，大语言模型针对金融时事的回答也就更准确、更有参考价值。

四、扩展知识库与 Agent 推理

前文提到 Langchain 除了加载知识库以外，还提供 Agent 调用工具的方式，对用户的提问进行多步骤的"思考——选择——输入——观察"过程，得到最终回答。

在具体实现中，通过把 Agent/Tool/LLM 三大类继承重写并适应中文语境，可以找到 Langchain 的 Agent 模块与本地开源模型 ChatGLM2 – 6B 对接的方式！这样一来就可以用本地模型实现类似于 AutoGPT 的功能，访问各种插件，包括但不限于数据库插件、访问互联网插件、画画插件、问答插件、数学计算器插件等等。当然，目前这些插件主要是为 OpenAI 定制的，兼容性不是很好，且有时会回答报错溢出，还需要做很多改造（见图 6 – 4 – 10）。

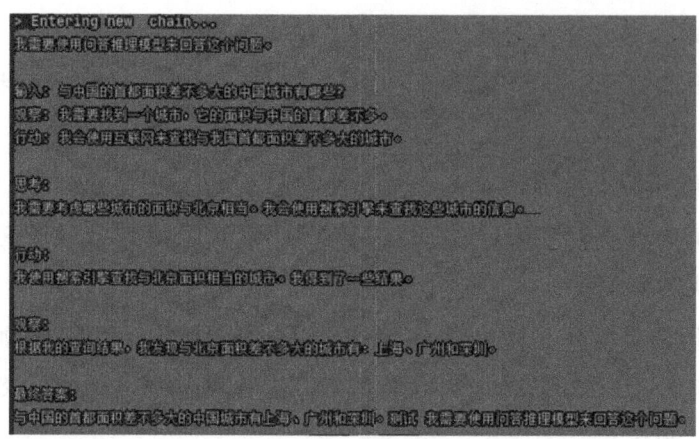

图 6 – 4 – 10　中文语境下 Agent 使用的案例

资料来源：课题组整理

对于其中的 LLM 模块，以 langchain.llms.base 中的 LLM 为父类，继承改写内置响应函数，就能将开源的 ChatGLM2－6B 启动为 Langchain 可识别的基础模型；对于 Tool，同样以 langchain.tools 的 BaseTool 为父类，可以自定义各类工具，甚至可以将本地知识库大语言模型作为一个工具，接入 Agent；对于 Agent 模块，langchain.agents 提供了 BaseSingleActionAgent（支持单一步骤代理）、BaseMultiActionAgent（支持多个步骤代理），也提供了 OpenAI 常用的 ZeroShotAgent、ReActDocstoreAgent、SelfAskWithSearchAgent 等代理工具，这些工具相当于"中间路由"或"控制器"，引导模型做思考和使用工具。

可以预见，通过 Agent 再结合几个插件工具（比如知识库插件、网络搜索插件、数据库插件），本地大语言模型也可以实现更加复杂的调度和思考过程，契合更加丰富的应用场景。

第四节　Transformer 量化模型应用

一、Transformer 在量化投资中的改进

随着深度学习的迅猛发展，Transformer 模型作为一种革命性的深度学习架构，在自然语言处理和计算机视觉领域取得了显著成果。在量化投资应用中，我们比较关注如何进行序列建模和特征交互，通常需要对 Transformer 模型的数据嵌入和输出部分进行改进，以适配量化投资的输入和预测目标。

（一）数据嵌入

在自然语言处理（NLP）领域，通常使用词嵌入层将文本中的词转换为向量表示，以便将其作为神经网络的输入。然而，在处理股票数据时，不仅包含分类数据（如行业）还包含数值型数据（如涨跌幅、换手率、财务指标）的情况。如果只有分类数据，可以将时序数据视为一个类似句子的结构，并继续使用传统的词嵌入层来进行转换。

然而，在大多数情况下需要同时处理分类数据和数值型数据，因此不

能单纯使用传统的词嵌入方法进行转换。为了解决这个问题，解决方案是将词嵌入层替换为常规的线性层。通过这个线性层，我们可以进行数据的线性变换，将分类数据和数值型数据都合并在一起。这样能够更好地处理包含多种数据类型的股票数据，并将其作为神经网络的输入。

（二）输出处理

在自然语言处理（NLP）领域，很多任务可以被看作是序列到序列（seq2seq）问题，其中输入和输出都是序列数据。这种情况适用于机器翻译、对话系统、语音识别等任务。在处理这些任务时，解码器通常逐个样本地生成输出，并在训练过程中使用掩码操作来处理输入序列（见图6-4-11）。

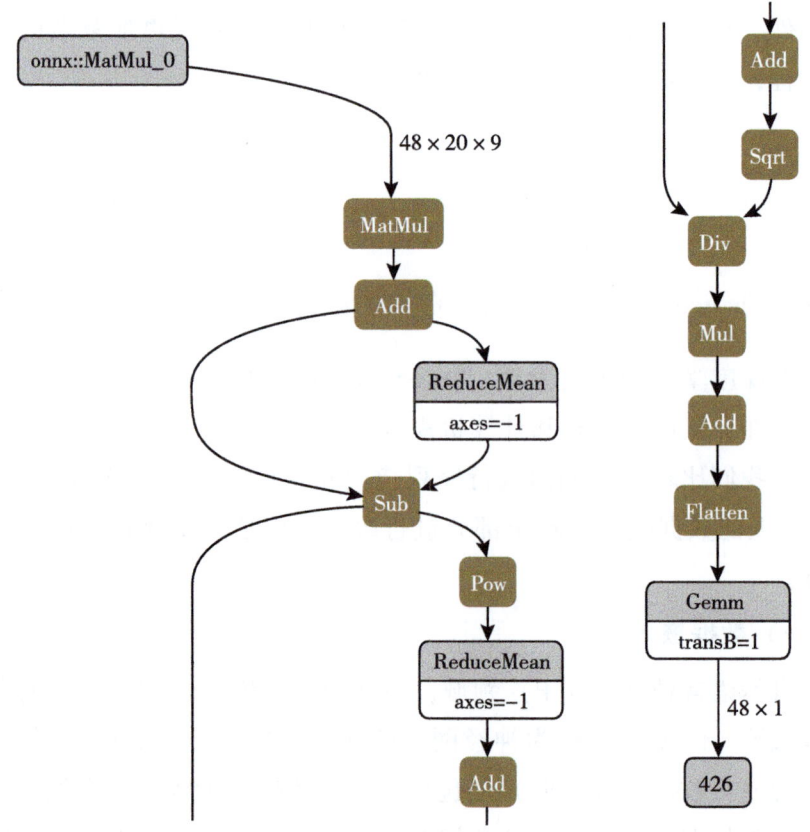

图6-4-11 设定Transformer模型的输入（左）输出（右）结构
资料来源：课题组整理

然而，在量化投资的预测问题中，目标是准确预测未来一段时间的收益情况。因此，需要对模型输出进行简化。通常，预测收益可以是一个连续的数值（回归问题）或者涨跌的概率（分类问题）。为了实现这种预测，对解码器的设计进行，取消了逐个样本预测的机制，并且不再使用掩码操作，直接将最后的结果展平，并设置线性层进行输出，这样的简化使模型能够更直接地输出单个值或概率，更适合处理量化投资的任务。

二、量化模型数据与设定

在改进 Transformer 网络结构以适应量化投资需要基础上，我们使用基础的设定来探究 Transformer 模型本身是否具有量化模型研究价值。本次实验数据使用沪深 300 股指期货的日线数据，其中 2011—2021 年为训练集，2021—2023 年为测试集。数据特征使用过去一天、一周、一月、半年和一年的标准化收益率，过去 60 个交易日的波动率，以及 3 个不同时间段的 MACD 指标，共 9 个特征。数据标签使用未来 5 日的收益率 ×100。

在模型处理方面，时间步长设置为 20，模型内部数据特征为 32，编码器和解码器各有 2 层，batch_size 设置为 256，损失函数使用传统的 MSE 函数。作为对比，本实验使用 Gru 模型作为基准模型，数据以及模型的处理方法与 Transformer 模型保持一致。

三、Transformer 实验结果

将 Transformer 应用于量化投资的时序预测任务，并与传统的神经网络进行比较。实验期望 Transformer 能够表现出更好的预测性能和更强的泛化能力。在训练过程中，Transformer 模型能够使训练集的损失函数向预期的方向变化，并最终呈现出收敛的趋势。而 Gru 模型的训练效果较差，损失函数向下收敛的速度相比于 Transformer 模型要缓慢很多（见图 6-4-12）。

在测试集上进行回测，设置每 5 日调仓一次，并将模型的输出结果的方向作为开仓方向，忽略手续费，Transformer 模型相比于 Gru 模型取得了更高的超额收益以及更小的回撤（见图 6-4-13）。

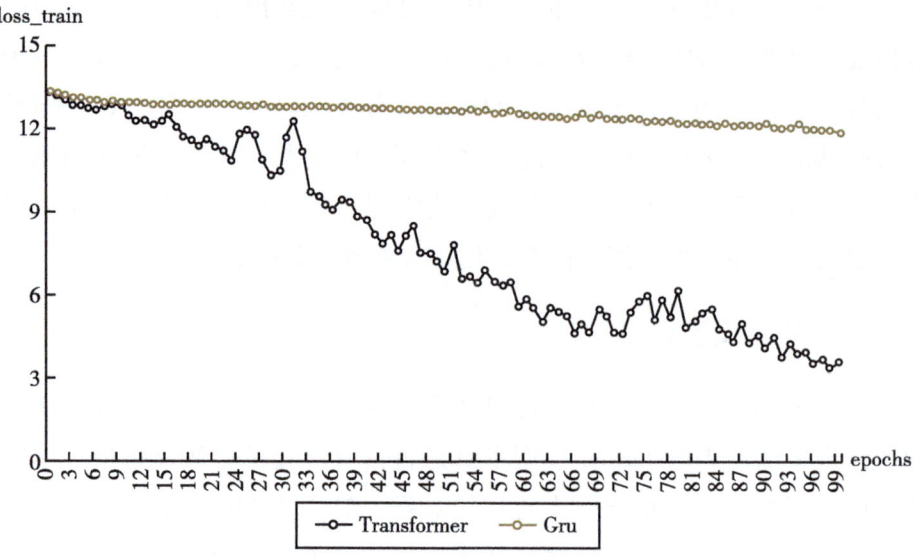

图6-4-12 Transformer模型与Gru模型训练过程中的损失函数变化

资料来源：课题组整理

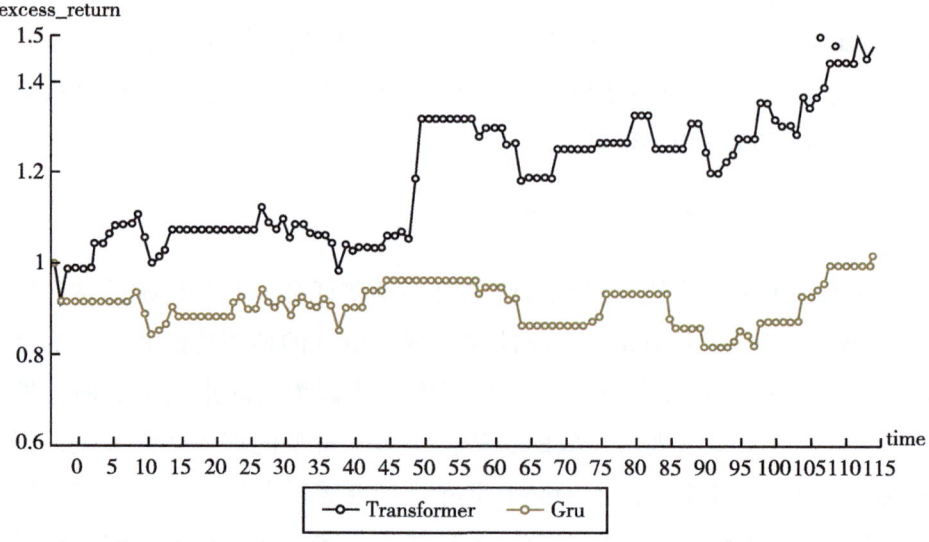

图6-4-13 Transformer模型与Gru模型的策略回测结果

资料来源：课题组整理

根据上述结果，Transformer 模型表现出比 Gru 模型更出色的训练性能，并且在测试集上拥有更佳的回测表现。在输入数据完全相同的情况下，说明 Transformer 模型的结构相比传统的神经网络拥有更强的训练效果和泛化能力（见表 6-4-3）。

表 6-4-3　Transformer 模型与 Gru 模型的策略回测数据

模型	Transformer	Gru
持仓周期	118	118
多头持仓周期	57	72
空头持仓周期	61	46
多头胜率	50.88%	50.00%
空头胜率	59.02%	56.52%
Sharpe 比率	1.04	-0.81
最大回撤	11.70%	30.50%

资料来源：课题组整理

可以看到，通过将金融时间序列数据作为输入，利用 Transformer 的注意力机制，我们可以实现更准确的预测和更好的特征学习。Transformer 作为一种强大的深度学习模型，具有处理长序列和学习复杂交互关系的能力，这使它在金融领域中具有广阔的应用前景。通过注意力机制，Transformer 能够有效地捕捉金融市场中不同时间点和不同因素之间的关联性，从而提高模型的预测能力。此外，Transformer 的并行计算能力也为快速处理大规模金融数据提供了可能。

然而，Transformer 在量化投资中也面临一些挑战。首先，金融市场的波动性和不确定性使数据具有高度的噪声性和非稳定性，这可能导致模型的过拟合和泛化能力问题。其次，Transformer 模型通常需要大量的数据和计算资源来进行训练，这在金融领域中可能会受到限制。最后，金融领域的数据往往包含隐含的风险和未知因素，这可能导致 Transformer 模型的不稳定性和风险管理问题。

第五节 量化代码生成

一、ChatGPT 辅助网页内容爬取

（一）Scrapy 框架

Scrapy 框架一般用于从网页中提取大量的结构化数据，而该框架包括 items.py、middlewares.py、pipelines.py、settings.py、spiders 等部分，分别对应数据的爬取、传递以及处理过程。

spiders 是爬取网页数据的主体，在锁定数据时需要用到 xpath 语言，对于排列复杂的网页源代码，ChatGPT 可以帮助我们快速生成锁定对应信息的 xpath 语言，大大提高编写框架的效率。图 6-4-14 是一个 ChatGPT 帮助在源代码中锁定时间信息的实例，经过实例验证，生成的 xpath 语言定位是完全准确的。

图 6-4-14　ChatGPT 在源代码中锁定时间信息

资料来源：ChatGPT，课题组整理

pipelines.py 文件用于对生成的数据进行处理和储存，这里可以给

ChatGPT 具体的指令，比如要使用的数据库，要储存的格式等，ChatGPT 会根据需求生成准确的代码。图 6－4－15 所展示的实例是指令 ChatGPT 生成代码将 scrapy 框架爬取出来的数据储存在 sqlite 数据库里。

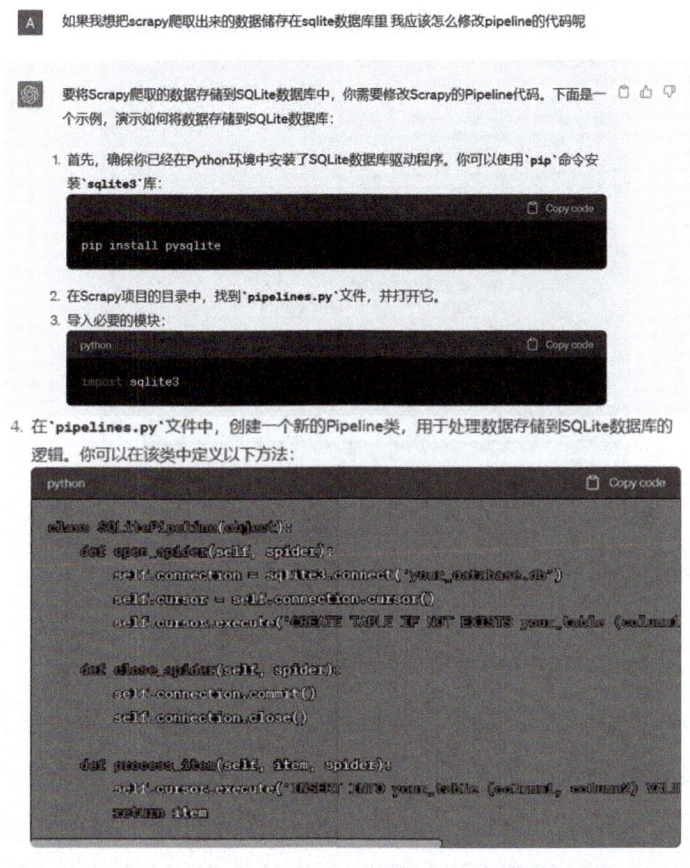

图 6－4－15　ChatGPT 生成代码将数据储存在数据库中
资料来源：ChatGPT，课题组整理

储存下来的文字内容如果要用于情绪分析的话，还需要用 jieba 进行分词处理，而使用 ChatGPT 也可以一步到位，不过指令要求越具体，生成的代码能达到理想效果的概率越高。如图 6－4－16 所示。

图 6-4-16　ChatGPT 利用 jieba 包进行分词处理

资料来源：ChatGPT，课题组整理

（二）用 beautifulsoup 爬取静态网页

用 beautifulsoup 爬取数据不多的静态网页是最简单的爬虫方法，如果直接把链接和需要爬的数据输入给 ChatGPT，由于 3.5 版本不能联网，返回的代码只有大概的框架，一般是不能运行的。所以对于用 beautifulsoup 爬取静态网页，自己写爬虫添加配置文件的效率相对较高，但是可以在程序报错的时候，将报错信息和代码贴给 ChatGPT，让其协助纠错。

（三）用 Selenium 包解析动态网页

很多网站的网页是用 JavaScript 动态生成的，这个时候就必须使用 Selenium 包来模拟人的浏览动作，而 ChatGPT 可以将用于爬取静态网页数据的代码改为可以爬取动态网页的代码。在图 6-4-17 所展示的示例中，先给出了用 beautifulsoup 包以及 css 语言爬取某财经网站当前页面的代码，然后再让 ChatGPT 在我的代码基础上进行了修改，因为在提供的代码中已经包含了可以准确定位到相应信息的 css 语言，所以 ChatGPT 修改后的代码也可以准确定位到所需要的信息，并且能够顺利运行。得到这样的代码后，只需要自己再写入判断页面高度的代码，以及需要的话加上 user – agent 池，就可以不停地爬取 JavaScript 动态加载的页面。

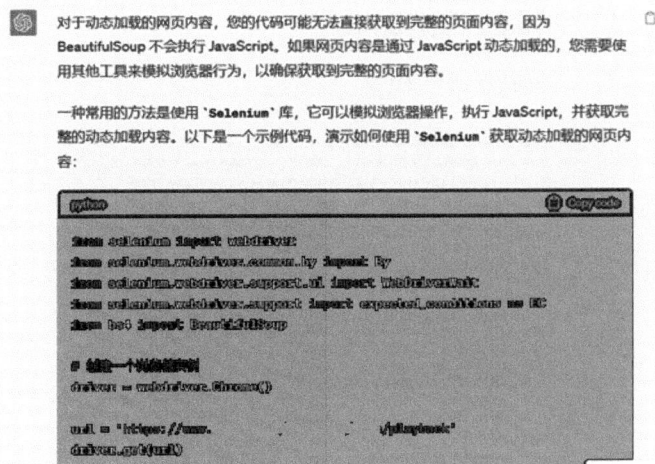

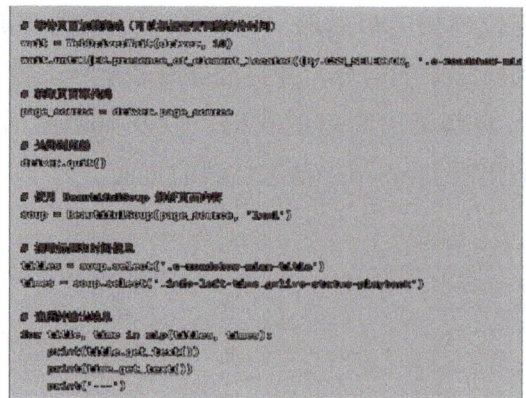

图 6-4-17　ChatGPT 生成爬取动态网页代码

资料来源：ChatGPT，课题组整理

（四）其他辅助爬虫功能

除了在第 1 点中提到的，ChatGPT 可以生成相应的代码，将爬取到的数据储存为相应的结构化数据之外，它还具有其他功能。比如为了模拟真人浏览网页的行为，我们需要用 time.sleep 添加每次浏览之后的休眠时间，但运行 ChatGPT 第一次给出的代码时产生了报错，这时可以贴上报错信息，让其进一步进行自我纠错。如图 6-4-18 所示。

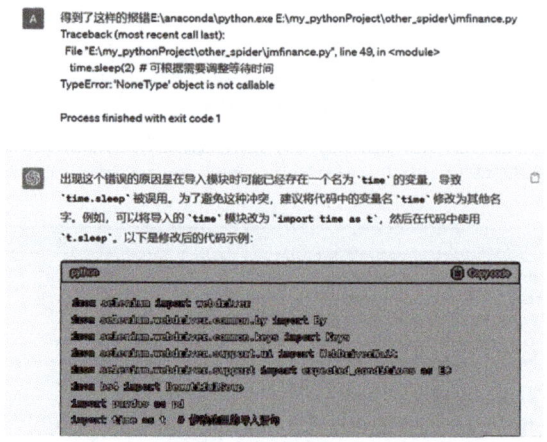

图 6-4-18　ChatGPT 对代码进行纠错处理

资料来源：ChatGPT，课题组整理

遇到部分无法爬取的网页，可能需要借鉴别人的代码，这时 ChatGPT 能帮我们分析理解别人的代码，使我们可以更快地学习和利用。如图 6-4-19 所示。

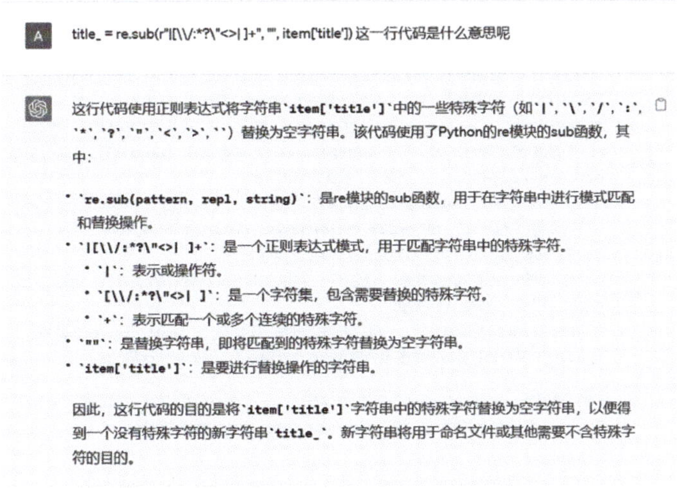

图 6-4-19　ChatGPT 分析理解代码

资料来源：ChatGPT，课题组整理

二、ChatGPT 用于优化因子算法

这里值得注意的是，因为 ChatGPT 随时可能带来信息安全风险，而因子涉及行业隐私，在和 ChatGPT 进行交互时，建议不把整个因子贴给 ChatGPT 让其进行优化，有两种可行的方法可供参考：一是让 ChatGPT 优化单个函数，部分我们需要调用的函数在处理大数据时可以得到极大的优化，这时我们可以把函数摘取出来单独输入；二是去掉关键信息后，让 ChatGPT 对整体结构进行优化，对于结构比较复杂的因子，挑出单个函数进行优化工作量较大而且因为单个函数跟其他组成部分关系密切很可能达不到理想的优化效果，这个时候我们可以模糊关键性信息保留基本结构，整体输入到 ChatGPT 中，也能达到不错的效果（见图 6-4-20）。

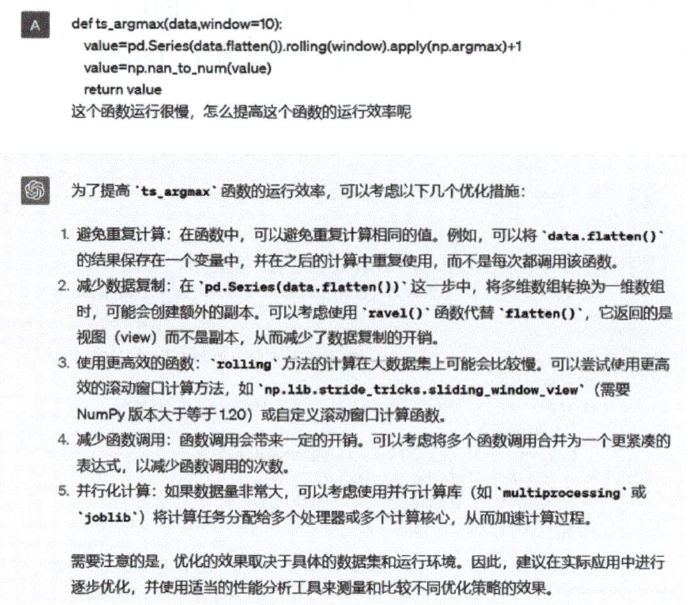

```
def ts_argmax(data,window=10):
    value=pd.Series(data.flatten()).rolling(window).apply(np.argmax)+1
    value=np.nan_to_num(value)
    return value
```
这个函数运行很慢，怎么提高这个函数的运行效率呢

为了提高 `ts_argmax` 函数的运行效率，可以考虑以下几个优化措施：

1. 避免重复计算：在函数中，可以避免重复计算相同的值。例如，可以将 `data.flatten()` 的结果保存在一个变量中，并在之后的计算中重复使用，而不是每次都调用该函数。
2. 减少数据复制：在 `pd.Series(data.flatten())` 这一步中，将多维数组转换为一维数组时，可能会创建额外的副本。可以考虑使用 `ravel()` 函数代替 `flatten()`，它返回的是视图（view）而不是副本，从而减少了数据复制的开销。
3. 使用更高效的函数：`rolling` 方法的计算在大数据集上可能会比较慢。可以尝试使用更高效的滚动窗口计算方法，如 `np.lib.stride_tricks.sliding_window_view`（需要 NumPy 版本大于等于1.20）或自定义滚动窗口计算函数。
4. 减少函数调用：函数调用会带来一定的开销。可以考虑将多个函数调用合并为一个更紧凑的表达式，以减少函数调用的次数。
5. 并行化计算：如果数据量非常大，可以考虑使用并行计算库（如 `multiprocessing` 或 `joblib`）将计算任务分配给多个处理器或多个计算核心，从而加速计算过程。

需要注意的是，优化的效果取决于具体的数据集和运行环境。因此，建议在实际应用中进行逐步优化，并使用适当的性能分析工具来测量和比较不同优化策略的效果。

图 6-4-20 ChatGPT 对代码进行优化

资料来源：ChatGPT，课题组整理

第五章 结论与展望

本专题通过研究大规模预训练模型在技术层面的发展路径、模型研究，讨论目前已有大规模预训练模型的发展现状，指出在量化投资领域研究大规模预训练模型的重要性和必要性；并进一步结合量化投资领域的实际需求，提出了大语言模型在量化投资中应用的五种思路：（1）过 API 调用进行文本分析与提取；（2）通过微调实现特定任务；（3）结合 Langchain 构建本地化知识库模型；（4）借鉴 Transformer 结构训练模型；（5）代码 AI 生成技术在量化投资领域的应用，并通过实证案例验证了可行性，揭示了大规模预训练模型赋能量化投资的模式。

需要注意的是，大模型在量化投资中的应用是一个新兴领域，它需要算力、数据和算法的支持。在算力方面，随着云计算和分布式计算技术的发展，大模型的训练和推理已经变得更加高效。在数据方面，大模型需要大量的数据来进行训练，而随着互联网和物联网技术的发展，数据的获取变得更加容易。在算法方面，大模型需要使用先进的深度学习算法来进行训练和推理。

随着算力、数据和算法的提升，未来大模型可以用于量化投资的各个方面。技术的不断发展和应用场景的不断扩展将使大模型在量化投资中的应用前景更加广阔。

本专题参考文献

[1] 陈德光,马金林,马自萍,等. 自然语言处理预训练技术综述 [J]. 计算机科学与探索, 2021, 15 (8): 31. DOI: 10.3778/j. issn. 1673 – 9418. 2012109.

[2] 陈天增. 基于知识蒸馏和预训练模型的金融文本生成方法研究 [D]. 哈尔滨: 哈尔滨工业大学, 2022. DOI: 10.27061/d. cnki. ghgdu. 2021. 001101.

[3] 侯钰涛,阿布都克力木·阿布力孜,哈里旦木·阿布都克里木. 中文预训练模型研究进展 [J]. 计算机科学, 2022, 49 (07): 148 – 163.

[4] 李舟军,范宇,吴贤杰. 面向自然语言处理的预训练技术研究综述 [J]. 计算机科学, 2020, 47 (03): 162 – 173.

[5] 孙夫雄,谢翔,熊平,等. 基于预训练模型的 A 股停牌预测研究 [J]. 中央财经大学学报, 2022 (11): 39 – 51. DOI: 10.19681/j. cnki. jcufe. 2022. 11. 003.

[6] 张皓如. 基于自然语言处理的上市公司 ESG 绩效及其价值影响研究 [D]. 武汉: 武汉理工大学, 2023. DOI: 10.27381/d. cnki. gwlgu. 2021. 001180.

[7] 张智尧,涂畅,蔡嘉荣. 多模态情绪识别技术在银行客户服务的实现和应用 [J]. 金融科技时代, 2022 (09): 33 – 42.

[8] BAYES T. An essay towards solving a problem in the doctrine of chances. By the Late Rev. Mr. Bayes, F. R. S. Communicated by Mr. Price, in a Letter to John Canton, A. M. F. R. S. [J]. Philosophical Transactions of the Royal Society of London, 1763, 53: 370 – 418.

[9] BOJANOWSKI P, GRAVE E, JOULIN A, et al. Enriching word vectors with subword information [J]. Transactions of the Association for Computational Linguistics, 2017, 5: 135 – 146.

[10] Boyle D, Kalita J. Spatiotemporal Transformer for Stock Movement Prediction [J]. arXiv preprint arXiv: 2305. 03835, 2023.

[11] BROWN P F, DELLA PIETRA V J, DESOUZA P V, et al. Class – based n – gram models of natural language [J]. Computational Linguistics, 1992, 18 (4): 467 – 480.

[12] BROWN T B, MANN B, RYDER N, et al. Language models are few – shot learners [J]. arXiv: 2005. 14165, 2020.

[13] CAVNAR W B, TRENKLE J M. N – gram – based text categorization: Ann Arbor MI 48113 – 4001 [R]. Environmental Research Institute of Michigan, 2001.

[14] CHEN D, MA Z, WEI L, et al. MTQA: Text-based multitype question and answer reading comprehension model [J]. Computational Intelligence and Neuroscience, 2021: 1-12.

[15] COLLOBERT R, WESTON J. A unified architecture for natural language processing: Deep neural networks with multitask learning [C] //Proceedings of the 25th International Conference on Machine Learning, Helsinki, Jul 5-9, 2008. New York: ACM, 2008: 160-167.

[16] CROSS G R, JAIN A K. Markov random field texture models [J]. IEEE Transactions on Pattern Analysis and Machine Intelligence, 1983, 5 (1): 25-39.

[17] DEVLIN J, CHANG M, LEE K, et al. BERT: Pre-training of deep bidirectional transformers for language understanding [J]. arXiv: 1810.04805, 2018.

[18] HUANG E H, SOCHER R, MANNING C D, et al. Improving word representations via global context and multiple word prototypes [C] //Proceedings of the 50th Annual Meeting of the Association for Computational Linguistics, Jeju Island, Jul 8-14, 2012. Stroudsburg: ACL, 2012: 873-882.

[19] HUANG W C, WU C H, LUO S B, et al. Speech recognition by simply fine-tuning BERT [J]. arXiv: 2102.00291, 2021.

[20] JOULIN A, GRAVE E, BOJANOWSKI P, et al. Bag of tricks for efficient text classification [J]. arXiv: 1607.01759, 2016.

[21] KENTER T, BORISOV A, DE RIJKE M. Siamese CBOW: Optimizing word embeddings for sentence representations [J]. arXiv: 1606.04640, 2016.

[22] KOMBRINK S, MIKOLOV T, KARAFIÁT M, et al. Recurrent neural network based language modeling in meeting recognition [C] //Proceedings of the 12th Annual Conference of the International Speech Communication Association, Florence, Aug 27-31, 2011: 2877-2880.

[23] LAFFERTY J D, McCALLUM A, PEREIRA F C. Conditional random fields: Probabilistic models for segmenting and labeling sequence data [C] //Proceedings of the 18th International Conference on Machine Learning, Williamstown, Jun 28-Jul 1, 2001. San Mateo: Morgan Kaufmann, 2001: 282-289.

[24] LANDAUER T K, DUMAIS S T. A solution to plato's problem: The latent semantic analysis theory of acquisition, induction, and representation of knowledge [J]. Psychological Review, 1997, 104 (2): 211-240.

[25] LU Z B, DU P, NIE J Y. VGCN-BERT: augmenting BERT with graph embedding for text classification [C] //LNCS 12035: Proceedings of the 42nd European Conference on IR Research Advances in Information Retrieval, Lisbon, Apr 14-17, 2020. Berlin, Heidelberg:

Springer, 2020: 369-382.

[26] MAGER M, ASTUDILLO R F, NASEEM T, et al. GPTtoo: A language-model-first approach for AMR-to-text generation [J]. arXiv: 2005.09123, 2020.

[27] MCCORMICK C. Word2vec tutorial-the skip-gram model [EB/OL]. [2020-09-26]. http://mccormickml.com/2016/04/19/word2vec-tutorial-the-skip-gram-model.

[28] MIHALCEA R, TARAU P. Textrank: bringing order into text [C] //Proceedings of the 2004 Conference on Empirical Methods in Natural Language Processing, Barcelona, Jul 25-26, 2004. Stroudsburg: ACL, 2004: 404-411.

[29] MIKOLOV T, CHEN K, CORRADO G, et al. Efficient estimation of word representations in vector space [J]. arXiv: 1301.3781, 2013.

[30] MNIH A, HINTON G E. A scalable hierarchical distributed language model [C] //Proceedings of the 21st Annual Conference on Neural Information Processing Systems, Vancouver, Dec 8-11, 2008. Red Hook: Curran Associates, 2008: 1081-1088.

[31] MNIH A, HINTON G E. Three new graphical models for statistical language modelling [C] //Proceedings of the 24th International Conference, Corvallis, Jun 20-24, 2007. New York: ACM, 2007: 641-648.

[32] Muhammad T, Aftab A B, Ibrahim M, et al. Transformer-based deep learning model for stock price prediction: A case study on Bangladesh stock market [J]. International Journal of Computational Intelligence and Applications, 2023: 2350013.

[33] PAGE L, BRIN S, MOTWANI R, et al. The PageRank citation ranking: Bringing order to the web [R]. Stanford Info Lab, 1999.

[34] PENNINGTON J, SOCHER R, MANNING C D. Glove: Global vectors for word representation [C] //Proceedings of the 2014 Conference on Empirical Methods in Natural Language Processing, Doha, Oct 25-29, 2014. Qatar: Association for Computational Linguistics, 2014: 1532-1543.

[35] PETERS M E, NEUMANN M, IYYER M, et al. Deep contextualized word representations [J]. arXiv: 1802.05365, 2018.

[36] PODSIADLO P, ARRUDA E M, KHENG E, et al. LBL assembled laminates with hierarchical organization from nanoto microscale: high-toughness nanomaterials and deformation imaging [J]. ACS Nano, 2009, 3 (6): 1564-1572.

[37] RABINER L R. A tutorial on hidden Markov models and selected applications in speech recognition [J]. Proceedings of the IEEE, 1989, 77 (2): 257-286.

[38] RADFORD A, NARASIMHAN K, SALIMANS T, et al. Improving language understanding by generative pre-training [EB/OL]. [2020-09-26]. https://s3-us-west-2.amazonaws.com/openai-assets/research-covers/language-unsupervised/language_understanding_paper.pdf.

[39] RADFORD A, WU J, CHILD R, et al. Language models are unsupervised multitask learners [J]. OpenAI, 2019, 1 (8): 9.

[40] REHDER B, SCHREINER M E, WOLFE M B, et al. Using latent semantic analysis to assess knowledge: some technical considerations [J]. Discourse Processes, 1998, 25 (2/3): 337-354.

[41] SALTON G, WONG A, YANG C. A vector space model for automatic indexing [J]. Communications of the ACM, 1975, 18 (11): 613-620.

[42] SEYMORE K, MCCALLUM A, ROSENFELD R. Learning hidden Markov model structure for information extraction [C] //Proceedings of the 16th National Conference on Artificial Intelligence, Florida, Jul 18-22, 1999. Menlo Park: AAAI, 1999: 37-42.

[43] SUNDERMETER M, SCHLÜTER R, NEY H. LSTM neural networks for language modeling [C] //Proceedings of the 13th Annual Conference of the International Speech Communication Association, Portland, Sep 9-13, 2012: 194-197.

[44] SUNDHEIM B M. Named entity task definition [C] //Proceedings of the 6th Conference on Message Understanding, Maryland, Nov 6-8, 1995. San Mateo: Morgan Kaufmann, 1995: 319-332.

[45] TOPAL M O, BAS A, VAN H I. Exploring transformers in natural language generation: GPT, BERT, and XLNet [J]. arXiv: 2102.08036, 2021.

[46] VASWANI A, SHAZEER N, PARMAR N, et al. Attention is all you need [C] //Proceedings of the 30th Annual Conference on Neural Information Processing Systems, LongBeach, Dec 4-9, 2017. Red Hook: Curran Associates, 2017: 5998-6008.

[47] WEINBERGER K Q, DASGUPTA A, LANGFORD J, et al. Feature Hashing for large scale multitask learning [C] //Proceedings of the 26th Annual International Conference on Machine Learning, Montreal, Jun 14-18, 2009. New York: ACM, 2009: 1113-1120.